# CONCEITOS & DEFINIÇÕES

*A elaboração deste livro não teria sido possível sem o apoio do professor Roberto da Costa Pimenta.*

# CONCEITOS & DEFINIÇÕES

O significado em pesquisa aplicada
nas ciências humanas e sociais

THIRY-CHERQUES

FGV
EDITORA

Copyright © 2012 Hermano Roberto Thiry-Cherques

Direitos desta edição reservados à
EDITORA FGV
Rua Jornalista Orlando Dantas, 37
22231-010 — Rio de Janeiro, RJ — Brasil
Tels.: 0800-021-7777 — (21) 3799-4427
Fax: (21) 3799-4430
editora@fgv.br — pedidoseditora@fgv.br
www.fgv.br/editora

1ª edição — 2012

Impresso no Brasil | *Printed in Brazil*

Todos os direitos reservados. A reprodução não autorizada desta publicação, no todo ou em parte, constitui violação do copyright (Lei nº 9.610/98).

*Os conceitos emitidos neste livro são de inteira responsabilidade do autor.*

COORDENAÇÃO EDITORIAL E COPIDESQUE: Ronald Polito

REVISÃO: Clarisse Cintra e Marco Antonio Correa

DIAGRAMAÇÃO E PROJETO GRÁFICO: FA Editoração

CAPA: Darlan Carmo

Ficha catalográfica elaborada pela
Biblioteca Mario Henrique Simonsen/FGV

Thiry-Cherques, Hermano R.
  Conceitos e definições: o significado da pesquisa aplicada nas ciências humanas e sociais / Hermano Roberto Thiry-Cherques.
  - Rio de Janeiro : Editora FGV, 2012.
  420 p.

  Inclui bibliografia.
  ISBN:
  1. Conceitos. 2. Pesquisa – Metodologia. I. Fundação Getulio Vargas. II. Título.

CDD – 121.4

# Sumário

Apresentação 11

1 ■ O conceito de conceito 15
  Noção, ideia, termo 18

2 ■ Perspectivas filosóficas 25
  Conceito e essência: antecedentes 26
  O claro e o obscuro 28
  A tradição: o conceito como síntese definicional dos atributos 30
  Dificuldades de aplicação prática das teorias definicionais dos conceitos 33
  Externalismo e internalismo 40
  Ciência e filosofia 44
    Ciência 45
    Filosofia 46
  A perspectiva fundamental de Kant 49
    Procedência 49
    Categorias 51
    Categorias e juízos 56
    Conceitos empíricos 57
    Ideias 62
  A perspectiva dialética de Hegel 66
    O que é o conceito 66

Formação do conceito   69
Clarificação dos conceitos   72
A perspectiva fenomenológica   75
Parte 1 – O conceito como objeto   77
Parte 2 – A virada hermenêutica   83
A perspectiva analítica de Wittgenstein   107
   *Tractatus*   109
   O segundo Wittgenstein   113
   Conceito em Wittgenstein   131
Os conceitos na filosofia recente   148
   Chomsky   149
   Derrida   153
   Deleuze   157

3 ▌ **O conceito nas ciências humanas e sociais   161**
A *Verstehen* de Max Weber   163
   Os tipos-ideais e a compreensão   164
   A teoria   167
   Conceituação e julgamento   170
   A construção do tipo-ideal   171
   Significação   174
A história dos conceitos   176
   História dos conceitos e outras histórias: especificidades   177
   Os conceitos e história   180
   As técnicas interpretativas da história dos conceitos   182
   Conceitos no tempo: análise diacrônica   190
   Análise e interpretação: questões fundamentais   195
Conceito e cognição   200
   Abstração e representação   204
   Conceitos abertos e conceitos fechados   214
   Conteúdo mental e representação mental   216
   O conceito como protótipo   218

Similaridade, coerência, mediação e individualização 231
Atomismo conceitual e identificação teórica dos conceitos 244
Síntese 247

4 ▪ **Análise, crítica e formação do conceito 251**
Preceitos e questões gerais na formação e na crítica
dos conceitos 253
Do difuso e do estabelecido ao conceito científico 262
A intuição 263
Recensão 264
Identificação 270
Categorização 278
Abstração 282
Crítica das formas de apresentação 285
Sinopse dos quesitos 288

5 ▪ **Definições 291**
A definição de definição 291
As teorias da definição 294
Gregos e medievais 294
Renascentista 298
Genética 301
Lógica 303
Os tipos de definição 306
Definições nominais e reais 306
Definição e termos 308
Classificações das definições 312
Classificações operacionais das definições 316
Definições operativas e operacionismo 319
As condições da definição 321
Unívoca 321
Declaratória 322

Contextualizada 323
Convencional 324
Redutora 325
Preceitos gerais para a elaboração de definições 327
Do conceito à definição 329
(Re) Definição 330
Denominação 333
Verificação de significado 335
Delimitação 338
Depuração 341
Um roteiro para a definição 342

## 6 ∎ Tópicos em análise e crítica dos conceitos 345
Mapas conceituais 346
Descoberta e recepção 348
Procedimento 351
Um exemplo 353
Identificação de protótipos, arquétipos e estereótipos 355
Indicadores 359
Medida 360
Especificação e tipologia 362
Tipologia 363
Representatividade e domínio 366
Expressão 366
Domínio 367
Problemas de conceituação, de definição e correções 368
Passos para análise da significação dos indicadores 371
Generalização 373
As ciências humanas e sociais 374
A generalização empírica 375
A generalização hipotético-dedutiva 378
Operacionalismo 380

Probabilismo 381
Generalização confirmativa 382
Os limites da generalização 383

**Notas biográficas** 385

**Referências** 393

**Índice** 415

# Apresentação

Os conceitos são generalizações que permitem fixar o conhecimento e explicar a nós mesmos e aos outros o que descobrimos e o que propomos. Na vida cotidiana sabemos que dois conceitos são diferentes porque podemos estabelecer relações entre eles. Sabemos o que significam pelo aprendizado, a familiaridade e a circunstância. No contexto da pesquisa não é assim. Ao nos defrontarmos com o ignorado, com o obscuro, com o mal sabido, precisamos de um domínio técnico sobre a forma de ver, de registrar e de transmitir o que intuímos, percebemos, medimos. Os conceitos com que lidamos devem ter significado preciso, o que não acontece com os termos costumeiros, e as ideias teóricas estabelecidas devem ser adequadas, mas elas tendem a se sacralizar (*teoria* significa "eu vejo" — *orao* — "o divino" — *theion*), a se cristalizar como constituintes da reflexão que lhes deu origem.

Ao elaborarmos mentalmente um conceito, somos condicionados por nossas habilidades e limitações, pelo ambiente físico e pelo ambiente cultural em que estamos imersos com suas tradições, saberes e crenças. De modo que a formação e a crítica dos conceitos e de suas definições têm um componente psicológico, um componente cultural e um componente lógico. Neste livro nos ocuparemos deste último componente, o conjunto de procedimentos que tem lugar quando um termo é engendrado, analisado, criticado e deliberadamente definido em função das necessidades operacionais de investigações empíricas.

Criticar e formar conceitos, chegar a definições precisas não são tarefas fáceis: exigem um esforço consciente de análise e decantação. Os conceitos são os nossos instrumentos intelectuais por excelência, nossas armas na luta pela descoberta, pela compreensão, pela explicação, pela prova. Quando nos defrontamos com o objeto, pode ocorrer que esses instrumentos sejam inadequados para descrevê-lo. Como o guerreiro que se apresenta à batalha com a lança demasiadamente longa ou demasiadamente curta, vemos que as ferramentas conceituais de que dispomos não se aplicam à explicação do pensamento ou do fato. Devemos, então, deter o curso da pesquisa para reconstruir, reconceber, redefinir. Esta é a primeira vertente da utilidade do conceituar: a da crítica dos conceitos e de sua definição. A outra ocorre quando nos deparamos com algo verdadeiramente novo, quando a atividade de investigação não é um exercício inútil de revisão do já sabido, quando aquilo que encontramos deve ser concebido e definido.

Os conceitos são resultantes de processos mentais. Podem ser estudados por si mesmos ou como instrumentos de reflexão. Tomados por si mesmos, os conceitos se inserem nos campos da lógica, da psicologia e da neurofisiologia. Como instrumentos de reflexão, se inserem nos campos da filosofia da ciência, da metafísica, e de ciências particulares, como a linguística. A apreciação do conceito é mais do que uma discussão sobre significados e definições. Descreve o quadro referencial de um campo determinado de estudo e torna científicas noções imprecisas e vulgares. Serve tanto ao entendimento da lógica e dos valores presentes em um contexto espaçotemporal como à formulação de interpretações, teorias e proposições sobre esse contexto. Extrai seus fundamentos de disciplinas filosóficas e de saberes particulares e os articula em um modelo instrumental unificado.

## Apresentação

A demanda pela análise, crítica e formação conceitual nas ciências humanas e sociais deriva de duas teses epistemológicas: primeiro, a de que o ato de conceituar um objeto proporciona a evidência de sua possibilidade; segundo, a de que um objeto é concebível desde que não haja contradição lógica ou outra incompatibilidade que interfira em sua concepção. Ao sugerir um modelo para se lidar com conceitos, pretendemos construir um procedimento não invasivo que oferecesse a possibilidade de análises situacionais e de verificação de tendências nas ciências humanas e sociais.

Os métodos não invasivos (*unobtrusive research*) (Webb et al., 2000) fazem uso de técnicas em que o pesquisador se abstém de intervir diretamente sobre o contexto da investigação. Apresentam a vantagem de não induzirem respostas e não desviarem o curso dos acontecimentos habituais, como acontece com o experimento, com os levantamentos, com a aplicação de entrevistas e de questionários e com as pesquisas de campo, em que a presença do observador é inevitável. Os métodos não invasivos mais comuns são a análise de dados preexistentes, as pesquisas comparativas históricas e as análises de conteúdo (análises do discurso, do texto etc.). A crítica conceitual é similar a este último grupo, mas dele difere na medida em que as análises de conteúdo: i) procuram identificar padrões de expressão focando a temática abordada, enquanto a crítica conceitual se fixa nos termos isolados como expressão dos conceitos; ii) trabalham com a indexação de palavras-chave, sua contabilidade e contextualização, enquanto na análise conceitual alguns poucos termos — os conceitos básicos — são analisados comparativamente em relação a conceitos constantes em outros contextos, procurando-se entender seu significado no momento e na circunstância em que foram empregados; iii) utilizam técnicas quantitativas, normalmente com o apoio de softwares, para descrever as características dos textos, o que não faz sentido na crítica dos conceitos; iv) relegam a um plano secundário as definições, enquanto a análise conceitual tem nas definições seu desfecho e sua operacionalidade.

Para estabelecer um modelo genérico de formação e crítica dos conceitos percorremos um caminho que se inicia com algumas determinações básicas, continua com o exame da reflexão filosófica, objeto do capítulo 2 deste livro, tem sequência com as contribuições das ciências humanas e sociais, constantes no capítulo 3, e chega ao modelo operacional apresentado no capítulo 4. Esse modelo se completa com um roteiro de formulação de definições científicas que dão concretude e inteligibilidade aos conceitos, objeto do capítulo 5. Um grupo de tópicos subsidiários à análise conceitual é objeto do sexto e último capítulo do livro.

# 1 | O conceito de conceito

Os conceitos, dizem os lógicos, têm significância epistêmica e significância constitutiva. A primeira está referida à articulação em proposições e teorias; a segunda, à conexão com observáveis por regras de correspondência (Dumont e Wilson, 1967). No plano da significância epistêmica, a filosofia nos oferece uma gama ilimitada de conceitos. Mas esses conceitos raramente convêm diretamente à investigação empírica. Eles são adequados às análises ontológicas, axiológicas, gnosiológicas. O mesmo acontece com os conceitos empregados nas ciências exatas, que, sendo oriundos de campos específicos do conhecimento, "viajam" mal de uma esfera a outra, ganhando e perdendo sentido incontrolavelmente. Os conceitos que utilizamos nas ciências humanas e sociais têm origem profana. Como ocorre com a literatura, que, ao contrário da música e das outras artes, utiliza a mesma linguagem que todos utilizamos, os saberes sociais e humanos não têm idioma próprio, não têm um léxico como o da lógica, o das matemáticas ou o da física: o que têm a dizer é expresso em termos comuns. Mas as noções de uso cotidiano são demasiadamente vagas para serem úteis às investigações científicas. Daí que nos vejamos constantemente obrigados a fixar, criticar, criar e definir os conceitos com que lidamos.

No plano da significância constitutiva, a menos que saibamos o que vamos encontrar — o que invalidaria, *a priori*, o propósito de qualquer pesquisa —, a investigação sobre o humano e o social é uma aventura em torno de conceitos. Uma aventura que se estende desde a simples verificação do já sabido até a criação de uma nova teoria. Neste movimento podemos descobrir que existem outras coisas, outras facetas do real que precisam ser entendidas. No processo de buscar a explicação do que aí está, levamos o nosso quadro de referências (ninguém mais pratica ou sustenta a possibilidade do empirismo puro) para construirmos nossas teorias, nossas explanações. Se pretendermos nos dedicar seriamente à pesquisa, será preciso que os conceitos com que operamos sejam específicos, rigorosos e claros. As conclusões de pesquisas baseadas em conceitos confusos levam a resultados tão confusos quanto os conceitos sobre as quais se apoiam.

Talvez a tarefa mais espinhosa da crítica e da formação dos conceitos seja a de nos livrarmos das ideias estabelecidas, dos préconceitos. Em um ensaio que se constituiu em marco da história do pensamento, Quentin Skinner (1969) chamou a atenção para o fato de que várias correntes históricas incorrem no erro do anacronismo, ou seja, de imputarem a autores e obras significados que não poderiam ter tido em seus contextos originais de produção. Criaram-se, assim, mitologias, narrativas que contêm pensamentos que ninguém jamais pensou (Jasmim, 2005). Trabalhando em outro contexto e circunstância, o da semiologia, Umberto Eco (1984) denominou de *ucronias*, isto é, utopias de trás para a frente, narrativas do tipo "o que teria acontecido se César não tivesse sido apunhalado". Os anacronismos e as *ucronias* são ilusões que nos fazem dispor os conceitos fora do contexto espaçotemporal a que pertencem. Este deslocamento é um risco constante e um equívoco frequente nas pesquisas em que o discurso e a linguagem, o verbalizado e o omitido são esteios de análises e interpretações. O que Marx pensou quando escreveu o termo "classe", o que Bill Gates refletiu há décadas sobre o conceito de "software", o que o entrevistado da esquina quer dizer quando se refere à "comunidade", é impossível de ser transposto, definido ou mesmo entendido sem uma análise e sem uma crítica conceitual. A formação e a crítica do conceito se dão em duas chaves. A primeira, da adequação, consiste em verificar se o conceito se ajusta ao referente. A segunda, a da comparação, consiste em confrontar o conceito criado ou estabelecido com outras possibilidades. Trata-se de praticar um exercício de contraindução, isto é, recorrer a hipóteses que contradizem intuições, teorias confirmadas, situações aparentemente óbvias, ou resultados experimentais estabelecidos, mediante a introdução de dúvidas sobre o sistema conceitual, de perturbação do consagrado, ou da alteração dos paradigmas para ver se resistem à análise. O conceito indutivo que temos de /movimento/ está preso a um ponto de referência estável. Inferimos intuitiva e indutivamente, pelo conhecimento que temos das leis básicas da física, que uma pedra lançada da altura de um homem deve percorrer de um a dois metros até atingir o chão. Mas não é isso o que ocorre. O conceito correto, científico e contraindutivo é que, graças ao movimento da Terra, uma pedra lançada da altura de um homem percorre centenas ou milhares de metros até atingir o chão (Feyerabend, 1977:124).

A contraindução é extremamente efetiva na crítica aos conceitos estabelecidos no campo das ciências humanas e sociais. Por exemplo: todos têm por certo que a democracia é o sistema político em que o governo é eleito pela maioria da população. Mas essa definição seria correta? Nem sempre. Na Grécia clássica, a democracia foi o sistema político em que o governo era baseado no *demos*, a população qualificada, e em que os dirigentes eram escolhidos por sorteio, não o sistema em que o governantes são escolhidos pelo voto da massa do povo, a jamais efetivada oclocracia.

Estas confusões e incompletudes ocorrem porque, infelizmente, as menções que encontramos habitualmente sobre os conceitos nas ciências humanas e sociais se atêm aos sistemas classificatórios, à lógica de agrupamento. A classificação é um dos passos dos processos de análise (do gr. *ana-lúen*, separação) e de formação (dar forma a) de conceitos, mas está longe de substituir a totalidade do processo. Além da classificação, são requerimentos básicos da pesquisa cientificamente fundamentada o entendimento cabal dos conceitos da disciplina particular em que ela se insere, a adequação dos conceitos transpostos de outras áreas do saber e de outros contextos, a invenção de conceitos que deem conta das singularidades da investigação e do investigado e a especificação do significado do conceito em uma definição. No limite, este processo se funda na compreensão do que vem a ser, efetivamente, um conceito.

## Noção, ideia, termo

O conceito significa coisas diferentes em diferentes disciplinas. Para os lógicos, o conceito é abstrato, é algo designado por um artigo definido: "*o* cavalo", "*a* organização", enquanto um objeto qualquer é designado por um artigo indefinido singular: "*um* cavalo", "*uma* organização". Nas disciplinas particulares existe uma confusão decorrente de que a palavra "conceito" tem sido empregada para significar uma noção, uma ideia, um termo. Tem sido utilizada também como tradução da palavra grega *logos*. Já que não existem sinônimos nem traduções perfeitas, essa diversidade de acepções complica ainda mais uma coisa que não é simples. O fato é que as noções, as ideias e os termos não são conceitos, embora estejam diretamente vinculados a conceitos.

A /*noção*/ é a notícia imediata de um conteúdo. Tende a ser elementar e superficial. O processo de formação dos conceitos consiste justamente em tomar uma noção, uma intuição sensível, uma intuição intelectual, ou como quer que chamemos o que nos é apresentado imediatamente, e dar-lhe uma forma definida que torne esse significado inteligível e transmissível.

Não há, na história do pensamento, um entendimento homogêneo do que vem a ser uma /ideia/. Para muitos, desde Platão, /ideia/ é o objeto de uma visão ou intuição mental de algo imutável e completo. Os modernos, como Descartes, consideravam /ideia/ o conteúdo do pensamento. Os idealistas, como Hegel, deram à Ideia, com maiúscula, o estatuto do absoluto, que reúne a realidade e o conceito, a subjetividade e a objetividade. Na fenomenologia, as ideias encarnam o polo objetivo noemático contra o polo subjetivo noético. Por essas e outras razões, a palavra "ideia" deve ser evitada quando discutimos a crítica e a formação dos conceitos, a menos, é claro, que pretendamos mergulhar nas águas profundas da inquirição filosófica.

O /termo/, a palavra, o discurso ou o signo, é a expressão comunicacional do conceito. É aquilo que definimos. O conceito é o conteúdo significativo de determinadas palavras, ou melhor, de determinados termos. Há conceitos para os quais não temos palavras, para os quais não temos signos, como há signos sem sentido, sem significação. Denominamos signos qualquer objeto, forma ou fenômeno que remete para algo diferente de si mesmo. As palavras são signos linguísticos, os sinais de trânsito são signos visuais e assim por diante. O estudo dos signos constitui o campo da semiologia ou da semiótica. Em nossa análise da formação dos conceitos preferimos utilizar o vocábulo /termo/ ao vocábulo /signo/ para evitar invadir prematuramente o vasto e complexo terreno da semiologia. Nós o examinaremos mais adiante, no capítulo dedicado às definições. Basta para os nossos propósitos imediatos o entendimento de que o processo de semiose consiste em dar ou em descobrir um signo de um objeto ou referente, e de que este é um processo complementar ao da formulação do conceito, que consiste em descobrir ou em criar um conteúdo com significado.

Distinguindo-se de /noção/, de /ideia/ e de /termo/, o "conceito" é uma representação mental de uma unidade de significado referido a um objeto. O conceito é, ou deve ser, definível, isto é, deve poder ser expresso mediante um discurso. "Temos" o conceito de algo — o objeto ou o referente $x$ — se e quando estamos aptos a identificar $x$ ou casos de $x$. Devemos ser capazes de distinguir $x$ de não $x$ e de reconhecer $x$ como $x$. O objeto $x$ pode ser único ou um conjunto de objetos. Pode ser um objeto real ou um objeto ideal, um objeto concreto ou abstrato (Priest, 1991).

O conceito se refere a um objeto, mas não é o objeto nem o reproduz. É uma unidade de significado que junto a outra forma um juízo. É diferente do objeto que expressa e da palavra com que é expresso. O termo "empresa" e o conceito /empresa/ não são uma empresa nem são a reprodução de uma empresa. Quer isso dizer que os conceitos não podem ser submetidos à prova porque não negam nem afirmam nada. A crítica do conceito se limita a determinar se ele é exato ou vago, aplicável ou inaplicável, frutífero ou estéril. A crítica da definição se limita a determinar se ela é inteligível ou não, e a inventariar o domínio de sua validade e a adequação do termo ao conceito.

O termo é um nome, enquanto o conceito é aquilo a que se refere um predicado. Os conceitos são unidades de significado. São a base do *logos*, do discurso racional, mas não são o *logos*. Os conceitos servem para construirmos proposições, isto é, declarações em que dizemos algo sobre um ou mais objetos. Uma proposição pode ser falsa ou verdadeira, ser comprovada ou não. Daí que conceitos e proposições sejam coisas diferentes, embora frequentemente confundidos um com o outro. Por exemplo, quando dizemos que o executivo $x$ é competente, não estamos conceituando o executivo $x$. Estamos emitindo uma proposição a respeito de um executivo em particular. Nessa proposição utilizamos vários conceitos: o de /executivo/, o de /competente/ e o conceito

O conceito de conceito                               21

de /é/. O termo /é/ é uma cópula: une sujeito e predicado. Na proposição: o executivo *x* é o sucessor de *y*, a cópula /é/ é uma identidade. Na proposição: o executivo *x* é tão competente quanto *y*, a cópula /é/ é uma igualdade. Na proposição: o executivo *x* é engenheiro, a cópula /é/ é uma inclusão de classe (a classe das pessoas que se formaram em engenharia). Há outras possibilidades (Bunge, 1999).

Utilizamos o exemplo visto não como pode parecer, para embaraçar o leitor, mas para ressaltar que, quando emitimos qualquer proposição, podemos estar nos referindo a vários conceitos de /é/ e a vários conteúdos de significado para o termo /executivo/. Um dos problemas mais frequentes em pesquisa é, justamente, que tendemos a esquecer este detalhe, tendemos a emitir enunciados imprecisos, indefinidos, ou, pior, enunciados baseados em conceitos confusos ou vazios de significado.

Muitos conceitos perdem significado devido ao uso abusivo que fazemos deles, como aconteceu com o conceito de /desenvolvimento/, que ninguém mais sabe ao certo o que significa. Outros conceitos são viciados na origem, por sua má formação, como o conceito de /perfeita/ na expressão /concorrência perfeita/ ("perfeito" é o que é total, o que é *per-fectus*, feito inteiramente). Outros conceitos, ainda, são utilizados de forma equívoca. É o caso de conceitos precisos, como o de /responsabilidade/ (responder por), que é usado como sinônimo de /obrigação/ (atado a). Alguns desses maus usos derivam da ignorância, outros da negligência, outros, ainda, do servilismo cultural, como no caso da utilização do termo /assumir/ (apropriar-se), mal traduzido do inglês para significar o verbo /admitir/ (reconhecer que). Existem conceitos, por outro lado, que, conforme o contexto, recebem múltiplos significados, como /globalização/, que conota ou denota internacionalização da economia (Europa Central, América Latina), universalização do modo de vida ocidental ou americano (Ásia), integração global da mídia e dos fluxos de informação (EUA), consolidação de instâncias econômicas e comerciais supranacionais (América Latina), homogeneização cultural, mediante a imposição dos valores norte-americanos (França, Itália), universalização da forma econômica do liberalismo (Ásia, EUA), cristalização da economia capitalista global (EUA). Essas acepções podem ser arranjadas entre si de várias formas, o que multiplica e confunde ainda mais os entendimentos (Robertson e Khondker, 1998).

Há que se tomar cuidado até quando utilizamos fontes aparentemente isentas. Também no mundo dos mais altos saberes existem proposições, geralmente classificadas como "difíceis" ou "complexas" que, na verdade, são ininteligíveis, são fruto de erros, de falhas de expressão e da arrogância intelectual. Por exemplo, algumas expressões de Heidegger não querem dizer nada, como *Die Welt Welted* (o mundo mundeia), que não tem nenhum significado (Bunge, 1999). Como não podemos estar permanentemente fazendo a crítica dos grandes mestres, nos louvamos em seus discípulos. Outro risco, porque os discípulos e seguidores, por falta de senso ou por sabujice, "inventam" significados para termos que não entendem, que não fazem sentido, ou que não se ajustam ao que professam.

As dificuldades inerentes à crítica conceitual também não são desprezíveis. O vocabulário sobre conceitos é bastante intricado. O /conceito/ recebe várias denominações, como as de "significado", "sentido" e "conotado" (na lógica indutivista de Mill). O objeto a que ele se refere também é chamado de referente (pela semiótica), de significado (na lógica de Frege) e de denotado (na lógica de Russell). Finalmente, o termo, em geral uma palavra, também recebe a denominação de significante (semiologia), de expressão e de signo (na semiótica de Peirce). Mas, qualquer que seja a abordagem ou o termo designativo, o conceito é uma unidade de significação, um conteúdo com sentido, uma representação de um objeto no intelecto.

Todo conceito tem uma *conotação*, isto é, tem notas características que o distingue, também chamada de *intensão* (com s), e tem uma *denotação*, que é o objeto ou são os objetos designados pelo conceito, que formam sua *extensão*. As conotações e denotações se referem a objetos reais (a cadeira, a montanha etc.), ideais (mentais: o amor, a dor etc.), metafísicos (o ser, o tempo etc.), lógicos (igualdade, semelhança, cópula etc.), axiológicos (belo, mau etc.) e aos próprios conceitos. O conceito se refere a um objeto determinado dentro de um domínio limitado (ele é mais ou é menos específico). Quando maior a extensão, maior o nível de abstração do conceito. O conceito /cavalo/ é mais extenso do que o conceito /pangaré/. Quer dizer que abstraímos um número maior de características dos cavalos no termo /cavalo/, que significa todos os cavalos, do que com o termo /pangaré/, que significa somente os cavalos ordinários, de pouca força. De modo que há uma hierarquia formada pelos conceitos individuais (relativos a *um* único objeto), de espécie (relativos a uma coleção *específica* de objetos) e de gênero (relativos a uma coleção geral [*genérica*] de objetos).

★ ★ ★

Nestas primeiras considerações sobre os conceitos e suas definições estabelecemos a conotação do termo "conceito" como uma representação mental de uma unidade de significado referida a um objeto. Vimos tratar-se de um objeto abstrato, diferente da /noção/ e da /ideia/ que deve ser passível de expressão por um termo definido. Vimos, também, que todo conceito tem um conteúdo, nem sempre fácil de compreender com clareza e de definir adequadamente. Agora, na busca de um instrumento prático de crítica dos conceitos, daremos um passo que pode afigurar-se paradoxal: examinaremos as mais profundas e complexas reflexões sobre os conceitos, aquelas que antecedem todas as demais: as reflexões filosóficas.

# 2 | Perspectivas filosóficas

As teorias filosóficas tradicionais sustentam que todo conceito, particularmente os conceitos léxicos (que correspondem a morfemas singulares), tem uma estrutura definicional, ou seja, reúne os atributos necessários e suficientes para sua definição: seus atributos equivalem ou indicam sua definição.

*Atributos* ou *predicados* são as notas características de um conceito. A denominação tem origem na escolástica quando /atributo/ designava os "nomes de Deus", as Suas perfeições: unidade, verdade, bondade, onipotência etc. Porfírio estendeu a conotação às qualidades ou modos dos "cinco universais": gênero, espécie, diferença, próprio e acidente. Na atualidade, denomina-se /atributo/ o que está ligado pelo conceito pela cópula /é/. Por exemplo: o ser humano *é* racional, *é* mamífero, *é* mortal... Para as teorias definicionais, é a forma pela qual o conceito se autodefine, bastando, para se alcançar um conceito claro e distinto, determinar seus atributos essenciais.

A essência imutável dos conceitos é um sonho que não sobreviveu à pós-modernidade. As rupturas, as diferenças ou, como dizia Foucault, as descontinuidades da história humana minaram as convicções sobre a causalidade, os efeitos e o destino tão caro aos antigos e aos modernos. Mas isso não quer dizer que os atributos dos conceitos deixaram de ser relevantes. Devemos a maior parte do que sabemos hoje sobre os conceitos, e também das nossas dúvidas, à busca dos atributos essenciais.

## Conceito e essência: antecedentes

A procura da essencialidade das unidades de significado atravessou séculos. Ganhou contribuições e suportou desvios, até chegarmos ao entendimento que temos do termo "conceito". Os conceitos não são hoje exatamente o que foram no passado. Os lógicos de todas as extrações propuseram diferentes tipologias para a classificação dos conceitos e o próprio entendimento do que vem a ser um conceito tem variado com o tempo.

Para os gregos, /conceito/ era um *Universal*, era o elemento que determina ou define a natureza de uma entidade, que declara sua *ousia*, sua essência. O universal é o que é comum aos membros de um conjunto homogêneo. A essência daquilo que é próprio de muitos, como /racional/ dito do ser humano. Para Sócrates, o conceito era o *logos*, o discurso racional. Era dado por uma definição que abstraía a opinião e a acidentalidade da experiência. Para Platão, já vimos, o conceito se confundia com o conhecimento da Ideia. O conceito é uma ideia particular sobre uma multiplicidade de coisas (Platão, 1981f:X, 1, 596) que é reduzida pelo raciocínio à unidade (Platão, 1981b:XXIX, 249). De modo que as coisas têm uma essência intelectual (Platão, 1981a:V, 386), havendo uma *Ideia* para cada espécie de coisas (Platão, 1981d:IV, 130). Para Aristóteles o conceito era o conhecimento da essência de um objeto. Ele pensava que a mente forja o conceito abstraindo os acidentes, aquilo que não é essencial em uma ideia ou em uma percepção (Deslauriers, 2007).

Os escolásticos diziam aproximadamente a mesma coisa que Aristóteles. Para eles, o conceito era a *notio*, a noção, que podia ser formal (o termo com que o entendimento concebe uma coisa ou um ente a razão, um *ens rationis*, quando pensamos uma pessoa ou um triângulo, por exemplo) ou podia ser objetiva (a coisa mesma ou o ente da razão mesmo; a pessoa pensada ou o triângulo pensado). Simples, mas nem tanto. Essa pequena diferença é a raiz da

# Perspectivas filosóficas 27

querela entre os nominalistas e os realistas, uma disputa que vem da Antiguidade, amargura a Idade Média e chega até nossos dias.

A dicotomia *realismo-nominalismo* é a seguinte: para os realistas clássicos, os pensadores que achavam, como os realistas contemporâneos também acham, que a mente humana está equipada para conhecer os entes que existem fora dela, o conceito é o caminho para apreender a propriedade das coisas. As coisas são o que os conceitos dizem que elas são. Eles consideram os objetos, mesmo os objetos abstratos, como a /Ordem dos Franciscanos/, como tendo uma realidade não conceitual. No outro extremo temos os nominalistas, que se opuseram (como ainda se opõem) aos realistas. Acreditavam e acreditam que os universais, os /seres humanos/, por exemplo, são simples nomes. Eles sustentavam e sustentam que o conceito ou um universal não tem uma essência, é apenas um termo da linguagem, um nome. Esta a posição de Górgias, de Epicuro, dos estoicos, que distinguem o som da palavra ou *phone* do sentido emitido pelo som, o *lektón*. É a posição de Roscelino, que afirmou que os universais não passam de *flatus vocis*, de Occam, que disse que o *nomem* só tem sentido por convenção.

Essa polêmica anima e informa a questão sobre os conceitos até os empiristas, como Hume, como Berkeley, que tomaram o conceito como conotação psicológica, como algo que se forma, por associação, a partir de perceptos, dos conteúdos da percepção. Eles acreditavam que todo o conhecimento advém das sensações. Atribuíram a significação do conceito às /imagens/ (lembranças de sensações), associada a uma palavra de acordo com o hábito e a experiência. Mais recentemente, Goodman e Quine (1947) sustentaram que os predicados abstratos só têm sentido quando redutíveis a predicados de indivíduos. Quine (1969) chamou a atenção para a progressão psicológica e social do conceito desde uma concepção baseada em similaridade imediata até uma base mais objetiva ou científica. No limite, temos os céticos, que iam (vão) mais fundo: pensam que não podemos ter certeza que as coisas são o que declaramos. Que os conceitos e os termos que utilizamos para designá-los são entidades diferentes. Por seu lado, os intelectualistas, Descartes à frente, mas também Leibniz, deram uma conotação metafísica ao conceito. Fizeram do conceito uma /Ideia/, uma realidade existente *per se*, mas da ordem do inteligível e não do sensível, uma posição que persiste.

## O claro e o obscuro

Estas discussões giravam, e continuam girando, em torno da elucidação, da busca de clareza. Embora não estejam de acordo, todos se opõem ao conceito obscuro, o conceito que não permite distinguir com nitidez um objeto de outro. O termo "claro" tornou-se central nas discussões filosóficas depois que Descartes (1989a) o fez figurar na primeira regra do Método, que reza que não se deve admitir nada, a menos que o objeto se apresente à mente clara e distintamente. Os escolásticos consideravam que um conceito é claro quando permite distinguir o objeto de outros objetos. Mas, no entanto, essa distinção não é sempre clara. A expressão cartesiana "claro e distinto" — oriunda da declaração em que consta o propósito de rever "as noções que estão em nós e aceitar como verdadeiras somente aquelas que se apresentarem clara e distintamente ao nosso entendimento" (Descartes, 1989b) — procede de que um conceito pode ser claro e indistinto. Isso ocorre quando as notas características que o distinguem não estão contidas no conceito.

No *Discurso de metafísica*, Leibniz (1974) escreveu que um conhecimento é claro quando se pode distinguir um objeto entre outros ainda que seja indistintamente, isto é, ainda que não se possa dizer em que consistem suas diferenças e propriedades. O substantivo *Begriff*, utilizado por Leibniz, que aparece na literatura filosófica no final do século XVII, tem a mesma raiz do termo latino *concipere*: tomar para si. O conceito, aquilo que foi concebido, é algo que o entendimento toma para si, que concebemos ou identificamos e que podemos, por isto, representar. Com essa acepção, o conceito passa a ser a representação de um objeto, uma representação que pode ser classificada segundo: i) a clareza; ii) a precisão; iii) a completude; iv) a adequação.

Foi, talvez, Leibniz o primeiro a utilizar a palavra "conceito" na forma aproximada que utilizamos hoje: o de produto de uma concepção. Ele procurava resolver uma antiga dificuldade a respeito da clareza na filosofia, que se expressa assim: os objetos sobre os quais refletimos ou bem vêm do mundo empírico, passam pelos sentidos e chegam até a nossa mente como noções, ou bem vêm do nosso próprio pensamento, vêm do intelecto para se oferecerem, como ideias abstratas, à reflexão. O problema, que data de Aristóteles, é o seguinte: quando pensamos, derivamos o percebido do pensado ou, ao contrário, derivamos o pensado do percebido? Ou seja, quem domina o pensamento? A *noiesis*, a forma sensível que percebemos, ou a *aisthesis*, a forma inteligível que pensamos? Existem duas respostas: o racionalismo deriva o percebido do pensado enquanto o empiricismo deriva o pensado do percebido. Leibniz resolve, ou contorna, a obscuridade dessa discrepância dizendo que tanto o percebido como o pensado formam conceitos, que os conceitos procedem tanto do mundo empírico como do mundo do intelecto. Existiriam conceitos *a priori*, isto é, conhecimentos que não são apresentados pela experiência nem derivados por inferência da experiência.

Essa solução não satisfez aos empiricistas, que argumentam que proposições que contêm ideias não empíricas expressam unicamente relações entre conceitos, expressam conhecimentos acerca dos conceitos e não conhecimento substancial acerca do mundo real. No século XX, pensadores como Ayer (1991) sustentaram que uma proposição só pode ser conhecida *a priori* se for analítica, isto é, verdadeira em virtude do sentido dos termos nela contidos e não em virtude do modo como o mundo é. O argumento é bom, no entanto insuficiente. Parece haver conhecimento *a priori*: sabemos, sem termos experimentado, que um objeto não pode ser verde e vermelho ao mesmo tempo. A experiência nos confirma que isso é verdade, mas não existe nada na experiência que nos diga que um objeto não pode ser assim. Kripke (1975) explicou que os conceitos *a priori* podem ser conhecimento, porque da mesma maneira que sabemos, pela experiência particular de termos visto muitos corvos, que todos os corvos são negros, podemos saber, pela razão particular, que um objeto com determinadas características, por exemplo, feito de madeira, não pode ter simultaneamente características conflitantes, como ser feito de gelo. Enfim, Quine (1969) diz que não há uma linha divisória, muito menos uma razão para que nos esforcemos para procurar saber se este ou aquele conhecimento é *a priori* ou empírico. Pode haver distinções de grau, mas todo conhecimento é mais ou menos empírico (Dancy, 2002).

## A tradição: o conceito como síntese definicional dos atributos

Para chegarmos à compreensão dos elementos implicados na crítica conceitual, iniciaremos nossa análise com a vertente tradicionalista sobre conceitos, a que sustenta que todo conceito, particularmente o conceito léxico, tem uma estrutura definicional, isto é, reúne os atributos necessários e suficientes para sua definição. Conceitos léxicos são conceitos como /pássaro/, /mordida/, /manhã/, que correspondem a itens léxicos (morfemas singulares) em uma linguagem natural. Existiria uma ligação imediata entre o conceito e a palavra que o exprime. Embora os conceitos léxicos não incluam conceitos simples, como /gato preto/, incluem representações complexas, que pouco diferem de proposições, como o conceito /pirâmide/, que, com toda a carga cultural, matemática, política que encerra, é seguramente mais complexo do que o de uma proposição do tipo /o pássaro vermelho que está sobre a casa/.

Estas teorias definicionais tomam o conceito como *predicativo* ou como *inferencial*: seus atributos equivalem ou indicam sua definição. No modelo predicativo, o conceito é um complexo estruturado de outros conceitos. Neste caso, o conceito $C$ é composto dos conceitos $x$, $y$ e $z$. Ocorrendo $C$, necessariamente ocorrem $x$, $y$ e $z$ e vice-versa. O conceito /cadeira/ é composto dos conceitos /assento/, /espaldar/ e /pernas/. No modelo inferencial, o conceito é um complexo de outros conceitos quando e se essa disposição é inferencial. O conceito "$C$" é inferido dos conceitos "$x$", "$y$" e "$z$". Por exemplo, o conceito /colorido/ é inferido do conceito /vermelho/, mas pode ocorrer sem que /vermelho/ ocorra. Se o conceito tem uma estrutura definicional, isto é, uma representação complexa constitutiva dos atributos que reúnem as condições necessárias e suficientes para sua aplicação, então a aquisição dos conceitos se dá pelo consórcio de seus atributos. As características primárias dos conceitos sendo sensoriais ou perceptuais, o conceito é adquirido pelo entendimento do conjunto de casos em que seus atributos essenciais estão presentes.

Entre as teorias tradicionais, as mais influentes são as empiricistas, que consideram o conceito como composto de características que expressam propriedades sensoriais. É a concepção dos gregos, mas também do renascentista John Locke (1952:II, XXIII, 214), quando sustentou que um conceito como /ouro/ tem uma essência real desconhecida, seu *substratun*, e uma essência nominal, que o define por seus atributos (amarelo, pesado, fúsil...). Para Locke (1952:II, XII, 148), mesmo "as mais abstrusas ideias" (*most abstruse ideas*), oriundas seja dos sentidos, seja da operação de nossa mente, são associações de ideias simples. Essa também é a posição de lógicos modernos, como Carnap (1990), que disse ser possível especificar o significado das palavras pela redução a outras palavras (definição), o significado do conceito sendo dado por sua constituição, isto é, pela definição ou declaração dos seus atributos. Ele sustentou ser possível estabelecer o limite entre significação e não significação dos conceitos mediante procedimentos fundamentados (não arbitrários), mas somente no âmbito da lógica formal e para conceitos teóricos.

A categorização, na visão tradicional, é um corolário da ontogenia do conceito, isto é, alguma coisa é julgada como sendo o caso de um conceito se e quando compreende suas características ou atributos. Este o pensamento de Ryle (1979), para quem a categoria precede o uso dos conceitos e a categorização corresponde aos modos convencionais que precedem o uso do termo. É um processo de checagem, de verificar se o objeto em análise é um caso que satisfaz os itens que compõem o conceito. O conceito justifica-se epistemicamente na medida em que os componentes do conceito proveem sua definição ($x_{def}$ = composto de $a, b, c...$) e possibilita inferências analíticas, inferências baseadas no significado dos itens constituintes de uma proposição. Por exemplo: Pedro é solteiro. Pedro é um homem não casado. Pedro é um homem. O silogismo é inteligível nos termos tradicionais, em que o conceito é predicativo ou inferencial.

A seguir a orientação definicional para o conceito, a questão que devemos responder em uma analítica conceitual é a de saber que conceitos primários compõem o conceito em estudo. Mas isso, que em teoria parece simples e imediato, é um processo cheio de complexidades, mediações, barreiras e dificuldades quando se trata de pesquisa empírica.

## Dificuldades de aplicação prática das teorias definicionais dos conceitos

O principal problema do entendimento definicional dos conceitos para aplicação prática é o da redução ao infinito: além do fato de nem todo conceito ter origem sensível ou perceptual, dificilmente um conceito complexo pode ser reduzido a seus atributos porque estes também são conceitos que devem ser reduzidos e assim indefinidamente. Por exemplo: /trabalho/ = "esforço produtivo" implica definir /esforço/ = "dispêndio de energia humana", o que implica definir /energia/... e assim por diante. Mesmo conceitos simples, como /cadeira/, podem ser decompostos: objeto, físico, não vivente, artefato, móvel, portátil, com pernas, com espaldar, com assento, para uma pessoa... Cada uma dessas características podendo ser reduzidas a outras, sensoriais ou não, como o fato cultural de os indígenas brasileiros não conhecerem a cadeira (só bancos). A redução ao infinito leva a uma primeira ressalva quanto à descrição dos atributos de conceito: há que suspender a série de definições em um ponto cuja determinação é imprecisa, porque não há meio externo de determiná-lo que não seja a razoabilidade.

Além da redução ao infinito na descrição dos atributos, as teorias que postulam uma estrutura definicional para os conceitos têm papel explicativo reduzido em aplicações práticas por três razões fundamentais: i) o denominado problema platônico ou dos indefiníveis; ii) o problema da analiticidade ou da impossibilidade de verificação isenta das definições dos conceitos. iii) o problema da ignorância ou da impossibilidade de garantir a veracidade dos conceitos.

### Indefiníveis

O problema platônico é o de que a definição de conceitos como /conhecimento/, /justiça/, /bem/ etc. é impossível em termos sensoriais. O assim denominado problema dos indefiníveis está longe de ser resolvido. Um conceito central, como /consciência/, continua problemático. A consciência é um mistério. Até hoje ninguém pode, mesmo que especulativamente, explicar como podemos chegar a ter consciência, ainda que de um objeto físico simples, como uma pedra. A consciência não é analisável. Conhecemos razoavelmente os mecanismos da percepção, da memória, das emoções, da reflexão, mas existe um intervalo conceitual não resolvido entre um objeto chegar à consciência e o ter-se consciência do objeto, porque desconhecemos totalmente sua natureza. As polêmicas em torno de como suprimir esse intervalo são ácidas e, até o momento, improfícuas (Block e Stalnaker, 1999).

Os filósofos contemporâneos desenvolveram técnicas de apreciação semântica para formular julgamentos que evitam as consequências contraintuitivas, como a de conhecer *a priori* os atributos essenciais de objetos ainda não estudados. Dirigem seus esforços para o que as nossas palavras e pensamentos representam. Tentam chegar à especificação do referente do conceito — isto é, do objeto, coisa, ideia ou propriedade — com base unicamente em respostas intuitivas. Mas as dificuldades a serem superadas são imensas.

Platão definiu /conhecimento/ como "crença verdadeira justificada". Essa definição durou séculos, mas a discussão em torno dela mostrou que é impossível de ser operacionalizada. Gettier (1963), por exemplo, mostrou que podemos ter uma crença verdadeira e justificada e não termos conhecimento verdadeiro, relatando o seguinte caso: Imagine que você assistiu a um jogo de tênis pela televisão em que o jogador *A* vence o jogador *B*. O jogo de fato transcorreu no momento em que você o assista na televisão e de fato o jogador *A* venceu. Mas, por coincidência, o que você assistiu era um teipe do jogo do ano anterior, com os mesmos jogadores e com o mesmo resultado. Sua crença é verdadeira e justificada, mas seu conhecimento não é um conhecimento verdadeiro.

O experimento de Gettier é paradigmático: o analista não pode deixar de notar não ser possível um conhecimento pré-teorético sobre o conceito /conhecimento/ e concluir que uma crença verdadeira não é suficiente para instanciar o conhecimento. O estudo *a priori* dos conceitos segue como um dos instrumentos mais poderosos da filosofia, mas não na forma secular. À diferença dos verificacionistas tradicionais, os analistas da atualidade não pretendem que tenhamos acesso à natureza essencial dos objetos. Sustentam que temos acesso somente à forma como as palavras e os pensamentos se estabeleceram, posição que desloca o eixo das preocupações sobre a falibilidade do entendimento das essências para o da falibilidade das condições de fixação de referências (Schroeter, 2004).

## Analiticidade

O mais forte argumento contra a visão tradicional dos conceitos universais e a possibilidade de sua definição foi dado por Wittgenstein (1998h:133), ao listar inúmeros contraexemplos para a definição de /jogo/: competição (a paciência é um jogo de um único jogador); ter um vencedor e um vencido (jogar bola contra um muro) etc. O problema dos indefiníveis nos leva a uma segunda ressalva quanto à descrição dos atributos de um conceito: a da analiticidade, ao fato de que há conceitos que, ao não admitirem definições sensoriais, podem levar a imprecisões, mais do que ao esclarecimento, ao descrevermos seus atributos.

A questão da analiticidade foi levantada por Quine (1969), ao demonstrar a inconsistência do fundamento basilar do positivismo lógico, que se coloca da seguinte maneira: as proposições com sentido são as que podem ser objeto de verificação, daí que o significado das proposições deve ser identificado com as condições de verificação. Ora, a verificação depende da analiticidade do conceito, isto é, da ligação entre o observável e sua expressão. As expressões, para serem inquestionáveis, devem ser tautológicas (o triangulo tem três lados) ou necessárias (a menor distância entre dois pontos é uma linha reta). Argumenta Quine que a analiticidade, como dogma, implica que todo enunciado verdadeiro, como o enunciado "toda a coisa é igual a si mesma" ou como "todo solteiro não é casado", não constitui, necessariamente, identidade: a classe dos solteiros não é idêntica à dos não casados (que inclui os viúvos). Além disso, para que os enunciados que afirmam a identidade sejam logicamente necessários seria preciso que o conceito de "necessário" fosse inquestionável, e não, como de fato ocorre, que fosse definido como o contrário de /contingente/, o que leva a um círculo vicioso de definições sobre definições, recaindo no caso do regresso ao infinito.

Quine sustenta que não é logicamente possível estabelecer um conjunto isolado de condições de confirmações necessárias para os conceitos; de um lado, porque não existem condições que sejam completamente isoláveis: a teoria do evolucionismo biológico de Darwin não poderia ter sido demonstrada se o deslocamento das placas tectônicas não tivesse isolado geograficamente ilhas e continentes. De outro, porque proposições, princípios, teorias e conceitos definidos analiticamente sempre podem ser rejeitados pela evolução do conhecimento: a definição da linha reta como a menor distância entre dois pontos, por exemplo, não resistiu à evidência de que o Universo não é euclidiano.

A rejeição da analiticidade, da conexão necessária entre conceito e sua expressão, está na raiz do ceticismo de muitas correntes filosóficas sobre a validade epistêmica da análise definicional. A possibilidade de revisão de qualquer proposição analítica levou filósofos como Putnam (1962) a descrer totalmente de sua validade. Mas alguns autores (Lawrence e Margolis, 1999:21), notadamente no campo da psicologia, argumentam que existem instâncias definicionais necessárias, como entre "matar" e "morte". No entanto, uma simples análise contextual mostra a fragilidade desse argumento: em português fala-se em matar o tempo, matar um problema, matar uma bola de sinuca, que são aplicações distantes da analogia com a morte biológica.

Absorvemos o argumento da analiticidade propondo um modelo de análise e crítica conceitual como uma instância no caminho do conhecimento, não como uma teoria, como uma técnica que serve a métodos diversos, não como um método em si mesmo. O que o arrazoado de Quine deixa claro é que análise definicional não tem a força explicativa que os positivistas pretendem, o que não quer dizer que não tenha valor epistêmico. Isto é, do ponto de vista epistemológico, a análise definicional é necessária, mas não suficiente para uma explicação que se queira científica, constatação que nos leva à terceira ressalva quando da descrição dos atributos do conceito, a saber: que as definições podem levar ao compromisso com o conhecimento existente, ou o problema da ignorância.

## A ignorância

O problema da ignorância ou da impossibilidade de garantir a veracidade do conceito corresponde ao questionamento do suposto de que a competência linguística deriva do conhecimento da descrição do significado do termo em relação a seu objeto, base das teorias tradicionais. Aqui existem quatro ordens de conflito: i) o argumento do engano ou da ignorância em relação aos atributos; ii) o argumento do externalismo ou da impossibilidade de conceituar fora de contexto; iii) o argumento do limiar ou da impossibilidade de determinar os limites precisos de validade do conceito; iv) o argumento da tipicidade ou da percepção dos casos que recaem sob o conceito.

O argumento do erro ou da ignorância diz que é possível aplicar corretamente um conceito e estar errado em relação a seus atributos. Por exemplo: acreditava-se que a varíola originava-se de miasmas no sangue, o que era incorreto, é claro, mas a identificação da doença e parte do tratamento dispensado aos enfermos, como a higiene e o isolamento praticados a partir desse conceito errôneo, eram corretos. O argumento diz ainda ser possível ignorar a extensão do conceito "seus atributos e propriedades associadas" e aplicá-lo corretamente. Por exemplo: é possível tratar correta e eficazmente uma doença sem conhecer seus elementos constituintes e sua etiologia, como é o caso de medicamentos indígenas e dos remédios caseiros. Tanto que a pesquisa médica procede muitas vezes de forma inversa, conceitua as propriedades de um medicamento a partir dos efeitos dos tratamentos e não a partir de hipóteses sobre atributos de uma planta, por exemplo.

O argumento do externalismo referente aos indefiníveis, que examinamos em detalhe a seguir, diz que uma definição baseada em atributos internos do conceito não tem como fornecer as condições necessárias e suficientes para sua aplicação. Se este fosse o caso, todos os modos de apresentação do conceito deveriam coincidir, o que não ocorre. Tomemos o caso do conceito /ser humano/. Não há quem discorde que os seres humanos formam uma espécie distinta das demais e de que pertencemos a essa espécie. No entanto, existem pessoas que incluem como atributos essenciais dos seres humanos o terem sido criados por uma divindade e terem uma alma imortal, como existem pessoas que pensam que os seres humanos são o resultado de partículas unidas por acaso e que desaparecem integralmente ao término de suas vidas. Não há como garantir que uma ou outra perspectiva é a correta, o que não impede que o conceito /ser humano/ seja inteligível.

O argumento do limiar ou da impossibilidade de determinar os limites precisos do conceito parte da contradição de que uma vez que as teorias tradicionais sustentam que os conceitos têm estruturas definicionais, não poderia haver dúvidas sobre os objetos que recaem sob sua definição. Mas essas dúvidas existem, até para casos simples, como o de saber se os tapetes são ou não são móveis, e são difíceis de serem resolvidas logicamente (Medin, 1989:23). Para muitos objetos, principalmente das ciências humanas e sociais (finanças são um tema administrativo ou econômico?), parece não haver uma linha clara de demarcação dos limites do conceito, mas uma franja, uma zona de penumbra.

O argumento da tipicidade ou, como foi denominado pelos psicólogos, o argumento do efeito típico consiste em que temos a tendência a considerar alguns exemplares como mais típicos ou representativos de um conceito. As investigações empíricas levadas a efeito nos anos 1970 e 1980 demonstraram que tendemos a categorizar, por exemplo, /pardal/ como mais representativo de /ave/ do que /galinha/ ou do que /avestruz/. Além disto, nossa categorização perceptual tem mais presteza e segurança em considerar correta a proposição "um pardal não é um peixe" do que a proposição "um pinguim não é um peixe". E essa distinção na forma como percebemos os casos se dá independentemente do fato de sabermos perfeitamente que pinguins não são peixes, mas uma espécie do mesmo gênero de bípedes, emplumados, com asas, que põem ovos, que nidificam etc.

Veremos no capítulo 3 que esta constatação empírica levou a psicologia a uma visão não tradicional, não filosófica, mas exclusivamente psicológica dos conceitos: a de que categorizamos os objetos tendo em mente um protótipo da classe de referência do objeto. Mas antes devemos assinalar que os argumentos da ignorância, do externalismo, do limiar e da tipicidade caracterizam respectivamente a quarta, quinta, sexta e sétima ressalvas quanto às análises baseadas exclusivamente na descrição dos atributos do conceito: a ignorância pode implicar descrições equivocadas sobre conceitos aparentemente óbvios e descrições corretas de conceitos equivocados; o externalismo, que qualquer definição a partir de atributos seja sempre incompleta; o limiar pode implicar o mesmo em relação ao domínio de validade do conceito; e o argumento da tipicidade implica que os atributos, aquilo que atribuímos como componente de um conceito, são fruto de condicionamentos mentais, e não exclusivamente de razões lógicas.

## Externalismo e internalismo

O argumento de Gettier é decisivo também na disputa contemporânea entre o externalismo e o internalismo. Essa disputa deriva da concepção do que vem a ser o conhecimento. A visão tradicional, internalista, que remonta a Sócrates, é simples: conhecer é saber que se sabe. A consciência e a justificação do saber constituem o conhecimento verdadeiro. Ao longo dos séculos essa posição foi apoiada e foi contestada. Têm a convicção de que o que torna uma crença um conhecimento é em parte algo externo à mente. Os que apoiam o internalismo pensam, como Descartes, como Kant, que o conhecimento deve ser acessível a quem o detém, que os conceitos claros e distintos refletem com exatidão a verdade. Os que o contestam sustentam que o conhecimento só pode ser justificado pelos fatos. São, por isto, denominados externalistas.

A posição internalista é de que os estados mentais devem ser individuados, e que o conteúdo mental deriva de informações da própria mente. A conceituação é determinada internamente, seja pela evidência do sujeito, seja pela coerência entre crenças. Há poucos defensores do internalismo, graças, em grande parte, à demonstração de Edmund Gettier, de que podemos ter uma crença verdadeira e justificada e não termos conhecimento verdadeiro. De sorte que os internalistas contemporâneos são mais moderados que os antigos: favorecem a posição de que a verdade do conhecimento é dada pela justificação interna comprovada pelos fatos externos. Nem por isto convencem os externalistas, que, por sua vez, não os convencem. A posição internalista foi sustentada por Kant a partir do argumento de que a correspondência perfeita entre nossas faculdades e seus objetos se deve a que os objetos são criações de nossa mente. A aparência dos objetos, os fenômenos, não são os objetos em si mesmos, os númenos, mas o que as faculdades da mente processam a partir do que percebemos ou do que nos vem ao pensamento. O azul do céu não é algo inerente ao céu, mas o resultado de uma interação, de um efeito cromático com nossas faculdades visuais. Uma criatura com diferentes faculdades veria uma cor ou um matiz de maneira diferente. Os conceitos que elaboramos, aprendemos e transmitimos não são características do mundo, mas maneiras pelas quais a mente humana o ordena e o compreende. Os externalistas pensam de maneira não propriamente inversa, consideram uma anterioridade na construção dos conteúdos significativos. Seguindo o que, graças a Darwin, sabemos sobre a constituição de nossa mente, argumentam que ao longo do curso da evolução nossas faculdades foram moldadas pelos objetos de nossa atenção. Nós não projetamos significados sobre os objetos (as categorias kantianas) senão que foi a interação com o mundo que projetou sobre a nossa mente a forma particular que temos de dar significado, de formar conceitos. De modo que o conteúdo significativo de um termo é dado por sua história, é determinado pelo que lhe deu origem na mente em função da interação com o mundo. Não damos significado à nossa linguagem: o significado dela é que nos é dado. Os fatores importantes em um ato de significação são externos ao indivíduo.

    A concepção internalista é a de que o conteúdo mental é intrínseco à mente. A concepção externalista é a de que o conteúdo mental é relativo a objetos exteriores à mente. Para os externalistas, o entorno do sujeito influi, senão que determina, suas propriedades mentais. Os principais representantes atuais do externalismo são Putnam, e Davidson. Putnam (1975) propõe um externalismo semântico, em que a identidade da conceituação é relativa ao ambiente, de forma que diferenças no entorno implicariam diferenças no pensamento. Davidson (2004) propõe um externalismo histórico, em que a identidade da conceituação é relativa à biografia do sujeito.

Os argumentos e contra-argumentos deste embate são contundentes. O principal argumento anti-internalista é o de que as justificações internas se apoiam em crenças ou outros estados internos que devem ser, eles próprios, justificados, o que resulta em uma regressão epistêmica. O principal argumento antiexternalista é o de que a dúvida radical sobre a capacidade interna de distinguir conhecimento de crença implica que nenhum postulado seja fiável, nem mesmo este, o que resulta no irracionalismo epistêmico (Bonjour, 2005:223).

A análise conceitual filosófica internalista não responde pelas contingências factuais, pelo que se passa no mundo real, mas somente pelo entendimento implícito do que o conceito representa. Em geral, os analistas formulam e testam as características daquilo que acreditam ser conhecimento unicamente com base em um veredicto anterior e indireto (*armchair veredict*) acerca de como se devem classificar casos hipotéticos. De forma que o entendimento implícito do conteúdo do conceito determina o conceito. Nenhum objeto, coisa ou propriedade representada no conceito que se entenda ser conhecida é questionado. A investigação empírica sobre a constituição dos objetos nunca é essencial na determinação da correção do julgamento (Schroeter, 2004:426). Os analistas conceituais dizem que nós temos acesso *a priori* somente às especificações indiretas do que referenciamos com nossas palavras e nossos pensamentos. Sabemos que /água/ é o que encontramos nos rios e nos lagos a nossa volta. Embora essa definição não nos diga o que a água essencialmente "é", ela é suficiente para distinguir água de todas as outras coisas. Esse conhecimento precário e ingênuo não é trivial. A partir dele é que podemos especular metafisicamente ou investigar cientificamente o que vem a ser a água. É ele que nos estimula à investigação empírica, à determinação da água como $H_2O$. Se não tivéssemos nenhuma ideia do que a água poderia ser, não teríamos como avançar no conhecimento.

Os filósofos externalistas, como Putnam, Kripke e Burge, argumentam que a referência de muitos conceitos depende de fatos contingentes acerca do ambiente externo de quem conceitua. Consideram errônea a ideia de que podemos especificar as condições necessárias e suficientes para recair sob a extensão de um conceito mediante análises *a priori*. Argumentam que podemos nos referir à água sem ter noção do que a distingue de outros elementos ou que podemos mencionar Gödel sem entender nada de seu famoso teorema. Os internalistas se prendem aos nossos critérios para aplicar um conceito. Os externalistas, ao contrário, pensam que a intuição epistêmica, derivada de nosso ambiente (Putnam), de nosso contexto social (Burge, 1992), de nossa biografia (Davidson), bem como a investigação empírica, nos ajudam a descobrir o que torna um conceito aplicável a um caso dado.

Se os externalistas estão certos, a ideia verificacionista de um critério interno para aplicação dos conceitos não é suficiente para determinar seu referente. Mas isso não elimina as possibilidades da análise *a priori*. Muito embora os analistas contemporâneos sustentem que as disposições conceituais são suficientes para determinação da referência do conceito, isso só aparentemente contradiz a posição externalista. Existem, sustentam, outros critérios para alcançar a referência de um conceito do que a do critério que permita identificar todas as situações possíveis. Trata-se basicamente de, em vez de procurar o que recai sob a intensão do conceito, identificar os indicadores de referência do conceito, isto é, o critério de aplicabilidade, as condições em que as características de referência são operacionais.

De acordo com os analistas contemporâneos, as disposições conceituais mais fortes proveem recursos suficientes para construir uma descrição definida que garanta alcançar a referência real do conceito. A questão a ser posta pela análise conceitual a partir destas observações versa sobre a quais objetos (casos, exemplares) se aplica o conceito. Seguindo-se rigidamente essa linha de raciocínio, o analista é capaz de acomodar a intuição externalista de que eu posso ser ignorante ou me enganar acerca das condições de aplicabilidade do conceito, mas não pode sustentar que isso é um entendimento implícito das condições de aplicabilidade precisa do conceito, afirmando, em vez disso, tratar-se de um entendimento implícito das condições de fixação de referências, o que, obviamente, não resolve o problema dos indefiníveis. No modelo analítico que propomos seguimos a diretriz conciliatória, atribuindo à noção a notícia imediata do objeto, como conceituação *prima facie*, que deve ser submetida à crítica recorrente até que seja possível uma definição circunstanciada.

## Ciência e filosofia

Em geral, alheios às querelas sobre a fonte dos conceitos, a maioria dos lógicos contemporâneos adota a posição da estrutura definicional do conceito. É o caso de Rudolf Carnap (1957), que disse ser possível especificar o significado das palavras pela redução a outras palavras (definição), o significado do conceito sendo dado por sua constituição, isto é, pela definição ou declaração de seus atributos. A filosofia da ciência na segunda metade do século passado esteve, como, em grande medida, ainda está, assentada nos trabalhos de Carnap, de Hempel e de John Langshaw Austin. Não os absorvemos em nosso modelo por três razões. A primeira é a complexidade de seus argumentos, principalmente para os não afeitos ao exercício da lógica formal e de sua linguagem. A segunda é a de que a tradição lógica tem passado por revisões, em grande parte derivadas da constatação de disparidades entre proposições lógicas e proposições empíricas. A terceira, mais decisiva, é a da comprovada irredutibilidade do humano e do social aos sistemas lógicos.

## Ciência

As explicações das ciências naturais se baseiam em observações diretas, do tipo: *este líquido é translúcido*, ou indiretas, como: *a água é formada por oxigênio e hidrogênio*. Os conceitos com que trabalham como /oxigênio/ e /hidrogênio/ derivam de generalizações abstratas, mas são baseadas em observações controladas. As explicações das ciências humanas e sociais têm outra natureza. Mesmo quando lastreadas em observações diretas, como: *na cultura $C_1$ o matrimônio é poligâmico*, as generalizações são não só abstratas, como dúbias. Suscitam questões do tipo: o que se entende por "matrimônio"? O conceito /matrimônio/ é aplicável à cultura $C_1$? Em que este conceito difere de /matrimônio/ na cultura $C_2$?

No plano do humano e do social o tratamento operacional dos conceitos abstratos tende à redução ao infinito. Nem todo conceito tem origem sensível ou perceptual, e dificilmente um conceito complexo pode ser reduzido a seus atributos, porque estes também são conceitos que devem ser reduzidos. Por essas razões, a fração retirada das teorias definicionais no modelo que propomos atém-se à verificação dos atributos que recaem sobre o conceito de interesse, justificando-se epistemicamente na medida em que os componentes do conceito proveem sua definição ($x_{def}$

= composto de $a, b, c...$) e possibilitando inferências analíticas baseadas no significado dos itens constituintes de uma proposição.

## Filosofia

À pergunta: "como pode a filosofia, mediante análise e elucidação, operar sobre os conceitos utilizados pelo homem comum, pelo cientista ou pelo artista, de tal sorte que os conceitos, após essa operação, se encontrem esclarecidos quando antes eram obscuros?", Gilbert Ryle (1931/32) respondeu que existem expressões no discurso não filosófico que, embora sejam compreendidos por aqueles que as utilizam, são impróprias para o estado de coisas que registram, são "sistematicamente enganadoras". O problema filosófico dos conceitos: ultrapassar o senso comum, passar do obscuro ao claro, da existência ostensiva ou não à essência, é basicamente o mesmo desde a antiguidade. A partir de Kant todos concordam que a existência não é uma qualidade, mas um estado de coisas. O argumento ontológico "Deus é perfeito, ser perfeito implica logicamente ser existente, portanto Deus existe" é um pseudoargumento. Mas fora da filosofia costuma-se esquecer que o mesmo argumento é empregado para quaisquer enunciados do tipo: "é um ser", "é ou não é uma entidade", "é real" ou "é irreal", "é um objeto" ou "não é um objeto", aos quais Ryle denomina de enunciados quase ontológicos. Expressões como "o sr. Pickwick é uma pessoa fictícia" ou "o Equador circunda o globo" induzem a pensar que o sr. Pickwick é um tipo de pessoa ou que o Equador tem espessura. A semelhança entre as expressões gramaticais e as expressões lógicas nos leva a crer que existem objetos gerais, como nas expressões "Smith é impontual" e "o sr. Pickwick é uma ficção", em que a similaridade induz a crer que existem, efetivamente, objetos como "impontualidade", ou "ficções".

Filosoficamente, a questão dos conceitos, como, aliás, todas as questões, permanece em aberto. Em que pesem as divergências internas, a filosofia oferece uma gama fundamental de reflexões e critérios imprescindíveis à aplicação prática dos conceitos e das definições. Os atuais filósofos do conhecimento voltaram a atenção para o problema de definir um objeto por seus atributos. Putnam (1970), que desenvolveu uma teoria causal da referência aplicável quase que exclusivamente aos termos de objetos naturais, como tigre, limão, água etc., faz uso de uma argumentação direta sobre o problema dos atributos. Tomemos, diz ele, o caso de um objeto natural simples: o limão. As características definidoras do limão são a cor amarelo-esverdeada, o gosto azedo, a pele de certo tipo, o tamanho pequeno etc. A primeira dificuldade em aceitar uma definição a partir de atributos é a de que existem exemplares abnormais do limão. O limão inteiramente verde, ou doce, ou grande segue sempre sendo um limão. Vê-se então que a definição a partir de atributos se aplica somente aos limões "normais". Ocorre que o termo "normal" não é analítico, não se pode reduzi-lo a elementos mais simples do que ele. A normalidade é uma construção determinada por uma teoria que contém determinados critérios. O limão normal não existe concretamente, é uma idealização. O problema é que os adeptos das teorias tradicionais sobre conceitos tomaram o que é correto para noções particulares e aplicaram a termos gerais. Mesmo que se determine um atributo científico para os limões ou para qualquer elemento não particular, como a distribuição de cromossomos, não há como afirmar que tal atributo é essencial, que não existem limões desviantes e aberrantes em termos de cromossomos.

Examinadas as dificuldades das teorias definicionais, que, como vimos, datam de Platão, vemos que o que tem a filosofia a oferecer para a crítica e a formação de conceitos em pesquisa aplicada são os fundamentos e, no caso da filosofia contemporânea, a perspectiva crítica. Sobre os fundamentos da filosofia, as ciências particulares instauraram os instrumentos que utilizam para trabalhar com conceitos. As visões de mundo ou correntes filosóficas que têm impacto na crítica contemporânea dos conceitos, embora muito variadas, têm em comum procederem do idealismo crítico de Kant. Dessa fonte primária derivou o entendimento da formação dialética do conceito, proposto em primeiro lugar por Hegel e depois apropriado pelo marxismo e pelas correntes que a ele se submetem. Da fonte kantiana procede também o entendimento analítico sobre a formação do conceito, bem como o entendimento fenomenológico de Husserl, de Heidegger, de Merleau-Ponty, que se espraia no século XX no existencialismo, no estruturalismo e no pós-modernismo. Não se trata de uma evolução linear. Primeiro, com o aparecimento das ciências humanas e sociais, houve uma cisão entre o entendimento sobre a formação do conceito na metafísica e nas ciências. Depois, no plano da filosofia, deram-se divisões em linhagens de pensamento que vão dos princípios de Ludwig Wittgenstein, passam pela arqueologia do saber de Michael Foucault (Thiry-Cherques, 2008) e chegam aos lógicos contemporâneos.

Na atualidade, a *epistèmê* (ciência) do *logos* (discurso), que trata dos fundamentos, natureza, limites e condições de validade do saber científico, viu-se invadida pelas divisões da gnosiologia, o ramo da filosofia que abarca a teoria geral do conhecimento, e pelas ideologias. Na tentativa de superar estas interferências e de absorver o máximo de conhecimentos sobre os conceitos no modelo que propomos, examinaremos, a seguir, as grandes vertentes do entendimento filosófico. A mais antiga destas vertentes é a de Kant. É a base de tudo que se disse e se diz sobre os conceitos em todos os campos e saberes da atualidade. Outra, igualmente venerável, vem de Hegel. Uma terceira, mais recente, vem da fenomenologia, vem do século XX, portanto. Há uma quarta vertente, contemporânea:

a analítica de Wittgenstein. Examinaremos a seguir o que essas formas de pensar propõem e o que delas podemos aproveitar no processo de análise e crítica dos conceitos em pesquisa aplicada. Encerraremos o capítulo com uma breve digressão sobre os conceitos no século XXI.

## A perspectiva fundamental de Kant

A teoria kantiana sobre a formação dos conceitos figura, em sua maior parte, no "Livro primeiro da analítica transcendental", da *Crítica da razão pura*, denominado, justamente, de "Analítica dos conceitos" (Kant, 1989). Nesse Livro, Imanuel Kant trata de como chegar aos conceitos puros do entendimento, as categorias.

Kant se ocupa, quase com exclusividade, da formação de conceitos não empíricos. Nós, no processo de investigação baseado na experiência, estamos interessados, naturalmente, em conceitos empíricos. Ainda assim o pensamento kantiano fornece definições e referências sem as quais não seria possível nos orientarmos, seja na reflexão filosófica, seja naquela aplicada às ciências particulares: naturais, humanas ou sociais.

### Procedência

Ao construir seu instrumental lógico, Kant se deparou com a solução de Leibniz sobre a procedência dos conceitos, que julgou insatisfatória. Ele o acompanha na crítica às explicações da formação dos conceitos dos empiristas, particularmente em Locke, mas discorda no que se refere às ideias inatas. Leibniz (1974:134) rejeitara as ideias de Locke (1952:324) de abstração dos conceitos a partir das impressões sensoriais. Sustentara que conceitos como os de "ser", "identidade", "mesmo", "bem" são inatos, são pressupostos à sensibilidade, não derivados dela, uma vez que estão presentes em todos os raciocínios. Kant recusou o inatismo argumentando que os conceitos são formados pela abstração das leis inerentes à mente, que não pressupõem nada inato, exceto as condições subjetivas da espontaneidade do pensamento (Caygill, 2000:180).

Na época de Kant a ideia de Leibniz, de que o conceito procede tanto do mundo empírico como do intelecto, já tinha sido modificada, também insatisfatoriamente, por Wolff, que seguia deixando em aberto sua origem, ou seja: o problema de saber se o conceito deriva da reflexão ou da experiência. Pois Kant logo se deu conta que entre o percebido e o pensado há uma dupla implicação. Que o percebido condiciona o pensado, mas que o percebido sem o pensado não tem significado algum. Ele tinha, como de hábito, toda razão. Um cego de nascença que recupere a faculdade de ver percebe os objetos à sua volta, mas não sabe o que são. Só saberá depois de refletir sobre eles, de *se* explicar (refletidamente, reflexivamente) que aquilo que se chama "cadeira" tem esse ou aquele formato e que, portanto, outro objeto semelhante deve pertencer à espécie /cadeira/ ou ao gênero das coisas que servem para sentar. Esta constatação gera um problema. O cego do nosso exemplo precisa do conceito /cadeira/ para pensar sobre os atributos da cadeira, ou seja, ele precisa do conceito /cadeira/ para chegar ao conceito de uma cadeira particular. O que se passa é que, como o cego que volta a ver ou como o pensador da caverna de Platão, quando queremos conceituar, somos não iluminados, mas encandeados, ofuscados por nossa reflexão. Raciocinamos perfeita e claramente, utilizamos nossa razão, nossa faculdade das ideias, para alcançar o entendimento, isto é, nossa faculdade dos conceitos, mas quando refletimos sobre o processo de pensar, logo chegamos ao impasse: precisamos de conceitos para pensar os conceitos.

Como isto pode ser, como podemos pensar uma coisa sem tê-la pensado antes, é o problema que Kant se coloca. Vamos tentar acompanhar, muito resumidamente, como ele resolve este problema. Seguiremos, a menos que especifiquemos de forma diferente, as explicações constantes na *Crítica da razão pura*, principalmente na "Analítica dos conceitos", no primeiro livro da "Analítica transcendental", e na *Lógica*, onde Kant define o conceito como uma representação universal ou uma representação daquilo que é comum a vários objetos (1992:I, i, 1), para esclarecer como, e a partir de que, nós os formamos.

## Categorias

Tenhamos em mente a pergunta que Kant se faz: como é possível conceber as coisas sem ter os conceitos delas?

O caminho que ele traça não é simples, mas vale a pena tentar segui-lo, porque a solução proposta marca toda e qualquer forma de pensar que, no Ocidente, atravessa os séculos XIX e XX e chega aos nossos dias.

Quando pensamos, nos diz Kant (1989:A § 22-24), unimos representações em nossa consciência e as julgamos. Realizamos uma atividade, a do entendimento, que corresponde à nossa faculdade de julgar o que está em nossa consciência. O entendimento é a atividade de *in-tendere*, de (internamente) ter na consciência. Mediante o entendimento ordenamos os dados da sensibilidade e unificamos nosso conhecimento. Para tanto utilizamo-nos da razão, da faculdade de alcançar o conhecimento racional.

Para explicar a formação dos conceitos, Kant se concentra no estudo da capacidade humana de converter as representações em objetos de pensamento e daí derivar conceitos. Ele nota que existem duas classes de conceitos. Os conceitos simples, básicos, não analisáveis (não decomponíveis), que são "juízos fundamentais indemonstráveis", e conceitos derivados da experiência. Quanto a estes últimos, não há dificuldades. Nós os extraímos da experiência mediante comparação, reflexão e abstração. Mas nós o fazemos a partir dos conceitos "puros", sem antecedentes, conceitos que são *a priori*, isto é, de conceitos que já temos antes da experiência. Não antes de uma dada experiência, mas de toda a experiência possível.

Os conceitos "puros" não podem ser abstraídos. Kant distingue /abstrair alguma coisa *de*/ e /abstrair *de* alguma coisa/. Um conceito intelectual abstrai de tudo o que é sensível, mas não é abstraído de coisas que são sensíveis (Caygill, 2000:2), como uma cor, uma textura, ou qualquer outra qualidade, que para ser pensada é abstraída de seu suporte (Kant, 1992:592 e ss.).

Então, de onde podemos apreender estes conceitos? O que Kant sustenta é que, uma vez que não podemos, por definição, abstrair conceitos puros da experiência, porque dessa forma não seriam puros, mas contaminados pela própria experiência, e que os conceitos não nascem em árvores nem caem do céu, então eles só podem ser investigados logicamente, só podem ser encontrados, isolados, definidos *no* e *pelo* intelecto.

A estes conceitos puros do entendimento Kant dá o nome de "categorias". Ele separa a dedução das categorias, que ele chama de dedução "transcendental", isto é, que apresenta uma dimensão apriorística, da dedução empírica, que é o modo como o conceito é adquirido por meio da experiência. Separa, ainda, da dedução metafísica, que é o modo como as categorias do entendimento correspondem às funções lógicas do pensamento.

Em Aristóteles, no realismo, as categorias são modos de ser. A mente se adapta a elas. Em Kant, no idealismo, inversamente, são as coisas que se conformam às categorias da mente. Esta é a "revolução copernicana" que Kant procedeu. Disse ele que a dedução transcendental, que nos dá as categorias, considera não os fatos, mas a legitimidade da pretensão de os conceitos tornarem "pensáveis" os objetos empíricos. As categorias nos dão a condição de possibilidade de conhecer os objetos não como "coisas em si", senão como "fenômenos", representações em nossa mente. Daí o nome de transcendental dado à sua dedução (Kant, 1989:Introdução, VII). Estas reflexões parecem mais complexas do que na verdade são. Isto porque termos como "pensar", "entender", "julgar", "juízo", "consciência", "conhecimento" têm significados específicos, mas que o uso cotidiano emaranha e confunde. Pensar significa submeter algo ao processo de raciocínio lógico. Pensamos em proposições, em formas compostas de sujeito, verbo e atributos, do tipo: "esta árvore é grande". Toda proposição exprime um juízo. Para Kant o juízo é um ato da consciência pela qual uma representação se subordina à outra. As partes dos juízos são constituídas de conceitos, sendo o juízo a representação sintética desses conceitos. A consciência, portanto, é uma representação — um tomar consciência — de que outra representação está em mim. Uma representação intelectual é composta de conceitos parciais (a árvore é verde, tem galhos, é sólida etc.) que, sintetizados, se unem em um conceito intelectual, como o de "árvore" em geral. As sínteses representativas mentais formam regras que tornam possível conhecer a natureza. Entender é a faculdade de pensar essas regras. O conhecimento é uma representação que, conscientemente, se relaciona com um objeto. Pensamos intuições — representações singulares — e conceitos, mas conhecemos mediante conceitos.

O conceito é uma representação universal produzida pelo entendimento. O conceito intelectual abstrai a diversidade das coisas e das relações dadas no espaço e no tempo. Os conceitos empíricos nascem de três atos do entendimento (Giannotti, 1995:293): i) Comparação: cotejo das representações entre si em relação à unidade da consciência; ii) Reflexão: consideração do modo como diferentes representações podem ser compreendidas em uma consciência; iii) Abstração: separação dos aspectos nos quais as representações dadas se diferenciam. Por exemplo: *cotejo* um pinheiro, uma laranjeira e um eucalipto e vejo que são diferentes sob o aspecto das folhas, dos galhos, do caule etc. *Reflito* que eles têm em comum terem folhas, terem galhos, terem caule etc. *Abstraio* o que eles não têm em comum: a cor, o tamanho, o posicionamento etc. e chego ao conceito empírico "árvore".

O problema é: como posso cotejar, refletir e pensar sem ter conceito algum anterior que apoie meu raciocínio? A resposta de Kant é que eu tenho esses conceitos, que tenho conceitos que não derivam da experiência diretamente, mas são puramente intelectuais. E que conceitos são esses? São os conceitos abstraídos de seu conteúdo empírico. Imaginemos que realizo a mesma operação que resultou no conceito empírico /árvore/ para outro elemento da natureza, o ser humano, por exemplo. Cotejarei homens e mulheres, velhos e crianças, pessoas de várias etnias, refletirei sobre o que têm em comum, abstrairei as diferenças e chegarei ao conceito "ser humano". Posso fazer o mesmo para qualquer elemento empírico. Indefinidamente. Agora suponhamos que eu tome esses vários conceitos, de árvore, de ser humano, de pedra etc., reflita sobre o que eles têm em comum e abstraia o que têm de diferente. Chegarei ao que eles têm em comum com outros conceitos, como o de serem contáveis (quantidade), de terem atributos (qualidade), que se ligam a outros conceitos (relação), de se apresentarem de determinado modo (modalidade). Estes são conceitos puros, abstraídos totalmente do mundo empírico, e Kant os denomina "categorias". Pois são essas categorias, esses conceitos puros que intelectualmente lanço sobre os objetos de meu interesse e que me permitem raciocinar, julgar, entender etc.

As categorias, os conceitos puros, pertencem à "lógica da verdade", aos princípios sem os quais nenhum objeto pode ser pensado (Kant, 1989:A 63). Esses princípios se aplicam à experiência, mediante a "lógica da ilusão", assim chamada porque nos dá a ilusão dialética de que estamos gerando conhecimentos novos enquanto só estamos expressando o que pensamos existir (Kant, 1989:B 88).

A figura 1 esquematiza a formação das categorias.

FIGURA 1
Formação das categorias ou dos conceitos puros do entendimento

| Intuição<br>↓ | Atos espontâneos |
|---|---|
| Representações<br>↓ | Multiplicidade de intuições ou multiplicidade de percepções |
| Síntese transcendental da imaginação<br>↓ | Entendimento do conceito |
| Categorias | Conceitos puros |

Partindo de atos espontâneos da mente, temos intuições as quais apresentamos a nós mesmos (*re-presentamos*). Da multiplicidade de representações procedemos a uma síntese, que tem como resultante as categorias.

As categorias não são ideias inatas, não estão contidas nelas mesmas. São apenas logicamente necessárias ao conhecimento. Os conceitos puros, as categorias, são os elementos primeiros (simples) do julgamento (do raciocínio). O que Kant fez não é somente constatar a existência destes conceitos prévios, mas demonstrar sua necessidade ao entendimento. O entendimento (*der Verstand*), ou o espírito, é uma função de uma faculdade ativa superior, necessária e universal, que reduz à unidade o que constitui os objetos do pensamento.

## Categorias e juízos

Ao arquitetar o processo de formação das categorias, Kant quis determinar como o entendimento constrói para si conceitos que concordem com a experiência e que, ao mesmo tempo, não dependam dela. Ele quis determinar o que é pensável. Chegou a que o pensável é determinável pelas categorias, pelos conceitos *a priori*, puros, que estabelecem as regras de ordenação da experiência. Mas o que seriam essas categorias, o que seriam esses conceitos puros?

Para responder a essa questão, Kant se deu o trabalho de tomar as categorias tal como elas haviam sido pensadas desde Aristóteles e de lhes dar um enquadramento puramente lógico, isto é, não viciado pela experiência. Para fazê-lo, formou uma tábua de juízos possíveis (a tábua do que se pode dizer sobre qualquer objeto) e dessa tábua derivou outra: a das categorias. Digamos, a bem da verdade, que Kant pretendeu ter formado as categorias a partir da reflexão dos elementos puros do saber humano, mas depois, na última *Crítica*, a do *Juízo*, viu que podemos refletir a partir do nada, mas essa é uma polêmica que não nos interessa aqui. O que nos interessa na formação dos conceitos são as tábuas dos juízos e das categorias que ele estabeleceu, e que são as seguintes.

QUADRO 1
**Tábua dos juízos e tábua das categorias**

| Juízos | Categorias |
|---|---|
| I — Quantidade | I — Quantidade |
| Universais | Unidade |
| Particulares | Pluralidade |
| Singulares | Totalidade |

Continua

| Juízos | Categorias |
|---|---|
| II — Qualidade | II — Qualidade |
| Afirmativos | Realidade |
| Negativos | Negação |
| Infinitos | Limitação |
| III — Relações | III — Relação |
| Categóricas | Inerência e subsistência |
| Hipotéticas | Causalidade e dependência |
| Disjuntivas | Comunidade |
| IV — Modalidade | IV — Modalidade |
| Problemáticos | Possibilidade — impossibilidade |
| Assertóricos | Existência — inexistência |
| Apodíticos | Necessidade — contingência |

A formação dos conceitos empíricos se faria pela aplicação das categorias àquilo que estamos querendo conceituar. O conceito empírico, construído pela generalização da experiência, não deriva nem da experiência direta nem da necessidade racional, mas da apresentação à mente do objeto e da subsequente reflexão sobre essa apresentação: um processo que se dá a partir das categorias.

## Conceitos empíricos

Com Kant, como antes dele, o conceito é formado pela resposta à questão sobre qual é o atributo essencial do objeto, oriundo tanto da sensibilidade como do intelecto, que se apresenta à reflexão. O conteúdo do conceito é um universal de uma percepção individual. De modo que o conceito resulta da faculdade que tem a mente de reunir várias representações em uma única. Em outros termos: nenhum conceito pode ser relacionado diretamente a um objeto particular. O conceito é uma representação sintetizada de uma coleção de objetos.

Pensar é uma atividade de transformação. E por que é assim? Por que motivo não podemos intuir diretamente os objetos? Por que precisamos das categorias? Porque a sensibilidade, a capacidade de receber representações, a forma como somos afetados pelos objetos, é diferente da intuição. A intuição, o meio pelo qual o conhecimento se relaciona imediatamente aos objetos e que direciona todos os pensamentos, é outra coisa que não a sensibilidade, e, portanto, o entendimento não pode ser a faculdade da intuição. Daí que o conceito, na perspectiva kantiana, é o contraponto da intuição. A intuição é a apreensão direta do objeto, enquanto o conceito se refere a uma pluralidade de objetos, é resultante de uma "concepção", de um *capio*, de uma captura.

Kant (1989:B, 119 e ss.) deixou escrito que as intuições sem conceitos são cegas e que os conceitos sem intuições são vazios. Isto porque o conceito se aplica ao conteúdo das intuições. São sínteses produzidas pelo entendimento a partir do sentido, a faculdade da intuição na presença, e a partir da imaginação, a faculdade da intuição na ausência. Com base nas definições de /intuição/, de /conceito/, de /categoria/, Kant vai responder outra questão, vai responder ao problema de como alcançamos os conceitos gerais partindo das percepções individuais (Kant, 1989:86; B, 119). A solução desse problema é exposta esquematicamente na figura 2.

Perspectivas filosóficas 59

FIGURA 2
Sequência da formação do conceito empírico de Kant

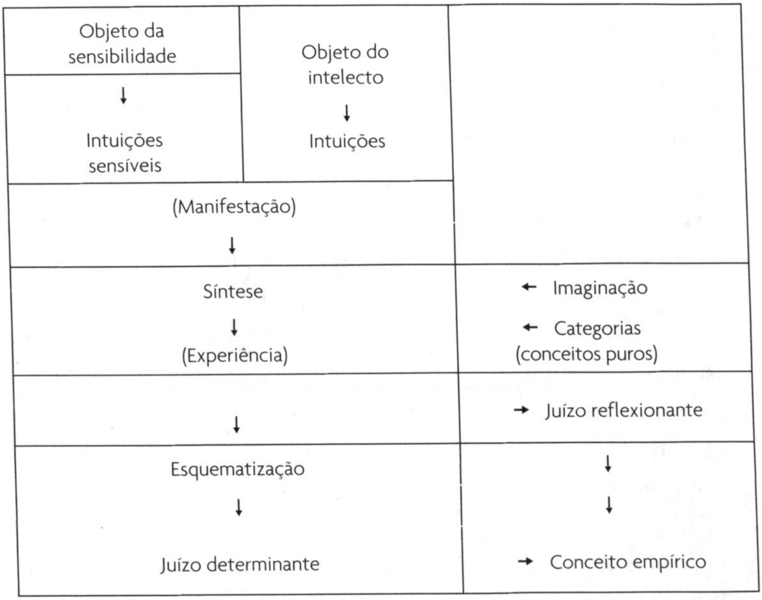

| Objeto da sensibilidade ↓ Intuições sensíveis | Objeto do intelecto ↓ Intuições | |
|---|---|---|
| (Manifestação) ↓ | | |
| Síntese ↓ (Experiência) | | ← Imaginação ← Categorias (conceitos puros) |
| ↓ | | → Juízo reflexionante |
| Esquematização ↓ Juízo determinante | | ↓ ↓ → Conceito empírico |

Um pequeno glossário nos ajuda a entender esses passos:

▌ *Intuição*: é a relação imediata com o objeto que se nos apresenta.
▌ *Manifestação*: é o Fenômeno, o objeto tal como se apresenta à reflexão.
▌ *Síntese*: é o ato de reunir diferentes representações retirando delas o que têm de essencial. A síntese parte da imaginação e das categorias, isto é, do conhecimento que temos *a priori* sobre o objeto. Toda formação de conceitos [combinação] é um ato de entendimento. A síntese é uma necessidade lógica porque não podemos aplicar um conceito antes de formá-lo.
▌ *Imaginação*: é a "função cega da alma" (Kant, 1989:A, 78; B, 103).
Entre o objeto, real ou imaginário, e o conceito, Kant define um intermediário, um quadro que pertence ao sensível por seus elementos concretos e à inteligência por sua indeterminação:

são os esquemas da imaginação. A síntese é uma função da imaginação tanto quanto da organização do pensamento mediante a aplicação das categorias (Kant, 1989:A 79).

- *Categorias*: são os conceitos puros *a priori*, que o entendimento aplica à experiência. As categorias, que, como vimos, Kant fez derivar da tábua dos juízos possíveis, *antecipam* a forma como as intuições se apresentam ao entendimento (/categoria/ significa originalmente, em grego, "acusação", aquilo que acusa) e permitem conhecer o mundo dos fenômenos. São o modo de acordo com o qual os objetos da experiência são estruturados e ordenados, a forma como a multiplicidade é unificada para tornar-se inteligível. A categoria aplicada ao fenômeno é uma categoria esquematizada, com um conteúdo no espaço e no tempo.
- *Experiência*: é a adaptação das categorias à intuição (Kant, 1989: B 161). Na *Crítica da razão pura*, Kant dá a demonstração da experiência dos objetos geométricos e físicos; na *Crítica da razão prática*, da experiência moral; e na *Crítica do juízo*, da experiência estética.
- *Esquematização*: compreende a comparação, a reflexão e a abstração. Comparamos identidade e diferença, concordância e oposição, interior e exterior, matéria e forma. Refletimos sobre a que o objeto está referido: ao real?, ao imaginário? etc.
- A *abstração* separa uma única qualidade de um todo heterogêneo. É diferente da análise, que distingue todas as qualidades presentes. A abstração é a "condição negativa": estabelece os limites do conceito. As "condições positivas" derivam da comparação e da reflexão. Abstraímos para explicar a gênese dos conceitos a partir de experiências e abstraímos para especificar os conceitos a partir do trabalho imaginativo do intelecto. Abstraímos perguntando: o que é essencial no objeto?, ou, o que torna o objeto impensável se retirado? Na *Lógica* (Caygill, 2000), Kant dá

o exemplo da formação do conceito /árvore/. Primeiro comparamos numerosas árvores para marcar suas diferenças, depois refletimos sobre o que elas têm em comum, enfim, abstraímos tudo o que não é essencial ao conceito /árvore/.

- *Juízos*: é o conhecimento mediatizado do objeto. O juízo é uma representação de uma representação. Todos os atos do entendimento são redutíveis à faculdade de julgar, isto é, à emissão de juízos. Conceber e julgar são a mesma operação (Torrens, 1979:57).
- *Juízo determinante*: é o resultado da reflexão, que é uma esquematização a partir das categorias (Kant, 1952:1ª Introdução).
- *Juízo reflexionante*: é a reflexão para adequação de conceitos. São esquemas empíricos resultantes da comparação e da combinação e de um ordenamento intencional e sistemático (Kant, 1952:558).
- *Conceito*: é o que é comum às várias representações. O que dá uma ideia abarcante das várias representações.
- *Conceito empírico*: é a noção geral, abstraída da experiência.

Kant (1952:§ IV) apresenta os juízos reflexionantes na *Crítica do juízo* para resolver uma questão que tinha ficado pendente na doutrina do esquematismo (Kant, 1989:A, 138). A esquematização resolve o problema de como encontrar um termo médio entre um objeto intuído em sua particularidade e os conceitos do entendimento, as categorias, sem as quais não podemos pensá-lo. Mas deixa em aberto a questão de encontrar o conceito quando o intuído é nebuloso e irreconhecível. A ideia racional não pode ser representada — só a ideia estética gera representações, que não podem ser expressas racionalmente porque, justamente, não se fundam em conceitos (Kant, 1952:305 e ss.). O juízo estético deve abstrair da matéria e do conceito do objeto estético. Por isto, diz Kant, temos de procurar o termo médio, o conceito, mediante o lançamento de hipóteses e de aproximações sucessivas, já que não podemos dispor de esquema prévio que nos permita um juízo determinante. A este processo de "criação" Kant denomina juízo reflexionante. É sobre essa solução, ou sobre a precariedade dessa solução, que Umberto Eco (2002) constrói seu livro *Kant e o ornitorrinco*.

## Ideias

Para concluirmos, resta ainda estabelecer a diferença entre o conceito e a /ideia/. Para Kant, as percepções, sensações, intuições etc. são espécies de um gênero comum: a representação. A percepção é uma representação consciente de uma sensação, como, por exemplo, a percepção de uma mudança, ou de um conhecimento. O conhecimento vem da intuição e do conceito. O conceito, como vimos, é a origem do entendimento. Mas, quando o conceito tem origem no entendimento e não em uma imagem ou sensação? Aí, diz, Kant, temos primeiro uma /noção/ da qual derivamos a ideia.

Na "Dialética transcendental", Kant (1989:A 312-313, B 368-370) distingue os objetos mentais em objetos do intelecto e objetos da razão, que denomina de "ideias". Os objetos do intelecto são fenomênicos, enquanto os objetos da razão são suprassensíveis, são metafísicos (a alma, o mundo, Deus) e, portanto, incognoscíveis, já que a razão humana não tem como ultrapassar o horizonte da experiência. Só a experiência moral, por outros caminhos que não o conhecimento, tem como conferir um conteúdo positivo às ideias transcendentais de alma e de Deus. Para Kant, os objetos mentais, as sensações, percepções, intuições etc. são representações. As representações podem ser conscientes ou inconscientes. São conscientes quando derivam de percepções. As percepções, por sua vez, podem ser subjetivas, quando se referem aos estados do sujeito pensante, ou objetivas, quando são intuições ou quando são conceitos. O conceito, finalmente, pode ser puro, quando tem sua origem no entendimento, ou empírico, quando deriva da experiência.

Para Kant (1992:592 e ss.), portanto, a ideia é aquilo que não se encontra em qualquer relação com um objeto. As categorias, os conceitos puros do entendimento, relacionam-se com possíveis objetos da experiência, enquanto as ideias transcendentais ou conceitos puros da razão se referem à totalidade absoluta de toda a experiência possível (Caygill, 2000:178). A ideia é o conceito especial, formado com base nas noções, e que transcende a possibilidade da experiência (Kant, 1989: A 320, B 377). As ideias estão contidas em inferências silogísticas. As categorias servem para dar unicidade à experiência e torná-la possível de ser pensada. As ideias estão fora da experiência: servem para expressar problemas e para satisfazer necessidades da própria razão. Não se aplicam às aparências, mas ao próprio entendimento. Definem os critérios do entendimento, da harmonização do conhecimento.

As ideias não têm aplicação *in concreto* (Kant, 1989:380). As ideias transcendentais são conceitos puros da razão (referidas ao pensamento), enquanto as categorias são conceitos puros do entendimento (referidas à experiência). Como ocorre com os fenômenos, o entendimento dá unidade às ideias por meio de conceitos (Kant, 1989:359). Mas as ideias estão referidas às categorias de relação, que servem para alcançar a ligação entre as proposições (não para "gerar" conhecimento). As ideias ascendem em direção ao conhecimento absoluto, incondicionado, embora o Absoluto seja impossível de ser alcançado (Kant, 1989:364-366). Esta distinção é importante no sistema kantiano porque a partir dela Kant irá discutir a formação das ideias transcendentais, que faz derivar das classes de relações que o espírito se apresenta a si mesmo pelas categorias, e que são ideias incondicionadas das sínteses categóricas em um sujeito, das sínteses hipotéticas em uma série, das sínteses disjuntivas em partes de um sistema. Kant chegou a três ideias transcendentais, a três conceitos absolutos, incondicionados, sujeitos que nunca são predicados, causas que nunca são consequências, séries que são unas, simples. São elas a Alma (o Eu), o Cosmos (o sentido do mundo) e Deus, temas que não nos interessam aqui. O que nos interessam são outras ideias, outros conceitos, como o da liberdade, que podem ser quase absolutizados (o que, legitimamente, precederia, anteciparia ou seria paralelo à liberdade?).

Os conceitos da razão nos permitem conceber, os conceitos do entendimento (as ideias) nos permitem entender (Kant, 1989:367). Da mesma forma que instrumentalizamos as categorias transcendentais para formar conceitos, estamos interessados, na pesquisa empírica, não em ideias, mas em conceitos indutivos, como população, trabalho, identidade etc., que são condicionados culturalmente, historicamente, psicologicamente, socialmente etc.

Na formação do conceito, na operação de sintetizar, utilizamos os conceitos puros, os conceitos que temos *a priori*, as categorias. Não pode ser de outro modo, sustentou Kant, porque nossa sensibilidade e nosso intelecto conferem às coisas as formas segundo as quais as conhecemos. A mente impõe às coisas as categorias do entendimento. Já as relações que fazemos quando emitimos julgamentos ou bem consideram um predicado de um sujeito (a relação entre dois conceitos); ou a relação entre um juízo e suas consequências (a relação entre dois juízos); ou as relações entre uma multiplicidade de juízos. Kant pretendeu com essa explicação ter resolvido outra questão filosófica: a que separa o problema epistemológico da concepção (qual a validade empírica do conceito?) do problema lógico do juízo (qual a validade dos juízos extraídos a partir de conceitos? ou, melhor, qual a validade intrínseca do conceito?), unindo o lógico ao epistemológico. Na vertente lógica, o conceito é uma função da unidade do juízo.

Na vertente epistemológica, o conceito é um instrumento, um mediador, entre o percebido e o pensado. Ele permite a síntese entre os dois. O conceito é a moldura onde se dá o entendimento da experiência possível. Todos os atos do entendimento são juízos, e o entendimento é a faculdade de julgar. Uma faculdade que se exerce aplicando uma tábua de categorias a funções lógicas.

Ao discutir a formação dos conceitos, Kant se dedicou, basicamente, à formação das categorias, um tema filosófico de altíssima importância que transcende nossos modestos propósitos de apresentar um processo prático de formação de conceitos, mas que conforma e informa a maior parte do que sabemos e praticamos hoje. Principalmente no que se refere à formação de juízos, ao ato de julgar a partir de conceitos. Apenas para dar um exemplo, o pós-modernismo, com Lyotard (1983), baseia grande parte do que propõe na ideia do juízo reflexivo, na formação de juízos sem uma lei ordenadora.

Para concluir, relacionamos abaixo o que, do muito que Kant avançou, retemos até hoje:

- a ideia dos conceitos puros, não empíricos, as categorias imprescindíveis para gerarmos e julgarmos os conceitos empíricos;
- a compreensão de que o conceito é uma entidade mental;
- o passo analítico, necessário tanto à formação como à crítica do conceito;
- o passo sintético, a ideia de que o conceito é uma síntese expressiva de um conteúdo significativo;
- a liberdade de aliar uma determinação lógica do conceito pela aplicação das categorias a uma intuição/noção, um ato de criação, um "juízo reflexionante";
- o entendimento do conceito empírico como a definição das características de uma classe de objetos, dados ou constituídos, que convém totalmente a cada um dos indivíduos da classe.

## A perspectiva dialética de Hegel

O pensamento kantiano sobre o conceito ilumina quase tudo que se lhe segue. Ainda assim, curiosamente, a outra fonte essencial para a compreensão de como os conceitos se formam é dada por uma ordem de pensamento que se contrapõe à de Kant: a reflexão dialética de Hegel. Um autor que nos põe imediatamente na perspectiva da contemporaneidade.

Como fizemos para a formação do conceito em Kant, vamos tentar seguir o processo hegeliano para agregarmos outra série de elementos essenciais ao problema da conceituação, na forma com que nos defrontamos nas pesquisas empíricas. Diremos logo que Hegel não aceita a solução kantiana da existência de um pensamento preconceitual, de preconcepções sobre as quais imporíamos conceitos sob a forma de categorias. É contraditório, diz Hegel (1936:§ 42) que os conceitos sejam pensados por um sujeito cognitivo a partir de um objeto que lhe é estranho. É um erro pensar que existam *ob-jetos* (etimologicamente algo posto diante de nós) que formam os conteúdos de nossas representações. O conceito é, logicamente, simultâneo ao objeto. Nós não criamos conceitos: nós pensamos as coisas por meio de conceitos. O conceito se põe a si mesmo. Não há separação possível entre o conceito e o real.

## O que é o conceito

Uma das famosas fórmulas hegelianas reza que o "conceito é o que é em si e por si determinado" (Hegel, 1936:§ 160). Isto é, que os conceitos se autoaplicam. Eles "constituem" os seus objetos. O que vemos diante de nós, o que denominamos de realidade, seja a realidade física, seja a psicológica, seja a social, seja que realidade for, já está conceituado. De outra maneira não teríamos como ver com os olhos do espírito. Quer isto dizer que o que designamos de /dado/ não é, não pode ser, algo "dado" a nós, mas algo já antes dado pelo conceito do que estamos levando à reflexão. Nós não "descobrimos" os conceitos nas coisas, ao contrário, nós descobrimos as coisas (aquilo que é) mediante conceitos (Régnier, 1979:241).

O conceito é ativo, isto é, o conceito não é inerte, ele tem uma vida. Ele caminha em nosso espírito, ele caminha na história, ele caminha com o espírito e com a história. Nasce em um momento determinado, percorre o arco de sua existência para um dia desaparecer. Ao contrário de Kant, Hegel pensava que o conceito não pode ser dissociado nem do Eu (do entendimento daquele que pensa), nem do objeto a que se refere e nem de outros conceitos. O conceito não pode ser dissociado do entendimento porque sem os conceitos o entendimento é vazio, não existe. O entendimento é formado de conceitos e precisa deles para poder abstrair, para poder conceber os dados sensoriais. Nem mesmo o Eu pode ser dissociado do Outro, do que está além dele mesmo, porque não teria como se (auto) identificar, de forma que, necessariamente, o objeto do conceito é referido, também, a outros conceitos.

Como, então, resolver o problema da precedência entre o pensado e o percebido?

Diz Hegel (Salgado, 1996:67) que, quando pensamos um objeto, o conceito se bifurca no conceito do conceito que temos do objeto e no conceito do referente. A intuição e a percepção já estão carregadas de conceito. O conteúdo da intuição e o conteúdo da percepção já são conceituais. O pensamento não tem como dispensar o conceito. O objeto e o conceito não podem ser dissociados. Não havendo separação entre o conceito e o pensado, não há precedência possível.

Pensar é pensar conceitos. Os conceitos constituem mais do que qualificam os objetos. Eles não são formados pela abstração da realidade empírica, porque constituem essa realidade na mente. Para Hegel, como para Platão, os conceitos são ideais normativos. Um objeto pode não se ajustar inteiramente ao seu conceito. Um cavalo sem pernas não é, conceitualmente, um cavalo, mas um cavalo incompleto (o que é outro conceito). Um recém-nascido não realizou plenamente seu conceito. Ele é um ser humano "em conceito", em processo de concepção, ainda incompleto.

Visto dessa maneira dinâmica, todo conceito se põe a si mesmo e ao seu oposto. Daí que a existência de algo, ao contrário do que disse Kant, pode ser derivada de seu conceito. Por exemplo, Hegel derivou o conceito /sociedade civil/ dos conceitos de família e de Estado. A sociedade civil é o que se encontra, conceitualmente, entre a família e o Estado (Hegel, 1975b:§ 181-256). Isto para Hegel no século XIX. Como os conceitos sofrem um processo de metamorfose ao longo da história, o que ele chamou de /sociedade civil/ hoje chamamos de /sociedade burguesa/ e utilizamos o termo /sociedade civil/ para designar um aglomerado não muito bem especificado de cidadãos. Os cidadãos, por sua vez, não são mais os habitantes das cidades, os habitantes dos burgos, que também não são mais os burgueses do tempo de Hegel, e assim por diante.

A "Doutrina do Conceito", que consta na *Enciclopédia* (Hegel, 1936:§ 160 e ss., § 162), se divide em três tópicos: i) conceito formal, subjetivo; ii) conceito determinado pela mediação, e iii) ideia, que é a unidade do conceito e da objetividade. Hegel diz que "o que de ordinário se entende por conceitos são determinações do intelecto (...) representações gerais (...) determinações finitas. A lógica do conceito é somente formal (...) ela não se interessa sobre a verdade ou não do conteúdo". Por isto o conteúdo essencial do conceito não pode se encontrar no que dele se afirma nem no que é afirmado. Não pode ser nem o sujeito nem o predicado, que são ligados de uma maneira inteiramente arbitrária. O conteúdo do conceito está no "é", na cópula que liga os dois extremos da afirmação /isto é aquilo/ (Hegel, 1973:300).

Antes de vermos o que pode vir a ser a formação do conceito assim definido, é preciso um reparo. Hegel distingue entre os conceitos em geral e o Conceito, que se confunde com o Absoluto único (Dubarle, 1979). O Conceito, que representaremos com maiúsculas, é o Universal que se desdobra em particularidades. A diversidade do mundo e das noções é como seu movimento dialético, que se perde e se reconstrói continuamente. Por isso os conceitos (com minúsculas) são sempre fragmentários e incompletos. São apenas momentos do Conceito que apreende as coisas naturais, a empiria, e o mundo ideal em sua trajetória. Que apreende tudo que não cessa de mudar no caminho para a unicidade total. Então, para Hegel, existe apenas um Conceito que é Absoluto, o Conceito que é a essência do mundo e do Eu. E existem os conceitos, que, à diferença do Conceito, são determinações abstratas, são representações. Aqui vamos nos ater ao que o pensamento hegeliano pode nos ajudar em nosso propósito empírico (*empeiria* significa uma experiência que tem sentido), vamos deixar o Conceito e o Absoluto para os filósofos e nos limitarmos aos conceitos em geral.

## Formação do conceito

Hegel toma o conceito de /conceito/, o *Begriff* alemão, em seu sentido mais imediato. *Greifen* significa "agarrar". O conceito no pensamento hegeliano é algo que agarramos com o espírito, que concebemos. Não é um universal nem um indicativo do que os objetos têm em comum. Também não é uma concepção empírica que formamos por *reflexão* sobre os objetos, nem uma "ideia", que, para Hegel, é a união do conceito com seu objeto. No conceito, a identidade se transforma em generalidade, a diferença, em particularidade, a oposição, em individualidade (Hegel, 1973:290).

Para Hegel, a formação do conceito é uma adequação. Formamos (damos forma), elaboramos (laboramos sobre) conceitos para que eles signifiquem o que queremos que signifiquem. O conceito é um mediador ou um "terceiro" entre o ser e o vir-a-ser, entre o imediato e a reflexão (Hegel, 1973:3). O método dialético consiste em encontrar de duas proposições A e B uma proposição C mais complexa, que emerja delas e que as absorva em uma identidade. Na conceituação, primeiro se tem o conceito inicial, uma identidade, em seguida se diz a diferença, o que ele não é ou um modo diferente de ser. Deste conjunto, impossível de separar — porque o diferente é diferente da identidade inicial —, procura-se uma nova identidade. Trata-se de encontrar a identidade da diferença e da identidade. O positivo e o negativo necessariamente se relacionam entre si, negando-se e aparecendo um no outro (Hegel, 2001:II, 2 C).

O conceito é algo que constituímos para entender. É mediante a construção do conceito, independentemente da forma e do modo como entrou em nosso campo de reflexão, que compreendemos o mundo. O conceito se aplica a entidades finitas, dentro do mundo, mas não coincide inteiramente com elas. Ele é mais ou é menos pertinente a cada momento. O mundo em seu transcurso como que emana do Conceito. Sua formação é um processo infinito e inacabado. A reflexão lógica reconstrói ou clarifica conceitos que servem para entendermos seus conteúdos empíricos, para entendermos o que aí está, enquanto está.

A conceituação se dá em uma ordem precisa: primeiro temos um conceito subjetivo, depois um conceito objetivo, que forma a Ideia. O conceito é uma realidade mental, uma determinação lógica, mas também uma realidade inscrita nas coisas. Os conceitos devem ser individualizados e adequados ao objeto a que se referem (Hegel, 1936:§ 165). Mas um conceito não pode ser isolado de outros conceitos. Os conceitos não se distinguem absolutamente (totalmente) uns dos outros. Formam um sistema relacional. Concebemos em re-

# Perspectivas filosóficas

lação a algum conceito. Mas de onde viriam os conceitos primeiros, aqueles em que nos apoiamos para conceber? Vimos que Hegel resolve o problema da precedência sintetizando o conceito e o percebido. O problema da circularidade (como podemos formar conceitos sem ser a partir de conceitos?), ele resolve de maneira oposta à kantiana. Kant anulou a circularidade mediante a dedução lógica de conceitos puros da razão, as categorias, que nos servem para formar os conceitos empíricos. Hegel, em vez de tentar anular a circularidade, a aceita. Para ele o conceito é função da história. Diferentes conceitos categóricos se tornam necessários e acessíveis ao longo do transcurso da história. Por isto o conceito é efêmero; ele "vive", ele está vivo enquanto tem significado. Depois deixa de existir, a não ser como memória.

A figura 3 dá um resumo do processo da construção e reconstrução dos conceitos na perspectiva hegeliana.

### Figura 3
### Processo da formação dos conceitos em Hegel

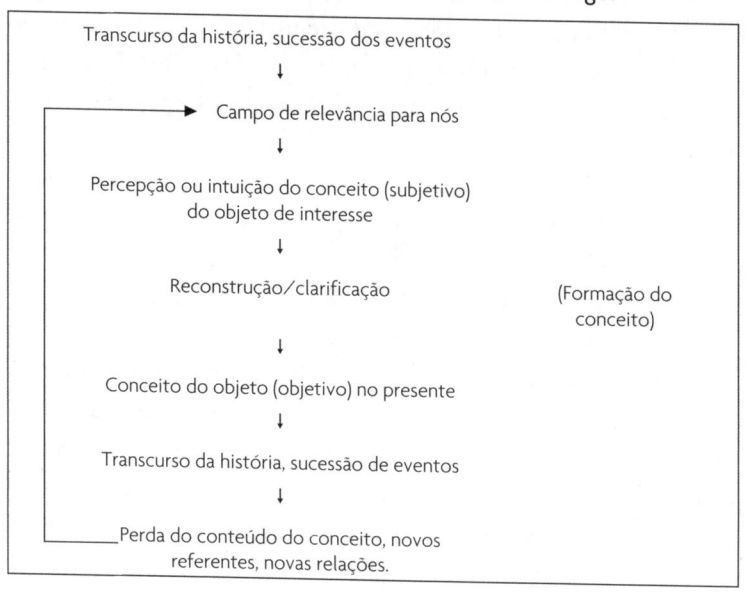

```
Transcurso da história, sucessão dos eventos
                    ↓
         Campo de relevância para nós
                    ↓
    Percepção ou intuição do conceito (subjetivo)
              do objeto de interesse
                    ↓
         Reconstrução/clarificação            (Formação do
                    ↓                          conceito)
       Conceito do objeto (objetivo) no presente
                    ↓
    Transcurso da história, sucessão de eventos
                    ↓
     Perda do conteúdo do conceito, novos
           referentes, novas relações.
```

## Clarificação dos conceitos

Para Hegel (1973:287) os conceitos devem ser deduzidos. Ainda uma vez contra o que pensa Kant, ele acha que os conceitos têm uma origem empírica e única. Ele pensa que as classificações dos conceitos não fazem muito sentido. Por exemplo, em psicologia podemos classificar os *conceitos* em um contínuo que vai do mais claro e compreensível ao mais obscuro e hermético. Mas essa classificação só faz sentido do ponto de vista da psicologia, que trata de representações subjetivas, não da lógica, não de conceitos propriamente ditos. Na perspectiva lógica, conceitos indistintos, dos quais não há como enumerar cabalmente as características, não podem ser denominados conceitos. As características, o conteúdo dos conceitos, são o que podemos transmitir. Mal definidas, as características formam aglomerados, não conceitos.

Por outro lado, o que se denomina de conceitos simples, como /Deus/, a /Natureza/, tem uma definição complexa, enquanto o que se denomina de conceito composto, como /economia de mercado/, é, em geral, simples, isto é, uno. Um conceito nomeado por uma frase ou expressão, por exemplo, /classe média/, é uma unidade, uma totalidade ou não é um conceito. Outro argumento contra a utilidade ou, mesmo, a possibilidade da classificação dos conceitos é a de que eles têm uma base que é qualitativa (além da quantitativa) (Hegel, 1973:293), e qualitativamente cada conceito é uma totalidade.

De modo que ao tentarmos classificar os conceitos não progredimos em seu entendimento. Ao contrário, criamos obstáculos inúteis à sua compreensão. Mas se consideramos que o único meio de designá-los é através da linguagem, vemos logo que o que podemos e devemos fazer é clarificar os conceitos, é reconstruir os conceitos para que eles tenham um significado, um conteúdo inteligível para nós e para os outros, a quem queremos comunicar os conceitos que utilizamos.

Vejamos a sequência de reconstrução/clarificação tal como apresentada na Enciclopédia (Hegel, 1936:§ 452-460).

FIGURA 4
Detalhamento do passo de clarificação dos conceitos para Hegel

| Percepção ou intuição do conceito (subjetivo) do objeto de interesse |
| :---: |
| ↓ |
| Conceito interiorizado na recordação, conservado sem consciência. A imagem não presente |
| ↓ |
| Representação – Re-apresentação, exteriorização da imagem "imaginação reprodutiva" |
| ↓ |
| Elaboração sobre um conteúdo dado ou encontrado da intuição – Determinação reflexiva – Oposições |
| ↓ |
| Apropriação do imediato encontrado na inteligência "imaginação produtora" |
| ↓ |
| Conceito – Existência imaginada, o trabalho da inteligência realizado – Determinações finitas |
| ↓ |
| Linguagem, imagem, representação do conceito. "intuições produzidas" |
| ↓ |
| ideia |

A intuição é a apreensão sensorial dos objetos externos individuais. Dela partimos para a representação, que é tanto internalização (o recolher em-si) como imaginação. Na representação, a capacidade de interiorizar o imediatamente sensível, a inteligência "recorda-se a si mesma" para se tornar objetiva. O conteúdo da intuição sensível torna-se a si mesmo em imagem (Derrida, 1979:49).

A elaboração, uma "imaginação associativa", é dada por contraste, pelo que Hegel (1973:290) chama de "determinação reflexiva". Os opostos se determinam mutuamente. Assim, o particular é determinado pelo universal e vice-versa. O mesmo vale para o singular e a pluralidade, o finito e o infinito, o mais e o menos. Estas oposições constituem o jogo de contradições em que a realidade se apresenta. As características que conformam o conteúdo dos conceitos são extraídas dessa reflexão entre o que é e sua negação. Com isto, também as formas de pensamento, o que Kant denominou conceitos da razão, como "a humanidade", são formadas pelo processo do "pensar sobre o pensar". São concepções que, se e quando verdadeiras, geram ideias. A ideia não é independente do conceito. Ao contrário, a ideia é a efetivação de um conceito, a verdade de um conceito. Por isto não há diferença entre o Conceito Absoluto e a Ideia Absoluta, que constitui um dos eixos, senão o cerne da filosofia hegeliana.

★ ★ ★

Podemos agora agregar aos elementos kantianos, na compreensão de como é possível formar conceitos operacionais, cinco outros elementos tomados do pensamento hegeliano:

- o da condicionalidade espaçotemporal dos conceitos;
- o de sua origem impura, contaminada pela história e por nossa história pessoal;
- o do processo imprescindível de clarificação, de purificação dos conceitos;
- o de sua mutabilidade e efemeridade;
- o da decorrente necessidade de reconceituação permanente.

Com Hegel, aquilo que tínhamos como assente e estável passa a ser condicionado e flutuante. Duas outras maneiras de explicar a formação dos conceitos vão se haver com essa dificuldade. Ambas são fortemente operacionais e guardam similaridades entre si. Uma, a perspectiva fenomenológica, nasce no âmbito da filosofia transcendental e aí permanece. Mas foi instrumentalizada para servir à pesquisa aplicada. Outra, a *Verstehen* weberiana, que examinaremos no capítulo 3, nasce já no âmbito das ciências sociais e sintetiza quase tudo o que é operacional na formação dos conceitos nessas ciências.

## A perspectiva fenomenológica

A fenomenologia é uma corrente filosófica centrada no estudo acurado e sistemático dos fenômenos, dos objetos tal como eles se manifestam, sejam aqueles presumivelmente existentes no mundo empírico, sejam os trazidos pela imaginação. Foi concebida por Edmund Husserl (1950) como uma forma de clarificação conceitual no marco de uma crítica da razão, como um caminho para o que viria a se tornar o lema da fenomenologia: o retorno às coisas elas mesmas (Moran, 1999).

A fenomenologia engloba várias correntes e está na raiz de movimentos como o existencialismo, o estruturalismo e o pósmodernismo. Levada ao plano metodológico das ciências sociais, a epistemologia fenomenológica mantém uma unidade básica: a convicção de que o objeto da experiência é uma exemplificação de um conteúdo conceitual. Quer isso dizer que o objeto de estudo, qualquer objeto, é um exemplar de um conteúdo contido em um conceito.

Dos quatro grandes filósofos da tradição fenomenológica, Edmund Husserl, Martin Heidegger, Maurice Merleau-Ponty e Hans-Georg Gadamer, os dois últimos oferecem uma ponte entre a reflexão transcendental sobre os conceitos e a instrumentalização de uma epistemologia dirigida às ciências sociais. Por isso, dividimos este capítulo em duas partes. Na primeira, iremos unir às bases lançadas por Husserl as ideias centrais do pensamento de Merleau-Ponty sobre a formação de conceitos, constantes em *O visível e o invisível* (2000) e na *Fenomenologia da percepção* (1996). Na segunda parte, examinaremos a inserção do pensamento de Heidegger na fenomenologia de Hans-Georg Gadamer, constante principalmente em *Verdade e método* (2008).

O foco dos estudos fenomenológicos não se dirige para os objetos, mas para as ideias. Por isso a conceituação é tratada pela fenomenologia de modo extremamente rigoroso. Edmund Husserl (1950) fez um esforço imenso para demonstrar que a fenomenologia nada tem a ver com introspecção, estados mentais, auto-observações, e psicologias associadas a estas formas de ver. Postulou a fenomenologia como estudo da essência das experiências e das relações entre elas. A essência das experiências sendo entendida mediante nossos conceitos dessas experiências (Thomasson, 2005:6). O fim da fenomenologia é, portanto, alcançar a essência contida nos conceitos. A essência da vida, do pensamento, do mundo e do estar no mundo. Mas a essência não é uma meta, ela é um meio. O que é preciso compreender é como nosso engajamento no mundo nos conduz ao conceito.

A necessidade de passar pelas essências não significa que a fenomenologia as tome como objeto, mas como caminho para encontrar as significações (Merleau-Ponty, 1996:11-12). O conteúdo conceitual pode conter uma só propriedade ou uma série indefinida de propriedades. Algumas dessas propriedades são constantes, permanecem em todas as manifestações do objeto. Outras se alteram, aparecem e desaparecem. As primeiras constituem a essência do objeto (o *eidos*), as demais constituem seus atributos acidentais. Não cabe aqui seguir o longo raciocínio de Husserl sobre as operações necessárias a alcançar a essência do fenômeno. Basta assinalar que uma de suas mais expressivas conclusões é de que podemos e devemos estudar o conceito como tal, que podemos estudar o conceito como se fosse um objeto.

## Parte 1 — O conceito como objeto

Estudar o conceito como tal — objetivar o conceito — significa ignorar a questão empírica de saber se existem os objetos referidos no conceito. Pois é isso, justamente, o que faz a fenomenologia: propõe partir de algo que parece evidente — uma árvore, o calor, uma empresa — para, baseando-se no aparentemente manifesto, procurar conhecê-lo. Esta busca de conhecimento consiste em tomar o evidente, o que aí está, identificá-lo e caracterizá-lo em termos das interações que mantém em um dado contexto ou campo.

Nesta perspectiva, qualquer objeto pode ser conceituado. Tem-se sustentado que as ciências sociais são ideográficas, caracterizando-se por individualizar a conceituação e por buscar proposições assertórias singulares, enquanto as ciências naturais são nomotéticas, caracterizando-se por generalizar a conceituação e buscar proposições apodíticas gerais. Nenhum experimento nem mensuração seriam praticáveis nas ciências sociais enquanto as ciências naturais se orientariam para as relações de grandeza mensuráveis e próprias para o experimento. Na fenomenologia esta diferenciação não cabe. Alfred Schütz (1975), sociólogo da fenomenologia, que estudou comparativamente a formação do conceito nas ciências da natureza e nas ciências do homem, chegou a que em ambas as esferas prevalecem os princípios da inferência e da verificação e os ideais de unicidade, simplicidade, universalidade e precisão, e que se o móbil da formação do conceito é diferente, isto não altera o problema de conceituar os fenômenos.

Não existe uma receita de conceituação que seja universal. Para a fenomenologia, cada objeto requer e indica a forma como deve ser estudado. É do conteúdo conceitual do objeto e do contexto que deve emergir o método de conhecer. O que ela afirma é que o objeto — seja uma árvore, o calor ou uma empresa — "pede" a forma como pode ser conhecido. Não se pode entrevistar uma árvore, fixar um rótulo no calor ou aferir a acidez de uma empresa. A forma de conhecer dos objetos é condicionada por sua natureza. O objeto e o contexto indicam também a forma de justificar e criticar o que se afirma sobre o objeto. O processo de afirmar e criticar as manifestações do objeto (do fenômeno) conduz ao seu cerne, conduz àquilo que permanece, conduz à sua essência.

Conceito e método

O método fenomenológico consiste em grande medida no "reconhecimento de algo como adequado a um conceito" (Pietersma, 2000:70). A fenomenologia não trata de entender o objeto mediante seu conceito, mas de constituir o objeto de estudo enquanto conceito. Essa é uma posição próxima à da formação do conceito em Kant, na medida em que faz a mente levar as unidades conceituais à experiência, mas, ao mesmo tempo, distante dessa forma de pensar, na medida em que sustenta que os conceitos são construídos a partir da experiência dos objetos, das "coisas mesmas" e não da pura reflexão.

O que difere e particulariza o método fenomenológico é que "as coisas mesmas", o sensível, são abandonadas no processo de reflexão. Lembremos que, de acordo com Kant, nossa experiência tem dois componentes: um elemento receptivo da intuição sensível e um elemento da conceituação reflexiva, e que ele nega que tenhamos a capacidade de intuir conceitos intelectuais, já que não temos intuições intelectuais. Por isto, precisaríamos das categorias, dos conceitos puros da razão. As intuições sem os conceitos seriam cegas, os conceitos sem as intuições, vazios. Husserl esteve de acordo com Kant quanto a não haver intuição intelectual, mas acreditava que o componente sensorial poderia ser retirado no processo intelectual da conceituação. Ele pensava que a organização ou síntese dos sentidos no ato inicial da interpretação é um ato não conceitual, um ato distinto daquele de conceber e de nomear um objeto. A esta experiência receptiva da percepção, não necessariamente mediada pela linguagem, ele denominou "síntese passiva" (Mora, 1999:177).

Heidegger (1993:2-12) foi mais longe: disse que os conceitos são mais do que representações mediante as quais trazemos ante nós um objeto ou uma região de objetos em geral. Para além dos conceitos básicos "*Grundbegriffe*", representações mais gerais de regiões como /natureza/, /história/, /estado/, /lei/, /humanidade/ etc., estão os conceitos fundamentais, "*Grund-Begriffe*", que são conceitos aos quais chegamos pela reflexão. Como veremos, a fenomenologia existencial de Heidegger trata de alcançar a essência, os fundamentos daquilo que chamamos de seres, mediante a antecipação conceitual, que não é uma mera representação, mas um conhecimento daquilo que é trazido à nossa contemplação.

Na perspectiva fenomenológica, o conceito é imposto à percepção tanto quanto extraído dela. É o conceito, também, que unifica as várias manifestações do objeto. O conceito é visto como objeto e a formação do conceito consiste em sua objetivação, no alcançar sua verdade. Entre as correntes fenomenológicas há uma dissonância filosófica em relação à questão da verdade: a análise da percepção está relacionada com tomar as coisas com rigor — tamanhos, cores, distâncias —, enquanto a análise da proposição tem a ver com descrições corretas do mundo. Daí que, para alguns teóricos, anticonceitualistas, as percepções não estejam comprometidas com "a" verdade, mas somente com o verídico, com uma expressão da verdade (Thomasson, 2005). Esta dissonância não interessa ao propósito de entender a perspectiva fenomenológica sobre a conceituação. Ela não interfere na análise conceitual, que fornecerá ou bem a verdade ou, no mínimo, uma verdade.

## Não transcendentalidade

Conforme a fenomenologia se coloque como transcendental (Husserl), ontológica (Heidegger), hermenêutica (Gadamer), da percepção (Merleau-Ponty), existencial (Sartre) e tantas outras vertentes e pontos de vista, a epistemologia e os métodos de que faz uso vão variar substancialmente. A influência dominante hoje nas ciências humanas e sociais é a de Maurice Merleau-Ponty e de Martin Heidegger, que se afastaram do apelo husserliano pela experiência imediata e da subjetividade como fundamento para a conceituação abstrata, tomando a direção de um projeto que não confia a base teórica à experiência individual ou à subjetividade (Thomasson, 2005:38).

Na busca da contribuição fenomenológica à formação do conceito em pesquisa aplicada, seguiremos primeiro com Merleau-Ponty, que é quem mais se aproxima de construir uma ponte entre a origem transcendental da reflexão fenomenológica e as abordagens não filosóficas. Ao contrário de muitos pensadores, ele admite a relevância das relações externas, das relações não transcendentais. Merleau-Ponty denuncia os idealistas por reduzirem a realidade a conceitos e por acreditarem que o conhecimento se dá pela imposição dos conceitos ou pela redução de tudo a conceitos. Para ele, a interpretação dos conceitos é o caminho para o conhecimento, que é um conhecimento restrito, um conhecimento que está um passo além da realidade manifesta, do simples fenômeno, mas que está um passo aquém do conhecimento absoluto. Os conceitos são os meios para sintetizar as aparências dando-lhes um nome e um caráter para que não desapareçam no tempo.

Merleau-Ponty vê uma homogeneidade fundamental entre a busca das essências e a conceituação. Ambas têm início com fatos e tentam interpretá-los por meio de conceitos, ambas leem estruturas em uma multiplicidade de casos à luz de conceitos, sejam eles exemplares de uma essência ou de uma conexão empírica. É a conexão empírica que nos ocupa na formação de conceitos dentro do espectro da pesquisa aplicada. Três teses interessam particularmente a esse campo. A primeira sustenta que, se a raiz factual não tem importância na busca das essências, ela é uma justificação. Em outros termos, ela sustenta que devemos partir dos fatos, embora não devamos nos ater a eles. A segunda tese consiste em afirmar que não há distinção absoluta entre as verdades da razão (o pensado) e as verdades de fato (o empírico). Do ponto de vista de quem investiga, é tanto um fato a existência de uma árvore como é um fato o desprestígio atual da geometria euclidiana. Ou, estendendo o exemplo para o campo das ciências humanas e sociais, são fatos algo tão psicológico como a motivação, ou tão abstrato como a liderança, ou tão intangível como a estratégia de uma multinacional. A terceira tese afirma que toda a verdade é datada e localizada. Que toda verdade corresponde a um segmento espaçotemporal determinado. Isto leva a que a verdade dos fatos é contingente como contingente são os conceitos e a linguagem que utilizamos para denominá-la.

## Conceito e conhecimento

Lastreado nessas teses, o processo fenomenológico de conhecer, se não é exclusivamente um processo de conceituar, tem na formação dos conceitos seu passo crítico. Ele procede pela retirada das essências e significações de nossos atos e pensamentos brutos. Conceituamos tanto o que sentimos como o que pensamos. Este o processo, esquematizado na figura 5, tem início com a apreensão primária do objeto tal como ele se manifesta, com a construção de uma "tese ingênua" sobre o objeto. Essa apreensão é feita segundo uma *epoché*, uma redução (*re-ducere* = conduzir para trás) fenomenológica ignorando-se tudo que pode condicionar a visada do objeto. No dizer de Husserl (1938:I, 2, § 32): "*a redução fenomenológica*" nos oferece o objeto tal como manifesto (*noema*) de uma determinada forma (*noese*), isto é, nos oferece o fenômeno.

Em seguida, procede-se a uma segunda redução, uma redução à essência, uma redução eidética. Na redução eidética (*eidos* = essência) o objeto é "depurado de todo elemento empírico e psicológico" de forma que o que reste seja tão somente sua essência, os atributos sem os quais o fenômeno já não pode ser identificado. A maneira de proceder a esta segunda redução é fazer variar o fenômeno primariamente percebido, e ir identificando o que permanece, identificando quais atributos são invariantes nas diversas perspectivas segundo as quais o tomamos (Husserl, 1950). Conceituamos a manifestação do que vemos ou do que pensamos fazendo o fenômeno se apresentar de diferentes modos, segundo perspectivas diversas, até que possamos descrever com segurança o que é essencial no conceito, até que possamos descrevê-lo, pensá-lo e transmiti-lo de forma inteligível.

FIGURA 5
**A formação do conceito na perspectiva fenomenológica**

| Fato<br>Verdades<br>de fato | Pensamento<br>Verdades da<br>razão | ← objetos | |
| --- | --- | --- | --- |
| ↓ | ↓ | Tomada de consciência | |
| Conceito primário | | ← fenômeno | (Tese ingênua) |
| | ↓ | Redução (*époché*) fenomenológica | |
| Livre variação<br>↓ | | Visada segundo várias manifestações e segundo várias perspectivas. Redução eidética | |
| Conceito<br>↓<br>Termo | | } Referidos a um espaço-tempo definido | |

Isso que pensamos e transmitimos é sempre datado e localizado, de forma que o processo de formação de conceitos compreende uma infinita reconceituação. Um objeto conceituado é um objeto conhecido, mas esse conhecimento é provisório. O objeto que retiramos, seja do mundo empírico, seja do mundo da razão, segue seu curso e já não é mais tal como o vimos e pensamos. O conhecimento também: o fenômeno conhecido, o conceito, não é senão um estágio no processo infinito do conhecer.

São dois os pontos fundamentais desse processo: a redução e o método variacional (Natanson, 2001:63).

A redução é a busca de um contato direto com o campo de investigação (com o objeto em seu horizonte). Ela se dá pela suspensão de prejulgamentos (indo às coisas mesmas). Reduzir supõe "pôr entre parênteses" o que conhecemos ou pensamos conhecer (interpretações, suposições, teses, hipóteses, tradições, conhecimentos) sobre o investigado, o que se denomina redução fenomenológica. Reduzir supõe igualmente suspender as interpretações e significados que não sejam essenciais ao fenômeno. Reduzir o fenômeno a ele mesmo e ao que é essencial nele, o que se denomina redução eidética.

O método variacional compreende a visada do fenômeno segundo perspectivas e formas de ver diferentes. Por exemplo, fazendo variar o que entendemos por /árvore/, isto é, tomando um número indefinido de árvores e examinando cada um de seus atributos, como sua cor, veremos que /cor/ é um atributo essencial de /árvore/ (não existem árvores absolutamente brancas, pretas ou transparentes), mas que a cor verde é um atributo acidental (existem árvores com folhas vermelhas). Saberemos que o atributo /ter galhos/ é essencial, mas que /ter folhas/ não, e assim por diante.

## Parte 2 — A virada hermenêutica

Da fonte de Husserl na interpretação de Merleau-Ponty diversas correntes das ciências humanas e sociais retêm ideias como a da objetivação do conceito, a de que não devemos nos ater aos fatos, a da variação na forma de visar o objeto. De outra fonte, também originária da fenomenologia de Husserl, mas na forma de Heidegger, irá derivar a "virada hermenêutica" na análise da formação do conceito. A virada se caracteriza pela ênfase na interpretação como antídoto contra as concepções objetivistas e historicistas que, na primeira metade do século passado, presidiram as diversas disciplinas que compõem as ciências humanas e sociais. A Heidegger podemos atribuir um dos marcos deste movimento, que informa, no âmbito filosófico, o trabalho de Gadamer e, depois, o pós-estruturalismo, o desconstrutivismo, os estudos culturais, as análises críticas da atualidade.

Em termos muito gerais, este movimento trata de dar conta do problema do "terceiro homem", que Platão (1981d:132a) levantou no *Parmênides*. Parmênides objeta a Sócrates que, em havendo comunidade do múltiplo com a unidade, deve haver uma terceira ideia que relacione o múltiplo com o uno. Retomada por Aristóteles (1987:22, 178b), a questão passou a se expressar na forma de uma terceira entidade, o "terceiro homem", que explicaria a conjunção do ser efetivo, o "homem material", com a "ideia de homem", e que daria conta do problema de como as entidades destinadas a explicar o conhecimento são conhecidas. A solução do problema da instância entre o conceito empírico e o conceito intelectual foi aventada de vários ângulos. As Formas platônicas, as Categorias kantianas e os Objetos Lógicos de Russell são entidades primárias que serviriam para acessar, explicar e conceituar as demais entidades. Mas essas entidades primárias não solucionam o problema, porque elas mesmas não podem ser acessadas, explicadas e conceituadas, sob pena de um regresso ao infinito.

A solução de Heidegger para determinar como podem ser conhecidas as entidades que explicam o conhecimento passa pelo abandono de qualquer naturalismo, da crença ou da opinião de que toda explanação é uma explanação causal da realidade e de que não há algo como uma condição de possibilidade sem causa. Ele se volta para as possibilidades, indicando e descrevendo os dados da experiência imediata exatamente como eles são, sem sobrepor uma organização conceitual e sem abstrações. Sobre este ponto, que examinaremos a seguir, Gadamer erigirá mais tarde uma hermenêutica que transcende o convencional e que transcende as técnicas de interpretação dos textos.

## Compreender e interpretar

A hermenêutica filosófica, desde Descartes passando por Kant, Husserl e Wilhem Dilthey, entendeu a compreensão como um atributo lateral do conhecimento. Sempre reduziu o mundo à uniformidade, desconsiderando a forma em que vemos as coisas. Heidegger revolucionou a hermenêutica tradicional ao postular o compreender como a chave da experiência humana, não como uma conduta possível, mas como modo de ser próprio da experiência do estar-no-mundo.

Heidegger afirma a centralidade da compreensão interpretativa na existência humana, aquilo que denominou de *Dasein*, termo que significa o *ser-aí*, a *presença*, o *modo de existência* do ser humano. Nessa perspectiva, o ser humano deixa de ser o "sujeito" cognoscente desencarnado, destacado do mundo real e da vida prática, que se coloca diante do "objeto" claro e distinto a ser conhecido, para tornar-se partícipe de uma instância em que o ser e o mundo são codeterminantes do conhecimento. O conceituar sendo função do existir, da presença, do estar em face de algo [*prae* (em face de) + *esse* (ser)]. Após analisar o ser-no-mundo como ocupação (ser-junto-ao-mundo), preocupação (ser-com) e interioridade (o ser-em-si-mesmo), Heidegger (2009) se volta, no capítulo 5 nas seções 31 e 32 de *Ser e tempo*, para a análise do conhecimento do mundo (a análise do ser-em). Sustenta ali não haver distinção possível entre o sujeito-nós e o objeto-mundo: somos seres *no* mundo. Enquanto seres "projetados no mundo", nosso modo de ser é múltiplo: é um fazer, um esperar, um desistir, um interrogar etc. Viver autenticamente é apreender o mundo que preexiste e no qual fomos lançados. A interpretação possível do mundo deriva da compreensão, que não é uma forma de cognição entre outras, mas nossa habilidade básica, a destreza necessária para estar no mundo (Heidegger, 2009:§ 31).

Na medida em que o mundo se transforma constantemente, o viver demanda novas compreensões, gerando interpretações diversas. Nós mudamos nossas interpretações em função de nossos projetos, de nossas necessidades. Vemos e interpretamos o mundo ora como membros de uma família, ora como empregados de uma empresa, ora como consumidores. Heidegger sustenta que cada uma dessas interpretações supõe uma compreensão primária do mundo, uma compreensão que nos permite variar o entendimento que as múltiplas esferas da existência requerem de nós. A alternância de uma interpretação para outra não denota incoerência, mas uma demonstração de que podemos lidar com as exigências da multiplicidade da vida.

A compreensão é como uma projeção de possibilidades, não uma apropriação de fatos. "Projetamos" o contexto de significância e as relações entre o estar-no-mundo e o que necessitamos compreender. A projeção não se dá ao acaso nem por escolha voluntária, mas por necessidade, inerente à existência, de situar-se, de dar sentido interpretando o circundante e interpretando-se simultaneamente. O sentido não é algo que impomos aos objetos (emprestar sentido) nem é algo tirado do objeto, mas algo inerente aos objetos casuais ou deliberados, o que existe é o objeto-com-sentido-para-nós, entidades não independentes de seu contexto em nossa interpretação.

A compreensão se realiza na interpretação. Compreensão e interpretação não são duas instâncias separadas. A interpretação não elimina as operações da explanação, deliberação, reflexão e decisão: apenas as inclui em um todo, tanto no entendimento das interações com o mundo quanto na compreensão deliberada dos fenômenos. Os conceitos inerentes e derivados das interpretações caminham junto com elas.

Em um tópico que intitula de "a presença como compreender", Heidegger (2009:§ 28-31) trata da *pre – sença* como o que se abre para o mundo, para compreender o mundo. Mostra que o compreender está sempre afinado pela disposição, pelo humor, pelo modo de sentir-se, que une e integra sentimentos, emoções e afetos. Compreender possui a estrutura existencial do que ele chama de "projeto", o projetar do poder-ser da presença, o projetar-se a partir de possibilidades.

Na interpretação o compreender apropria-se do que compreende; a interpretação se funda no compreender. Não interpretamos para compreender, senão que compreendemos porque interpretamos. Interpretar não é tomar conhecimento do que se compreende, mas e-laborar, trabalhar sobre as possibilidades projetadas do que se está compreendendo.

Não há razão para pensar que o conjunto de possíveis asserções gerado por uma interpretação está fechado. Não só porque duas interpretações podem ser diferentes, mas porque os conceitos são particulares para cada contexto interpretativo. Por isto, os conceitos não podem ser classificados como "falsos" e "verdadeiros", mas somente como autênticos e inautênticos, transparentes e opacos, genuínos e espúrios.

O que está ao alcance, o que rodeia, o que é circunvizinho do que conceitua, surge expressamente na visão que compreende algo como sendo o que é; que compreende e interpreta "algo como algo", na palavra de Heidegger. O que se conceitua — que se compreende e interpreta — é *algo-para*. O conceituado é denominado *como* isto ou aquilo. Vemos um pedaço de madeira *como* árvore, *como* mesa ou *como* porta. O ver já é compreender e interpretar o que enunciamos. Não se trata nunca de um ver, mas de um *ver-como*.

O compreender, interpretar, enunciar, o conceituar, enfim, é, no cotidiano, livre de intencionalidade. O terceiro homem grego não existe: a unidade e o múltiplo, o compreendido e o interpretado são um só. Tudo que está ao nosso alcance já se compreende implicitamente como integrante de uma conjuntura que não precisa ser tematizada. É fruto de uma posição prévia, uma disposição (o humor) presente, e da perspectiva, da visão prévia que temos do mundo. O humor é o "como estamos" quando formamos o conceito. Podemos estar "lançados" em um humor sereno ou angustiado, alegre ou triste. Toda compreensão é projetada a partir de um humor e cada conceito é uma "projeção lançada" que, por isto, se engana ao mesmo tempo que apreende o conceituado (Heidegger, 2009:§ 31).

A apropriação do compreendido é sempre um desvelamento que fixa o parâmetro na perspectiva do que há de ser interpretado. A visão prévia recorta uma possibilidade, um poder-ser determinado de interpretação. "O compreendido torna-se conceito através da interpretação. A interpretação pode haurir conceitos pertencentes ao ente a ser interpretado a partir dele mesmo ou então forçar conceitos contra os quais o ente pode resistir em seu modo de ser" (Heidegger, 2009:§ 32). Mas, como quer que seja, toda conceituação, seja ela definitiva ou provisória, sempre já se decidiu por uma determinada conceituação, pois está fundada em uma conceituação prévia. A estrutura da conceituação tem, assim, três momentos fundamentais: uma disposição prévia (os sentimentos, emoções e afetos com que se conceitua); uma visão prévia (a perspectiva em que se vê o conceituando como "algo"); e uma concepção prévia, que une, integra e sintetiza a disposição e a visão prévias (Heidegger, 2009:n. 54).

Existe uma diferença entre a interpretação automática, cotidiana (*Auslegung*), e a Interpretação filosófica (*Interpretierung*), o tratamento reflexivo de um fenômeno. Na interpretação cotidiana tratamos de desvelar o oculto que tem interesse imediato para a vida prática. Na Interpretação filosófica tematizamos intelectualmente, procedemos a uma re-flexão em que nós, como sujeitos pensantes, nos incluímos no processo interpretativo. Em ambas as instâncias, o "sujeito" e o "objeto" da reflexão se articulam e se adequam em um todo coerente. O *Dasein* se interpreta a si mesmo e esta interpretação faz dele o que ele é.

Heidegger (2009:§ 32) ocupa-se com a interpretação com atividades prosaicas, como a de abrir uma porta. Verifica que nós não "percebemos" os objetos com suas propriedades para depois os aplicar de alguma forma. Nós interpretamos imediatamente, sem mediação, nós não vemos, senão que vemos-como. Ao ler um texto nós não vemos as marcas no papel, notamos que são letras que formam palavras que têm um sentido dado pela frase. Nós simplesmente lemos, isto é, colhemos o sentido daquilo que está escrito (Hoy, 1993:182).

A interpretação tem para Heidegger o valor de uma inferência imediata. Nós não ouvimos um complexo de sons puros e depois deduzimos que se trata de uma motocicleta. Nós ouvimos a motocicleta. Ouvimos e temos palavras, não tons de voz e letras. Isto não quer dizer que a interpretação seja não confiável ou incorrigível. Compreendemos imediatamente e interpretamos imediatamente baseados na compreensão (Heidegger, 2009:§ 148-150). A compreensão é genérica; a interpretação, específica. Ouvimos, lemos, pensamos as coisas "como". É muito difícil ouvir, ler, pensar alguma coisa sem seu como. Este é o trabalho do cientista, do analista. Para a generalidade, é o contexto da significação que permite interpretar algo como algo. Para que alguma coisa se torne explícita ao entendimento em um ato de interpretação deve haver alguns conceitos particulares sob os quais seria apropriado interpretá-la. Uma preconcepção (*Vorgriff; fore-conception*) que informa sobre o modo adequado de interpretar alguma coisa. A estrutura contextual prévia e a preconcepção não são explícitas: são pré-reflexivas e pré-linguísticas, mas não se destacam no ato interpretativo em "fases" ou "partes". Integram o ato reflexivo e linguístico que torna algo não compreendido e difuso em algo compreendido e nomeado.

Compreender, interpretar, articular um sentido tem como derivação o enunciar um conceito, o emitir um juízo. O enunciar é um demonstrar, um *de-mostrar*, um mostrar por e a partir de si mesmo. Enuncia-se predicando, dizendo expressamente, determinando, como na proposição "o martelo pesado demais que aí está". O enunciar é um declarar, mas é também um comunicar, um partilhar o significado com: "o enunciado é um mostrar a partir de si mesmo e por si mesmo, que determina e comunica" (Heidegger, 2009:§ 33). O enunciado é uma articulação do significado que se move em uma determinada conceituação: "o martelo é pesado, o peso é do martelo, o martelo tem a propriedade de ser pesado" e este peso é demasiado.

## O círculo hermenêutico

Todo entendimento é circular, mas não no sentido de um círculo vicioso. Na medida em que "qualquer interpretação que contribua para a compreensão tem de já ter compreendido o que deve ser interpretado" (Heidegger, 2009:§ 32), o "círculo hermenêutico" pressupõe um contexto de inteligibilidade para qualquer descoberta a ser feita, para qualquer conclusão a que se possa chegar, para toda conceituação que se proceda.

O círculo hermenêutico tradicional compreende a leitura do texto, cujas partes não podem ser interpretadas sem o entendimento do todo, e cujo todo não pode ser compreendido sem entendimento das partes (Hoy, 1993:173). Heidegger vai além dessa constatação: segue a forma de Dilthey (1947), quem estendeu a hermenêutica às ciências humanas — filologia, história, arte, sociologia — sob a mesma ideia de circularidade, de que não podemos entender o todo sem entender as partes, e não podemos entender as partes sem algum entendimento do todo, descrevendo um ciclo que vai de pressupostos implícitos e toscos a interpretações que geram conceitos explícitos (que são novos pressupostos).

O modo de ser de um ente compreendido corresponde a um *poder-ser*, a uma possibilidade prévia. A estrutura prévia do compreender e a estrutura-como da interpretação regem o projetar-se do conceituar. O ente compreendido e interpretado tem sentido, um sentido para aquele que conceitua. Heidegger resolve o enigma do *circulus vitiosus* de como compreender sem ter antes compreendido, mostrando que o decisivo não é sair do círculo, mas penetrar no círculo de modo adequado. O círculo não será vicioso, ou deixará de sê-lo, se o considerarmos como exprimindo a estrutura prévia do conceituar. Escapa-se do círculo na medida em que a interpretação não se deixa guiar pela posição prévia, pela visão prévia, pela concepção prévia, na medida em que incorpora e desvela os conceitos estabelecidos, os conceitos populares, as emoções, as inspirações, os pressupostos para se dirigir às coisas elas mesmas.

Os critérios de interpretação, aquilo que leva a preferir uma proposição a outra — genuidade, autenticidade, fecundidade, adequação ao caso, relevância para o presente —, são também interpretáveis. Saímos do círculo hermenêutico não pela repetição ou confirmação das suposições padronizadas ou dos conceitos populares, mas pelo teste interpretativo a que submetemos as coisas "elas mesmas", comparando-as a outras coisas, confrontando pressupostos, questionando o estabelecido (Heidegger, 2009:§ 41-42). Passamos da compreensão prévia à compreensão esclarecida pela interpretação, enunciamos o que compreendemos, interpretamos e conceituamos para alcançarmos um novo ponto de partida que requer outra interpretação. Indefinidamente.

## Compreender como compreendemos

Discípulo e seguidor de Heidegger, Hans-Georg Gadamer dedicou-se a compreender, a interpretar e a aplicar, estendendo e alargando o campo explorado por seu mestre. Sua hermenêutica não é uma doutrina de métodos. É, antes, uma forma básica de examinar o que o pensamento e o conhecimento significam para o ser humano na vida prática e para aquele que se utiliza de métodos científicos.

As hermenêuticas tradicionais, que são a teológica, a jurídica e a filológica, abrangem três instâncias: i) compreender (o versículo, a cláusula, o sentido); ii) interpretar (a dimensão simbólica, a alegórica, a anagógica, a analógica etc.), iii) e aplicar à situação presente (o compreendido e interpretado). Gadamer, a partir de Heidegger, expande este entendimento. Para ele, compreender significa ser capaz de considerar razoavelmente o que outra pessoa pensa, interpretar significa determinar o sentido preciso do que se examina, significa aferir, medir o significado do conhecimento (Gadamer, 2007:117).

Em seu diálogo sobre o *Político*, Platão (1981e:258 e ss.) diz que existem dois modos de medir, e os dois são igualmente indispensáveis. No primeiro modo de medir aplica-se uma escala ou uma regra. Nesse caso, está-se preocupado com o que os gregos denominavam de *póson*, com a quantidade, como quando utilizamos a extensão de uma régua para medir um objeto físico qualquer. Na segunda maneira de medir trata-se de encontrar a "medida certa", encontrar o apropriado, como quando ouvimos vários tons soando juntos harmonicamente ou quando nos encontramos no estado de bem-estar que denominamos "saúde". Nesse caso, está-se preocupado com o que os gregos denominavam de *poîon*, a qualidade. Na construção da sua hermenêutica, Gadamer (2007:114) notou que, em qualquer disciplina, ambos os modos de medir são importantes. O que não se pode fazer é empregar os instrumentos de um para aferir o outro, ou pensar que apenas um modo de medir é suficiente para explicar todas as esferas do mundo. Ele procurou demonstrar que a medida científica, os métodos aplicados pelas ciências naturais não produzem toda a verdade. Que existem outras verdades: as verdades das artes, as da história, as do saber. Daí a necessidade da reflexão sobre a experiência da compreensão em todas as suas formas. Por isso, Gadamer se colocou contra os exclusivismos epistemológicos, tanto o do contextualismo histórico-social como o do cientificismo objetivista.

Tendo em vista que a relação do sujeito cognoscente com o mundo não é nem subjetivista — submetendo o objeto ao sujeito — nem objetivista — submetendo o sujeito ao objeto, Gadamer recuperou a *phronesis* aristotélica, a forma de saber que é tanto intelectual como prática, para superar a barreira que Hegel apontou entre a ciência no sentido natural e matemático e o "conhecimento absoluto", que não pode ser alcançado com os instrumentos e propósitos da ciência (Gadamer, 2007:112). Seguindo Heidegger, Gadamer sustentou que a experiência humana no mundo é a base de toda reflexão e que "a compreensão não é um dos modos de conduta do sujeito, mas o modo de ser do estar aí" (Heidegger, 2009:§ 31). As fontes das concepções são, de um lado, o modo de pensar que empresta um caráter fundamentalmente histórico ao humano, que nasceu com Hegel e que tem como marco a visão de Dilthey (1947) da expectativa sobre o futuro presidindo a conduta dos seres históricos. De outro, o modo de pensar de Husserl e de Heidegger, que postularam a transcendência do psicológico e dos processos objetivos na análise do fenômeno para construir uma instância analítica que considera o *ser-no-mundo*, a consciência pessoal da vida. Heidegger derivou a estrutura circular da compreensão da temporalidade. O círculo hermenêutico consistindo na elaboração natural do objeto a partir de uma posição prévia (Gadamer, 2007:271). Esta a base principal de Gadamer: o entendimento de que a compreensão não é uma operação metódica, mas uma forma de estar no mundo. Enquanto seres lançados na existência, somos obrigados a compreender, de modo que a ideia de compreender não implica nem fundamento, nem dedução, mas um projeto: o do entendimento do futuro, do estar aí, do ser no mundo, de nós mesmos, em um círculo sem fim.

Um esquema grosseiro do círculo hermenêutico tem início com a intuição arbitrária da coisa, a noção do objeto. Segue-se uma posição, uma visão e uma concepção prévias, que dão o sentido imediato. Uma interpretação inicia a elaboração do conceito, com revisões e reelaborações sucessivas, sempre referidas ao ponto de partida, às coisas elas mesmas. Não há fenômenos, mas interpretação de fenômenos. A compreensão consiste em dar uma unidade de sentido em acordo das múltiplas interpretações de fenômenos. Em toda compreensão nos compreendemos também a nós mesmos. Somos atores e autores da história. Procedemos a uma análise estética, a da "estética do gênio": o ser humano se recoloca continuamente na compreensão de si mesmo, daí a continuidade de sua existência que se manifesta ainda nos instantes de ruptura (de re-colocação). Existiria, pois, uma pré-estrutura da compreensão no suposto "ler" o que "está lá" (Gadamer, 2007:274). Desta constatação derivam dois conceitos fundamentais de Gadamer: o de "situação hermenêutica" e o de "horizonte". A situação hermenêutica é o ponto do qual compreendemos. O horizonte é o limite do que, dadas as nossas condicionantes, a nossa tradição, alcançamos refletir sobre o ocorrido e sobre o que ocorre.

## Tradição e preconceito

O mundo da vida é pré-dado, conceituamos a partir de uma situação hermenêutica. Abarcamos um horizonte, um âmbito da visão que encerra tudo o que é compreensível desde a nossa situação. A hermenêutica clarifica nosso horizonte ao mesmo tempo que o amplia, reconstruindo-o, agregando novos horizontes, em um processo de fusão de horizontes. Compreender é elucidar o processo de fusão de horizontes no domínio da tradição entre pessoas e entre culturas. Nós construímos nosso horizonte e ele caminha conosco. Compreendemos sempre desde uma atualidade criada pelas compreensões anteriores, pelas fusões de horizontes que antecederam a compreensão. Trata-se de um processo contínuo, mas, obviamente, finito. A experiência humana é marcada pela finitude dos horizontes que podemos abarcar e do tempo da nossa existência.

Em sua obra principal, *Verdade e método* (2008), Gadamer examina duas dimensões da compreensão: a da obra de arte e a da história. A experiência estética é a consciência de quem é afetado pela obra de arte. A experiência histórica é uma compreensão situada sobre o que se pensa ter ocorrido. O sujeito da obra de arte, como o sujeito da história, não é o objeto ou a ocorrência isolada, mas o que subsiste e perdura, o *subjectum* latino: o que se tem sob observação, o que sujeitamos à nossa compreensão.

A análise da experiência da verdade revelada pela arte indica um modelo que tem valor para toda a experiência humana. Coloca o problema do verdadeiro de forma concreta, no sentido de experimentá-la. A experiência da verdade estética, o diálogo (jogo) com o objeto, modifica o ser humano. Já o diálogo com a tradição produz a compreensibilidade do que viemos a ser. Os objetos históricos se apresentam como uma questão para respondermos desde nossa situação espaçotemporal, interpretando as respostas que foram dadas no horizonte do seu tempo e do seu espaço. Tais objetos se constituem como *efeitos* dos fenômenos históricos e das obras transmitidas, compõem a "*história efeitual*", que predispõe para abertura do mundo, para a compreensão.

Nenhuma obra é isenta, nenhuma época é neutra. O contexto de cada época modela nossa percepção e nossa conceituação. Não só porque a tradição afeta as instituições, grupos e pessoas, mas porque, estruturalmente, modifica o que lhe sucedeu no tempo (Heidegger, 2009:6). Os efeitos do desenrolar da história predeterminam os objetos e formas de compreensão. A "tradição" não é o passado. O passado é algo que acabou, que está morto, ausente. A tradição é algo vivo, presente (Heidegger, 2009:§ 43). Nós compreendemos imediatamente a partir de *pré-conceitos*, das tradições de nossa época e de nossa circunstância.

O horizonte hermenêutico é formado por preconcepções, por conceitos que indicam as questões a serem colocadas, que determinam os objetos a analisar e que nos dizem a forma de interpretá-los. Os preconceitos são essenciais à compreensão e a compreensão será tanto mais verdadeira quanto menos falseada pelos pré-conceitos. São os preconceitos não percebidos que nos tornam surdos para a coisa de que nos fala a tradição. Mesmo onde se supõe fazer ciência, o preconceito está presente. O conceito de estado natural de Rousseau ou de vida social natural de Marx são pré-conceitos. Sua existência efetiva não pode ser provada e, como grande parte dos conceitos que conformam as ciências do espírito, são inverossímeis (Gadamer, 2007:278).

Temos sempre uma compreensão inicial, ainda que obscura, sobre o que vamos sujeitar ao nosso julgamento. De outra forma não poderíamos iniciar o processo de compreensão. Esta pré-compreensão é formada pelo feixe de pré-conceitos que formam a tradição, os costumes arbitrários em que estamos imersos. Somos personagens e somos autores da história. Compreendemos desde dentro de um determinado contexto, desde um mundo que nos precedeu e do qual não podemos escapar. A pressuposição, ou melhor, a ilusão fundamental do iluminismo, da *Aufklarung*, foi a de que o uso metódico e disciplinado da razão seria suficiente para nos proteger de qualquer erro. Legou-nos o preconceito contra o preconceito, contra a tradição, legou-nos o dever de passar do *mythos* ao *logos*. Mas preconceito não significa um juízo falso. Pré-conceito (*Vorurteil*) quer dizer um juízo (*Urteil*) que se forma antes (Gadamer, 2007:275).

O problema não são os preconceitos, mas como nos livramos deles. Existem dois tipos de preconceito: os derivados da precipitação e os derivados da autoridade. O método, qualquer método, nos protege dos primeiros, mas não pode nos afastar do segundo. A divisa kantiana "tem coragem de te servir de teu próprio entendimento" nos predispõe para a cientificidade, mas, no limite, é impossível de ser obedecida. A estrutura prévia da compreensão do conceito, que antecede o sentido imediato que lhe atribuímos, é eivada de pré-conceitos.

Estamos imersos em preconceitos. Isto é um fato, não, necessariamente, uma negatividade. O preconceito é uma condição para a compreensão. Os conceitos antes de formulados, os preconceitos, têm primazia em relação ao nosso juízo. São essenciais à compreensão. Os preconceitos da tradição são legítimos. A forma particular de autoridade que é a tradição tem validade, embora não tenha fundamento. A tradição não é o oposto do conhecimento racional, mas uma conservação, o repositório dos conceitos sem os quais não teríamos de onde partir para compreender. A tradição é uma mediadora. Está nos primórdios: na escolha do tema de investigação, no despertar do interesse do investigador, na obtenção de um novo modo de colocar o problema (Gadamer, 2007:281-287).

A oposição cega à autoridade da tradição cobra seu preço. A autoridade da tradição não tem a ver com a obediência, mas com o conhecimento, é uma fonte de verdade. O que distingue

as ciências do espírito das da natureza (...) é que (...) enquanto o objeto das ciências da natureza pode ser determinado idealiter como aquilo que seria conhecido num conhecimento completo da natureza, não faz sentido falarmos de um conhecimento completo da história. E é por isto que, em ultima análise, não podemos falar de um "objeto em si" o qual orientaria esta investigação. (Gadamer, 2007:289)

A tradição não é o acontecido, mas seu legado. Não é o acontecer, mas a forma que temos para compreendê-lo. A tradição é a linguagem onde nos encontramos imersos: fala por si mesma. É o que dizemos e o que é dito. É finita: nem tudo é dito e nem tudo se compreende.

## Da palavra ao conceito

Não criamos conscientemente o mundo: estamos nele. A linguagem é o lugar onde o eu e o mundo se encontram. Não é sujeito nem objeto. Os horizontes que vamos fundindo conformam uma linguagem que nos constitui e que nos permite compreender significados. O mundo se constrói com palavras e está dado a nós por elas. O que pode ser compreendido é a linguagem. A linguagem não é somente um instrumento do pensado, mas a estrutura do mundo em que vivemos. Ela constitui um mundo para cada ser humano. A presença, o *estar-aí-no-mundo* (*Dasein*) é constituído pela linguagem. Ela é a lente pela qual vemos o mundo e nos vemos a nós mesmos. O mundo só é mundo na medida em que se expressa em uma linguagem (Heidegger, 2009:§ 34).

## Perspectivas filosóficas

A linguagem está em nós. O mundo é constituído pelas coisas passíveis de serem ditas. A compreensão se articula em palavras, a própria existência é articulada pelas palavras. Contra Husserl, à margem de Heidegger, Gadamer sustenta que a linguagem tem produtividade, que a linguagem produz sentido. Neste ponto, a fenomenologia de Gadamer se aproxima da filosofia da de Wittgenstein (Huneman e Kulich, 1997:167). Para ele, a linguagem é algo que se encontra além da expressão do sujeito pensante. Entre nós e o conceito idealizado, entre nós e o fato positivista está a palavra. A linguagem sintetiza continuamente o passado e o presente, o próprio e o alheio. A linguagem instaura um horizonte. A verdade, a verdade possível, está no diálogo, no acordo de horizontes. Um diálogo que é como o da dialética platônica, que jamais se completa (Gadamer, 1982: 55-61). O caráter da linguagem é tão inerente ao pensar das coisas que não faz sentido tomar as palavras como signos à disposição. A palavra submete a experiência, não no sentido que lhe suceda, mas no sentido de que pertence à experiência o fato de ela buscar e encontrar palavras que a expressem (Gadamer, 2008:421).

Na parte final de *Verdade e método*, quando examina a formação do conceito de linguagem ao longo da história do pensamento do mundo ocidental, Gadamer se ocupa da relação entre o falar e o pensar, entre a palavra e o conceito. Verifica que em Platão o logos, a palavra e o discurso caminham juntos, sendo superados pelo esforço do pensante. A dialética platônica divide-se em duas partes: a *diaíresis*, divisão, e *synagoogée*, conjunção. A *diaíresis* consiste em seccionar uma ideia em seus componentes essenciais, segundo um procedimento binário. Por exemplo: a ideia da arte pode subdividir-se em arte de produzir e arte de adquirir, esta última em arte permutativa e em arte construtiva e assim por diante (Platão, 1981g:219). A *synagoogée* consiste em reunir várias coisas em uma única ideia que as congregue. A linguagem volta-se dialeticamente sobre si mesma, busca no acervo das palavras sua própria evolução. A este movimento Platão denominou de "elevação acima dos nomes": a procura da verdade das coisas para além da linguagem, nas ideias. A linguagem para Platão é um mediador. Espeusipo, sucessor de Platão na direção da Academia, empenhou-se na busca das essências das ideias-conceitos. Para isto, lançou mão do método analógico, isto é, da correspondência proporcional. O método analógico consiste em descobrir características comuns entre elementos, em um processo dialético do tipo: "o que são as asas para os pássaros, são as nadadeiras para os peixes". As analogias são diversas da lógica, mas a analogia é um dos mais importantes recursos de formação de palavras na linguagem. Correspondem ao metaforismo fundamental, ao nexo, reconhecido desde os gregos como estando entre o conceito e a linguagem (Gadamer, 2008:434).

Já Aristóteles não dá maior importância à lógica da linguagem na formação do conceito. Para ele, a palavra na linguagem é uma escolha, um começo arbitrário para a ciência, algo que elegemos para demonstrar. Processos como a *diaíresis* platônica são artifícios. Não servem à ciência, que deve ser pautada no ideal da demonstração lógica. A teoria aristotélica da formação dos conceitos, a *epagogé* (indução), é ilustrada com o exemplo do aprendizado da fala pelas crianças. Aristóteles pretendeu com as definições lógicas reproduzir a ordem dos seres, colocando o máximo empenho em livrar a descrição dos casos da linguagem (Gadamer, 2008:435). Nele se inspiraram os estoicos, que sustentaram que os significados e não as palavras são pensados e são cunhados em um conceito na medida em que se faz a abstração das coisas designadas pelas palavras. No pensamento medieval, a unidade entre o pensar e o falar é dada pela ideia de que a palavra é resultante de um processo que leva à expressão da unidade (o conceito) que se tem em mente. Com a retomada da filosofia aristotélica no tomismo, a questão da separação entre o espírito humano e o divino trouxe à baila o problema da criação do conceito, da diferença entre a criação divina e a humana, que Nicolau de Cusa tentou superar anulando a cisão entre a palavra e a formação do conceito, dizendo que o conceito e a palavra são complementares, que é a multiplicidade das designações possíveis que concede maior potência à diferenciação conceitual (Gadamer, 2008:427-439).

Em sua análise, Gadamer retoma os temas platônico, aristotélico e medieval da mediação da palavra, das analogias e da diferença entre a palavra divina e a palavra humana. Revive a teologia do verbo em Santo Tomás de Aquino — a diferença entre a palavra divina, o *logos/verbum* uno e perfeito, e a palavra humana, expressão imperfeita do pensamento imperfeito, para recolocar em outros termos a questão de se a palavra divina expressa, contempla e cria tudo simultaneamente, o que resolveria o problema da encarnação (se Deus encarnado em Cristo é menos Deus) que deriva do problema ou mistério da trindade (como um ente tripartite pode ser uno). Gadamer (2008:428 e ss.) atualiza essa querela para caracterizar a relação entre a formação do conceito e a palavra humana em três instâncias:

- a palavra humana é, primeiro, potência, depois, atualidade. Isso não quer dizer que criemos os termos a partir da formação reflexiva dos conceitos. Ao contrário. O processo de pensar se inicia quando algo vem à mente a partir da memória. Trata-se de uma emanação: a memória não perde nada quando utilizada. Trata-se, também, de um momento de criação, de transformação de um pensamento em uma palavra pelo caminho da investigação e da reflexão, em que o *verbum*, a palavra, não é um instrumento a serviço do *logos*, mas um espelho do pensado;
- a palavra humana é essencialmente imperfeita, uma imagem de um pensamento que, por definição de humano, de não divino, é necessariamente imperfeito. Por isso a palavra humana é múl-

tipla, e não una, como a divina. Por isso necessitamos de muitas palavras para expressar um único pensamento; ▪ cada palavra que criamos é acidental, isto é, a palavra não contém a essência do conceito como um todo. Daí que o exercício da reflexão, da busca da expressão mais perfeita para o conceito nos leve a um processo espiritual sem fim, o que, em contrapartida, nos obriga a formular projetos intelectuais sempre renovados.

Da discussão sobre o momento processual da palavra humana, isto é, o processo em que o *logos* (pensamento) acontece como *verbum* (expressão), Gadamer aproveita as ideias de que: i) a palavra não se forma mediante um ato de reflexão, isto é, não é possível pensar uma coisa sem, de alguma forma, nomeá-la. Não se passa do pensar para o dizer, a palavra não surge em um vazio de pensamentos, não pensamos a coisa e sua imagem separadamente; ii) a palavra não pode ser separada de quem a profere. Não só a palavra divina é diferente da humana, como a palavra humana proferida é uma mensagem de e para alguém; iii) a palavra, a expressão, é meio e é resultado de um processo: o processo da formação do conceito. A palavra permite articular diferentemente os objetos segundo suas semelhanças e diferenças. O poder de nomear representa uma primeira conceituação natural, que não corresponde aos conceitos essenciais da ciência e ao sistema classificatório de gênero e espécie (Gadamer, 2008:440). O processo natural vai do uso das palavras dotadas de uma significação geral à formação e depuração contínua do conceito. Isto contrasta com o sistema lógico aristotélico-tomista de indução e abstração do que é comum à coisa que se quer significar, a reflexão sobre o gênero e a conceituação classificatória (Gadamer, 2008:433).

A formação natural dos conceitos se dá não exatamente pela linguagem, mas no âmbito da linguagem. A conceituação natural parte da palavra em seu significado comum, referido ao aspecto particular da intuição objetiva. Na medida em que se quer fazer entendido, o falante procura adequar a conceituação, aprimorando-a (Gadamer, 2008:432).

## Do conceito à palavra

Heidegger (1975) afirmou que as abordagens filosóficas tradicionais obscureceram e distorceram nosso entendimento das coisas, nivelando por baixo o que é compreendido quando encontramos um objeto, uma peça de equipamento ou o caráter de um trabalho, mas não ofereceu respostas a este problema fora do pensamento filosófico. Buscando resolver o problema de como as entidades destinadas a explicar o conhecimento são conhecidas, Heidegger postulou o compreender, o interpretar e o enunciar não como uma conduta possível, destacada da existência, mas como modo de ser próprio da existência humana. Lançados no mundo, na vida ativa, temos uma necessidade implícita de explicá-lo e de nos explicar enquanto seres no mundo que nos rodeia. Faz parte da existência conceituarmos o mundo e a nós mesmos continuamente.

Vimos como, para Heidegger, o conceituar é um desvelar, seja o desvelamento dos elementos da vida prática, seja o desvelamento tematizado da episteme, do conhecimento procurado deliberadamente que conforma as ciências humanas e sociais. Esse desvelar, esse descobrir o que nos circunda e a nós mesmos enquanto presença se dá pela saída do círculo hermenêutico formado pela conceituação prévia, pela compreensão, pela interpretação e pela enunciação. Conceituamos, esclarecemos, rompendo o círculo mediante a crítica à disposição, à visão, à concepção prévia e pela visada direta dos entes: o retorno às coisas elas mesmas.

Gadamer parte deste entendimento para definir dois conceitos fundamentais: o de situação hermenêutica e o de horizonte.

A conceituação que procedemos do mundo e de nós mesmos é situada: somos seres históricos e seres com uma história de vida. Temos todos uma tradição e uma personalidade, que nos determinam e que determinam o horizonte da nossa possibilidade de compreender e conceituar. Não podemos nos despir de nossa situação. O que ocorre, o que faz avançar o conhecimento é a acumulação de experiências, a fusão de horizontes que vivenciamos e que nos transforma. O conceituar é reflexivamente um enunciar e um enunciar a partir de. A linguagem em que vivemos imersos é tanto o resultado do conceituar como produtora de sentido. A linguagem sintetiza e dá nexo ao passado e ao presente, expressa o vivido e o incorporado, constrói o esperado.

Gadamer desenvolveu a teoria heideggeriana da interpretação em uma hermenêutica geral, um empreendimento filosófico cuja principal questão é: "Como é possível a compreensão?". À diferença do desconstrucionismo de Derrida (1973), que não reconhece a validade da tradição e que se propõe a escapar do círculo hermenêutico desafiando-a, Gadamer propôs uma reconstrução intelectual do texto. Ele pensou o processo intelectual como um processo de explicação em palavras (Gadamer, 2007:111). Tendo verificado que não é possível uma interpretação independente da situação hermenêutica e sendo o conceitual, no Ocidente, a característica básica do pensamento, chegou a que vivemos uma padronização cultural: pensamos não só as mesmas coisas como pensamos da mesma maneira, embora vivamos de forma diferente e segundo tradições diversas. Por esse motivo ele pregou o diálogo e sustentou que a atitude metodológica do julgamento neutro e isento não convém à compreensão do mundo. Compreender um conceito é dar-lhe um sentido aqui e agora. Os sentidos dos conceitos são inesgotáveis. A cada momento alguém pode desencadear um processo de compreensão, colocar novas questões e revelar novos significados. A compreensão é uma experiência: transforma o que a constitui, negando seus pré-conceitos e se abrindo para novos conceitos que se constituirão em pré-conceitos das compreensões futuras, em um movimento dialético hegeliano. Caminhamos não só da palavra ao conceito, mas do conceito à palavra (Gadamer, 2007:109).

## Conceito e expressão

Husserl e Heidegger demonstraram que não existe dado puro e que a existência humana outorga imediatamente sentido ao que lhe aparece. Gadamer foi mais longe: atribuiu à linguagem a capacidade de dar sentido ao que nos é dado. Para ele, a língua não é um objeto ou um instrumento, mas um pré-saber, um saber anterior, que nos permite conceituar. A linguagem não é um reflexo do mundo, ela é o mundo. Merleau-Ponty (1991:981) expressou essa ideia mostrando que não há um campo do indizível, que todo conceito é imediatamente expresso e compreendido na e pela linguagem. Nós descobrimos o fenômeno quando falamos dele. A presença no mundo em que vivemos nos é dada pela linguagem. Pertencemos a uma comunidade linguística. O mundo só é mundo para nós na medida em que se expressa em uma língua.

A fenomenologia em conjunto mostrou que é problemático para a noção usual de objetividade o fato de que objetos como "elétron" ou "gene", são o que são independentemente de nosso vocabulário conceitual. Isso cria a expectativa de que possamos chegar a uma definição conceitual adequada ao objeto. Mas tal não ocorre. O vocabulário, mesmo o vocabulário científico, altera-se constantemente. Os conceitos são históricos porque as verdades também o são, na medida em que são circunscritas em alguma tradição que fixa normas de pesquisa, que normatiza o que deve ser investigado, que diz como deve se investigar e o que seria uma boa resposta às questões colocadas. As tradições são normativas no sentido de que guiam as comunidades de acordo com um ideal epistêmico expresso em um vocabulário conceitual. Um vocabulário que tanto faz avançar o conhecimento sobre a realidade como o limita (Wachterhauser, 2000:60-67).

A formação de conceitos no modo fenomenológico ganhou o mundo e fez adeptos durante todo o transcorrer do século XX. Entrou pelo novo milênio em grande forma, constituindo-se como alicerce de várias visões de mundo e de várias epistemologias. A análise conceitual do ponto de vista fenomenológico assemelha-se à tarefa do intérprete: transformar os signos, as palavras, em "discursos e sentidos", em conceitos. Os conceitos não são o foco da interpretação. Se bem formados é

> da natureza dos conceitos desaparecer por trás daquilo que eles trazem ao discurso (...) Paradoxalmente uma interpretação está correta quando ela tende a desaparecer desta forma (...) O êxito de uma interpretação consiste em fazer com que o significado esteja vivo e subsista por ele mesmo. (Gadamer, 1989:392-398)

★ ★ ★

Da discussão fenomenológica sobre a formação de conceitos, as diversas correntes das ciências humanas e sociais retêm as ideias:

- da objetivação do conceito, isto é, da possibilidade de se ter um conceito como objeto de estudo;
- da relatividade da raiz factual, isto é, a ideia de que devemos partir de fatos, mas que não devemos nos ater a eles;
- de que o objeto determina a forma de ser conhecido, portanto determina o modo de conceituá-lo;
- da separação deliberada do objeto em estudo dos seus acidentes, para fixar-se naquilo que é essencial;

- da variação metodológica na forma de visar o objeto;
- do conceituar como desvelamento;
- de que conceituamos inevitavelmente a partir de concepções prévias, de uma situação hermenêutica, isto é, de que não vemos, senão que *vemos-como*, a partir de conceitos ingênuos (Husserl), prévios (Heidegger) de preconceitos fundados na tradição (Gadamer);
- de que é criticando as concepções prévias e indo às coisas mesmas que saímos do círculo hermenêutico;
- de que o mundo que circunda o objeto, seu horizonte, integra-o e o modifica;
- de que o conhecimento é dado pela fusão dos horizontes;
- de que não podemos descartar a tradição a partir da qual e sobre a qual conceituamos;
- de que a linguagem instaura horizontes e expressa e produz conceitos, e, portanto, que a palavra (a denominação) é o meio e o resultado do conceituar.

## A perspectiva analítica de Wittgenstein

Nascido na Áustria, em uma das mais abastadas e intelectualizadas famílias da Europa, Ludwig Josef Wittgenstein teve uma educação científica e humanística fortemente influenciada pela crise cultural europeia que antecedeu à Primeira Guerra Mundial. Sua vida foi marcada pelo autoritarismo do pai, pelo suicídio de três de seus quatro irmãos, pela consciência tardia de sua homossexualidade e, apesar da sua origem judaica, por uma religiosidade baseada no cristianismo ascético de Tolstoi. Depois de uma educação doméstica extravagante, ingressou na *Realschule* de Linz, onde, curiosamente, foi contemporâneo de Adolf Hitler, de quem não se lembrava. Mais tarde estudou engenharia em Berlim e especializou-se em aeronáutica em Manchester. O interesse pela matemática pura e pela lógica o levou, em 1912, a Cambridge, para aprender com Bertrand Russell.

Wittgenstein publicou em vida um único livro, o *Tractatus logico-philosophicus* (1998g), em 1921, que consiste em uma coleção de análises da natureza das proposições da linguagem, sobre problemas da ontologia, da teoria do conhecimento e da ética. Após a conclusão do *Tractatus*, escrito nas trincheiras e como prisioneiro durante a Primeira Guerra Mundial, Wittgenstein abandonou a filosofia por 10 anos (1919-29), dedicando-se a uma gama variada de atividades (professor primário, arquiteto, jardineiro). Retornou a Cambridge com uma noção diversa da filosofia, não mais voltada para a lógica das proposições, mas para a linguagem como prática social. Essa nova perspectiva resultou no livro póstumo *Investigações filosóficas* (1998c), publicado em 1954, que reúne proposições, aforismos e considerações divergentes da filosofia do *Tractatus*. Em *Investigações*, Wittgenstein nos fez saber que os conceitos que temos se devem ao aprendizado, ao consenso ou à convenção. Que não é legítimo pensarmos em conceitos universais, que é inútil buscarmos sua essência, que a relação que existe entre o conceito e sua expressão é condicional, não causal: deriva do uso que dele fazemos.

Wittgenstein comprimiu ao máximo seus pensamentos. Qualquer esforço para abreviar sua filosofia está condenado à deturpação e ao equívoco. Lançar sem maiores explicações a afirmação de que os conceitos são nebulosos, incompletos e indeterminados porque são expressos segundo regras gramaticais inerentes a jogos de linguagem particulares e que a nebulosidade, a incompletude e a indeterminação dos conceitos podem ser atenuadas, talvez resolvidas, pela análise de seu uso e pela exemplificação, seria recair no obscurantismo do qual ele procurou livrar a filosofia. Por isso, no que segue procuramos contextualizar o que se depreende sobre a questão específica dos conceitos da leitura de suas obras e das de alguns de seus intérpretes. Dividimos o texto em quatro seções, dedicadas respectivamente: i) à introdução do pensamento de Wittgenstein; ii) ao *Tractatus*; iii) às *Investigações*, iv) ao conceito. Concluímos (v) com uma tentativa de síntese da formação dos conceitos com base no "segundo" Wittgenstein.

## Tractatus

O *Tractatus logico-philosophicus* (Wittgenstein, 1998g) é uma compilação de pensamentos breves, numerados e articulados tematicamente, que tratam dos problemas clássicos da filosofia. Consiste em 527 parágrafos e sete teses fundamentais. Tem início com uma assertiva retumbante: "1 — O mundo é tudo aquilo que é o caso". Conclui com uma frase que constitui um marco na discussão filosófica posterior a Wittgenstein: "7 — Aquilo que não pode ser dito, devemos ignorar e calar".

Escrito em cadernos de campanha, o *Tractatus* não é um sistema, mas uma visão de conjunto (*Übersicht*). A principal intenção é a determinação das condições de possibilidade de juízos da linguagem. Tem por objetivo traçar uma fronteira entre o dizível e o indizível, entre o sentido e o sem-sentido, entre o discurso factual e o discurso metafísico. Postula que os problemas da filosofia podem ser solucionados pela compreensão da lógica subjacente à linguagem que os expressam (Wittgenstein, 1998g: § 3-4). Mantém que o que pode ser dito é o mesmo que pode ser pensado, o problema filosófico derivando de que tentamos dizer o indizível.

O método proposto por Wittgenstein no *Tractatus* é o de uma escada que se deve ascender a fim de escalar além dela (Wittgenstein, 1998g: § 6.54; Duffy, 2005). Isto porque, embora a linguagem seja capaz de representar o mundo, ela geralmente disfarça o que revela. A partir da constatação de que "a filosofia não é uma teoria, mas uma atividade" (Wittgenstein, 1998g: § 4.112), Wittgenstein demonstra que a filosofia é como um espelho: ela reflete o mundo, mas não é capaz de explicá-lo. Não há como alcançar a essência do mundo, daquilo que está fora de nós. Podemos, é claro, alcançar a essência de nossos pensamentos, mas não temos como transmiti-la diretamente: estamos limitados a expressar o que pensamos mediante a linguagem. Os limites da compreensão da linguagem são os limites da compreensão do que pode ser compreendido.

## Linguagem

O aporte maior do *Tractatus* foi o de ter demonstrado que as verdades da lógica não são as leis mais gerais do pensamento. São tautologias: verdadeiras porque não informam nada além da consistência dos enunciados (Hacker, 2000:5). Wittgenstein examinou as correlações entre a linguagem e o mundo. Observou que o mundo é definido como a totalidade dos fatos, o fato é definido como a coexistência de estados de coisas, os estados de coisas como a combinação de objetos. Com base nestas assertivas, ele reconstruiu as condições *a priori* da determinação do sentido das proposições. Distinguiu entre problemas epistemológicos e problemas conceituais ou da lógica da linguagem. Concluiu que, uma vez que as proposições filosóficas só podem ser exprimidas pela linguagem, as únicas proposições com sentido são as das ciências naturais. Mas que mesmo uma proposição simples como esta é problemática: é uma pseudoproposição. Ela não trata da realidade, ela trata da relação entre a linguagem e a realidade, relação que a proposição mesma afirma não poder ser exprimida pela linguagem (Buchholz, 2008:106).

O *Tractatus* gira em torno do tema da proposição como imagem, de saber como a linguagem se relaciona com o mundo, o problema de como, em cada caso concreto, os acontecimentos do mundo chegam a ser representados. Assegura que as condições pelas quais uma proposição é sensata não são satisfeitas pela metafísica, pela ética, pela estética e por todas as proposições que não são imagem de algum fato do mundo. A única linguagem correta é a que se refere aos fatos do mundo. Uma metalinguagem não falará sobre o mundo, mas sobre uma linguagem, não poderá ser constituída de proposições corretas, porque o sentido de uma coisa reside sempre fora dela. Uma imagem deve situar-se sempre fora daquilo que representa. O sentido de um pensamento, de uma coisa, do que quer que seja, reside fora dele. Falar deles é confrontar-se com as dificuldades e armadilhas da linguagem. Os elementos últimos do mundo, os objetos (sobre a natureza dos quais Wittgenstein não diz nada de positivo), são correlacionados aos elementos últimos da linguagem: os nomes (Chauviré, 1994:788).

## Nome e objeto

Tanto a linguagem como o mundo têm uma estrutura. A estrutura do mundo e da linguagem são paralelas e mutuamente condicionadas: as proposições correspondem a fatos, os nomes correspondem a objetos etc. O objeto é qualquer coisa, concreta ou abstrata, que não possa mais ser dividida (Grayling, 2002:74). O mundo é a totalidade dos fatos atômicos e não das coisas, já que o fato está formado por "entidades" ou "coisas". As coisas são nomeáveis (mediante nomes próprios, adjetivos demonstrativos, pronomes etc.), de modo que há uma relação direta entre coisas e palavras, entre mundo e linguagem. Os objetos são significados por nomes (Wittgenstein, 1998g:§ 3.203) e o nome não pode mais ser desmembrado por meio de uma definição: é um sinal primitivo (Wittgenstein, 1998g:§ 3.26).

O nome designa não o objeto simples em sua essência, mas o objeto situado. O objeto "mesa" não é mentalizável, o que podemos mentalizar é a mesa em uma situação existente, como na proposição "a mesa retangular que está no quarto". Wittgenstein postula que as partes constituintes de uma proposição complexa, as proposições elementares, devem ser analisadas exaustivamente a fim de se alcançarem as partes indecomponíveis do mundo, os objetos simples. Mas ele nunca desenvolveu nenhum procedimento de análise complexo e por isto também nunca conseguiu um juízo conclusivo sobre o que seriam objetos simples. Às vezes os toma como pontos de figuração visual, outras vezes como superfícies inteiras da figuração. Ele diz que os objetos simples são "subsistentes", e que formam, em conjunto, a substância do mundo. A forma dos objetos, ou seja, suas propriedades internas determinariam sua relação com outros objetos e a maneira como o conjunto poderia ser combinado em estados de coisas. Com isto, se estiverem dados todos os objetos, estariam dados também todos os estados de coisas (Wittgenstein, 1998g:§ 2.021 e ss.).

O pensamento é intencional, isto é, dirigido ou focado *sobre* um objeto. O último aforismo do *Tractatus* ("Tudo o que pode ser dito, pode ser dito claramente e aquilo de que não se pode falar deverá ser calado") significa que o que pode ser dito é o que pode ser pensado sob a forma de proposições, e o que não pode ser dito em proposições, pode apenas ser mostrado. Em outros termos: a lógica da linguagem é a mesma do mundo, e uma vez que não há discurso possível sobre os valores, sobre a ética, a estética e "os problemas da vida" (Wittgenstein, 1998g:§ 6.52), só os enunciados das ciências da natureza são dotados de sentido.

### Conceito no *Tractatus*

Esta forma de pensar, o atomismo lógico, implica que a linguagem e o mundo são complexos e imbricados e que, portanto, suas estruturas podem ser analisadas em seus elementos mais simples e básicos. Daí que todas as palavras representam objetos. A palavra "cadeira" representa o objeto "cadeira". A palavra significa o objeto. Mas esta visão suscita dúvidas. Qual o objeto significado pelo termo "sereia"? Podemos dizer coisas com sentido sobre as sereias. Podemos dizer que as sereias não existem, mas isto nos leva a conclusões estranhas: conferem realidade ao que não existe. A tarefa da filosofia consistiria, então, na elucidação, no processo de clarificar — de lançar luz sobre — o pensamento e a fala (Wittgenstein, 1998g:§ 4.112).

A linguagem é dotada de uma capacidade de figuração que habilita a proposição a ser imagem de um fato real ou possível, mas os valores e os conceitos a eles relacionados não são parte do mundo, dos fatos. Os valores éticos, estéticos etc. são maneiras de ver o mundo. São elementos do julgamento do mundo e, portanto, são extramundanos. Os conceitos que expressam juízos de valor, como "belo", são meios substitutos de sentimentos elementares. São incomunicáveis. Só o mundo é verificável.

Os conceitos mentais que formamos descrevem a realidade imperfeitamente. São análogos do pensamento e não temos como corrigi-los a não ser de dentro da própria linguagem que utilizamos para expressá-los. Como não há ponto externo ao nosso sistema de representação, como não podemos olhar para o mundo de um lado e para nossa representação do mundo de outro, não temos como aferir a precisão de nossos conceitos. Só podemos, efetivamente, conceituar o que pode ser mostrado, não tudo o que pode ser dito (Wittgenstein, 1998g:§ 4.1212), daí que o conceito não é um acontecimento no tempo, mas aquilo que subsiste através de suas configurações (estados de coisas e fatos) (Chauviré, 1994:789).

## O segundo Wittgenstein

O "segundo Wittgenstein", o das *Investigações filosóficas*, muda inteiramente de posição. As *Investigações* são uma compilação de reflexões do período que vai de 1929 a 1944. Correspondem, em grande medida, a uma condenação, a uma autocrítica do que Wittgenstein havia postulado em sua primeira filosofia. O programa do *Tractatus* é o da análise dos componentes elementares de toda proposição. Não uma análise psicológica das representações, mas uma análise imediata visando a compreensão de como se articulam logicamente os elementos conceituais de cada proposição e do sentido que lhe emprestam. O método consiste em decompor os elementos proposicionais ligados por conectores lógicos (*e, ou, se, então, não*...) e relacioná-los aos estados de coisas ou fatos atômicos aos quais se referem (Wittgenstein, 1998g:§ 4.21 e ss.). A ordem das possibilidades lógicas é anterior ao que é contingente e empírico. O conceito é formado logicamente. Em *Investigações*, Wittgenstein inverte o raciocínio não só do *Tractatus*, mas, como se apressa em mostrar, do que era habitual pelo menos desde Santo Agostinho. Ele diz que a formação dos conceitos, das fronteiras do que é pensável, é influenciada pelo que é contingente, pelos fatos da natureza, incluindo a natureza humana (Moyal-Sharrock, 2004:178).

Esta mudança de posição decorre da verificação de que a análise do *Tractatus* supõe a independência das proposições, isto é, supõe que uma proposição possa ser verdadeira ou falsa, independentemente de todas as outras proposições. Mas, argumenta Wittgenstein, essa é uma suposição descabida, porque as proposições são solidárias umas com as outras, fazem parte de sistemas proposicionais. Quando digo "esta casa é vermelha", eu excluo o azul, o amarelo e todas as outras cores. Eu afirmo, concomitantemente, o sistema de proposições "esta casa não é azul", "esta casa não é amarela" e assim por diante. A fórmula "se *p* é verdadeiro, então *não p* é falso" não se sustenta fora da lógica. Afirmar que uma coisa é vermelha é afirmar que ela não é de todas as outras cores, que ela não é absolutamente translúcida, que ela é constituída de uma matéria que suporta a cor etc. Na lógica formal existem, evidentemente, proposições isoladas, proposições em abstrato, mas essa é uma característica da lógica em que as proposições ou são válidas ou são contraditórias, mas não verdadeiras ou falsas. A lógica, diz Wittgenstein, não serve para explicar o mundo. Ela deixa tudo como encontrou.

As *Investigações* abrem com uma crítica à formação do conceito na visão clássica de Santo Agostinho (Wittgenstein, 1998c: § 1; Stump e Kretzmann, 2006:185 e ss.). O erro de Santo Agostinho, segundo Wittgenstein, foi o de reduzir a linguagem à forma primitiva do aprendizado das palavras, em que a significação se reduz ao referente, à denotação do objeto identificado ostensivamente. Mas, diz ele, não só as palavras conotam coisas diferentes conforme o uso e o contexto, como muitas palavras referem-se a conceitos abstratos (mais, não, talvez...) para os quais não é possível uma definição ostensiva (Ambroise e Aucouturier, 2006:22).

Wittgenstein declarou que quando redigiu o *Tractatus* estava preso à ilusão que pressupõe uma ordem prévia no mundo e uma essência para a linguagem que o expressa. Mas verificou que essas ilusões derivam de uma ânsia pela cientificidade, por um "desejo de generalização" (Wittgenstein, 1998c:18), o que leva o "segundo" Wittgenstein a tomar como falsa a afirmação de que uma proposição, seja ela elementar, seja resultante da aplicação de conectores lógicos a proposições elementares, é necessariamente verdadeira ou falsa. Porque as proposições, como os conceitos que as integram, são expressas em uma representação, são regidas por linguagens. De modo que não é possível reduzir a diversidade das proposições às proposições descritivas, factuais, ou às da lógica pura, como não se pode reduzir as diversas linguagens a uma linguagem universal (Wittgenstein, 1998c:§ 23-27).

Nesta fase do pensamento de Wittgenstein surgem as ideias que mais interessam ao entendimento da crítica e da formação dos conceitos. Concepções como as de *jogos de linguagem*, de *gramática*, de *terapia gramatical*, de *forma de vida*, de *uso* constituem uma inversão de perspectiva não só da filosofia contemporânea de Wittgenstein, mas de toda a filosofia que o antecedeu. Isto porque à ideia tradicional de que a estrutura de realidade determina a estrutura da linguagem, ele contrapôs a afirmação de que a estrutura da linguagem é o que determina o que chamamos de realidade.

## Jogos de linguagem

A forma de pensar o conceito no *Tractatus* não diferia da lógica tradicional e da lógica contemporânea de Wittgenstein. Basicamente, era a mesma ideia de Frege (1992), que mostrou a diferença entre as notas características que compõem um conceito e as propriedades das coisas que caem sobre o conceito. "Retângulo" não é uma propriedade do conceito de triângulo retângulo, mas ter três lados é. A existência é uma propriedade do conceito, não uma característica. A prova ontológica de Deus é inválida porque existir não é uma característica do conceito da divindade.

O modo de ver de Wittgenstein que retorna a Cambridge 20 anos depois de concluído o *Tractatus* para contestá-lo vai mais além: sustenta que o significar, o querer dizer alguma coisa não implica apontar para ela real ou espiritualmente, mas falar dela (Giannotti, 1995:94). A questão da existência não mais se coloca. Se o conceito de Deus não existisse não poderíamos falar dele, o que não quer dizer que ele existe ou deixe de existir, mas que existe dentro de (para) determinadas linguagens. A linguagem é o meio de apresentação do conceito. "Aquilo que aparentemente deve existir pertence à linguagem" (Wittgenstein, 1998c:§ 50).

Frege (1960a:192-205) comparou o conceito com uma área e disse que uma área com fronteiras nebulosas não pode ser denominada de área. Mas essa é uma posição válida somente para a lógica formal. Na crítica que marca a segunda fase da trajetória filosófica de Wittgenstein ele dirá que proposições como "o jardim está cheio de plantas" não depende de uma definição rígida de "planta" para ser entendida, mesmo porque tal definição não é possível, a não ser no interior de um jogo de linguagem (Wittgenstein; 1998c:§ 70-71). Sabemos o que os termos planta, jogo ou número significam sem que possamos definir exatamente o que é uma planta, um jogo ou um número. O que a filosofia pode e deve fazer é esclarecer até o limite do entendimento, até a exaustão, o querer dizer, a intenção conceitual do termo (Wittgenstein, 1998c:§ 75-77).

Wittgenstein abandona a ideia da lógica convencional da linguagem como uma imagem, como um quadro referencial fixo e imutável. Diz que a linguagem, "isto que dizemos" (Wittgenstein, 1998c:§ 241), é um instrumento, algo que usamos com um propósito; que a linguagem é como uma vestimenta para nossos pensamentos. Ao contrário de Russell, que acreditava que nós somos confundidos pela linguagem comum e esclarecidos pela linguagem lógica, Wittgenstein procura na linguagem comum a elucidação do significado dos conceitos filosóficos problemáticos. Procura na análise de seu uso linguístico concreto desfazer os equívocos e perplexidades da filosofia (Marcondes, 2000:116).

A linguagem real é um conjunto de expressões que desempenham diversas funções em âmbitos de procedimentos e de práticas díspares, normatizadas por regras que também mudam, como se fossem "jogos de linguagem", perfeitamente adaptados ao contexto e à situação. Se violarmos as regras deste jogo não estaremos necessariamente errados, mas estaremos fora do raciocínio lógico.

Não existe um traço comum a todos os jogos de linguagem, algo que permitisse instituir um gênero do qual fossem as espécies (Giannotti, 1995:68). Falar uma língua, expressar-se em um contexto determinado, exercer um jogo de linguagem, é parte de uma "forma de vida" (Wittgenstein, 1998c:§ 23). Quando um pedreiro dirige-se ao seu ajudante com termos como "tijolo", "areia" etc. faz uso de conceitos inerentes a um modo de falar e de pensar, segue as regras de um jogo de linguagem específico, em que o sentido, dos conceitos utilizados e de suas conexões subentendidas, como "passar", "buscar", "molhar", é determinado pelo uso, pela prática, pelo contexto e circunstância de uma forma de existir, de ser (Wittgenstein, 1998c:§ 198 e ss.).

Cada jogo de linguagem é a expressão de uma série de atividades: descrever, relatar, informar, afirmar, expressar emoções, e inúmeras coisas além dessas (Wittgenstein, 1998c:§ 93, 27, 180). Os jogos de linguagem têm em comum somente o fato de que os elementos constituintes das proposições que circunscrevem serem relacionados uns com os outros (Wittgenstein, 1998c:§ 65). Não há uma forma única, um critério definitivo para separar as múltiplas formas de vida, como não há fórmula para separar os múltiplos jogos e suas regras. O que torna o jogo de linguagem da atividade dos pedreiros diferente da dos marinheiros não são os mesmos atributos que tornam o jogo de linguagem do acadêmico de medicina diferente da do engenheiro mecânico (Wittgenstein, 1998h:§ 100).

Todos os jogos têm regras diferentes, não só porque os jogos são diferentes — como o xadrez é diferente do jogo de damas —, mas porque o que está "em jogo", o que consta das regras do jogo é diferente. As regras do xadrez, por exemplo, nada têm a ver com as regras do jogo de vôlei. Exceto pelo fato de terem regras — normas que dispõem sobre o permitido e o interdito, o significativo e o irrelevante etc. —, cada jogo de linguagem é autônomo, corresponde a uma atividade, a uma esfera, a uma identidade, a uma forma de existência única.

## Gramática

Todo jogo de linguagem encerra uma *gramática*. A gramática, para Wittgenstein, consiste nas regras de emprego das palavras, no léxico e na sintaxe, nos significados e nas relações. A determinação das regras de utilização de uma palavra em proposições dotadas de sentido constitui a "gramática" dessa palavra. A gramática é autônoma em relação ao real e à natureza (Wittgenstein, 1998b:133). Ela é arbitrária e apreendida: tem regras que antecedem a percepção do real e da natureza.

Só é possível compreender um conceito dentro da gramática de um jogo de linguagem determinado. A compreensão do conceito é situacional. É função de uma atividade definida, como a de traduzir um livro, interpretar uma peça, cumprimentar uma pessoa (Wittgenstein, 1998c:§ 23). Os modos incontáveis como usamos os conceitos revelam (contêm) formas de vida essenciais, mas cambiantes. Conceitos como o de Deus, de um tijolo ou do que for "funcionam", são inteligíveis para cada gramática. Os limites de sua inteligibilidade são ambíguos, porque os contornos dos jogos de linguagem são imprecisos: são franjas, não fronteiras. As gramáticas são vagas porque as regras não determinam tudo em um jogo de linguagem. Como nos jogos comuns, no tênis, por exemplo, em que a altura máxima da bola não é determinada, ou como no xadrez, em que a forma como seguramos as peças não está regulada. Mesmo dentro de um jogo de linguagem o conceito é dado por um processo que não é lógico-formal, puro, mas decorrente de uma prática, do uso apreendido e reiterado.

## A linguagem é aprendida e social

Usar a linguagem é uma atividade natural. Nós falamos sem pensar em como falamos. Mas os jogos de linguagem não são naturais. Nós não temos um senso inato da compreensão, nós não sabemos como empregar uma linguagem antes que nos ensinem a usá-la. A criança aprende a pensar, a entender, a formar conceitos. Ela é adestrada no uso de uma língua. Todos nós somos treinados para relacionar automaticamente a palavra à coisa. Mas nem o mundo é necessariamente ordenado, nem a linguagem o reflete perfeitamente. Aprendemos a linguagem que utilizamos enquanto crianças, quando nos apontam isto ou aquilo, quando nos dizem o nome do que sentimos (você tem dor? ou está com sono?) ou do que pensamos (quer ir com o papai? ou isto combina com aquilo?) (Duffy, 2005).

A diferença entre o que se diz e o que se quer dizer é dada pela utilização, pelo campo, pelo domínio das regras do jogo que se aprende e se aperfeiçoa durante a existência. Poderá ser assinalada por uma entonação — como quando interrogamos —, poderá ser manifestada por um olhar, um gesto (Wittgenstein, 1998c:§ 666). O significado não é algo fixo e definitivo, mas se estabelece pelo uso social. O significado de um sinal deriva de seu emprego. O sinal desempenha um papel na linguagem que é o reflexo do que ocorre na vida humana. Esta ideia que Wittgenstein tem do sinal corresponde à do pragmatismo (de Peirce), segundo o qual a significação de uma expressão se encontra em seu uso, de forma que a significação de uma palavra não deve ser mais buscada na denotação, já que uma mesma palavra pode ter múltiplos significados.

Não existe um jogo de linguagem, uma forma de vida e uma gramática que sejam privados. Uma linguagem privada não é possível porque a linguagem natural é caracterizada pelo uso público das expressões. As regras de jogos não derivam de escolhas pessoais. Eu sei que quando se fala "dois e dois são quatro", o que se quer dizer é que "dois mais dois somam quatro" porque tenho a vivência da gramática, domino a técnica de dizer do modo de apresentação do português inculto do Brasil. A linguagem de um mundo interior secreto e inalcançável é um mito. Ideias como as de *compreender*, de *querer dizer*, de *pensar* exprimem capacidades, não estados ou processos mentais ocultos (Wittgenstein, 1998c:§ I passim). Ao denunciar como mito a linguagem privada, Wittgenstein recusa o solipsismo, a ideia de que a significação é o resultado de uma operação interna de etiquetagem, que cada um efetua por conta própria, e da qual a linguagem comum não é mais do que a expressão (Marrou, 2006:175). Não existe um conceber e um expressar íntimos. Tudo o que sentimos, pensamos e expressamos tem um compromisso com nossa inserção em uma forma de vida, em um jogo de linguagem. A sensação, o pensamento e a conceituação não são separados da experiência por um batismo interior. A expressão é mediada por um uso objetivo do "eu sinto", do "eu penso", inteligível em um contexto espaçotemporal.

Para Wittgenstein, a interioridade é manifesta pelo comportamento humano. A vida mental, que para os cartesianos e para os empiristas permanece privada, cognoscível apenas pela introspecção, para ele é expressa nas condutas e nos atos de fala (Hacker, 2000). Ele denuncia a ilusão de crer que a linguagem se aplicaria aos nossos estados mentais da mesma maneira que os estados das coisas do mundo que nos rodeia (Rosat, 2006:224). Os estados mentais regidos pelo pronome "eu" (pensar, ver, acreditar etc.) não são descritíveis. Não podemos expressar inequivocamente ideias como /valor do trabalho/ porque não existe um conceito unívoco /trabalho/, muito menos um de /valor/.

A contextualização do conceito afasta Wittgenstein da lógica formal. Na lógica, as afirmações são corretas não quando correspondem à realidade, mas quando obedecem às regras de enunciação. No campo da lógica formal as expressões "chove" e "acredito que chove" têm o mesmo conteúdo. Para Wittgenstein não é assim, porque um termo como "acredito que" pode estar sendo usado dentro de outro jogo de linguagem. Pode não significar uma constatação, mas uma possibilidade, querendo dizer "é possível que esteja chovendo". Tudo depende das suposições inscritas no modo como se aplica a linguagem (Wittgenstein, 1998c:§ 2, § 10, § 193).

## Significar, não figurar

Os seres humanos compartilham um repertório de habilidades de interação comunicativa onde os conceitos se inserem, se encaixam. Como a criança que faz traços desconexos em um papel e, perguntada, diz que representam uma baleia, ou o pai, nós damos às palavras significados arbitrários, significados diversos e múltiplos como diversa e múltipla é a razão humana. Nossa mente abriga sensações, imagens e pensamentos acessíveis apenas a nós mesmos. Quando expressamos um conceito, nós o fazemos através de símbolos, de palavras que se referem a essas sensações, imagens e pensamentos privados. Seguramente transmitimos algo, mas será que isto que transmitimos na esfera do público é compreendido da mesma forma que nós compreendemos? E o que captamos na esfera do público, nós o entendemos da mesma forma que os outros? Não podemos afirmar que sim, porque o sinal e o *referens* do conceito, aquilo a que o conceito se refere, têm significados somente quando são empregados. Só fazem sentido no contexto, são vínculos de vida no âmbito cultural através do qual as diversas ações das pessoas se relacionam umas com as outras (Buchholz, 2008:79).

A ideia do sinal contextualizado em *Investigações* é inteiramente diversa da ideia do sinal do *Tractatus*. Ali o sinal, o que é "sensivelmente perceptível no símbolo" (Wittgenstein, 1998g:§ 3.32), pode pertencer a símbolos diferentes. O sinal /é/ na frase "Susanne é fumante" junta a pessoa Susanne ao predicador fumante. É uma cópula. Na frase "Fritz é o assassino de Hannover" o sinal /é/ designa que Fritz e o assassino de Hannover são a mesma pessoa. É uma igualdade. O que faz do sinal um símbolo é o seu emprego lógico-sintático (Wittgenstein, 1998g:§ 3.326-7). O que Wittgenstein argumenta, em *Investigações*, é que o sinal pode ter vários significados. A figura não substitui o objeto diretamente. O peão no jogo de xadrez não tem um significado, não substitui algo, nem é uma escultura que se move sobre um tabuleiro. O peão é algo determinado pelas regras do jogo de xadrez. Um peão, como qualquer sinal, não é somente o que aparenta, o símbolo de algo, senão que contém a totalidade das regras que valem para ele (Buchholz, 2008:36).

Wittgenstein rompe com a tradição de confundir o conceito com a imagem. Como, perguntou-se Kant (1989:B744), a não ser pela imaginação, podemos conceber um triângulo como existente sem que ele seja isósceles, retângulo, acutângulo, isto é, uma imagem, um caso? Até que ponto, pergunta-se, por sua vez, Wittgenstein, o ato de significar estaria irremediavelmente vinculado ao ato de representar? Conclui que Kant não tem razão porque o conteúdo da experiência interior é pré-conceitual (1998h:§ 458-570). As raízes pré-linguísticas são a base dos jogos de linguagem, do protótipo das formas de pensar. A linguagem não é o resultado do pensamento, não existem conceitos em abstrato ou cadeias de conceitos — proposições — desvinculadas das formas de vida.

Significar não está sempre ligado a "afigurar" ou a "representar". Quando o pedreiro grita a palavra "tijolo", seu ajudante não se detém a imaginar a figura de um tijolo, de seu transporte etc.: ele simplesmente passa o tijolo. Este uso pré-linguístico do termo, este conceito aprendido — porque ensinado, porque praticado, porque usado — é que configura o significado do conceito, o "querer dizer" naquele jogo de linguagem específico. Não é o batismo da coisa, a nomeação, que dá significado ao conceito, mas o uso da linguagem.

O conceito não tem independência. Não se pode afirmar que o Deus judaico existe sem negar simultaneamente que existam vários deuses, que tudo é deus, que deus tem muitas faces, que deus é como nós etc. Os conceitos, mesmo os mais simples, não são universais. Existem povos que não têm o conceito de cor. Referem-se a cores específicas, mas não ao termo geral, como nós o fazemos. O conceito /areia/ é distinto para nós e para os povos do deserto, que reconhecem inúmeros tipos, na verdade, conceitos diferentes para o que denominamos genericamente de areia, como os povos do ártico têm muitos conceitos para o que englobamos na denominação simples de gelo.

O significar consiste em um processo de determinação de regras que abra espaços para indeterminações e equívocos. A cada conceito, a cada termo de expressão corresponde toda uma cultura (Wittgenstein, 1998h:164). As opiniões de um professor sábio e de uma operária analfabeta sobre uma obra de arte são igualmente válidas em seus respectivos contextos, nas condições práticas em que vivem. A contradição entre duas palavras iguais que significam coisas diferentes, como em "O senhor Branco é branco", ou quando as ocorrências de um conceito igual se apresentam em situações diferentes, como quando constatamos que "hoje" tem o mesmo significado hoje que tinha ontem e que "ali" tem o mesmo significado aqui e ali (Wittgenstein, 1998e:37), mostram que o sentido do conceito se encontra tanto na explicação do que se quis dizer por meio de uma gramática, como no estudo do meio de apresentação — palavra, signo, frase, contexto cultural — em que o conceito é expresso.

Não se deve confundir o representar com o significar. Cada processo joga um jogo diferente. A linguagem não coincide com o real. Há cesura entre o real e o pensado, entre o pensado e o dito, entre o dito e o entendido. A representação, a faculdade de reproduzir na ausência o conteúdo do conceito, não se estende ao que é mental. Posso representar uma coisa pensada, mas não o ato de pensar, posso descrever uma dor, mas não a dor em si mesma. Quando estou triste não tenho uma representação da tristeza anterior a ela (Wittgenstein, 1998e:451).

Representações são voluntárias, sensações não o são (Wittgenstein, 1998e:902). Mesmo no caso extremo das proposições matemáticas, o conceito tem um espaço que lhe é próprio, uma gramática — a da lógica matemática — particular, que não é uma gramática universal, como se postulava. Um quadrado, no jogo da linguagem matemático, é uma figura de quatro lados e quatro ângulos iguais. Na linguagem comum brasileira, é uma pessoa retrógrada. Mais do que isto, um quadrado no jogo de linguagem das matemáticas é, também, o produto de um número por ele mesmo, e na linguagem regional brasileira é, também, uma pessoa de ombros largos. Evidentemente, a elasticidade dos conceitos matemáticos e da lógica formal, como os conceitos de unidade e de identidade, é menor do que a de um conceito mental, como pensar, ou a de um conceito antropológico, como o da identidade cultural. Estes são envolvidos por uma atmosfera de indefinição, mas isto não quer dizer que sejam inúteis ou instáveis no âmbito dos jogos de linguagem que lhes são próprios.

### Semelhança de família, não essência

Não existe uma função da linguagem: existem inumeráveis formas de usar as palavras. Não há algo comum que conforme os jogos de linguagem: o que há são similaridades. As palavras, ao serem usadas, cercam-se de uma atmosfera, adquirindo um aspecto que lhes é próprio. A significação do conceito está presa à atmosfera, como se ela fosse uma aura das vivências que emprestam sentido ao conceito. É neste espaço e em função dele que o conceito é verdadeiro ou falso, correto ou incorreto. É neste espaço e em função dele que o conceito se liga a outros conceitos. Seu significado se resolve em uma semelhança de família.

Conceitos como /jogo/, /número/, mas também como /trabalho/, /comunidade/, /mercado/ formam famílias. Nós, por exemplo, usamos a mesma palavra "trabalho" para significar o esforço produtivo, o processo do parto, a obra intelectual, o produto da magnitude de uma força e a distância percorrida pelo ponto de aplicação da força na direção desta, a obra de arte etc. Um dos exemplos mais caros a Wittgenstein para as semelhanças de família é o do termo "jogo". Existem jogos como o tênis, a paciência, o futebol, o xadrez. À pergunta: o que estes jogos têm em comum, qual a essência do conceito de jogo, tem-se a resposta: nada. Não existe uma essência de "jogo", não existe um conceito universal de "jogo". Isto porque não existe uma única essência para cada representação (cada palavra), uma vez que cada conceito pode ser caracterizado por simples semelhanças de família, e não se pode falar do significado de uma representação nem do sentido de uma proposição (de uma frase) fora de uma ocorrência determinada, de um jogo de linguagem (Vautrin, 2006).

As regras gramaticais dos jogos de linguagem não são como trilhos sobre os quais nos expressamos cegamente. São marcadores, indicadores que somos livres para seguir ou não. A predeterminação resultante do aprendizado, do costume, dos hábitos coletivos na formação de conceitos pode ser, e frequentemente é, rompida pelo equívoco, pela reflexão, pela busca do conhecimento. Quando Platão, abstraindo todos os atributos acidentais dos seres humanos, chegou à concepção e à definição do homem como "bípede implume", ele observou estritamente as regras da lógica. O fato de o canguru, que ele não poderia obviamente ter conhecido, ser também um bípede sem penas não invalida seu raciocínio; invalida, isto sim, a pretensão de universalidade e essencialidade da conceituação restrita às regras da lógica.

Wittgenstein descarta o entendimento platônico de Russell do Universal — o elemento único recorrente em um conjunto de seres ou objetos — e o entendimento de essência — a invariante na experiência — presente, por exemplo, na fenomenologia e no freudianismo. Nem o realismo, que pretende ser possível delimitar claramente os conceitos na medida em que eles contêm um universal, nem o idealismo essencialista encontram ressonância na filosofia de Wittgenstein. Não há um fio condutor unívoco para determinar a familiaridade, a similitude, a parecença, como não há um critério único para determinar um jogo de linguagem. A gramática de cada conceito, sua significação e sua posição relativa no contexto do jogo de linguagem são dadas pelo sentimento de familiaridade. A noção de ar de família vai contra o dogma de que um conceito geral é uma propriedade comum a casos particulares. Não há algo em comum a todos os jogos (xadrez, vôlei etc.), mas nem por isto o termo geral "jogo" deixa de ser inteligível. Esta distinção é sutil, nada tem de interpretação metafórica, de noção de identidade: não existe nenhuma receita universal, independente do contexto, que possa garantir o reconhecimento do objeto de pesquisa (Vautrin, 2006:93-95).

## Intencionalidade e expressões psicológicas

A referência da palavra a objetos — sejam esses objetos sensações, sejam coisas, sejam figurações da mente — é chamada de intencionalidade. A intencionalidade é o caráter da consciência de tender para um objeto e de lhe dar um sentido. Os objetos referidos pela mente, as palavras, os conceitos, mesmo de objetos inexistentes, como as sereias, são objetos intencionais. Uma parte da psicologia acredita que precisamos ter uma imagem do objeto na mente para conceituá-lo, mas qual a imagem possível da dor, ou da iniquidade, ou da alegria, ou do bem? Qualquer um que tente uma definição universal desses objetos verá o que Wittgenstein quis dizer quando afirmou que não há pensamento fora da linguagem, que os limites da linguagem são os limites do mundo.

A demonstração ostensiva da correspondência entre o objeto e o nome em uma proposição do tipo: "o livro está sobre a mesa", em que aponto o livro e a mesa, não é possível para proposições do tipo: "tenho medo". Isto porque não existem objetos mentais como /medo/, /ideia/ ou quaisquer sensações, imaginações, intenções ou pensamentos que possam ser apontados, observados, para depois serem expressos (Wittgenstein, 1998c:§ 267). Sentir, pensar, imaginar, conceber e expressar o sentimento, o pensamento, a imagem, o conceito são dois fatos separados cuja conjunção não pode ser verificada por terceiros (Rosat, 2006:226).

Os objetos psicológicos, como /sentir/, /pensar/, /crer/, não designam nenhum processo interior oculto que se situe sob a superfície da expressão (Wittgenstein, 1998c:§ 91). Eles são compreensíveis com base em nossa práxis cotidiana, em nossa vida, em nossa fala comum. O exemplo preferido de Wittgenstein é o da dor. Cada um de nós reúne uma série de proposições sobre a dor (Wittgenstein, 1998f:§ 49 e ss.). São proposições cheias de sentido, como a de que não gostamos de sentir dor. Mas não são generalizáveis. Pensar ou dizer que todos sentimos dor, que outra pessoa sente dor, é dizer (supor sem poder provar) que ela sente aquilo que eu senti uma vez (Wittgenstein, 1998f:§ 303). Eu posso exercitar um processo de pensamento, um procedimento puramente mental, uma teorização sobre a dor, como posso fazê-lo sobre o pensar, o sentir, o crer, mas não posso universalizar. Não posso afirmar com segurança lógica que minha teoria sobre a dor, sobre o pensar, sobre o sentir, sobre o crer ou sobre qualquer outro objeto mental seja logicamente válida. Eu não tenho acesso direto às sensações e aos pensamentos dos outros. O acesso que eu tenho é o da fala, do que ela diz e que eu entendo por analogia com o que eu sinto e penso. Todos temos dores, alegrias, ideias, mas não podemos saber das dores, alegrias, ideias dos outros. Só o que eles nos dizem delas (Duffy, 2005).

O mundo interior é privado: ninguém pode ter minha dor, minha vontade e eu não posso me enganar sobre minha dor, minha vontade. A ideia de que a introspecção, a consciência ou a consciência imediata sejam para o mundo interior o que a percepção é para o mundo exterior é errônea. O objeto interior é privado, intransferível, mas os conceitos de experiência, pensamento, sentimento, intenção não são conceitos exclusivamente privados, acessíveis apenas para o indivíduo que os possui (Grayling, 2002:119). As atribuições da primeira pessoa ("eu tenho dor", "eu penso" etc.) não dão relatos de eventos internos, senão que expressões que integram esses eventos (Wittgenstein, 1998c:§ 343): são manifestações apreendidas de expressões naturais. "Eu tenho dor" substitui o gemido, "eu penso" substitui o silêncio concentrado, "eu tenho expectativa", o olhar perquiridor. Nosso jogo de linguagem é uma expressão de nosso comportamento primitivo (Wittgenstein, 1998h:§ 545). Isto significa que o conceito psicológico, seja ele expresso na primeira ou na terceira pessoa (ele sente dor, ele pensa...), não apresenta dificuldades ou mistérios. São expressões de algo que se passa internamente, mas que só adquire sentido quando tomado publicamente, quando manifesto. O que transferimos aos outros, o que comunicamos é uma descrição do que sentimos, do que pensamos. Os conceitos que temos sobre a vida interior dos outros derivam de inferências, de analogias sobre nossa vida íntima.

Não podemos ter um conhecimento autêntico da vida interior em geral. Eu posso ouvir, posso olhar, mas não posso ouvir ou olhar dentro do meu espírito. A introspecção não é uma percepção interna, é uma reflexão *a posteriori*, uma recordação, uma reconstrução sobre o olhado, o ouvido, o sentido (Witttgenstein, 1998c:§ 587). Ter uma dor não é ter algo que me pertença, não é um dever, como ter de pagar uma dívida. Ter uma dor, um sentimento, uma ideia não é possuir uma imagem mental de algo. Não temos algo "dentro" do espírito como se fosse um cenário privado. O pronome pessoal "eu" não se refere ao espírito. Se tenho uma alegria, um desejo, não é meu espírito que se alegra, que deseja, sou eu mesmo (Wittgenstein, 1998f:68-69).

Não existe uma intimidade epistêmica (Hacker, 2000:39). Nós temos, evidentemente, consciência imediata de nossos estados interiores, mas o que declaramos sobre nossa introspecção é metafórico. Experimentamos objetos mentais, mas não podemos realizar um ato epistêmico, um experimento — observar, examinar de novo sob outra forma ou várias vezes o que experimentamos. Temos consciência de nossa experiência interior, não percepção. Somos capazes de dizer, de descrever, de conceituar aquilo de que temos consciência, mas a certeza que temos do que experimentamos não é científica, não é fundamentável. Quando sofremos, sofremos, não "descobrimos" que estamos sofrendo. Os conceitos que temos da vida interior são formulados a partir de descrições. A criança que se machuca e grita não transmite à mãe uma informação obtida por introspecção. As declarações de dor, de prazer, de inclinação são substitutas do grito, do gemido, do movimento (Wittgenstein, 1998c:§ 244).

Do ponto de vista lógico, a frase: "tenho dor de dentes" é verdadeira. Nada há nela de ilógico. Mas, do ponto de vista do conteúdo epistêmico, ela pode expressar uma verdade — eu tenho dor de dentes — ou não: eu posso estar mentindo. A mesma proposição, envolvendo os mesmos conceitos, pode ser verdadeira ou falsa. A linguagem, a expressão dos conceitos, não é confiável (Wittgenstein, 1998c:§ 304). As expressões psicológicas, as manifestações sobre a interioridade não formam conceitos a partir de uma imagem interior. O enunciado psicológico não tem por função descrever o que se passa conosco. Quando declaramos estarmos alegres ou tristes não transmitimos um conhecimento, mas expressões de alegria, de tristeza (Wittgenstein, 1998c:§ 290; Hacker, 2000:53). Essas expressões não se fundam em percepções, não derivam de observações isentas e não existem paradigmas para descrições corretas de nossa vida mental. A expressão primária não se refere a conhecimentos ou a ignorâncias. A frase: "ignoro se tenho a intenção de ir ao cinema" revela estado de hesitação, não uma forma de desconhecimento. O que experimentamos é verdadeiro, mas não, necessariamente, o conceito que formamos, a expressão daquilo que experimentamos.

## Conceito em Wittgenstein

Funcionais em relação a um jogo de linguagem, regidos por gramáticas variadas, os conceitos não são divorciados das palavras que os expressam. São aprendidos e têm sua significação fixada pelo uso, são a expressão de noções conformadas por semelhanças, atmosferas e, quando conceitos mentais, analogias. Para Wittgenstein, as dificuldades de conceituação, como quaisquer dos denominados "problemas filosóficos", não são dificuldades ou problemas lógicos: são perplexidades derivadas das confusões gramaticais.

O sentido do conceito é resultante de um duplo processo: o de pensar e o de significar. Mas as gramáticas de um e de outro processo são distintas (Wittgenstein, 1998c:§ 693). A comunidade entre o pensar e o significar é dada pelo que têm em comum essas duas gramáticas: o terem sido aprendidas e exercitadas em um contexto espaçotemporal. Sem a indicação de seu meio da apresentação, um conceito, ou mesmo um sistema de conceitos, não se ajusta a seus casos (Giannotti, 1995:104). Tudo o que é percebido pela análise dos nossos próprios conteúdos mentais só faz sentido sob a ótica de como dizemos, isto é, sob a ótica de uma determinada gramática. O conceito não existe separadamente de suas notas, de suas características constituintes. No jogo de xadrez se dá xeque-mate ao rei, não à rainha ou aos peões. Esta característica do rei constitui uma identidade, ela pertence ao seu conceito (Giannotti, 1995:48).

## Formação e sentido

O processo de formação do conceito é um ato de vontade, um esforço de associação, de intercomunicação, de representação.

Quando concordamos a respeito do sentido de um conceito, por exemplo, quando coincidimos que uma mancha é azul-marinho, isso quer dizer que as diferenças de percepção, de pensamento etc. são ou se tornaram irrelevantes para nós, na gramática comum em que operamos. Não que se possa garantir efetivamente que tais diferenças inexistam.

Não há uma explicação unitária dos conceitos, como não há uma explicação unitária da linguagem. A formação dos conceitos se dá no aprendizado da linguagem e em seu uso. Segundo Canfield (1997), são três os estágios da aprendizagem do conceito para Wittgenstein:

▪ Protótipo ou comportamento instintivo, como o do grito que corresponde à dor, o do sorriso que corresponde à simpatia (Wittgenstein, 1998c:§ 310). O protótipo de nossos conceitos, inclusive os da crença e os da dúvida, é o que precede qualquer simbolização (Wittgenstein, 1998c: 151, 1998b:§ 87),
▪ Gesticulação natural, que é o gesto ou a movimentação aprendida para simbolizar o protótipo da linguagem e,
▪ Linguagem primitiva, em que a palavra isolada substitui o gesto, como quando a criança diz "upa" em vez de estender os braços e olhar para cima quando quer ser erguida (Wittgenstein, 1998b:§ 30, 1998h:§ 594).

A partir daí os conceitos se conformam e se fixam pelo uso. Na frase: "comprei cinco maçãs vermelhas", qual o significado da palavra "cinco"? Pois esse significado é dado pelo uso que fazemos dele, relacionando-o ao número cardinal que se segue a quatro, uso que aprendemos e cuja constituição foi arbitrária. Obedece à regra de um jogo de linguagem, que compreende desde a denominação aprendida, passa pelo processo de aprendizagem fundado na repetição do nome e se fixa pelo contexto e pelas atividades com que se relaciona.

Podemos falar de maçãs verdes, de maçãs quentes, de cinco maçãs, mas não faz sentido falar de maçãs virtuosas ou de cinco quente. Se perguntamos: que horas são no sol? Não podemos dizer. Não porque não saibamos a resposta, mas porque ao conceito de tempo no sol não foi atribuído um lugar em nossa linguagem: não há regras que governem sua aplicação. Os conceitos e as palavras que os expressam só têm sentido no interior de proposições e das frases que as explicitam, as proposições só têm sentido dentro dos contextos e dos jogos de linguagem que as conformam, que, por sua vez, só têm sentido na forma de vida onde estão imersos.

Não há como traçar uma fronteira definitiva entre o determinado e o indeterminado no conceito. O problema não se resolve identificando o sistema de regras (a gramática), porque esta gramática se articula em oposição a outras gramáticas coexistentes e não existe uma gramática em geral. O que se pode fazer é traçar um limite, entre outros possíveis, entre o que se quer dizer e o que não se quer dizer com aquele conceito no espaço no interior do qual o conceito, tal como explicitado, faz sentido. O conceito não se emprega de uma única maneira. Cada objeto do real pode ser pensado de muitas maneiras. A realidade é um conjunto de práticas. O conceito não se refere a uma adequação entre o intelecto e o objeto, mas entre o intelecto e o objeto contidos em uma forma de vida. Para compreender o conceito é necessária a compreensão da forma de vida de quem o manifesta. Um mesmo objeto poderá ser compreendido segundo muitos jogos de linguagem, comportando cada um suas regras, como uma peça que pode se mover entre as casas pretas e brancas de um tabuleiro, mas segundo regras diferentes, quer o jogo se trate de xadrez ou de damas. O sentido do movimento das peças obedecerá a gramáticas diferentes, como os conceitos são diferentes se os códigos lexicais e gramaticais em que são expressos são jurídicos, assertórios, morais, esportivos...

Um conectivo como "não" na lógica tradicional é desprovido de qualquer conteúdo significativo, apenas inverte o sentido da proposição. Mas este caráter de comutador só funciona no espaço lógico formal. Quando o espaço é o da realidade de uma forma de vida, os conectivos lógicos assumem significado. É diferente dizer para uma criança "não faça isto" de gritar a mesma frase agitando fortemente a cabeça. As condições de apresentação carregam o "não" de conteúdo (Wittgenstein, 1998c:§ 550). A própria lógica interna da linguagem é imprecisa. A expressão "pois não" em português significa tanto "a seu dispor", como a concordância que "de fato, não é o caso".

## Terapêutica

A única observação geral de Wittgenstein sobre método é de que em filosofia devemos descrever, não procurar explicar, porque explicar implica outras explicações, indefinidamente. A ciência interpreta a realidade, enquanto a filosofia descreve as possibilidades diversas e contraditórias de ver a realidade. A filosofia se atém à esfera do possível (Wittgenstein, 1998f:12-18). Não precisa de hipóteses, teorias, experiências. Ela descreve como a linguagem funciona a fim de evitar equívocos e conclusões falsas. Não se interessa pelo por que a linguagem funciona assim (Buchholz, 2008:113).

Esta é uma posição inteiramente original. As correntes positivistas, estruturalistas, críticas supõem que o falante dispõe de todas as conexões possíveis do conceito em uma rede de relações. A fenomenologia, que as correlações são inerentes ao mundo da vida, e que, portanto, pode-se chegar à essência dos conceitos pela análise. Wittgenstein mostra que mesmo em um contexto limitado a determinação restrita do conceito é problemática. Há conceitos que não obedecem à regra de nenhum jogo, a nenhum código. Não há normas para que possamos esclarecer conceitos como os da metafísica (o sentido do mundo, a infinitude, a alma etc.). Os diversos objetos que caem sob um conceito são vistos pelas pessoas de modo distinto como protótipos para aquele conceito.

Não sendo possível alcançar a essência das coisas nem estabelecer certezas definitivas sobre o conhecimento, a filosofia deve ser um esforço incessante de elucidação. Para Wittgenstein (1998c:§ 109), "a filosofia é uma luta contra a maneira como a linguagem enfeitiça a nossa inteligência". O que propõe é um tratamento, uma terapêutica da linguagem, que permita superar as desordens que obscurecem o entendimento eliminando a confusão conceitual (Buchholz, 2008:50). Este processo é aberto, isto é, não há uma forma única de se processar a linguagem em busca de clareza. Em linhas gerais, trata-se de analisar a forma de expressão, mediante a decomposição, a substituição por outra forma e a elucidação, o esclarecimento do significado (Wittgenstein, 1998c:§ 90). O inteligível

> só pode ser pensado na aresta que divide os seus casos de outros inteligíveis, de sorte que a apreensão de conceitos — por meio de exemplos, de jogos de linguagem que revelam seus respectivos alcances e seus domínios de aplicação à medida em que vão se modificando — converte-se no método geral da reflexão filosófica. (Giannotti, 1995:105)

Ao se perguntar sobre seu objeto em filosofia, Wittgenstein (1998c:§ 309) cunha a frase famosa: "mostrar à mosca a saída da garrafa". Ele não busca fatos novos, mas compreender algo que está diante de nossos olhos (Wittgenstein, 1998c:§ 89). A meta da atividade filosófica, diz ele, é trazer à luz as formas de expressão, aspirar à melhor, a mais perfeita expressão (Wittgenstein, 1998c:§ 91); para isto, o filósofo "trata uma questão como se fosse uma doença" (Wittgenstein, 1998c:§ 255). O propósito da filosofia não é explicar, mas descrever, nos fazer conceber algo que desconhecíamos, nos fazer conceituar melhor o que está — e sempre esteve — diante de nós.

Quando sustenta que não existe uma linguagem privada e que não há figuração, Wittgenstein se baseia no fato de que nós não precisamos dizer para nós mesmos que pensamos um conceito para conceber um objeto, seja ele físico ou mental. Nós, simples e diretamente, o concebemos. A clareza e a objetividade do concebido, do conceito, serão menor ou maior na medida em que ele se encontre obscurecido pela linguagem na qual é expresso. Por isto, o método de Wittgenstein consiste em esclarecer, em lançar luz sobre o conceito mediante uma análise gramatical (não ontológica), uma terapia da expressão linguística do conceber e do expressar.

A terapêutica procura nos curar da tendência a generalizar, a universalizar, a aceitar esta ou aquela teoria e as teorias em geral. Não existe propriamente um método wittgensteiniano, mas uma atitude, uma forma de enfrentamento dos conceitos e proposições que inicia, e muitas vezes não passa disto, com a demonstração da inconsistência de um conceito, de uma proposição, de uma teoria. Nosso esquema conceitual deve ser "curado" do etnocentrismo espontâneo. No processo terapêutico, devemos figurar fatos da natureza de forma diferente da qual estamos habituados para "tornar inteligível" a formação de conceitos diferentes dos nossos, para destruir a superstição de que nossos conceitos são os conceitos justos (Wittgenstein, 1998c:II § XII).

## Processo terapêutico

Tudo o que é proferido vem expresso pela linguagem que obedece a regras oriundas não da lógica pura, mas do uso, de regras que não funcionam todas da mesma maneira. Não há invariantes nem essência comum. Os conceitos são fluidos. Para alcançá-los é necessário livrar-se das armadilhas que a linguagem impõe ao nosso entendimento. O processo terapêutico consiste na descrição do caso singular, da pesquisa conceitual ou gramatical, voltada para a descrição das diferenças e do parentesco entre os conceitos. Trata-se de descrever certos usos ordinários das palavras, por oposição aos usos metafísicos (Wittgenstein, 1998c:I § 116).

Wittgenstein é sempre cáustico: mostra que isto que chamamos de "belo", ou de "passado", ou de "número", ou de "público", ou de "moral" também pode ser chamado de outro nome, de "admirável", de "memória", de "cifra", de "comunitário", de "aceito", e que estes outros nomes designam objetos diversos e variados. Prossegue, e muitas vezes não vai além disto, com a demonstração de que aquilo que se tem como um conceito, como uma proposição, como uma teoria certa e inabalável, não é, não pode ser nem universal, nem necessário, porque vem expresso em termos confusos, porque está turvado pelo jogo de linguagem em que se insere, pelos vínculos reais e concretos dos quais os sinais linguísticos recebem seu significado.

A análise não consiste na decomposição formal da proposição (atomismo lógico), como no *Tractatus* e na lógica formal, mas na descrição de contextos. Ela não é empírica, "científica", ela é gramatical e conceitual (Chauviré, 1994:787). Desloca o jogo de linguagem do seu uso cotidiano e o coloca em uma tela. Os conceitos são submetidos a variações sistemáticas, colocados em contextos diferentes, vistos sob luzes diversas. Um dos motes de Wittgenstein (1998c:§ 66) é: "não pense, olhe!". O outro, que já vimos, é "não explique, descreva". Esta é uma ideia de Brentano, também abraçada por Husserl e por toda a fenomenologia: ver e descrever.

Em linhas gerais, o processo consiste em:

- tomar um sistema de expressões interconectadas, cuja descrição supõe uma forma de vida concreta;

- determinar a gramática — o léxico e a sintaxe; a definição e a posição relativa — desta forma de pensar e de falar neste jogo de linguagem;
- analisar como as expressões, proposições, conceitos, frases se articulam com atividades;
- procurar determinar quais as regras que formam o conceito específico ao qual nos dirigimos;
- chegar a uma sinopse dos significados.

O *entendimento das expressões* corresponde à apreensão de uma lógica, que é dada pela variação dos aspectos do objeto, não de vários objetos. Podemos ver o mesmo objeto de formas diferentes, mas como na figura que ora parece uma lebre, ora um pássaro, ou na figura do cubo, que ora parece estar virado para baixo, ora para cima. A base do conceito que temos dos objetos, como dos sujeitos lógicos, é peculiar ao jogo de linguagem que circunscreve o objeto e sua representação. É um *ver como* (Giannotti, 1995:15).

O entendimento das expressões não depende do desvendamento de suas origens. O fato de que o conceito que temos se deva ao acordo, à convenção ou ao consenso não o faz menos lógico. O acordo, a convenção e o consenso não são subjetivos ou psicológicos. Nossa forma de usar as palavras, o que consideramos tendo sentido ou não, não é um acordo consciente, subjetivo, controlado, mas um consenso tácito (*unconcerted consensus*). O acordo que rege os jogos de linguagem é tão cego quanto as mutações sociais. Nós não decidimos que um mastro tem um comprimento, que dois e dois são quatro, como não decidimos viver em grupos, clãs, tribos, famílias. A relação que existe entre o conceito e a expressão é condicional, não causal (Moyal-Sharrock, 2004:114).

Cada expressão é suscetível de interpretação, mas a significação é a interpretação última, o entendimento do que se quis dizer. Isto leva a que um mesmo conceito pode significar a mesma coisa ou coisas diferentes em jogos de linguagem diversos. O conceito /memória/ é aproximadamente o mesmo na linguagem vulgar e na linguagem médica. Já na linguagem da tecnologia da informação, "memória" significa ora o lugar de armazenamento de informações ora um objeto físico, ora ambos. Não importa que a festa da micareta deva seu nome a outra celebração diversa, a francesa *mi-carême*, as mascaradas da terceira semana da quaresma (*carême*). Os dois conceitos são diversos, têm vivências de significação diferentes, se inscrevem em jogos de linguagem que não têm a ver um com o outro.

A *determinação da gramática* consiste na análise das representações que fazemos dos fenômenos, as concepções que temos no âmbito de um jogo de linguagem. Se paramos de "pensar" e, de fato, nos pusermos a "olhar" (Wittgenstein, 1998c:§ 66), a prestar atenção, para a gramática, para a lógica de determinada atividade linguística, veremos que as representações (a linguagem, as palavras, os signos, as frases) não são simples etiquetas coladas aos conceitos e às proposições, não são uma imagem, muito menos uma essência (Wittgenstein, 1998c:§ 92-136), mas que a nossa linguagem apresenta, de maneira singular, às vezes idêntica, conceitos muito diferentes. Por exemplo, o verbo "existir" parece ser como "estar" ou "viver", mas enquanto faz sentido perguntar se uma pessoa está neste ou naquele lugar ou se vive bem, não tem sentido algum perguntar onde ela existe ou se existe bem. Explorar o conceito de existência em contraposição ao de não existência (como faz Heidegger) é um equívoco, um exercício fundado em uma dubiedade gramatical (Hacker, 2000).

O problema da análise das expressões consiste em capturar as semelhanças, em verificar como se constitui o sistema expressivo, em revelar o aspecto. O melhor expediente para se chegar ao significado de uma expressão é imaginá-la como se fosse uma citação e examinar as áreas que circundam o conceito. A atmosfera que circunda o conceito é formada por suposições, por crenças, convicções, certezas sobre o sentido que têm as palavras, as representações dos conceitos.

A *análise da articulação das expressões* é uma tentativa de concreção, não de abstração. Porque, no limite, o exercício da abstração não leva à essência, mas ao nada. Da mesma forma que retirando as folhas da alcachofra até o fim não encontramos "a verdadeira alcachofra", senão que fazemos desaparecer a alcachofra (Wittgenstein, 1998c:§ 164). Não se trata de abolir os conceitos mentais, mas de conservá-los no contexto de seu uso, despidos de acidentes, de distorções e de lhes conferir sentido e vida.

Wittgenstein trabalha conceitos caracteristicamente filosóficos, conceitos formais, como os de proposição, linguagem, número. Ele sustenta, contra Frege, que para compreender ou explicar um conceito não é necessário identificar de modo absoluto seus limites. Um conceito é dado por uma rede complexa de semelhanças, que se superpõem e se entrecruzam (Wittgenstein, 1998c:§ 166-167). Os conceitos não são limitados por uma fronteira rígida. Termos como "número", "jogo" etc. podem ser reestruturados indefinidamente. O limite, a fronteira, do conceito, sua determinação, isto é, os términos de sua significação são estatuídos pelo jogo de linguagem no qual se insere. A analogia do jogo de linguagem nos permite esboçar uma determinação para o conceito para cada propósito especial. Podemos de-finir (dizer o início e o fim do domínio do significado) do conceito, mas não podemos alterar o fato de que ele terá significações diferentes em outras circunstâncias, para outras formas de vida e de que não será jamais a expressão de um essência universal (Wittgenstein, 1998c:§ 68).

Uma vez que não podemos explicar a ninguém o significado de uma palavra dando uma definição estrita, nós a explicamos discutindo casos concretos (Wittgenstein, 1998c:I § 71). Os conceitos explicam algo, mas não o que cremos que expliquem. A confusão conceitual é algo palpável. Qual, por exemplo, o conceito de "fazer" na frase: "Depois do almoço fazia um tempo bom e Pedro fazia hora para fazer a digestão enquanto Maria fazia um bolo e, ao mesmo tempo, fazia uma ligação telefônica"? Ou ainda, ao analisarmos como o verbo "ter" se articula com outras expressões, vemos logo que a palavra "ter" em "ter espírito" não representa o mesmo conceito de "ter" em "ter um cérebro". Dispor e possuir são coisas diferentes.

Na análise da expressão do conceito deve-se evitar a "pulsão de generalização" (Laugier e Chauviré, 2006). Porque não há uma explicação única para os conceitos (Wittgenstein, 1998c:§ 29) e porque quanto mais rigorosa, quanto mais científica a regra de generalização, menos são os casos a que se aplica. Uma regra absolutamente rigorosa tornará o conceito o único caso dele mesmo, isto é, tirará o sentido da generalização. Os jogos de linguagem não são somente linguísticos, eles são indissociáveis de nossas práticas. As palavras são como instrumentos, as frases como os movimentos de um jogo de xadrez, os conceitos são a expressão do nosso interesse comunicacional. As palavras não têm definições estritas que deem um conjunto fixo de características necessárias e suficientes que correspondam à essência do conceito que se quer significar. Cada palavra tem parentescos mais ou menos distantes com outras, analogias que não conservam necessariamente um laço semântico entre elas. Os contornos das definições são tênues e fluidos (Wittgenstein, 1998c:I § 65-71).

A *determinação das regras* consiste em discernir o que parece pertinente entre as características comuns em um determinado segmento do real expresso por um jogo de linguagem dado, ligado por um ar de família (*cluster theory*). Os conceitos, os fenômenos ou as representações a serem esclarecidos são justapostos ao longo de uma escala de transformação em conceitos diferentes. Uma vez que é o uso que constitui nossos conceitos, devemos buscar exemplos e deles extrair as regras que se mantêm ou que não mais se aplicam quando eles variam (Wittgenstein, 1998c:§ 532). Na medida em que as dificuldades filosóficas são o resultado dos abusos involuntários que fazemos dos conceitos de que dispomos, elas podem ser resolvidas substituindo-se os termos por conceitos explicitados conscientemente. Não se trata de procurar uma inovação conceitual, mas de dissolver ou esclarecer a estrutura conceitual que nos confunde e paralisa. O método consiste (e, neste ponto, guarda semelhança com o processo psicanalítico) em desatar os nós conceituais, como o terapeuta que procura sarar uma enfermidade a partir da compreensão da sua etiologia (Wittgenstein, 1998c:§ 119; Hacker, 2000:16).

Wittgenstein trabalha com exemplos diretos. Pergunta-se: Qual a composição de um objeto simples, como uma vassoura? (Wittgenstein, 1998c:§ 60). Cabo e escova? Madeira e fibras vegetais? Átomos de pesos diversos? De esquemas como este tiramos três conclusões sobre o método de Wittgenstein: 1) não devemos nos perder analisando coisas irrelevantes, porque o esforço analítico não tem fim; 2) não devemos tomar nada como certo e sabido, porque elementos muito simples, como as vassouras, podem ser decompostos de infinitas maneiras e classificados segundo ordens inauditas (como a das vassouras que servem para serem cavalgadas por bruxas). 3) devemos procurar o estado de espírito no qual supomos que uma coisa impossível possa ser verdadeira.

Cabe aqui uma comparação com o método variacional da fenomenologia. Ao contrário da fenomenologia, que sempre trata de variar os aspectos do objeto para chegar à sua essência, Wittgenstein trata de variar objetos para chegar à gramática que conforma uma expressão. A fenomenologia se centra no objeto e na essência do conceito, a filosofia de Wittgenstein na expressão e no sentido contido no conceito. Na fenomenologia os objetos seguem abrigando o processo de variação, mesmo após a síntese dada pelos atos da consciência. Os atributos da coisa analisada permanecem nela. Observados de um ponto de vista fixo, os atributos delimitam o objeto. Quando não aparecem mais, é porque o objeto deixou de existir, chegou ao seu limite. Já Wittgenstein toma o objeto no contexto, não procura extrair nada dele, mas localizá-lo em uma gramática. A visão da essência é substituída por uma forma de ver que inscreve o conceito em um todo: o contexto em que o conceito opera nas circunstâncias dadas por sua história. Mesmo na variação imaginária, o mundo permanece no conceito. O significado não é uma essência, mas uma fisionomia (Wittgenstein, 1998c:§ 568), uma maneira de ver os sinais em sua articulação com outros objetos dentro de regras que estruturam sua situação. Metodologicamente, faz-se alterar as regras, não as aparências do objeto, tratando-se de mostrar como o conceito, em sua relação com outros conceitos, se institucionaliza nas palavras.

O processo descritivo deve conduzir a uma visão clara de um segmento de nossa gramática, de tal forma que possamos compreender os conceitos mediante o confronto de significados e do desdobramento das suas conexões. Variando as regras e os meios de apresentação de uma gramática, apreendemos sua capacidade de discriminação, seu engenho e a maneira pela qual se estabelecem modos de dizer e de pensar correta e falsamente. Com isto alcançamos uma *sinopse dos significados*, uma representação sintética, um mapa conceitual. A visão sinótica está baseada na ideia de Goethe (1999) de que todos os órgãos de uma planta são folhas transformadas (Wittgenstein, 1998h:§ 273, 1998d:324 e ss.). Por exemplo: o octaedro das cores oferece uma representação sinótica da gramática dos conceitos de cores. Trata-se de compreender uma multiplicidade como uma totalidade (Chauviré e Sackur, 2003). A sinopse dos contrastes entre as aplicações dos termos, as ramificações de seu uso, esclarece as conexões conceituais e as depura de suas impropriedades e incertezas (Wittgenstein, 1998h:§ 237). A representação sinótica visa a clarificação do pensamento mediante a prática de pôr em evidência as diferenças que as formas habituais de nossa linguagem nos levam a negligenciar e está sempre aberta a novas interpretações (Wittgenstein, 1998c:§ 92; Chauviré e Sackur, 2003:57).

Empregamos todos, a filosofia historicamente também o faz, palavras que acreditamos estarem captando o sentido de conceitos simples, como os referidos às sensações de dor ou de bem-estar, ou às belas imagens, ou a noções como a de "justiça", de "explicação". O que Wittgenstein procurou demonstrar foi que se tratamos dos empregos equivocados das palavras como os terapeutas tratam as doenças, alcançamos uma compreensão do mundo e da vida muito superior à oferecida por qualquer sistema filosófico que prometa certezas. O problema do conceito se confunde com o problema filosófico. Não só devido à confusão conceitual que está em todo ato de fala, mas à própria forma como se colocam os problemas de natureza filosófica. Quando, por exemplo, nos perguntamos se a vida é justa, somos levados à questão do que vem a ser a justiça. Se aventarmos uma explicação sobre a justiça, nos vemos compelidos a esclarecer o conceito de "explicação" e assim indefinidamente.

## Elucidação

O século XX assistiu à superação dos grandes sistemas filosóficos. Deixou claro que o desejo de generalidade, de regras práticas, não pode ser satisfeito. O que restou foi um ferramental analítico que nos ajuda a entender o que pensamos, o significado do que dizemos sobre o que pensamos. A contribuição de Wittgenstein para este entendimento consistiu em mostrar que conceituar, como pensar, como significar, como querer dizer, como compreender, como todos os atos mentais, se presta a confusões. Que a conceituação está envolta em uma mitologia de estados abstratos, confusos, que podem e devem ser "tratados", esclarecidos.

Wittgenstein é desconcertante não só porque se expressa por rupturas sucessivas de raciocínios, mas porque seu raciocínio é sempre original. Ele não cuidou de encontrar o oculto, o secreto no conceito, mas o que está diante dos nossos olhos: "o que está oculto não nos interessa": "tudo está exposto ante nossos olhos" (Wittgenstein, 1998c:I § 126-128). Deixou escrito que não lhe interessava "construir um edifício, mas ter diante de mim, de modo transparente, os fundamentos dos edifícios possíveis" (Wittgenstein, 1998a:9). Tratou de explorar mais do que de criticar, de esclarecer mais do que de desvendar. Postulou que a análise gramatical e a sinopse dos significados são a forma de dissolver estas perplexidades, que o único modo de se lidar com os conceitos é a descrição explicativa do uso das palavras.

Se tentarmos resumir o entendimento do conceito ao longo do trajeto das *Investigações*, teremos, em primeiro lugar, que o significado do conceito é determinado pelas regras de uma gramática, de uma lógica não universal, mas inerente a um jogo de linguagem, a uma atividade, a uma forma de vida. Em segundo lugar, que o significado do conceito não é fundado na experiência sensorial, ele não é compreendido porque há algo "pairando diante da mente", como uma figuração. Em terceiro, que compreender um conceito não é um processo mental, mas o domínio de uma técnica. Para alcançar o conceito é necessário conhecer as regras (a lógica interna da gramática que rege o jogo de linguagem). Em quarto lugar, que adquirimos a técnica de usar expressões (de seguir regras) por meio de nosso treino como membros de uma comunidade, daí que compreender um conceito implica dominar o uso da expressão em toda a variedade e jogos de linguagem em que ela ocorre. Por último, que o significado do conceito está no uso que dele se faz, porque o conceito e sua expressão na linguagem são inerentes ao consenso subjacente — linguístico e não linguístico

— de condutas, de valores, de tradições etc. que os membros de uma comunidade compartilham entre si (Wittgenstein, 1998c:§ 19, 23, 241).

A crítica ao pensamento de Wittgenstein é, naturalmente, acerba. Questiona-se a validade e a consistência de seus raciocínios para a resolução de problemas como os da verdade, necessidade, formas de linguagem e contingência, além da obscuridade de seu estilo que permite diferentes interpretações sobre o que pensou. Dessas críticas a única relevante para a questão dos conceitos é a que sustenta que a conexão entre significado e uso não é tão estreita como ele indicou (Grayling, 2002:127-136). Esta crítica é baseada em duas observações independentes. A primeira nota que o conceito de uso é problemático: pode-se falar de como, de por que e de quando um termo é usado. Pode-se dizer que um martelo se pega pelo cabo, que serve para pegar pregos e que tem o propósito de unir duas peças de madeira, mas estes usos não me dizem nada sobre o que é um martelo. A segunda diz que se pode saber o significado de martelo, como de número ou de justiça, sem saber seu uso. Os adeptos de Wittgenstein sustentam que essas críticas não procedem, porque ele nunca disse que o uso e o significado fossem a mesma coisa, apenas que o significado é função do uso da palavra em contexto e circunstância determinados.

Seja como for, Wittgenstein (1998c:§ 70-79) em *Investigações filosóficas*, ao mostrar a instabilidade das definições, evidenciou que o cientificismo estabeleceu um ideal de precisão completamente inútil e infundado (Lyotard, 1983). A linguagem, como uma competência da esfera do público, do intersubjetivo, evidencia a relatividade dos métodos quantitativos nas ciências sociais. Evidenciou, principalmente, a importância das experiências vitais e da reflexão cotidiana no entendimento do homem e da sociedade. Mas o principal legado de Wittgenstein para o entendimento do problema do conceito foi a de colocá-lo em outra dimensão. O conceito, que até Kant foi universal, que com Hegel se tornou histórico, que com a fenomenologia se viu mais uma vez vinculado à essencialidade, que na sociologia de Weber foi um tipo idealizado, que com a psicologia tem se colocado na representação, com Wittgenstein viu-se como parcial, psicológico, superficial e atípico. Estejamos ou não convencidos de sua filosofia, é certo que depois dele, e talvez graças a ele, a questão a ser respondida sobre o conceito e sobre sua transmissão se tornou mais clara. Ela se expressa de forma direta: o que exatamente se quer dizer com isto que se disse? Um tipo de questão que expõe os descaminhos da filosofia e os que se pretendem donos dos saberes.

A influência de Wittgenstein em todos os campos de conhecimento não se deixa de sentir até o presente e no futuro previsível. Particularmente sobre a formação e a crítica dos conceitos, as cláusulas mais importantes da sua reflexão são as seguintes:

- O conceito é inerente a um "jogo de linguagem", a uma "forma de vida".
- O significado do conceito é função do uso que dele se faz. O conceito não é fundado em uma experiência sensorial "pura".
- Compreender o conceito é função do domínio de uma técnica, das regras da gramática de um "jogo de linguagem".
- A técnica da conceituação é aprendida e consolidada no âmbito de cada "forma de vida".
- Os princípios analíticos básicos são: "não pense, olhe" e "não explique, descreva".
- Para se criticar os conceitos, deve-se:
  - Tomar um sistema de expressões interconectadas, cuja descrição supõe uma forma de vida concreta;
  - Determinar a gramática — o léxico e a sintaxe; a definição e a posição relativa — desta forma de pensar e de falar neste jogo de linguagem;

- Analisar como as expressões, proposições, conceitos, frases se articulam com atividades;
- Procurar determinar quais as regras que formam o conceito de interesse;
- Construir uma sinopse dos significados.

## Os conceitos na filosofia recente

A passagem do século XX para o XXI foi marcada pela repercussão da virada linguística, pelas reverberações do pós-modernismo e pela constatação, expressa por Michel Foucault, de que cada época possui uma episteme própria e intransferível.

A "virada linguística" do século XX consistiu na aceitação geral, senão unânime, de que a filosofia deveria se ater à análise conceitual, deixando a compreensão dos fenômenos particulares para as ciências naturais, humanas e sociais. Isto não quer dizer que a virada resolveu o problema do conceito, somente que o colocou em outro plano. Mostrou que do fato de que as linguagens, as expressões dos conceitos, sejam constituídas em função do espaço e do tempo, não decorre que os conceitos do raciocínio não pertençam a um mundo pré-verbal. Existiria, ou não, uma linguagem do pensamento, uma linguagem de conceitos não articulados em termos e expressões.

A hipótese da linguagem do pensamento tem como consequência lógica o inatismo dos conceitos. Como para o inatismo da linguagem natural, uma tese hoje decaída, mas de ampla aceitação até o Renascimento, haveria uma gama de conceitos primitivos ou primários, uma estrutura de informações cognitivas inatas e conceitos aprendidos mediante redução a estes conceitos básicos. Esta a posição de Chomsky (1957), que ainda muito jovem sustentou que nossa primeira língua não é aprendida por instrução, mas por descoberta. Uma criança que não entende um conceito como

/aqui/, /venha/, /sim/, não tem como entender a explicação que lhe é dada. Muito menos como procurá-lo no dicionário. A mente que descobre não pode ser uma tábua rasa. Todas as crianças aprendem a falar, isto é, a utilizar conceitos mais ou menos no mesmo ritmo e tempo, apesar das diferenças intelectuais e culturais. Os universais linguísticos devem, portanto, resultar de uma herança genética comum. A linguagem é um dom. Isto significa que a gramática que utilizamos não é a única possível, tanto que, ao longo da história, crianças deixadas sozinhas, seja por azar ou impiedade, foram capazes de criar uma língua exclusivamente por si mesmas. O pensamento inato se comprova pela ignorância inata. Há coisas que nossa natureza nos impede de conhecer: o voo não equipado, a mente alheia etc. Coisas que estão fora de nosso espaço cognitivo. Há partes do mundo além de nossa compreensão. Há fenômenos de nossa experiência que são inexprimíveis, como há fenômenos (a "visão" sonora do morcego, o desejo do outro sexo) que somos incapazes de vivenciar.

## Chomsky

A gramática generativa de Chomsky é essencialmente internalista. Seu fundamento reside no fato de que os falantes de uma língua podem entender um número indefinido de sentenças que nunca ouviram antes. Decorre dessa constatação o pressuposto de que deve haver um número indefinido de conceitos que podem ser evocados na produção e na compreensão das sentenças. Dado que a mente humana é finita, conclui que: i) os conceitos não podem estar armazenados na mente sob a forma de uma listagem finita a que se recorre para formar sentenças, senão que devem, necessariamente, ser formados e evocados a partir de um conjunto finito de noções mentais, operadas segundo um conjunto também finito de princípios combinatórios mentais; ii) os conceito léxicos, ou seja, aqueles expressos por palavras em uma sentença, devem ser claramente generativos. Temos o conceito /cão/ gerado com base em uns poucos animais. Com ele podemos codificar qualquer animal da espécie, por mais estranho que pareça. Como em toda função mental, podemos nos enganar. Um indivíduo pode nos parecer um cão e ser um exemplar de lobo. Mas isto não significa que não podemos gerar internamente conceitos. Por outro lado, os linguistas generativos, como todos nós, inclusive os lógicos, os psicólogos da cognição e os linguistas computacionais, não sabemos como uma criança adquire (ou como gera) um conceito. Mas isto não significa que os conceitos não sejam gerados, presumivelmente a partir de certas noções inatas, combinadas com experiências sociais linguísticas e não linguísticas e operadas mediante capacidades mentais também inatas.

A posição dos linguistas generativos contrasta com a de Fodor (1998), para quem os conceitos léxicos são mônadas cognitivas primitivas, ligadas umas às outras por postulados de significado. Mas, o conceito que têm de /conceito/ é inverso ao das teorias definicionais e inconveniente para o entendimento do problema da formação e da crítica do conceito em pesquisa aplicada fora dos limites da linguística. O significado operacional que emprestam ao "termo" é o de uma "representação mental que pode servir como significado de uma expressão linguística" ("*a mental representation that can serve as the meaning of a linguistic expression*") (Jackendoff, 1989:309). De modo que, para os linguistas generativos, o ato de entender uma sentença S corresponde a colocar S em conexão com um conceito C, o qual tem uma estrutura interna derivável da estrutura sintática e dos itens léxicos de S. Isto é, derivam o conceito do termo (Jackendoff, 1989:309).

Sem pretender questionar a legitimidade desta derivação, o problema que nos propusemos a discutir é concorrente a esta abordagem. Queremos saber como exprimir conceitualmente a noção com que nos deparamos ou como criticar o conceito estabelecido. A adequação do termo ao conceito é uma questão essencial deste processo, mas é uma função dele, e não vice-versa. Ao final do século passado já havia ficado claro para a maioria dos pesquisadores que a exigência de que os conceitos científicos fossem precisos, objetivos e sujeitos à determinação observacional é uma idealidade impossível de ser alcançada. Mais do que isto, havia sido demonstrado, não só por Khun (1989) e os seus seguidores, mas por autores de diversas linhagens (Adams, 1966), que no campo das ciências exatas e das técnicas quantitativas esta busca por "cientificidade" na formação dos conceitos é contraproducente. O que ocorre na prática científica é que, no curso do processo heurístico e de ordenação do conhecimento, os pesquisadores concebem, descobrem ou identificam significados que designam com termos "fabricados". A conceituação não é um objetivo em si mesmo, mas um dos instrumentos de pesquisa, o que não quer dizer que o descoberto e o inventado não devam ser expressos por conceitos claros e distintos (Adams e Adams, 1987).

Os argumentos a favor da linguagem do pensamento e dos conceitos inatos, em sua maior parte colocados por Fodor, como veremos mais adiante, são de várias ordens: i) a evidência de que os bebês pensam, isto é, processam informações antes de as poderem comunicar ou verbalizar, ou seja, de que diferentemente do que acontece com as línguas, não aprendemos uma linguagem do pensamento; ii) o mesmo conceito pode ser codificado simultaneamente por termos diferentes e por sistemas sinaléticos diversos; iii) os animais podem planejar e chegar a conclusões sem verbalização, como as águias gregas que deixam cair tartarugas sobre pedras para quebrar seus cascos.

Os argumentos em favor da impossibilidade da separação entre o pensamento e a linguagem são, também, sólidos, como os de Wittgenstein, de que: i) os limites da linguagem de uma pessoa denotam os limites de seu pensamento (temos que nos expressar para nós mesmos de alguma forma); ii) são os critérios impostos por uma comunidade linguística que garantem que os conceitos conservem um conteúdo fixo, isto é, que os conceitos signifiquem algo e que este algo seja passível de transmissão; iii) que o conceito e sua expressão não podem ser dissociados e que devem ser publicamente disponíveis, de outra maneira não haveria como diferenciar seu emprego correto do incorreto; iv) que o que torna a intercomunicação possível não é uma linguagem nativa universal, mas a universalidade do equipamento perceptual humano.

Outro ponto referente à relação entre conceitos e realidade é o da influência da linguagem sobre os conceitos. Parece evidente que uma linguagem racista leve à internalização de conceitos racistas. Mas disto não deriva que as postulações do determinismo linguístico sejam sustentáveis. O fato de os navajos não terem termos diferentes para o verde e o azul não significa que sejam daltônicos, muito menos que se aprendessem a diferenciar os termos modificariam de alguma forma seu equipamento sensorial. Também não significa que a abolição de termos racistas suprimiria os sentimentos e os conceitos internalizados pelos racistas. Kant mostrou que o espaço e o tempo não são características inerentes ao mundo à nossa volta, mas maneiras segundo as quais nossa mente ordena nossas experiências. Admitir que nossas mentes ordenam a maneira como percebemos o mundo, isto é, como conceituamos o que percebemos, não implica que possamos ordenar o mundo como quisermos. Mas que podemos tentar uma superação das nossas limitações e procurar ver o mundo de outra maneira. Foi o que pretenderam dois filósofos que fizeram sobrelevar a reflexão sobre os conceitos nesta época: Jacques Derrida e Gilles Deleuze.

## Derrida

A virada linguística veio a ser questionada, ou, conforme se queira, ampliada pela recondução do problema da linguagem de Derrida. Ele critica e abandona o fonocentrismo, o pensamento norteado pela fala, em favor da *écriture*, a escritura, a sinalética escrita, antes considerada marginal e secundária. Desconstrutor do estabelecido, Derrida solapou a lógica tradicional da identidade, mostrando que suas três leis — a da identidade (o que é, é), a da contradição (nada pode ser e não ser) e a do terceiro excluído (tudo é ou não é) — deixam a desejar quando se trata da conceituação, isto é, que as diferenças entre conceitos são plenas de impurezas.

O processo ou técnica analítica que desenvolveu, a "desconstrução", nada mais é do que uma metodologia crítica dos pressupostos dos conceitos filosóficos. É uma decomposição dos elementos da escrita para descobrir o dissimulado e o interdito à reflexão. Com as duas outras chaves de seu pensamento, a "indecidibilidade", ou incapacidade de determinar as fronteiras dos elementos do texto e seu fundo ideológico, e a "diferença" (*différance* e não *différence*), o processo de decomposição do significado pelo confronto com outro significado, a desconstrução esclarece sobre problemas lógico-culturais e expõe a forma como se "criam mundos" a partir da linguagem escrita. Evidencia que diferenças conceituais, como as existentes entre sensível e insensível, ideal e real, interno e externo, natureza e cultura, atividade e passividade, não são absolutas (Stocker, 2000).

Como Foucault, Derrida é, ao mesmo tempo, herdeiro e crítico do estruturalismo. Pensa as estruturas conceituais não como realidades, mas como constructos, algo a ser desconstruído para que possa ser compreendido. A desconstrução não é, como parece a muitos, um método de desmembramento, uma forma de interferir sobre os edifícios conceituais, mas uma forma — filosófica — de compreender as hierarquias instituídas e como se resolvem as tensões que existem em seu interior. Desconstruir significa reduzir um campo à sua estrutura, aos seus elementos e relações, ao que é elementar e relacional. Desconstruir é desmontar para ver como se deu a montagem, para ver como foi construído (do latim lat. *con-strue, is*: acumular, edificar). Não se trata de uma aniquilação, mas de algo similar ao que os engenheiros fazem há séculos: de uma engenharia reversa, de uma forma de construir o conhecimento que consiste em tomar um artefato e desmontá-lo peça por peça, não para despedaçá-lo, mas para decifrar como foi arquitetado.

Ao longo de sua trajetória intelectual, Derrida, inicialmente vinculado à fenomenologia, travou um embate com a psicanálise, com a dialética e com o estruturalismo, as formas de pensar prevalecentes em sua época. Na *Gramatologia* (Derrida, 1967a) destaca que a expressão falada do pensamento, elevado a um plano superior ao da escrita (o fonocentrismo), não se sustenta como fonte analítica. A fala supõe modos de dizer, entonações, associações etc. "impróprias" para a interpretação isenta. Por exemplo: o nome do seríssimo escritor Joyce carreia uma associação com joy (alegria). A escrita permite desconstruir o enunciado temático com o enunciado implícito, mas mesmo ela não é pura, idêntica a si mesma. O escrito supõe o falado, inclui elementos gráficos, fonéticos, ideográficos que, depurados, mostram a instabilidade das noções. Os conceitos das diversas ordens de reflexão, desconstruídos, evidenciam coisas como o fato de que a dialética hegeliana reduz o outro a ser apenas a transmutação de si mesmo, não atinando com as diferenças naturais, culturais e temporais; de que a psicanálise toma indevidamente a palavra como conhecimento; de que o estruturalismo é apenas um estilo, uma "aventura do olhar"; de que toda ordem de pensamento é suspeita, porque, como explicou Heidegger, o ser é irredutível aos entes ou à sua soma.

No esforço para desconstruir, Derrida identifica dois movimentos: a inversão e o deslocamento (*différance*). A desconstrução de oposições binárias como mente/corpo, razão/sensibilidade mostra como termos subordinados e marginais passam a dominantes e centrais. Ao contrário do que apregoam os detratores de Derrida, a desconstrução não trabalha sobre a inversão de dualismos (isto ou aquilo), mas sobre os contrastes, sobre o diferir, o deslocamento. O trocadilho entre *différence* e *différance* faz sentido em francês porque embora se pronuncie da mesma maneira, a *différance* conota o diferir (do latim *differre*, adiar, prolongar), o descompasso, o deslocamento entre significados. Caracteriza o processo de geração de sentido em que o significado continuamente difere a estrutura conceitual em que se aloja. As posições não só se invertem, senão que esta inversão perturba de tal forma o sistema que todo o edifício conceitual se rearranja. Os conceitos que o constituem já não podem ser os mesmos, já que seus conteúdos se veem alterados e diferidos (Derrida, 1967b). Os elementos, a hierarquia, as relações e as tensões que a acompanham são outros. Há uma ruptura estrutural não só dos conceitos, mas das normas que regem as relações.

Sempre que há um conteúdo com significado, há, associada a ele, uma palavra, um elemento da escritura. Essa associação é secundária em relação à palavra falada. A linguagem é imediata em relação ao conceito, enquanto a escritura se refere a ela, não diretamente ao conceito. A escritura é um significante de outro significante. É desconectada da origem do conceito. A ascendência da fala leva a interpretar a escrita como a expressão ou a representação do falante ausente. Desconstruídas, as prioridades dadas ao presente sobre o passado e da natureza sobre a cultura ratificam a ideia de que não existem origens absolutas para os conceitos. O significado decorre das relações, não das essências elementares. Isto significa que todo o sentido apreendido não é só contextualizado: é circunstancial, flutuante. Só a crítica recorrente pode assegurar minimamente que o dito e o escrito são o entendido e o registrado. Mas tal crítica não é possível porque equivale a estabelecer e a restabelecer continuamente a *différance*. Derrida sustenta que toda estrutura conceitual tem uma hierarquia intrínseca que informa o que é central e mais periférico, mais relevante e mais marginal. Essa ordenação não é estável e consensual, senão que existe uma tensão constante nos sistemas conceituais constituídos. Embora a metafísica fundada na fala atribua valor fixo à expressão do conceito, em toda proposição ou conjunto de proposições existe um ordenamento arbitrário, cultural dos conceitos. As oposições não são essenciais em si. O que interessa à crítica do conceito é o contraste. Os conceitos elementares das estruturas situadas, o que reconhecemos por contraste, como reconhecemos o feminino (a que falta alguma coisa) por contraste com o masculino (o completo), o natural (a boa forma) por contraste com o cultural (o deformado). O valor do que está no centro, do que domina, é sempre afirmado pelo não valor do periférico, do dominado. Por exemplo, o exame do legal/ilegal mostra que as leis servem tanto à justiça como ao sistema instituído, tanto à verdade como à conveniência. As leis tendem a sobreviver, são avessas a revisões, se atêm à circunstância que as viu nascer. É imprescindível que sejam estáveis, mas deveriam ser programadas para a mudança (Derrida, 1994).

No ponto que interessa à crítica conceitual, isto leva à reflexão sobre a supervalorização dos conteúdos, como hoje valorizamos /natureza/ em detrimento de algo que se lhe opõe como /cultura/. A desconstrução é difícil e seus resultados nem sempre são claros, mas expõe os paradoxos das relações conceituais. Pela desconstrução, Derrida evidenciou que as verdades da ciência, do logocentrismo, do etnocentrismo europeus que se apresentam como conceitos naturais são constructos, artificialidades culturalmente instituídas.

## *Deleuze*

Outro pensador dos conceitos foi Deleuze (1969), um filósofo original, que se interrogou sobre o sentido e o absurdo da existência. Deleuze esteve sempre na fronteira de sua época, principalmente na franja da refrega pró e contra a psicanálise (Deleuze, 1972). Seu pensamento é uma reflexão sobre os elementos e as relações do próprio pensamento, dos conceitos que a reflexão cria e reelabora. Responsável pelo renascimento dos estudos sobre Nietzsche nos anos 1960, ele sustentou, contra a ideia da dialética hegeliana de que a diferença é sempre negação, que a repetição (o eterno retorno do mesmo) não se resume ao redito, que pensar não é reconhecer ou representar.

A tese central de seu livro mais importante para o entendimento dos conceitos, *O que é a filosofia?* (Deleuze, 1991), escrito em consórcio com o psicanalista Felix Guattari, é de a que filosofia é, e sempre foi, a produção e a criação de conceitos. O filósofo é aquele que cria um conceito ou uma constelação de conceitos em torno do(s) qual(ais) faz girar sua reflexão. Em sua frase: "a filosofia não é comunicativa, tampouco contemplativa ou reflexiva: é criadora ou até revolucionária por natureza na medida em que não para de criar conceitos" (Deleuze, 2002), resume o cogito cartesiano, o espaço-tempo kantiano, a dialética hegeliana, enfim, toda uma tradição filosófica.

Nesta tradição, a filosofia não é uma tentativa de descobrir ou de redescobrir a realidade, ela parte de um ou mais conceitos e se mantém em estado de perpétua digressão em torno deste "ponto móvel". Os conceitos são como signos a serem desvendados. Deleuze trouxe à discussão conceitos como /diferença/, /intensidade/, /multiplicidade/, /virtual/ e outros que animaram as discussões filosóficas na segunda metade do século passado. Sustentou que a criação ou extração de conceitos é uma exclusividade da filosofia, a criação e a extração de prospectos (visões) são próprias da ciência, a criação ou a extração de perceptos e afetos são próprias da arte. Esta proposição parece ser imodesta, mas só até que se saiba o que Deleuze considera um conceito. Para ele trata-se de uma condensação incorporal e anergética, não discursiva, de componentes, que encerra um problema; uma unidade fragmentária não proposicional que é, ao mesmo tempo, absoluta e relativa, simples e complexa. Esta síntese é uma tentativa de síntese do conceito que Deleuze tem do conceito, e que leva um capítulo inteiro para expor.

A complexidade e a forma tortuosa, às vezes ininteligível, em que as ideias de Deleuze e de Guattari são expostas os tornaram as vítimas diletas de Alan Sokal. Professor de física na Universidade de New York, Sokal teve um artigo, intitulado "Transgredindo fronteiras: para uma hermenêutica transformadora da gravidade quântica" (Sokal e Bricmont, 2010), publicado pela prestigiosa *Social Text*. Em que pese a seriedade da revista, tratava-se de uma paródia, polvilhada de absurdos, entre eles a sugestão de que o valor da constante $\pi$ muda segundo as atitudes da época. A brincadeira demonstrou como parte da reflexão pós-moderna tem mais valor estético do que lógico, faz uso de conceitos incompreensíveis ou que não compreende, como /infinito/, /função/ e /catálise/, elegantemente encadeados para se parecerem com teorias profundas.

O prestígio de Deleuze permaneceu intocado, mas a verdade é que a *epistènê* (ciência) do *logos* (discurso), que trata dos fundamentos, natureza, limites e condições de validade do saber científico, viu-se enfraquecida pelas divisões da gnosiologia, o ramo da filosofia que abarca a teoria geral do conhecimento, pelas ideologias e por uma série de linhas delirantes de reflexão que marcaram o final do século XX. Concordemos ou não com as conclusões de Sokal, críticas como a dele dão suporte à posição que adotamos aqui de que teses como a da linguística generativa de Chomsky e as reflexões de Derrida e de Deleuze, tão diferentes entre si, têm em comum serem particulares da linguística ou serem exclusivamente filosóficas, não podendo legitimamente ser transladadas para servirem a instâncias operativas simplificadoras como a que propomos. Elas evidenciam que também na filosofia, no conhecimento fundante de todos os conhecimentos que podemos obter e reter, os conceitos são impuros, são instáveis, são criações extremamente complexas em constante reconstrução. As polêmicas do século XXI, ao reforçarem que inexistem conceitos anistóricos, eternos, panlinguísticos e transculturais, demonstram que devemos nos esforçar para fazer ciência, para ter o pensamento claro e distinto, mas que devemos ter consciência de que, por mais que nos esforcemos, toda reflexão, todo conceituar será inevitavelmente provisório e impreciso.

# 3 | O conceito nas ciências humanas e sociais

O que denominamos de ciências humanas e de ciências sociais congrega disciplinas tão díspares como a história, a psicologia e a economia. Inclui saberes muito antigos e consolidados, como o direito, e saberes recentes, como o marketing. Estas disciplinas e saberes fazem uso de métodos que vão do experimento simples à análise fatorial, mas compartilham pelo menos dois traços fundamentais: a origem comum na filosofia e a insuficiência epistemológica.

A origem das ciências humanas e sociais faz com que mantenham, para além de seus temas centrais, a referência ontológica quanto ao humano e aos valores, notadamente aos valores morais. A fragilidade epistemológica decorre, em parte, da inadequação dos métodos filosóficos ao entendimento da realidade empírica e, principalmente, da tendência em se aplicar ao estudo da vida humana, individual ou coletiva, os métodos das ciências naturais. Seu traço mais característico é a dificuldade em se emprestar critério e rigor aos conceitos com que lidam.

À semelhança do que fizemos com os preceitos filosóficos, nas seções que se seguem procuramos extrair dos métodos das ciências humanas e sociais preceitos, mas, também, questões e procedimentos para compor o modelo que nos propusemos construir. Iremos nos valer de três fontes: a da teoria da compreensão de Max Weber, a da história conceitual e a da psicologia cognitiva.

A teoria da compreensão de Max Weber (2001) funda-se na distinção entre o saber empírico e os juízos filosóficos. Do ponto de vista do estudo da formação do conceito, oferece três ideias hoje universalmente aceitas: i) a de que o mundo social é infinito, o que o torna inacessível à compreensão absoluta, ii) a de que todo conceito é contextual e iii) a de que os objetos culturais relevantes ao entendimento do mundo social diferem no tempo e no espaço. Enquanto proposição metodológica, o trabalho de Weber oferece quatro procedimentos ou técnicas de utilidade para a formação e a análise e crítica dos conceitos: i) a forma especial de compreender que é o compreender-interpretando (*Verstehen*), ii) a objetivação mediante a declaração e o exame dos valores, iii) a intensificação dos atributos das noções e objetos, de forma a constituir conceitos claros, passíveis de categorização e de análise relacional (tipos-ideais), e iv) a construção deliberada desses conceitos em função do que se quer ver entendido.

A história dos conceitos ou história conceitual (*Begriffsgeschichte*) tem como propósito averiguar como os objetos foram conceituados no passado e qual a tradução desses conceitos em nossa própria terminologia. Examina o que foram os conceitos, isto é, como foram utilizados, criados, recriados, se permaneceram constantes ou foram alterados. Tem como temas principais a descontinuidade histórica e as rupturas nas conotações e como temas de análise a irradiação intercontextual dos conceitos. O ponto que interessa à análise que procedemos é a de que os conceitos básicos (*Grundbegriffe*) nas ciências humanas e sociais não são como os termos das ciências exatas ou como os termos técnicos: devem ser tratados como mais do que significados de termos não ambíguos. A história conceitual dirige-se ao estudo do passado, enquanto o nosso interesse de investigação é o de verificar as articulações entre conceitos presentes. Mas sua epistemologia oferece elementos aplicáveis a quaisquer das ciências humanas e sociais, particularmente aqueles derivados da ideia da justaposição e da superposição de conceitos em espaços e tempos distintos, que possibilitam identificar a re-significação dos termos, os neologismos, a cossignificação de termos e a identificação dos conceitos com os atores (de quem se fala, o que se fala, para quem se fala...), seguindo a pista de conceitos paralelos e de conceitos opostos.

Entre as teorias da psicologia cognitiva, as que postulam o conceito como protótipo são as que mais interessam à aplicação em investigação empírica. Desenvolvidas a partir da segunda metade dos anos 1970 (Lawrence e Margolis, 1999), essas teorias procuram demonstrar os conceitos como representações complexas cuja estrutura exprime estatisticamente o conjunto de características de seus casos. Os conceitos encerrariam protótipos, de forma que alguns casos são mais próximos do cerne do conceito, isto é, são percebidos como tendo maior número de características essenciais do que outros. Os casos que recaem sob o conceito tenderiam ao caso típico e não, como nas teorias filosóficas tradicionais, a satisfazer necessariamente a totalidade dos atributos, de modo que, enquanto nas teorias tradicionais a satisfação dos atributos é necessária, nas teorias do protótipo a satisfação de alguns atributos é suficiente para a determinação do conceito. O principal problema das teorias dos protótipos é sua base empírica. Uma vez que grande parte dos conceitos, como o conceito /mentira/ e a totalidade dos conceitos sobre valores, são imunes às análises sensoriais, sua utilização é limitada. Por estas razões, tomamos emprestado das teorias dos protótipos apenas os sistemas de categorização, que consistem em processos de comparação de similitudes em relação ao que arbitramos ser o protótipo da categoria.

## A *Verstehen* de Max Weber

Na primeira metade do século passado, buscar a formação de conceitos que fossem operacionais significava tentar transformar em ciência da psique e da sociedade o que parecia pura especulação. Pensava-se àquela época que os conceitos deveriam ser "científicos". Isto é, que as noções, para chegarem a serem conceitos, deveriam ser traduzíveis em fórmulas matemáticas. Na medida em que se conseguisse matematizar o mental e o social, uma fórmula como a das ciências exatas daria o conteúdo dos conceitos, retirando a conotação valorativa, impeditiva de se fazer a "verdadeira" Ciência.

Infelizmente, tudo o que se obteve então foi a inscrição em linguagem matemática dos fenômenos psicológicos e dos fenômenos sociais. Construiu-se um saber exclusivo do mensurável, uma pseudociência que até hoje não desapareceu e resiste impávida à evidência da desordem do espírito e da infinitude multifacética do mundo da vida. Max Weber, o principal mentor das ciências sociais contemporâneas, percebeu que nesse cabo de guerra metafísico-quantitativista havia um duplo equívoco. Que se, de fato, era imperativo afastar os elementos metafísicos das ciências sociais, torná-las um pastiche das ciências exatas não levaria a nada porque a singularidade social resulta de combinações específicas de fatores gerais quantificáveis, mas que esses fatores não podem ser isolados em termos absolutos. Em outras palavras: Weber se deu conta de que os contrastes qualitativos podem ser compreendidos como diferenças quantitativas feitas de valores isolados, mas que a qualidade não pode ser reduzida à quantidade. Tratou, pois, de encontrar um recorte próprio à ciência do social distante tanto da metafísica como das ciências naturais.

### Os tipos-ideais e a compreensão

Afastando-se da metafísica, Weber buscou na realidade social a fonte da conceituação. Como muitos intelectuais desta época, como os neokantianos Windelband (Hindess, 1977) e Rickert (Oake, 1988), seus colegas nas universidades de Freiburg e Heidelberg, ele acreditava que o trabalho científico deveria se dar mediante a construção de conceitos que permitissem perceber e dar sentido à realidade (Whimster, 2007:90). Mas, afastando-se do positivismo naturalista, Weber enfatizou a singularidade qualitativa da realidade cultural e as diferenças qualitativas que resultam das mudanças quantitativas (Weber, 1974:77). A orientação que adotou foi a de encontrar uma ferramenta que permitisse reduzir a infinitude do real e o número ilimitado de abordagens possíveis ao social a parâmetros operacionais de investigação. Essa ferramenta, proposta em um ensaio sobre a objetividade do conhecimento nas ciências sociais e na política (Weber, 1991), consiste na formação dos conceitos como "tipos-ideais", isto é, como idealizações a partir da realidade observável (Lindbeck, 1992:287).

A noção de "ideal" nada tem a ver com uma avaliação positiva, muito menos com exemplares que devam ser imitados, mas com expressões ideais, isto é, logicamente construídas e controladas. Os tipos-ideais são casos "puros", conceitos operacionais perfeitamente descritos e facilmente comunicáveis (Nefzger, 1965:168). Weber pensava que tanto os entendimentos do sentido cultural como os significados mentais no processo cognitivo e no processo comunicacional partilham de valores. A formação do conceito nesses processos integra o método de investigação e sintetiza o resultado da investigação. O que pretendia era não mais que compreender o social, mas queria compreender no sentido da *Verstehen*: interpretando.

Esse termo, trazido para fora da cultura germânica ainda nos anos 1930, gerou grande polêmica devido à má interpretação e à impossibilidade prática de se traduzir perfeitamente o idioma alemão. Alguns, equivocadamente, o entenderam como um método usado por cientistas sociais que, pelo envolvimento que requer do pesquisador, não pode ser controlado por outros pesquisadores, embora o sentido que lhe dá Weber seja apenas o de uma forma particular de tomar conhecimento do mundo cultural. Seja como for, a *Verstehen* ganhou corpo e passou a denominar uma atitude que se contrapõe frontalmente à observação externa de "padrões" de conduta social (Kalleberg, 1969:30). Essa independência da *Verstehen* dos conceitos "objetivos" foi duramente criticada, mas essa crítica tentava claramente fundir as perspectivas positivista e idealista, enquanto na técnica explanatória de Weber a imputação dos valores ao observado é tão somente corrigida pela declaração mesma desses valores (Koshul, 2005:98). Com isso, a aceitação da influência dos valores deixa de ser um relativismo e passa a ser uma busca de objetividade, um esforço para controlar a inevitável contaminação valorativa da pesquisa via um tratamento deliberadamente lógico do método (Parsons, 1971).

A operação de compreender interpretando parte do pressuposto de que o pesquisador está imerso no próprio universo do pesquisado, que ele apreende esse universo porque compartilha os conceitos, isto é, a lógica, a linguagem, o sistema de valores, as emoções e os sentimentos do observado. O trabalho de pesquisar encerra, então, duas tarefas básicas: uma, objetiva, que é a compreensão mediante o processo explanatório de formação de tipos-ideais, de busca do significado nas relações etc., e outra subjetiva, mas objetivizante, que é a correção explanatória da imputação dos valores ao investigado. Como afirma Schütz (1975:270), o postulado da interpretação subjetiva deve ser entendido no mesmo sentido de que a explanação científica do mundo social *pode* e *deve* estar referida ao significado subjetivo das ações humanas de onde se originam.

A posição de Weber (1974:62) é a de que tanto a eleição do objeto como a seleção de suas características são guiadas pelas opções subjetivas abertas a quem investiga. Para que um objeto seja compreendido, ele tem de pertencer ao universo do investigador, caso contrário, sequer será notado. Essa é uma conjuntura natural quando o mundo que investigamos é o nosso mundo, quando somos nós, individual e socialmente, o objeto da pesquisa. É isto justamente a V*erstehen*: a compreensão no sentido de "entendimento interpretativo", que Weber toma de Dilthey (Kremer-Marietti, 1971) e aperfeiçoa, e que implica nos colocarmos, enquanto investigadores, no papel de atores (Burrel e Morgan, 1998).

## A teoria

A teoria weberiana sobre a formação dos conceitos reflete as discussões da época em que foi escrita (1904). As principais influências recebidas (e reconhecidas) são as de Rickert e de Simmel (1950). Weber toma emprestado deles a ideia da não racionalidade do real, do *hiatus irrationalis* entre o conceito e a realidade, e da escola filosófica do sudoeste alemão a ideia de que o conhecimento se restringe à formação de conceitos, isto é, que as condições de possibilidade de conhecimento de um objeto qualquer são dadas pela formação de um conceito deste objeto (Oake, 1988:7, 49).

Os trabalhos de Weber sobre metodologia datam desta época e circunstância, mas, no que têm de essencial, permanecem válidos e têm curso ainda hoje nas pesquisas que se realizam nos diversos ramos das ciências humanas e sociais. Na virada do século XX, a preocupação com a objetividade do conhecimento científico do social estava referida à relação entre o conceito e a experiência, vale dizer, entre o conhecimento e a realidade. Dado que a realidade é infinitamente complexa, o que se colocava como problema era encontrar as condições de possibilidade em que os valores subjetivos podem prover a base para a conceituação do fenômeno social enquanto objeto do conhecimento (Drysdale, 1996), ou seja, a questão de como é possível formar conceitos objetivos a partir de estruturas de significados subjetivos.

Existiam então duas correntes de entendimento sobre a formação do conceito: uma, tipificada como kantiana, procede a uma análise lógica das noções, outra, tipificada como hegeliana, procede a uma análise emanatista do conceito.

De acordo com o primeiro entendimento, a realidade consiste no objeto concreto da experiência imediata, a base da qual se inicia a formação do conceito, ainda que a realidade em si não possa ser conceituada. O conceito é uma abstração de parte do real, produzido mediante a análise de elementos que existem de modo difuso ou rudimentar. Enquanto abstração, o conceito se refere a uma pluralidade de fenômenos. Partindo do dado imediato, o conceito se desprende do objeto real para constituir um elemento estritamente lógico, ontologicamente vazio (não real). Por não poder ser conceituada, a realidade concreta é "irracional" (isto é, não racional).

A teoria emanatista rejeita as teses analíticas. Sustenta que a existência emana dos conceitos que incorporam seu conteúdo. O real tem origem no que pode ser pensado e o pensado contém logicamente o real, de sorte que o conceito é ontologicamente pleno de realidade. O processo dialético de pensar é um *Weltprozess*, um processo universal ou cósmico de eventos reais. Não há dualidade entre o real concreto e o conceito. É a ideia hegeliana de que o racional é real e o real é racional, de que o conceito tem mais realidade do que a existência (Oake, 1988:49-51).

Weber se coloca contra a posição hegeliana, que acredita, como toda a metafísica, superada, e adere parcialmente à posição analítica. Considera que a realidade não pode ser conceituada, mas devido à sua infinitude, e que o conceito é uma construção lógica, mas não divorciado inteiramente da realidade. Para ele, o conceito, o tipo-ideal, tem relação com o real na medida em que o constituímos como um signo que nos permite apreender o real, contornando o problema de sua infinita complexidade. Weber resolve a dificuldade de como é possível formar conceitos objetivos a partir de estruturas de significados subjetivos negando que os conceitos com que trabalhamos sejam "permanentes e universais". As razões para isso, apresentadas em diversos momentos da sua obra, são, pelo menos, cinco (Schütz, 1975:269):

1. o objeto social, o referente do conceito, muda constantemente;
2. mesmo quando permanece, o objeto ganha ou perde relevância;
3. nós, como investigadores, estamos imersos na realidade social cambiante e, inevitavelmente, mudamos com ela;
4. as possibilidades de conceituação são infinitas e;
5. a "fatia da realidade" sobre a qual investigamos é uma, tomada entre a infinidade de "fatias" possíveis.

A concepção de um mundo infinitamente complexo, experimentado de forma diversa por observadores que mudam constantemente de pontos de vista, põe Weber muito mais próximo da realidade social do que o kantianismo, do que o hegelianismo e, mesmo, do que a fenomenologia. Para ele, a crença de que um conceito pode capturar a "essência", no sentido metafísico, do objeto é ilusória: deixa de reconhecer que os conceitos, inclusive os conceitos classificatórios, capturam somente aspectos limitados do objeto ou do fenômeno. Por isto, a formação dos conceitos que propõe é uma racionalização do processo como esses aspectos são apreendidos e ordenados.

Weber se rebela, também, contra a ideia de que os conceitos utilizados na investigação social devam ser formados como o das ciências exatas. O que denomina de "preconceito naturalista" (Weber, 1974:83), a noção de que o conceito corresponde à realidade, só tem cabimento, sustenta ele, se essa realidade é inerte, se ela pode ser estudada exaustivamente, se ela não varia e não pode ser modificada pelo observador. Além disso, a identificação do empírico psicossocial sem envolvimento torna cego o pesquisador para uma série de dimensões, entre as quais se destacam (Schütz, 1975:270):

1. as diferentes conotações do que se passa em contextos espaço-temporais específicos. Por exemplo, uma linha direta de telefone fixo conota hoje, na era do celular, um *status* completamente diferente do que há 20 anos;
2. os significados dos termos e expressões também diferem. Ser "liberal" nos Estados Unidos é uma coisa completamente diferente do que ser "liberal" no Brasil;
3. as "ações negativas", isto é, o deixar de agir, como deixar de se informar sobre novas técnicas ou deixar de perceber um desvio de conduta, escapam à observação "fria";
4. as crenças e convicções, que não são detectáveis indiretamente, como o pesquisador não familiarizado com a prática das afro-religiões, que não pode alcançar o significado de um ebó ("despacho") destinado a um orixá.

Ademais, nota Weber, a realidade social e a forma com que a observamos estão em constante mutação. Daí que os conceitos nas ciências sociais tenham uma função específica: a de servirem de instrumentos a serviço da observação, da descrição, da interpretação e da explanação (Weber, 1974). Eles são formados para compreender um contexto também específico. São "idealizações" de objetos e de fenômenos e, como toda idealização, não podem, logicamente, corresponder à coisa em si (Whimster, 2007:112).

## Conceituação e julgamento

A conceituação em ciências sociais é, portanto, diferente da conceituação na filosofia e nas ciências exatas porque referida à cultura, referida a objetos que têm significado e têm sentido, mas que não têm materialidade: a objetos que se manifestam e que desaparecem, que em um momento significam e em outro se tornam irrelevantes para compreendermos o mundo social.

Como Hegel, Weber pensava que o conteúdo dos conceitos é histórico, varia de época para época, de situação para situação. Quando ele fala de /capitalismo/ ou de /burocracia/, ele está usando conceitos construídos em um período específico para significar um determinado tipo de capitalismo, um determinado tipo de relação de dominação. Podemos continuar utilizando os mesmos conceitos, como, acriticamente, muitos o fazem, mas devemos ter consciência que tanto os referentes como os conteúdos desses conceitos estão ancorados em uma época que não é a nossa, em um propósito investigativo inserto em um contexto que deixou de existir há um século.

Weber concebe a estrutura do conhecimento científico em dois momentos: o momento da conceituação e o momento do julgamento. Os conceitos são *meios* a serviço de julgamentos (de proposições declaratórias). Eles não são hipóteses ou teses, mas são a base das hipóteses e das teses (Weber, 1974). Um conceito designa, identifica ou se refere a um objeto em termos de qualidades específicas, traços ou atributos. Os conceitos são, portanto, elementos na construção de proposições.

A conceituação é um passo que precede o julgamento porque precede o lançamento de proposições como hipóteses e teses. É uma construção que tem por objetivo dar exatidão ao discurso investigativo. Algo que necessitamos como ferramenta de trabalho para podermos pensar sistematicamente, "cientificamente" a realidade. É um meio e não um fim, como no sistema kantiano. Nessa perspectiva, o conceito é um construto criado com vistas a um interesse cognitivo particular, ao estudo da realidade e dos fenômenos em sua singularidade (Drysdale, 1996; Freund, 1970).

## *A construção do tipo-ideal*

Com Weber, a "essência" cede lugar à significância e à diferença. As questões a que cabe responder na formação do conceito são: i) em que o conceito é relevante para a investigação? e, ii) em que o conceito é diferente de outro conceito similar?

Formamos conceitos em um processo consciente, deliberado, de imaginação teórica, não como processo arbitrário ou fantasista. A formação do conceito é um artifício controlado e restrito por uma série de fatores. O conceito é um instrumento construído *para* a interpretação da realidade em dois momentos: o da "idealização" e o da síntese. São os seguintes os passos para sua formação, sintetizados na figura 6.

FIGURA 6
**A formação dos conceitos na perspectiva weberiana**

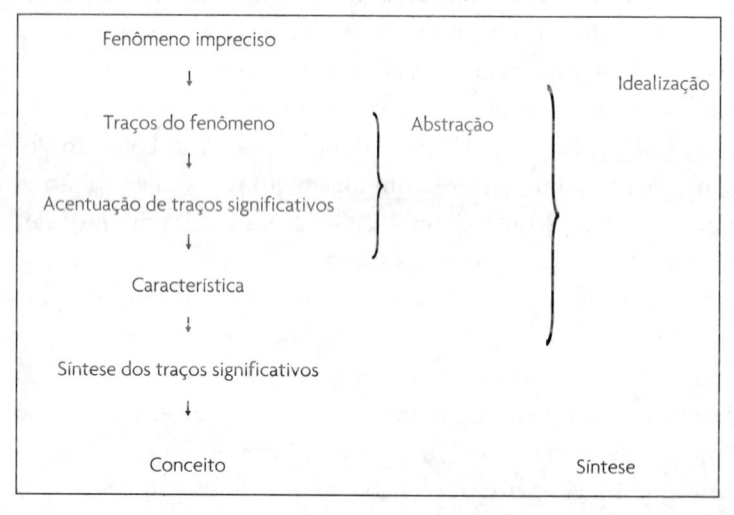

Fenômeno impreciso
↓
Traços do fenômeno — Abstração — Idealização
↓
Acentuação de traços significativos
↓
Característica
↓
Síntese dos traços significativos
↓
Conceito — Síntese

Partimos da realidade difusa, do fenômeno "encontrado" na realidade, isto é, não inventado; este ponto de partida pertence sempre ao repertório subjetivo do investigador. Mas não se trata de um subjetivismo. Embora a participação da subjetividade seja inevitável, o que podemos e devemos fazer é ajustá-la *ex post* à objetividade pretendida. Já aqui temos uma variante específica do tratamento dado por Weber à orientação investigativa: não se trata de uma escolha de um problema, mas da constituição de objetos passíveis de conhecimento científico-cultural (Habermas, 1971:61).

Recolhemos os traços ou elementos do fenômeno, os padrões dos cursos de ação observados. Esse é o primeiro passo da abstração: a seleção dos traços particulares de um determinado fenômeno concreto (existente na realidade). Nessa operação utilizamos o que nos parece relevante, o que possui "significância cultural" (Weber, 1974:53), como fundamento para selecionar os aspectos da realidade na constituição dos conceitos utilizados em investigação. Weber caracteriza /cultura/ como um conceito-valor. O que nada tem em comum com a apreciação ética, mas com a questão de afirmar o que é importante e com relação a quê (Freund, 1970:44). É uma concepção cuja validade deriva da inclusão de elementos da realidade que têm significância para nós (Weber, 1974:65). No movimento de conceituar, tentamos "neutralizar" os valores de forma a não comprometerem o rigor investigativo, a neutralidade axiológica. Isso se faz mediante três caminhos complementares ou alternativos: i) expressando claramente os valores assumidos; ii) tomando o valor como hipótese a ser testada durante a investigação; iii) testando o valor, isto é, retendo ou modificando o conceito durante a investigação.

Intensificamos os traços significativos, isto é, os traços com relevância cultural, que é dada pelo foco da investigação (sociológico, econômico, administrativo etc.), e pela situação do objeto (o contexto geográfico, o momento, a situação política etc.) referida ao que estamos investigando. Acentuamos, amplificamos unilateralmente, o que tem "valor cultural" para nós (subjetivamente) e para o campo que investigamos (objetivamente). Selecionamos as "características", a denominação que Weber utiliza para os traços deliberadamente acentuados, para o que é típico no tipo-ideal. Não se trata aqui de tomar em consideração uma série de traços comuns (o tipo médio), mas de pôr em evidência os elementos distintivos, característicos ou "típicos" de um conteúdo determinado (Freund, 1970:51). As características — noções, propósitos, metas, formas de agir — constituem o significado do conceito. Ao selecionarmos as características, interpretamos os traços relevantes do fenômeno de interesse.

Em seguida sintetizamos as características, o que leva a constituir um termo referido a algo "objetivamente possível" embora não necessariamente "existente". Trata-se de um construto não arbitrário, isto é, sujeito aos postulados da adequação e da consistência lógica (Schütz, 1975:271). Isso quer dizer que cada termo do modelo da ação humana tem de ser construído de tal forma que a ação real levada a cabo por um ator individual indicada pelo modelo seja inteligível para o ator (que ele possa tomar consciência da ação, mesmo que, eventualmente, seja uma ação inconsciente) e para o grupo a que pertence. O resultado é uma "representação parcial" do objeto em que os traços significativos foram "mentalmente acentuados" e sintetizados. A síntese compreende a articulação dos traços como uma configuração coerente em relação ao objeto.

Obtemos, ao cabo, um construto conceitual descrito em um conceito, que deve ser criticado segundo sua adequação, sua consistência lógica (ser não contraditório) e sua utilidade para apreender o significado do fenômeno em estudo. O ideal-tipo não é um exemplar nem um modelo. É uma estrutura lógica, construída a partir do real, mas independente das flutuações do real.

### Significação

Muito próxima, em vários pressupostos e em várias proposições, da fenomenologia, tanto que Albert Shütz (1998) produziu, com êxito, uma ponte entre as duas formas de fazer ciência, a formação dos conceitos proposta por Max Weber se concentra na tentativa perseverante de compreender, de "entender interpretando", que, como vimos, é o significado aproximado do termo alemão *Verstehen*.

Seguindo Weber, podemos construir diferentes conceitos de um mesmo referente, de forma a compreendê-lo melhor em sua circunstância e em sua trajetória histórica. O propósito da conceituação não é o de fixar uma realidade em sua completude, mas o de auxiliar o entendimento. O conceito é um fator de inteligibilidade do processo investigativo e de seu resultado. Formado o conceito, a questão é verificar se ele tem "significância científica", isto é, se ele pode ser claramente expresso e relacionado a outros conceitos do campo em que estamos trabalhando. É a partir desse ponto que, munidos do conceito, vamos aplicar o método analítico de Weber. Afastamos toda a apreciação valorizante, que foi utilizada para formar o ideal-tipo, e aplicamos os processos usuais da investigação: observação precisa, crítica dos textos, determinação das relações de causalidade, comparações e assim por diante (Freund, 1970:44), até a compreensão, sempre temporária e condicional, da realidade social enfocada.

Com esse resumo da abordagem weberiana, agregamos alguns novos elementos que podemos considerar comuns à formação dos conceitos na pesquisa contemporânea:

1. a aceitação da infinitude e da mutabilidade do social;
2. a significância cultural, isto é, o entendimento de que o conceito não pode ser desvinculado de uma situação e de um momento da evolução de uma dada cultura;
3. a compreensibilidade como fator determinante na criação, adaptação e uso dos conceitos;
4. a idealização, isto é, a acentuação deliberada das características dos conceitos para torná-los claros;

5. o propósito de construir conceitos válidos epistemologicamente, conceitos que sirvam para explicar o que queremos fazer entendido;
6. a ideia de que os conceitos que formamos conotam disposições e traços culturais que devem ser explicitados.

## A história dos conceitos

A história dos conceitos, ou história conceitual (*Begriffsgeschichte*), desenvolvida na segunda metade do século XX na Alemanha, tem como propósito averiguar como os objetos foram conceituados no passado e qual a tradução desses conceitos na terminologia atual. É um modo particular de história reflexiva, fundada na filologia, na história da filosofia e, principalmente, na hermenêutica fenomenológica de Gadamer. Tem como objetos principais a descontinuidade histórica e as rupturas nas conotações e como temas de análise a irradiação intercontextual dos conceitos.

O ponto da história dos conceitos que interessa à crítica conceitual não historiográfica reside no entendimento de que os conceitos básicos (*Grundbegriffe*) nas ciências humanas e sociais devem ser tratados como mais do que significados de termos não ambíguos. Seu conteúdo extralinguístico pode ser esclarecido alternando-se as linhas investigativas que se bifurcam nas analíticas sincrônica e diacrônica e sobrepondo o estudo dos significados do termo ou conceito (verificações semasiológicas) e o estudo de todos os nomes ou termos para a mesma coisa ou conceito (verificações onomasiológicas) (Koselleck, 2006:103).

A história conceitual está voltada, naturalmente, para o passado. O interesse da investigação não histórica na utilização de suas ideias é o de compreender as articulações entre conceitos contemporâneos em sua evolução recente e as relações que mantêm entre si. Por este motivo, dos itens que compõem seu corpo metodológico, focamos neste capítulo tão somente a ideia da justaposição de conceitos em espaços e tempos distintos, a determinação das re-significações, dos neologismos, das cossignificações de termos, e a da identificação dos conceitos com os atores (de quem se fala, o que se fala, para quem se fala), procurando seguir a pista de conceitos paralelos (onomasiologicamente) e de conceitos opostos (semasiologicamente).

## História dos conceitos e outras histórias: especificidades

A história dos conceitos distingue as questões de análise lógica das questões de avaliação e apreciação. O exame do conceito e do modo como é empregado não se ocupa em saber se o conceito é o melhor, o mais fecundo ou o mais preciso que se pode utilizar, mas em estabelecer quando e como foi efetivamente utilizado e por quem.

A história dos conceitos guarda paralelos com a história das mentalidades, tal como praticada na França, e com a história das ideias, originária da Universidade de Cambridge. As três linhas de pensamento descendem da filosofia, à qual se subordinam pelo menos até meados do século XX. Mas há uma distinção: a história dos conceitos persiste na tradição filosófica da fenomenologia (Villacañas e Oncina, 1997), enquanto a das mentalidades e a das ideias se voltaram para a historiografia.

A *Begriffsgeschichte* foi constituída na mesma época em que surgia na França a *histoire des mentalités*, que pode ser interpretada como uma história das atitudes ou uma história das visões de mundo, orientada pelo balizamento das manifestações de ordem mental (crenças, maneira de pensar, disposições psíquicas e morais), para caracterizar uma coletividade que pode estar inserta ou transcender uma cultura. Uma forma fundamentada de pensar ou um período histórico determinado, seja politicamente, seja economicamente, seja socialmente. Essa abordagem tem sua origem na École des Annales, cujos representantes mais proeminentes foram Marc Bloch (1886-1944), Lucien Febvre (1878-1956), Fernand Braudel (1902-85) e segue hoje com os mesmos propósitos e orientações expressos nos *Annales d'Histoire Economique et Sociale*, criado em 1929. Sua diretriz principal é analisar todos os níveis sociais enfatizando a natureza coletiva dos registros históricos. Considera os eventos como menos importantes do que os traços de ordem mental e tem nos conceitos utilizados um dos eixos principais de demarcação das mentalidades. Difere da história dos conceitos na medida em que se interessa pelo aspecto psíquico coletivo que está por trás da formação e da utilização dos conceitos e não pelos conceitos propriamente ditos.

A história dos conceitos difere também do método do grupo de historiadores das ideias de Cambridge, cujas principais figuras são Quentin Skinner (1969) e John G.A. Pocock, e que tem como preocupação central evitar projetar entendimentos do presente sobre o que os monumentos e textos do passado pretenderam comunicar. Os historiadores das ideias entendem que conceitos como /contrato social/, /liberdade/ etc. têm significados distintos para Aristóteles, que se referia à *polis*, para Rousseau, que se referia à França pré-revolucionária e para nós na atualidade. Na busca do significado das ideias, procuram a intenção dos atos de fala históricos. Isto implica investigar o contexto e a mentalidade da época em que foram concebidos, em estudar a "ideia em contexto" (Skinner, 1969). Nesta perspectiva, em cada período histórico e em cada sociedade existiria um vocabulário político-social formado pelas ideias e suas articulações em doutrinas, em formas de pensar. Essas ideias variariam conforme os interesses, facções, comunidades, estamentos dentro das sociedades. Subsistiriam várias linguagens, empregando conceitos diferentes, emprestando significados diferentes aos conceitos que empregam. A análise das ideias corresponde, então, ao estudo do vocabulário, da gramática, da retórica de seu uso, pressupostos e implicações em um determinado contexto histórico-geográfico. Busca o entendimento dos textos em duas chaves: o que eles pretenderam significar e como esta intenção foi levada a efeito. Toma o texto como ato deliberado de comunicação a partir do contexto em que foi elaborado. Entende que esses discursos ou linguagens não são exclusivos, isto é, que vários discursos, nem sempre congruentes entre si, coexistem em um mesmo espaço, resultando daí a posição dos historiadores das ideias sobre a dificuldade, virtualmente a impossibilidade, de se isolar um conceito e, principalmente, sobre a validade da utilização de conceitos supostamente não ambivalentes na análise histórica.

A diferença entre a história dos conceitos e a história das ideias é tênue. "Conceito" e "ideia" são muitas vezes tidos como sinônimos. O que os distingue é que os conceitos são determinados no âmbito de uma proposição, de uma teoria, e não podem ser satisfatoriamente definidos fora dela. Temos ideias, as ideias nos ocorrem, mas adquirimos e formulamos conceitos (Richter, 1995:21). Embora Skinner tenha modificado sua declaração de que, em princípio, é impossível escrever uma história dos conceitos (Jasmin e Feres Júnior, 2006), persiste a diferença entre os dois grupos na medida em que, enquanto os historiadores das ideias analisam os textos e os contextos — as estruturas da linguagem — e daí chegam aos conceitos (às ideias) nos discursos situados, os historiadores dos conceitos consideram os conceitos, reconstituem linguagens e daí chegam a proposições sobre a situação histórica.

Os historiadores das ideias se aproximam dos historiadores conceituais ao atribuírem um peso significativo ao registro dos acontecimentos a partir da entrada em cena de novos conceitos ou de neologismos. É a perspectiva de Wittgenstein: os conceitos são instrumentos (Villacañas e Oncina, 1997). Para entender um conceito é necessário conhecer o conjunto completo de seu entorno de significação, não sendo possível, portanto, uma história dos conceitos, somente podendo haver histórias de seus usos em argumentos. Já a perspectiva dos historiadores conceituais é a da fenomenologia: os conceitos, como deu a entender Heidegger, são armas: eles denunciam e alteram o seu entorno (Richter, 1995:133).

## Os conceitos e história

A história dos conceitos teve como predecessoras imediatas a *Gesitesgeschichte*, a história do espírito, preconizada pela escola de Wilhelm Dilthey (1947), e a *Ideengeschichte*, a história das ideias políticas, inspirada em Friederich Meinecke (1862-1954). Distingue-se das demais formas de se lidar com o passado ao abraçar uma abordagem filosófica (os conceitos são intelectuais, estáveis e definidos), e não histórica dos conceitos (os conceitos são o resultado de opiniões, concepções individuais ou coletivas cambiantes). Toma o conceito como ato de fala em contexto, um conteúdo que ocorre apenas uma vez, que não tem uma vida diacrônica de si próprio, não subsistindo ao contexto de referência. Nisto, de não historiar os conceitos, mas em reconstruir a história a partir dos conceitos, difere das demais correntes de pensamento na medida em que estas entendem as ideias-conceitos como um conjunto de grandezas constantes, capazes de se articular em diferentes formas históricas sem qualquer alteração essencial (Koselleck, 2006:104).

Para a *Begriffsgeschichte*, portanto, os conceitos não têm história: têm um referente único e específico. Desaparecem — ainda que o termo que o designa possa subsistir — quando a realidade à qual se referem deixa de existir. A *Politeia* de Aristóteles não pode ser separada da prática da cidadania nas *poleis* gregas. A *res-publica* em Cícero depende da ordem política de Roma no século primeiro. Daí a recusa do conceito (e da linguagem em geral) como epifenômeno determinado pela realidade cultural, e a visão dos conceitos como integrantes dessa realidade, determinando e sendo determinados pelas estruturas às quais pertencem. Daí a possibilidade da pesquisa histórica dos conceitos isolados e de sua articulação *no* e *com* o contexto. Esta forma de entendimento permitiu à história conceitual o desenvolvimento de métodos e técnicas fundadas na tradição filosófica, tomando os conceitos como complexo de atributos substanciais cuja análise leva à compreensão do referente sociopolítico. A obra norteadora da história dos conceitos, *Geschichtliche Grundbegriffe* (Koselleck, 1992), reúne extensas citações de fontes originais com informações sobre o uso passado de conceitos políticos e sociais indicando os modos como a linguagem caracterizou os processos políticos e sociais de mudança. O procedimento básico consiste em definir o que foram os conceitos, como foram utilizados, criados, recriados, se permaneceram constantes ou se foram alterados. Os temas principais são a descontinuidade histórica e as rupturas nas conotações. Deste modo, define os processos em marcha em seus próprios termos e não nos termos de uma teoria explanatória geral que pretenda informar antecipadamente o resultado da dominação ou da hegemonia. Retém o foco analítico na extensão temporal, a projeção do conceito que se volta para o passado (como em "nação"), ou para o futuro (como em "progresso"), que pode se referir a um intervalo curto — o passado ou o futuro próximo — ou distante (Motzkin, 2006).

Ao contrário da mediação weberiana, que recorre à idealização, a história conceitual dilui as categorias em seu uso. Demonstra a impossibilidade da objetividade categorial nas ciências humanas e sociais, assumindo a postura nietzscheniana, que confere a quem emprega as categorias a inteligibilidade do seu conteúdo (Nietzsche, 1990:§ 13). A história se condensa em conceitos que derivam da elaboração das experiências humanas, daquilo que a vida pessoal e social necessitou para expressar a realidade dos relacionamentos. Só se pode experimentar em seu próprio tempo. As experiências são específicas de cada geração, não são transmissíveis imediatamente (Koselleck, 1997). Os conceitos possuem, claro, um referente histórico, mas de um história cambiante, que compreende quatro possibilidades: i) o conceito e o referente permanecem no período (como em "capital de giro"); ii) o conceito e o referente mudam ao mesmo tempo (como em "propaganda"); iii) o conceito muda e o referente permanece o mesmo (como em "mão de obra" e "recursos humanos"); e iv) o conceito permanece e o referente muda (como em "capitalismo" na visão marxista).

Os historiadores dos conceitos mostraram que nas épocas marcadas por mudanças aceleradas as alterações no significado dos conceitos foram igualmente aceleradas, registrando, mas também direcionando, mudanças nas estruturas políticas, sociais e econômicas. Evidenciaram que a forma como diferentes grupos e governos conceituaram condicionou as transformações e afetou significativamente as atitudes e as diretrizes que adotaram (Richter, 1995:17-18).

## As técnicas interpretativas da história dos conceitos

O conceito é um indicador (um indício, um vestígio) das transformações sociais, políticas, econômicas, institucionais. Ao mesmo tempo, é agente de transformação das experiências e das expectativas. É índice e fator: descreve a teoria e a prática, o conflito e a aliança, o normal e o inusitado, o protagonista e o antagonista em um espaço social e modifica o resultado destas antíteses (Villacañas e Oncina, 1997). O conceito tem várias camadas temporais e seus significados têm duração diversa. Para identificar suas condições e suas implicações, trabalha-se a partir dos conceitos isolados, não da análise dos discursos. As análises do discurso, ou análises de textos/contextos, são muito úteis, mas são diferentes da análise conceitual na medida em que esta: i) pode ser expandida para uma análise metalinguística, inquirindo, por exemplo, sobre quais os conteúdos de termos como "povo", nas expressões "um povo" e "o povo"; ou quais os conteúdos de /prazer/ em "muito prazer" e "prazer em matar" em um mesmo texto/contexto; ii) pode analisar conceitos em contextos não comparáveis, por exemplo, perguntando quais os atributos comuns a /organização/ nos textos sobre organizações produtivas, organizações etológicas e organização do pensamento, produzidos em um determinado momento da reflexão científica.

Palavras e conceito

Tanto a palavra como o conceito são polissêmicos, mas os conceitos têm uma índole equívoca, presa ao momento e ao espaço social que lhes deu ou lhes dá um significado. Não há um único lugar histórico nem um único significado para o conceito. Ferdinand Saussure (1857-1913), o fundador da linguística contemporânea e a fonte principal do estruturalismo antropológico, distinguiu a linguagem (*langue*) do discurso (*parole*). Para alcançar compreender a linguagem (a *langue*), partimos do discurso, da superfície, daquilo que é dito (a *parole*). A *langue* se refere a um código particular ou a um sistema de conhecimento antecipado. A *parole,* ao ato do discurso ou performance, em que a *langue* está presente com outros sistemas (classe social, educação, posição hierárquica etc.) (Thiry-Cherques, 2008). A linguagem não pode ser modificada pelo indivíduo: é um sistema social, um meio de comunicação interpessoal. O discurso, em contraste, é o uso da linguagem por uma pessoa singular em uma situação específica. Isto leva a que, enquanto um indivíduo pode decidir sobre seu discurso, ele herda uma linguagem que não está sujeita a nenhuma prática, intenção ou crença individual. Interessa à história do conceito abordá-lo como expressão social, comunicacional dos conteúdos, ou seja, interessa o conceito *na* linguagem. Esta abordagem é feita de duas formas: estudando-se os significados de uma palavra, de um termo, de um conceito, procedendo-se, portanto, a uma análise semasiológica, e estudando-se todos os termos para um mesmo conceito, ou seja, procedendo-se a uma análise onomasiológica.

Também tomada de Saussure é a distinção entre análise diacrônica — que trata o desenvolvimento histórico do conceito e registra as mudanças ocorridas em diferentes pontos no tempo — e a análise sincrônica — que focaliza o conceito em um determinado ponto do tempo. O que a história dos conceitos faz é descrever separadamente as situações sincrônicas — o que o conceito significava em determinada época — e diacrônicas — como o conceito significou coisas diferentes em épocas e circunstâncias diferentes. Alternando as análises diacrônica e sincrônica, e as análises onomasiológica e semasiológica, é possível responder satisfatoriamente a questões como: qual a intenção de quem redigiu ou pronunciou um discurso dirigido para uma audiência específica? Que vocabulário conceitual foi utilizado? Qual a força ilocutória do dito e do escrito?

Trata-se sempre de buscar os conceitos por trás dos signos, dos termos, das palavras. Um conceito pode ser designado por um ou por muitos termos, às vezes um período inteiro é necessário para explicar um único conceito. Também, os conceitos, ao contrário das palavras, não admitem algo como um sinônimo. Não faz sentido dizer que dois conceitos são iguais, que dois conteúdos com significado são idênticos, enquanto termos, como "tirania" e "despotismo", significam ou significaram o mesmo conceito em diferentes épocas. Por outro lado, pode-se ter um conceito sem que haja uma palavra para expressá-lo. O substantivo da língua portuguesa "saudade" não tem equivalente em outra língua, nem mesmo em uma língua tão próxima como o espanhol, mas isto não significa que o conceito do sentimento melancólico de incompletude ligado pela memória a situações de privação da presença de alguém ou de algo não exista para as pessoas e os povos que não falam a língua portuguesa (Richter, 1995:9).

## Analítica sincrônica

Embora o conceito seja associado à palavra, nem toda palavra expressa um conceito relevante para análise. Uma palavra pode denotar muitas coisas, enquanto um conceito reúne uma gama de significados em uma totalidade singular que tem sua significação dada, no caso das disciplinas históricas, pelo que se pretende investigar ou desvelar. Por outro lado, linguagens diversas podem entender os mesmos termos de maneira inteiramente diferente. O que algumas linhas epistemológicas, como a da psicologia, denominam de sujeito (o sujeito da pesquisa), outras denominam de "objeto" (o objeto da pesquisa). O termo *apologize*, desculpar-se em inglês, soa absurdo para o falante das línguas latinas, onde apologia significa louvor. Isto ocorre porque o significado e o significante de uma palavra podem ser pensados separadamente. Mas no conceito eles coincidem: não importa como denominemos o que está sendo pesquisado, não importa como denominemos o ato de desculpar-se ou o ato de louvar: o conceito por trás das denominações é uno.

Os conceitos são uma síntese de uma multiplicidade de significados. Todo conceito é, concomitantemente, fato e indicador. Todo signo, toda palavra é imediatamente indicativa de um conteúdo que se situa para além da língua (Koselleck, 1992:136). É verdade que só é possível pensar um conceito quanto ele é definido em termos linguísticos, mas o conceito não é redutível à sua expressão. Isso porque, como vimos, o mesmo conceito pode receber sincrônica ou diacronicamente várias denominações, e porque uma mesma denominação pode ser dada, também sincrônica ou diacronicamente, a conceitos diferentes.

Além da cisão entre o termo e o conceito, existe um hiato entre o conceito e os fatos. A linguagem é um *medium*, um intermediário entre o conceito e a realidade, mas não os une em um conteúdo imediato. Para compreender o conceito é necessária uma exegese baseada na crítica dos termos e de suas fontes, que decifre os elementos presentes no âmbito investigado. Para identificar o conceito em sua significação é preciso que se alcance refletir a co-incidência entre a realidade e o conceito. Os historiadores procedem a essa identificação alternando a análise semasiológica, dirigida ao significado das palavras e às suas modificações, com a análise onomasiológica, que registra as diversas designações para os mesmos fatos e para conteúdos conceituais idênticos.

Em linhas gerais, das análises sincrônicas levadas a efeito pelos historiadores dos conceitos dois procedimentos interessam particularmente aos estudiosos de outras disciplinas: a crítica das fontes e a identificação de conceitos antitéticos assimétricos.

## Crítica das fontes

"A história dos conceitos é, em primeiro lugar, um método especializado da crítica de fontes que atenta para o emprego de termos relevantes do ponto de vista social e político e que analisa com particular empenho expressões fundamentais de conteúdo social ou político." Esta proposição de Koselleck (2006:103) conduz imediatamente às questões envolvidas na crítica das fontes, como a de conciliar os registros oficiais, pasteurizados, com as fontes mundanas, ou a da multiplicidade de fontes que abarca jornais, revistas, panfletos, fôlders, relatórios, toda sorte de documentos administrativos, registros, manuais, ordens de serviço, correspondências, documentos pessoais, diários, correspondências, além de fontes secundárias, como dicionários, inclusive os bilíngues e multilíngues, as enciclopédias, glossários etc. Para compreender uma constelação de conceitos, os historiadores separam as fontes em três grupos: i) as fontes próprias do cotidiano, os atos de fala, a correspondência, os textos jornalísticos, os manifestos, os requerimentos e tudo que tem como objetivo uma leitura única; ii) as fontes secundárias, como os dicionários, os glossários e as enciclopédias, com suas acepções, traduções, definições e tudo que tem como objetivo uma leitura recorrente (as sucessivas edições de dicionários, enciclopédias, glossários podem indicar modificações nos conceitos); e iii) as fontes permanentes, inalteráveis, como o texto bíblico, a obra de Kant etc., tudo que pode ser considerado fonte permanente, isto é, que atravessa os períodos históricos.

A classificação das fontes faculta uma crítica baseada na interpretação i) do entendimento do uso imediato, não mediado por reflexão, dos conceitos que figuram nos textos dedicados à leitura única, ii) do entendimento dos conceitos objetivamente definidos, que figuram nos textos destinados à leitura recorrente, e iii) dos diferentes entendimentos que em épocas e circunstâncias diversas foram atribuídos aos conceitos das fontes permanentes.

As fontes primárias são reveladoras do *eidos*, do modo de pensar específico, da apreensão intelectual da realidade que é princípio de uma construção do real fundada em uma crença pré-reflexiva no valor indiscutível dos instrumentos de construção e dos objetos construídos (Bourdieu; 2001:185). O que hoje os jornais denominam de "vida republicana" não tem a ver, nem como significado nem como intenção, com o termo utilizado por Cícero. Não tem a ver, também, com o conteúdo do termo como utilizado há 10 anos. As fontes secundárias são reveladoras dos conteúdos certificados, indicativos das mudanças conceituais (o conteúdo do termo

"TI" não é exatamente o mesmo do termo "informática"), do desaparecimento de termos do vocabulário corrente (quem hoje fala em "nação"?) e da introdução de neologismos ("oi", no sentido de "olá", por exemplo). As fontes permanentes são reveladoras do que foi conveniente para grupos e instituições distorcer, alterar, desfigurar, como ocorreu com os conceitos dos textos canônicos de Marx e Engels que tiveram que ser reinterpretados, embora permanecessem intocados, quando sobrevieram fenômenos não previstos. Foi o caso do conceito de "fascismo", que teve de ser definido como um "estágio avançado do capitalismo" para que a estrutura conceitual do marxismo pudesse manter alguma coerência (Koselleck, 1992:145).

A crítica das fontes permite identificar fenômenos, como o do "branqueamento semântico" (*semantic bleaching*), a ocorrência de um conceito que foi tão alterado ao longo do tempo, que é empregado de maneira tão diferente pelos contemporâneos, que o seu conteúdo significativo foi esvaziado, como aconteceu, por exemplo, com o conceito de "crise", originalmente *krisís*, ação de decidir, de *krínō*, separar (Richter, 1995:56). A mesma crítica empresta força analítica à detecção de fenômenos como a propensão a aplicar conceitos próprios de uma cultural atual a outras culturas ou a culturas passadas, a ideologizar os conceitos, considerando-os acriticamente, como os conceitos /corporativo/ e /comunitário/ que, dependendo das circunstâncias, lugar e época, são valorizados positiva ou negativamente. A crítica das fontes permite, por fim, detectar e interpretar os efeitos da transferência de conceitos entre áreas de conhecimento ou entre estruturas culturais, como ocorreu com os conceitos de "capital humano", ou "democratização organizacional" ou, ainda, com o neologismo "alavancagem", transferido da esfera da física para a da administração financeira.

## Conceitos antitéticos assimétricos

Os conceitos básicos (*Grundbegriffe*) nas ciências humanas e sociais não são como os termos das ciências exatas ou como os termos técnicos: devem ser tratados como mais do que significados de termos não ambíguos. A análise permite encontrar paralelos conceituais ou sinônimos para os termos, descobrindo em cada caso quais conceitos são vistos como contrários e coletando termos que se justapõem semanticamente ao conceito em estudo, e seguir a pista de conceitos paralelos e de conceitos opostos.

Koselleck (2006:191-193), ao verificar paralelismos e oposições entre conceitos, identificou o que denominou de conceitos antitéticos assimétricos — pares de conceitos que se opõem, tendo num termo "nós", e, no outro, todos os outros. É o caso dos *helenos* ("nós", os gregos) e *bárbaros* (o resto da humanidade), de *cristãos* e *pagãos*, que não só são antitéticos (nós e os outros), como também assimétricos, isto é, têm um caráter positivo em um dos termos e negativo no outro. Uma coisa é, por exemplo, o par: "*empregados × empregadores*", outra, assimétrica, a expressão "*empregados × exploradores*", ou a dicotomia "*empregadores × material humano*".

O que se verifica historicamente pode ser aplicado para os paralelos e oposições conceituais da atualidade. Os grupos identitários têm, necessariamente, um conceito pelo qual são reconhecidos pelos outros (*os papistas, a esquerda*) e outro pelo qual se autodeterminam (*a Igreja, o Partido*). Alguns pares classificatórios são universais: sua soma compreende a totalidade dos seres, como em *homens × mulheres, jovens × adultos, doentes × sadios*. Outros são limitados, como em *pais × filhos* (todos somos filhos, mas nem todos somos pais), *chefes × subordinados* (há os que não são nem subordinados, nem chefes, como os profissionais autônomos). Do conceito utilizado para a autoidentificação decorre a denominação utilizada para os outros, que sempre equivale a uma privação (eles não têm os nossos predicados) e, o mais das vezes, a uma espoliação (eles são desumanos, isto é, não pertencem à mesma espécie — humana — que nós).

O valor analítico dos paralelismos e das oposições entre conceitos contemporâneos está na possibilidade que abre de verificar o *éthos*, os valores em estado prático, não consciente, que regem a moral de grupos identitários e de grupos de interesse. Está, também, na possibilidade de verificar a filiação ética de pessoas e instituições, a forma teórica, argumentada, explicitada e codificada das disposições e dos princípios práticos que regem estes grupos.

## *Conceitos no tempo: análise diacrônica*

Todo conceito só pode ser pensado e exprimido uma única vez, isto é, cada conceito se refere a uma situação concreta que é única. Como, então, proceder a uma análise diacrônica dos conceitos? Um exemplo, oferecido por Koselleck (1992), ajuda a compreender como isto é possível. Até o século XVII, o termo "economia" aplicava-se ao conhecimento do governo da casa da qual se era senhor. Ao longo do século XVIII, o conceito designado pelo termo expandiu-se até ser aplicado, pelos mercantilistas, ao conjunto do território e, com Adam Smith, transcender ao Estado, referindo-se às necessidades e interesses da totalidade dos homens. Pois bem, a análise diacrônica do conceito é possível e válida na medida em que, de um lado, a economia doméstica como conteúdo, como conceito, embora com outra designação, atravessa os tempos, continua a existir e é passível de análise. De outro, porque o conceito /economia/ que temos hoje, embora não tenha sido problematizado e teorizado antes do século XVIII, cobre um fenômeno de épocas anteriores à sua designação, sendo legítimo e útil proceder, por exemplo, a estudos sobre a economia grega da Idade Clássica.

As estruturas temporais, ao contrário dos fenômenos, têm em comum o fato de que suas constantes — elementos e relações

— ultrapassam o campo de experiência registrável dos indivíduos. Os eventos são provocados ou sofridos por determinados sujeitos, mas as estruturas permanecem supraindividuais e intersubjetivas. Elas não podem ser reduzidas a uma única pessoa e raramente a grupos precisamente determinados (Koselleck, 2006:136). Embora existam estruturas temporais do cotidiano, das vidas social, econômica e política que persistem no tempo, a permanência do termo que as designa não é garantia, nem mesmo indício suficiente, da permanência do conteúdo conceitual. O conteúdo conceitual do termo "burguês" em 1700 era o de habitante da cidade, em 1880, o de cidadão não nobre de um Estado, em 1900, o de cidadão não proletário de um país, e, em 2000, o de um personagem conservador na vida social.

Os eventos só se "repetem" quando o termo se refere ao retorno de determinadas constelações de fatos ou quando há uma relação tipológica entre eventos. Por exemplo, o uso e a expressão do termo "revolução" são variáveis do ponto de vista linguístico e seu conteúdo semântico não é unívoco. Até o iluminismo, "revolução" se referia a um retorno, significava o que conduzia de volta ao ponto de partida do movimento. Era a ideia grega de que toda forma de convivência política é limitada pela "*metabolé tôn politeiôn*" — reviravolta da política —, que consta da *Política* de Aristóteles. Via-se, também, como Hobbes viu no período da Grande Revolução Inglesa de 1640-60, *revolution* como um movimento circular (*a circular motion*), ainda que não perenemente cíclico. O termo correspondia à etimologia latina de *re-volutio*, na forma cíclica em que toda monarquia se transforma em tirania, que é dissolvida em aristocracia, que se transforma em oligarquia, que se dissolve na democracia, que se transforma em oclocracia, que se dissolve em uma monarquia... Só a partir do século XVIII, com a Revolução Francesa de 1789-99, passou-se a emprestar o termo "revolução" à guerra civil (*bellum Intestinum; Bürgerkrieg, civil war*) ou, mais propriamente, à comoção social em que uma classe antes subjugada empolgasse o poder (Koselleck, 2006:63-67).

A permanência dos termos que designam conteúdos conceituais distintos e a permanência dos conteúdos com designações diferentes ao longo do tempo levantam um falso dilema entre continuidade e ruptura. Existem diferentes formas de continuidade e diferentes formas de ruptura. A Alemanha Oriental se integrou imediatamente no plano político à Alemanha Ocidental, mas no plano mental ainda não. Os conceitos têm uma duração, às vezes longa, e os eventos inteiramente singulares são raros, as rupturas totais mais ainda, de forma que há uma vida sincrônica do conceito, que o retém atravessando vários contextos, e uma vida diacrônica, em que o conceito é alterado, aliás, sem que necessariamente o contexto tenha se alterado. Em suma, temos três possibilidades lógicas (Koselleck, 2006): i) conceitos que permanecem longo tempo, como os conceitos constitucionais aristotélicos, e como os conceitos de "emprego", "salário", "cargo", "função" da atualidade; ii) conceitos cujos conteúdos mudaram radicalmente, que a despeito do uso de um mesmo termo, não têm significados comparáveis, como o conceito de "história" e como o de "sistema de informações", "seleção de pessoas"; iii) conceitos criados, os neologismos, que registram ou provocam novidades nas circunstâncias, como o de "comunismo" , e como "capital humano" e como "funcionalidades", que designa as aplicações funcionais de equipamentos digitais.

## Temporalidade

Todos os conceitos têm dois pilares: apontam para algo exterior a eles, para o contexto onde são usados, e apontam para a expressão desta realidade. Alguns conceitos estão ancorados no passado, na experiência passada, nas origens ideais ou idealizadas. Outros têm conteúdos que reivindicam que a história futura deve diferir do presente, como os conceitos de "progresso", de "desenvolvimento", de "emancipação", de "democratização", de "socialização". Cada conceito indica estabilidade ou mudança. É precisamente a estrutura temporal interna de alguns conceitos o que produz diferenças temporais na consciência de alguns falantes. Os conceitos modernos incorporam muitas pressuposições sobre o tempo futuro, antecipações, desejos, esperanças, mas, também, idealizações, ambições, ilusões. Esses conceitos não podem ser testados em relação a experiências pregressas porque, mais do que com-ceitos, com-cepções coevas à experiência registrada, são preconcepções, que contêm uma antecipação do futuro novo ou renovado.

Esta constatação leva a algumas possibilidades analíticas interessantes. A primeira delas decorre de que a mudança conceitual é mais lenta do que a mudança dos eventos. Muitas vezes os referentes dos conteúdos de significado deixaram de existir ou se alteraram substancialmente enquanto os conceitos seguem sendo aplicados. O conteúdo do que nestes últimos se denominou "tecnologia da informação" transcende em muito o conceito de "tecnologia" e engloba conceitos como o de "comunicação", que, aliás, vem adquirindo mais peso no conteúdo conceitual da TI do que o de informação.

A segunda possibilidade analítica deriva da constatação de que os conceitos, ao embutirem ideias, ambições, pressupostos, condicionam os eventos. Na Guerra Civil inglesa, o conceito "utopia", que antes era referido somente a um gênero literário, tornou-se uma arma conceitual, que desafiava a exequibilidade das pretensões dos oponentes. É possível que o incremento na capacidade de operar com dados armazenados no computador proceda da denominação "memória" — a função geral que consiste em reviver ou restabelecer experiências passadas — ao que não passa (passava) de um arquivo.

Uma terceira possibilidade decorre das diferentes recepções que o conceito pode ter em épocas e culturas diversas. O termo *Bund* se refere à estrutura jurídica federativa dos estados alemães, não encontra equivalente nas palavras latinas *confederatio, unio, liga*. Por isto Marx e Engels não escreveram as *Regras para o Bund der Kommunisten* (algo como a confissão de fé da liga comunista), mas o *Manifesto do Partido Comunista*. A análise da tradução de conceitos de uma linguagem a outra, de um contexto a outro, sinaliza intenções e atos falhos, indica a supressão de lacunas e a renovação dos limites de entendimento.

### Experiências e expectativas

Estas possibilidades de interpretação do uso e do significado contextual dos conceitos têm o tempo como construção cultural que desvela um mundo específico de relacionamento com o "espaço da experiência" (o passado) e o "horizonte de expectativas" (o futuro). Todas as histórias foram constituídas pelas experiências vividas e pelas expectativas das pessoas que atuaram ou sofreram (Koselleck, 2006:306). A experiência é o passado atual, que incorpora os acontecimentos passados. Congrega as condutas, as elaborações racionais e as impressões sobre as experiências alheias. A expectativa é o futuro presente, que incorpora os acontecimentos desejados e os temidos, o que se pensa ser inevitável e o que devemos evitar. Congrega as condutas esperadas, as análises racionais sobre o devir, as inquietudes sobre as expectativas alheias.

A presença do passado é diferente da presença do futuro. A experiência (recordação) e a expectativa (esperança) são duas categorias formais determinantes das tensões de qualquer atualidade. A presença do passado nos leva a uma aporia: toda pessoa experiente sabe que se engana aquele que baseia suas expectativas em experiências (que, inevitavelmente, são passadas) e, paradoxalmente, equivoca-se o que não baseia suas expectativas em experiências passadas. A presença do futuro nos leva a outra contradição: o futuro é nossa principal preocupação, embora saibamos que o futuro é aquilo que não existe (ainda). A tensão entre experiência e expectativa suscita problemas, mas também novas soluções para os indivíduos, grupos e instituições. Dessa tensão, das estratégias e formas de equacionamento do problema vivencial de selecionar as experiências válidas e as expectativas razoáveis decorrem possibilidades analíticas focadas no registro e na interpretação de como, no passado e no presente, a conceituação se realiza, ou de como se esvaem as memórias ou se extinguem as expectativas.

### Análise e interpretação: questões fundamentais

Existem muitos tempos históricos, não um único. Não há um instrumento que permita determinar a menor ou maior validade ou generalidade de um conteúdo conceitual em um período específico. Vimos que os recursos utilizados pelos historiadores são a confrontação das fontes, a análise crítica dos termos e dos conceitos e o bom-senso. Cada termo analisado remete a um sentido que, por sua vez, indica um conteúdo. Nem todos os conteúdos são relevantes do ponto de vista histórico. Além disto, existem palavras, como "ah!" e "ou", que não comportam uma análise conceitual sociopolítica. O que determina que um conceito deva ser objeto de análise é sua relevância para o campo de estudo. /Monarquia/ é um conceito histórico decisivo, /dor/ um conceito psicológico crucial, mas ambos os conceitos são nulos ou pouco relevantes para uma análise do movimento cotidiano das operações financeiras.

A história dos conceitos, ou melhor, a historiografia baseada na análise de conceitos se oferece como demarcação da relevância da teorização. São relevantes para a análise sociopolítica aqueles conceitos que, em ato ou potência, no passado ou no presente, foram e são passíveis de abstração. Os conceitos historicamente relevantes seriam aqueles que, como /revolução/, /estado/, /ordem/, foram abstraídos da realidade que os viu nascer, tornando-se uma noção generalizante, uma noção teórica, para além dos casos concretos a que e aplicam (Koselleck, 1992:135). A contribuição da história dos conceitos para uma analítica dos conceitos em geral se encontra nos procedimentos que utiliza para lidar com a temporalidade dessa abstração, mas, também, com as circunstâncias em que se dá a justaposição de diferentes espaços da experiência e o entrelaçamento de distintas perspectivas de futuro ao lado de conflitos ainda em germe (Koselleck, 2006:14). As mudanças no significado de um termo podem ser indicativas de uma alteração nas estruturas institucionais, organizacionais, políticas, econômicas ou sociais. Por exemplo, os conceitos /honra/, /dignidade/ e /nobreza/ eram reservados aos aristocratas. Com a abolição do *ancien régime*, esses termos passaram a ser de uso geral, aplicáveis como qualificativos de quaisquer grupos ou pessoas. Fenômenos como esse ocorrem continuamente. Embora muito mais sutil e menos evidente do que acontece com períodos históricos dilatados, podem-se observar mudanças nos conceitos correntes e o uso de neologismos nas linguagens técnicas em lapsos muito curtos, às vezes, contados em poucos meses. O conceito /alavancagem financeira/ é tão recente que nem consta de alguns dicionários, o conceito /capital/, bem econômico aplicado à produção em um contexto, riqueza capaz de produzir renda em outro, retomou nos últimos anos o significado de "cabedal" (recursos, atributos ou haveres) ao ser aplicado a expressões como "capital social".

    Os historiadores conceituais não pretendem, como queria Weber, que a análise comparativa desvele tipos ideais da ação social, mas da convergência temporal entre conceitos e estruturas. Procedem testando hipóteses sobre o desenvolvimento dos conceitos nos períodos que estudam. Verificam, por exemplo: i) as consequências da inserção dos conceitos em horizontes históricos ou filosóficos, particularmente as descontinuidades indicadas por seu uso e transformação, ii) as rupturas em eventos e instituições registradas ou decorrentes de determinados conceitos; iii) a democratização ou popularização de conceitos antes restritos a determinadas áreas ou setores; iv) a incorporação de conceitos em ideologias, como ocorreu com as "liberdades" concretas que foram incorporadas às ideologias como uma liberdade genérica, abstrata, terminando por designar a ideologia do liberalismo (o mesmo processo ocorreu com o conservadorismo, o anarquismo, o socialismo, o comunismo e o fascismo); v) a politização ou a instrumentalização dos conceitos como *slogans* de mobilização contra classes, estamentos, movimentos antagônicos.

Há uma tensão entre o índice e o fator: a que reside no fato de que as previsões e a realidade, os planos e sua execução se dissociam inevitavelmente no curso do tempo. Por isso, embora não adotem um método rígido, a linha programática de trabalho dos historiadores dos conceitos requer material muito específico — os termos, as re-significações, as cossignificações, os neologismos, os protagonistas e os antagonistas nas lutas conceituais — e um grande esforço intelectual para identificar o conteúdo extralinguístico dos conceitos, a maneira como o conceito registra um momento e como altera seu entorno. Alternando o estudo dos significados de uma palavra, de um termo, de um conceito, procedendo a uma análise semasiológica, e estudando todos os termos para um mesmo conceito, procedendo a uma análise onomasiológica, alcançam determinar o domínio de validade de impacto do conceito em um período histórico. Os procedimentos que utilizam são sequenciais:

1. analisam o espaço presente da experiência acumulada e do horizonte de expectativas associadas à determinada constelação de conceitos;

2. separam do contexto situacional e de investigação os significados lexicais;
3. ordenam os conceitos uns com os outros, na forma de estruturas de significação sincrônicas;
4. dispõem os conceitos e as estruturas sincrônicas na forma de estruturas de significação diacrônicas;
5. interpretam os conteúdos extralinguísticos e extraconceituais, esclarecendo o fenômeno (singular) ou a estrutura (relacional) revelada ou sugerida.

A dimensão de fator de um conceito é divergente de sua dimensão de índice. Um fator pode parecer insignificante como índice e converter-se em um fator de importância decisiva em um futuro próximo. Da mesma forma que a história conceitual evita o historicismo de antiquário, que se limita a temas que se possam relacionar com o presente, a análise conceitual deve evitar a futurologia de almanaque, e lembrar que a diagnose não faculta a prognose. A epistemologia e o esforço analítico dos historiadores dos conceitos abrem perspectivas aos não historiadores em chaves valiosas, entre as quais se destacam o insulamento conceitual a partir do conceito em contexto, com suas determinações linguísticas e de significado, o rigor na análise das significações a partir da ideia de que, ao contrário dos termos, os conceitos não têm sinônimos, que cada conceito vale por si e para si, e a crítica das fontes do conceito na identificação de seu domínio espaçotemporal de validade. Além disto, o entendimento da diferenciação entre conceito e palavra, entre conceito e ideia, entre significado e significação (o *para quem* significa) remete a análises comparativas de paralelismos, de contraposições, de distinções entre conteúdos "oficiais" e conteúdos efetivos dos conceitos, que permitem identificar o *éthos* de grupos identitários e de grupos de interesse. Por último, as análises transformacionais que identificam as adaptações, distorções, saltos, permanências etc., permitem revelar as experiências e as expectativas, as preconcepções, as intenções e ilusões incorporadas nos conceitos que constituem o *eidos* de pessoas, grupos e instituições.

A aplicação dos métodos da história conceitual para análise não histórica esbarra em algumas dificuldades. Uma delas é a falta de autotransparência de uma época para sua própria consciência. Outra, a apreensão do significado de um indicador não para o que ocorreu, mas para o que está acontecendo, para o fenômeno antes de seu registro. O que legitima a utilização desse instrumental fora do contexto historiográfico é a intenção: não se trata de captar os elementos e as relações estruturais passadas com precisão e rigor, mas de fundamentar a tomada de consciência, a compreensão do que se passa em um contexto particular. Neste sentido, a análise conceitual não tratava de estabelecer a verdade histórica, mas de alcançar a verdade do tempo presente, da história enquanto se faz.

## Um roteiro de análise conceitual

O intérprete é o intermediário entre uma significação em uma época e um contexto para outra época e outro contexto. Procura traduzir a intenção dos termos no sentido fenomenológico: a atitude ou ato da consciência que dá um sentido aos dados da percepção, da imaginação ou da memória. Um roteiro de análise conceitual baseado na história dos conceitos corresponderia a um esforço de tradução dos conceitos em termos operacionais, em uma interpretação que procura responder as seguintes questões:

Qual a constelação de conceitos utilizados em uma época e contexto?

Quais os sujeitos ou grupos em referência desta época e contexto?

Qual a semasiologia? (Do termo ao significante)

Qual a onomasiologia?

Como se articulam os conceitos na época e no contexto?

O que os conceitos nos dizem sobre sua época e seu contexto? Qual a temporalidade do conceito? Em que medida o conceito induz maneiras de ver, opiniões, condutas, inovações, conservadorismos? A partir do texto situado, o que os conceitos indicam sobre os conceitos antitéticos? O que os conceitos indicam ou sugerem sobre as experiências do sujeito ou grupos em referência? O que os conceitos indicam ou sugerem sobre as expectativas do sujeito ou grupos em referência? Quais os conteúdos extralinguísticos e extraconceituais que os conceitos indicam? (Qual o fenômeno — singular — ou a estrutura — relacional — revelada ou sugerida)

## Conceito e cognição

A psicologia cognitiva está voltada prioritariamente para os fenômenos da aquisição de conceitos e do processo mental de sua formação. A pergunta que se coloca é: o que, no espírito humano, faz com que um conteúdo mental referido a um objeto indeterminado alcance ser uma unidade semântica definida? Essa questão difere da filosófica. Os filósofos se perguntam como pode haver termos, sentenças, enunciações e estados mentais com propriedades tais que lhes deem significado. Mas, embora difiram em foco e grau, as duas questões estão inevitavelmente ligadas. Nem a filosofia pode prescindir do conhecimento objetivo sobre os atos de categorização e as inferências analíticas, nem a psicologia pode prescindir das análises lógicas sobre as condições de possibilidade da conceituação.

Algumas constatações empíricas que confirmavam as teses sobre a relação entre formas de vida e constelações de conceitos levaram a psicologia cognitiva, ao longo das últimas décadas, a retomar a discussão clássica sobre a formação de categorias mentais. Por exemplo, a constatação de que membros de uma mesma comunidade tendem a dividir o mundo de objetos de forma particular. Podem, por exemplo, dividir o mundo de objetos à sua volta entre as categorias mentais "cães" e "não cães", incluindo, na primeira, *chihuahuas*, *beagles* e pastores alemães, e, na segunda, gatos, casas, ursos e bicicletas, aplicando com propriedade essas categorias. Esses fenômenos levaram os psicólogos cognitivos a se perguntar sobre as bases psíquicas para a formação de categorias e qual a relação entre o mental e as coisas no mundo, o real (Armstrong, Gleitman e Gleitman, 1983). Não existe uma resposta de consenso, mas os psicólogos em geral tendem a que o conteúdo mental, o conceito propriamente dito, é representado linguisticamente e que seguindo o caminho inverso, analisando as representações linguísticas, chegaremos às representações mentais que se encontram em relações causais com as coisas. Esse é o pensamento dos que sustentam uma teoria causal descritiva pura. É, também, o pensamento evolucionista, que propõe uma explicação seletiva natural para o conceito, em que a conexão entre as representações mentais e o mundo que determina o conteúdo é a conexão que foi selecionada durante a história social e pessoal do pensador.

O foco dos procedimentos analíticos da psicologia é exclusivo, mas muitos dos quesitos, passos e técnicas que utiliza podem ser estendidos à análise conceitual em outros domínios. Neste capítulo trataremos de compreender esses procedimentos para deles extrair elementos úteis ao modelo que propomos. Procuraremos atravessar a ponte que une a teorização abstrata da filosofia analítica, principalmente a da perspectiva de Wittgenstein, à teorização objetiva da psicologia cognitiva para, com base nesta última, construirmos um conjunto de quesitos voltados para a análise conceitual na pesquisa empírica. Veremos como a psicologia e a filosofia analítica estão separadas pelo entendimento do papel da representação na formação de conceitos. Recuperando o que foi exposto sobre os fundamentos filosóficos da análise conceitual, confrontaremos a visão representacionista com a da filosofia analítica, que entende as palavras como não tendo um significado injetado nelas por meio da compreensão, os estados mentais como relacionais, não como estados autônomos da mente, e os conceitos e as palavras que os significam ou como dadas pelo uso, na forma de Wittgenstein, ou como abstrações, na forma de Frege (Thorton, 2007:12). Discutiremos duas controvérsias que animam o estudo dos conceitos no âmbito da psicologia cognitiva. A primeira é a que opõe os partidários da ideia filosófica tradicional, que pensam que os conceitos nada mais são do que um nome genérico para um feixe estruturado de atributos, aos que creem que os conceitos são a incorporação unívoca de teorias mentais. A segunda, a que opõe os que defendem que os conceitos são representações mentais aos que sustentam que são entidades abstratas, perspectiva que reaproxima a psicologia da cognição da filosofia analítica.

Essas controvérsias são intrincadas. A posição tradicional em que o conceito é um complexo estruturado de atributos, um construto, faculta passar do conceito à definição, mas não resolve questões como a do regresso ao infinito (o conceito que compõe o conceito, que compõe o conceito...). Já os entendimentos contra e a favor do conceito como entidade mental levaram às teorias, inspiradas em Wittgenstein, do conceito como protótipo. Essas teorias, ao trabalharem com uma visão topológica e probabilística (a proximidade ou o distanciamento do conceito típico), permitem passar do conceito teórico à concepção natural, espontânea e contextualizada, mas apresentam dificuldades, como a da ausência de protótipos, ou de como lidar com objetos abstratos (qual o protótipo de "justiça"?). Por outro lado, a noção do conceito como entidade simples, sem estrutura, apenas com uma posição relativa em representações mentais, permite a operacionalização a partir de uma análise imediata, mas apresenta, entre outras, a dificuldade de não permitir a categorização e, consequentemente, o posicionamento do conceito em relação a outros conceitos. Por fim, a identificação do conceito como estruturas relacionais, que aproxima a psicologia cognitiva da filosofia contemporânea, faculta o entendimento dos fenômenos de aquisição dos conceitos, mas deixa em aberto o problema da sua contextualização histórico-social.

Felizmente, a utilização em pesquisa aplicada do conceito e de sua definição não obriga a tentar resolver questões internas da psicologia cognitiva. Podemos investigar os atributos que as pessoas e os grupos predicam de determinados conceitos em contextos espaço-temporais definidos, como fazem não só a psicologia social, como a antropologia, a linguística comparada e a história, sem nos declararmos partidários das teorias tradicionais sobre os conceitos. Podemos estudar os casos típicos e os casos normais dos conceitos, como fazem estas e outras disciplinas, sem nos declararmos adeptos de alguma das teorias psicológicas. Podemos nos voltar para a crítica conceitual, como fazem a filosofia analítica, a ciência política, a história dos conceitos e a semiologia estruturalista, sem que tenhamos de fazer votos contra a ideia da identificação do conceito como abstração ou como representação mental da psicologia cognitiva. Enfim, nada nos impede de, na tarefa crítica, nos assenhorarmos de ideias e propostas da psicologia sem que tenhamos a pretensão de exercer essa disciplina. Apenas é necessário que tenhamos em mente as diferenças de planos de entendimento: enquanto a ligação entre os elementos mentais e a constituição do conceito é a preocupação central da psicologia cognitiva, a preocupação central nas pesquisas fora do campo da psicologia é sobre a ligação entre o conceito e seu referente.

Por outro lado, embora seu foco não seja o do uso técnico-operacional do conceito, as teorias e os experimentos dos psicólogos nos ajudam a entender como as informações associadas e ordenadas mentalmente constituem uma identidade conceitual. Ao retirar da psicologia cognitiva elementos constituintes de uma análise dos conceitos contornando as dificuldades teóricas e operacionais que apresentam, procuramos neste capítulo erigir as bases para o fechamento de um sistema analítico construído não sobre o confronto, mas sobre a justaposição dos elementos das diversas posições da psicologia cognitiva com as correntes filosóficas, sociológicas e históricas que lidam com a questão do conceito. Examinaremos, em primeiro lugar, as diferenças entre as teorias mentais psicológicas e a abstração filosófica. Em seguida, as teorias mentais referidas ao representacionismo e aos conceitos abertos e fechados. Em terceiro lugar, examinaremos as teorias do conceito como protótipo. Em quarto, as questões da similaridade, da mediação e da individuação. Em quinto, o atomismo conceitual e a identificação teórica do conceito. Concluiremos, como nos demais capítulos, com uma curta síntese dos quesitos e ressalvas da contribuição da psicologia cognitiva à análise crítica e à formação deliberada de conceitos científicos.

### Abstração e representação

O ponto de partida da psicologia sobre os conceitos é o momento da aquisição, da tomada de posse. Um ponto complexo, já que a memória pré-conceitual é mascarada ou anulada pela memória pós-conceitual. É muito difícil lembrar como era antes de podermos distinguir um determinado conceito, embora possamos, às vezes, lembrar do momento da aquisição, da iluminação. Mas esse momento é, ou parece ser, não relatável, inacessível mesmo ao estudo psicológico. O instante do discernimento é súbito, mas o processo que o antecede pode ser descrito como a transformação de informações em termos determinados e distintos dos demais (Bruner, Goodnow e Austin, 1956). Algumas abordagens da psicologia explicam essa transformação como a constituição de uma estrutura de elementos; outras, como uma formação de conteúdo identitário uno, não admitindo a existência de um processo constitutivo entre a noção difusa e o conceito formado.

Há abordagens internalistas, que pensam o conceito como uma teoria mental ou como uma representação sobre um objeto referente, enquanto outras são externalistas, pensam o conceito como o consequente de uma relação proposicional ou contextual. Além disto, existem abordagens que combinam essas convicções em arranjos os mais diversos. Em que pese essa diversidade, podemos dizer que, enquanto a filosofia em geral toma o conceito como uma *abstração* do complexo predicativo ou inferencial de conceitos, a psicologia em geral toma o conceito como uma *representação* mental de um complexo predicativo ou inferencial de conceitos.

A posse do conceito pode ser meramente nominal, por exemplo, quando alguém alega que havia um contrato, sem se dar conta de que o contrato só é válido quando devidamente registrado. Por isto a filosofia considera que a posse do conceito se verifica quando, além de nominal, o sujeito exerceu uma reflexão crítica sobre a noção. Já a psicologia considera a posse como resultante de um processo não necessariamente reflexivo de internalização. Para compreender a diferença entre a abordagem filosófica e a psicológica é preciso retornar ao tema da abstração lógica. O conceito como abstração deriva, na filosofia contemporânea, da distinção de Frege (1960a:56-78) entre *representação* e *sentido*. O ponto se coloca da seguinte forma: diferentes termos, diferentes modos de apresentação, podem designar o mesmo referente. O referente /4/ pode ser designado por "2+2" ou por "$\sqrt{16}$". O modo de apresentação se estende para além da linguagem da lógica formal e da matemática: "Pedro II" e "o último imperador do Brasil" designam a mesma pessoa. O termo "mesmo", no entanto, designa proximidade, não identidade. Frege sustenta que toda expressão tem um sentido dado pelo modo de apresentação de seu referente. O sentido é o conteúdo cognitivo de uma expressão linguística. De forma que, embora o referente de "2+2" e de "$\sqrt{16}$" seja o mesmo /4/, o sentido das duas expressões é cognitivamente diferente. O primeiro é mais básico, pertence à matemática elementar, já o segundo é mais difícil, as noções implicadas na compreensão e na extração de uma raiz quadrada são mais complexas. Da mesma forma, a carga cultural de sentido cognitivo das expressões "Pedro II" e "último imperador do Brasil" é obviamente diferente. Isso leva Frege a afirmar que o sentido determina a diferença na medida em que implica uma forma de ver o objeto referido. Embora o objeto "Pedro II" e o objeto "último imperador do Brasil" sejam o mesmo, os atributos mentais que emprestam uma e outra designação são diversos. O sentido da expressão "último imperador do Brasil" é subjetivamente diferente para um monarquista e para um republicano, por exemplo.

O conceito, tal como os lógicos como Frege o entendem, é predicativo: é o referente de um predicado. O conceito é sempre designado por um artigo indefinido "a serpente" (em geral), "a cidade" (em geral), enquanto o objeto é designado por um artigo indefinido singular "uma serpente" (aquela serpente), "uma cidade" (Berlim). Um conceito pode estar referido a outro conceito, mas para que o conceito seja compreendido deve ser convertido em um objeto (Frege, 1960a:192-205). Aceita essa proposição, os conceitos não podem ser logicamente entidades mentais porque as entidades mentais são necessariamente subjetivas. Duas pessoas podem emprestar um mesmo sentido a um referente, mas não se pode garantir que tenham a mesma concepção mental, a mesma representação simbólica (*token representation*). As representações mentais são subjetivas na medida em que seus símbolos (sua carga simbólica) são particulares de um único sujeito.

Os psicólogos em geral omitem essa consideração. Admitem que um conceito seja uma representação mental porque entendem "subjetivo" como idêntico a "mental", e consideram que o conceito corresponde a entidades mentais de mesmo tipo, embora não necessariamente idênticas. Esses conceitos-identidades mentais seriam "objetivos" no sentido de que podem ser compartilhados por várias pessoas. Dessa posição deriva uma disputa em torno da convicção da maioria dos filósofos, representados principalmente pela afirmação de que os conceitos são *abstrata*, objetos de reflexão isolados, e da posição da maioria dos psicólogos, que é de que os conceitos são representações mentais. Os argumentos dos filósofos (Peacocke, 1992:3) são de duas ordens: i) o conceito não pode ser entidade mental porque o mesmo conteúdo pode ser expresso por signos diferentes (p. ex.: o termo /Egito/ e a imagem de uma pirâmide) e, ii) o conceito não pode ser uma representação mental porque a mesma representação pode ter vários conteúdos (ex.: /pirâmide/ para Egito e para figura geométrica). Os contra-argumentos dos psicólogos (Lawrence e Margolis, 1999:75-77) são de que o fato de que um mesmo conteúdo possa ser representado de várias formas não impede que seja uma representação mental, e não há como demonstrar que as mesmas entidades mentais — o fato psicológico — expressem diferentes conceitos para diferentes indivíduos.

A questão de por que uma representação é da forma que é, isto é, a explicação do que torna uma coisa um modelo cognitivo, comporta duas vertentes. A primeira é a de que os modelos empíricos cognitivos não são como os modelos lógicos. A segunda é a de que as representações são instrumentos, no sentido de que esquematizar sistemas relacionais e manipular representações são condições necessárias, mas não suficientes para a cognição (Kukla, 1992). Dito de outra forma: as representações são simples modelos. Ora, os modelos físicos — diagramas, maquetes, mapas etc. — têm como característica serem necessariamente truncados, uma vez que não podem reproduzir totalmente o real, e de serem logicamente completos no sentido de que qualquer proposição ou conceito retratado no modelo será, necessariamente, falso ou verdadeiro. Os modelos mentais não são assim. Muitas das suas proposições não são nem truncadas, nem completas, nem podemos dizer se são falsas ou verdadeiras. Por exemplo, a proposição "há uma multidão em frente ao cinema" não é truncada e não é completa, porque, logicamente, não há como definir o conceito de multidão. Uma proposição desse tipo não satisfaz a condição de modelo nem sua interpretação pode gerar um conceito, no sentido da lógica formal, daquilo que os filósofos do século XVIII denominavam "ideias abstratas".

Isso não quer dizer que tais proposições sejam destituídas de sentido, mas que colocam o problema de saber de onde vem o sentido que elas têm. Uma saída é a sugestão de Jerry Fodor (1987) em *Psychosemantics*, onde postula uma "teoria causal do conteúdo". Segundo essa teoria, as representações tomam o sentido covariando (variando junto) com as coisas e os estados que representam no mundo real. Essa forma de pensamento — o representacionismo (*representational theory of mind*) (Fodor, 1998:1) — tenta explicar o conteúdo da expressão linguística, do termo, como resultante do conteúdo mental, e reduzir o conceito a uma explicação "natural" de como o conteúdo mental foi concebido. A explicação pode ser descritiva (isto implicou naquilo) ou evolutiva, ou ser tomada como resultado de um processo de seleção "natural" da representação mais apta. Ambas postulam a ideia de que representações mentais resultam de relações causais com as coisas do mundo (o real concreto).

## Teorias mentais

O que examinamos até agora parte de um postulado do bispo Berkeley (1952:403): ser é ser percebido. As dificuldades residem no resultado da percepção, na abstração ou representação mental do percebido Os estudos de como os conceitos não naturais são abstraídos e representados sugerem tendências a distorções que chegam ao limite do absurdo. Barret e Keil (1996), investigando como o conceito /Deus/ é representado entre estudantes universitários de diversas convicções, verificaram a predominância da representação antropomórfica, totalmente incompatível com as crenças teológicas. Mais ainda: verificaram que as justificativas para essas representações são baseadas em distorções drásticas dos textos religiosos. Concluíram que as representações infundadas e as distorções que as justificam decorrem da dificuldade em se abstrair, em se compreender as entidades não naturais. O caso de Deus, uma entidade supranatural, que, à diferença do que ocorria na antiguidade greco-romana, é conceituada no Ocidente contemporâneo como qualitativamente distinta de qualquer outra, é emblemático da tendência que temos de referir o desconhecido ao conhecido, de reduzir à força o complexo ao simples, de tentar exprimir o inefável, de recusar as nossas limitações em compreender o que quer que seja. Esta a origem do mito, dos conceitos fabulosos, das representações delirantes que povoam a esfera do pessoal, do social e de grande parte da pseudociência com que o pesquisador deve lidar.

Esse tipo de constatação é que levou, ao longo dos séculos, à formulação de "teorias mentais" sobre a formação dos conceitos. As teorias mentais podem ter muitas dimensões. Podem ser associações simples de ideias, referências a casos típicos, a modelos, a padrões (protótipos), ou referências a casos tidos como "normais", ideias ou convicções classificatórias preconcebidas sobre alguém ou algo, resultantes de expectativa, hábitos de julgamento ou falsas generalizações. É uma noção que tem raiz em explicações filosóficas tradicionais da mente, como as de Descartes e de Locke, entre outros, e que se desenvolveu a partir das teorias fisicalistas, funcionalistas e comportamentalistas.

O *fisicalismo* é a teoria, derivada no positivismo lógico, segundo a qual os diversos campos do conhecimento, inclusive as chamadas ciências humanas, devem elevar a física à condição de um paradigma científico universal. Sustenta que todos os aspectos da realidade, inclusive estados mentais e afetivos, somente adquirem plena compreensibilidade e concretude se analisados como realidades físicas. A analogia para o fisicalismo é a da máquina, que toma combustível e ar para se movimentar. Os fisicalistas pensam o ser humano como um artefato, que transforma insumos em produtos.

O *funcionalismo*, que teve seu auge nos anos 1960, sustenta que os estados mentais são estados funcionais, que medeiam de forma causal os *inputs* sensoriais e os *outputs* comportamentais. A melhor analogia para o pensamento funcionalista é a do computador, em que o software representa a mente e o hardware representa o corpo e a conduta. Dois computadores podem executar o mesmo software, mesmo que seus hardwares e seus periféricos sejam diferentes. Dois computadores idênticos, com os mesmos periféricos, executarão programas diferentes se os seus softwares forem diferentes. Os funcionalistas pensam o ser humano como algo que computa, e os estados mentais como intermediários causais entre *inputs* perceptivos e *outputs* comportamentais (Thorton, 2007:36).

O *comportamentalismo* ou behaviorismo é teoria e método de investigação psicológica que procura examinar do modo mais objetivo o comportamento humano e dos animais. Dá ênfase nos fatos objetivos (estímulos e reações), sem recorrer à introspecção. É a base principal da psicologia contemporânea e, consequentemente, do representacionismo. Mas o representacionismo difere do comportamentalismo, que identifica tipos de estado mental com tipos de disposição comportamental, ao reconhecer que algo deverá ser adicionado para que seja possível explicar estados intencionais e sensações: acrescenta a tese de que os estados abstratos codificam expressões. Sua estratégia consiste, então, em explicar o significado linguístico, mostrando que ele decorre de um conteúdo mental "natural", isto é, espontâneo. A intencionalidade linguística seria derivada, e os estados mentais seriam básicos, isto é, não derivados. O significado linguístico do conceito seria constituído por convenção de uso e a interpretação de signos, enquanto o conteúdo mental, não. A mente estaria povoada de ideias, entidades particulares distintas, autônomas ainda que imateriais, só alcançáveis pela indução a partir da interpretação dos signos aparentes. De acordo com essa versão do representacionismo, as representações mentais são símbolos que encerram uma linguagem do pensamento, uma semântica e uma sintaxe composicionais e uma gramática que determina o significado das sentenças com base em suas partes componentes. Em outras palavras: a mente é um computador cujas computações envolvem a manipulação de símbolos internos de acordo com um sistema de leis (Thorton, 2007:36-43).

Representacionismo

Os representacionistas atribuem propriedades explicativas ao conteúdo mental, enquanto a maioria dos filósofos, como é o caso de Wittgenstein, atribui propriedades explicativas ao significado linguístico para explicar o conteúdo mental. Para Wittgenstein, não se pode separar o significado linguístico do conteúdo mental. Os dois são interdependentes. O pensar não é uma espécie de fala interior, nem o conteúdo linguístico é uma representação do conteúdo mental. Os dois se influenciam mutuamente, estão indelevelmente imbricados, apenas que, em termos operacionais, o que podemos alcançar é unicamente a face exposta do conceito, a sua representação, a expressão linguística. Já para os representacionistas, o conteúdo das expressões linguísticas depende do conteúdo das atitudes proposicionais que, por sua vez, dependem do conteúdo de representações mentais. Daí acreditarem na possibilidade metafísica de pensamentos sem linguagem e de representações mentais sem pensamentos. Tanto que à questão fundamental "o que são os conceitos?", Fodor (1998) responde que os conceitos são particularidades mentais (*mental particular*). Ele sustenta que os estados mentais, como crenças e desejos, são relações entre os indivíduos e representações mentais, e que essas representações só podem ser corretamente explicadas em termos de uma linguagem do pensamento na mente. Além disso, sustenta que essa linguagem do pensamento em si é uma coisa realmente existente, codificada no cérebro, e não apenas uma ferramenta explanatória. Mas que as "representações mentais" não são ideias: as ideias são relacionadas a imagens, e pode-se ter uma representação mental que não seja uma imagem. Em síntese: a ideia de representação mental é a ideia de Ideia, menos a ideia de que Ideias são imagens (Fodor, 1998:8).

Jerry Fodor (2000:47-52) argumenta, contra a convicção empirista, que não existem conceitos recognitivos, isto é, que nenhum conceito contém em si atributos que lhe deem a faculdade de reconhecer o objeto a que se refere. Um conceito simples, como o conceito /vermelho/, não contém em si elementos que possibilitem reconhecer a cor vermelha como tal. Diferentemente do que propõe o empiricismo, os fatos semânticos não são constituídos por fatos epistemológicos. O fato de existir um conceito de vermelho como o de existirem conceitos como /critério/ ou de /cubo/ não implica que, estando de posse desses conceitos, iremos reconhecer a cor vermelha, um critério, ou um volume cúbico sem que anteriormente os tenhamos visto, aplicado ou sentido.

Contra a convicção dos filósofos analíticos, Fodor (2000:50) argumenta que as propriedades epistêmicas de uma expressão léxica (por exemplo, o critério que indica a que se aplica) não estão entre suas propriedades essenciais. Ele se opõe ao consenso no pensamento contemporâneo, não só o filosófico como o das ciências humanas e sociais, de que os conceitos são capacidades epistêmicas. Esse consenso é sintetizado pela posição de Peacocke (1992:30), que se baseia em três proposições correntes: i) os conceitos são o significado de palavras: o conceito de /cachorro/ é o que a palavra cachorro e todos os seus sinônimos em todas as linguagens significa; ii) os conceitos são constituintes de pensamentos: pensar que cachorros latem é ter em mente o conceito /cachorro/ e o conceito /latir/; iii) os conceitos se aplicam a coisas no mundo: o conceito /cachorro/ é o conceito ao qual, necessariamente, só os cachorros pertencem.

Contra a convicção de que os julgamentos são aplicações de conceitos, isto é, que há coisas no mundo que tornam os julgamentos falsos ou verdadeiros, Fodor (2000:29) sustenta que, se os conceitos são isso, uma teoria do conceito deveria ser uma teoria sobre a posse do conceito. Diz que essa é uma postura ultrapassada, não combina com a preocupação atual de saber sobre o que é o conceito, não o que o conceito representa, nem como o conceito pode representar, mas quais capacidades constituem a posse de um conceito. Ele usa argumentos funcionalistas, afirmando que o pensar e outros processos mentais consistem principalmente de cálculos operacionais sobre a sintaxe das representações que compõem a linguagem do pensamento. Os conceitos pertenceriam à "representação mental" de uma expressão linguística enquanto oposta à representação mental de sua denotação (Fodor, 2000:51).

Para o representacionismo, o pensamento é computacional. Pensar é um processo na forma descrita por Turing (1964), o pensar como obedecendo a uma semântica e uma sintaxe de representações mentais (Fodor, 1998:23). Os conceitos são constituintes do pensamento e vice-versa. Enquanto representações mentais, recebem seu conteúdo do conteúdo de seus constituintes. Os pensamentos são representações mentais análogas a sentenças fechadas e os conceitos são representações mentais análogas a sentenças abertas. Esta observação nos leva ao elemento essencial do representacionismo para a crítica dos conceitos: o que diferencia os conceitos abertos dos conceitos fechados.

## Conceitos abertos e conceitos fechados

Uma das decorrências das teorias mentais que desembocam no representacionismo é a de que os conceitos podem ser mais ou menos abertos. Um conceito é aberto se não houver um conjunto de características fixas a partir das quais ele possa ser definido, isto é, a partir das quais se torna possível encontrar sua extensão. Caso seja possível apresentar um conjunto de características fixas capazes de se identificar que compõem um conceito, ele é dito fechado. A convicção de que existem conceitos inteiramente em aberto é a mesma apresentada por Wittgenstein, que, como vimos, discute conceitos como o de "jogo" e o de "arte", cujo significado não tem como ser definido cabalmente.

Embora a ideia dos conceitos inteiramente abertos possa parecer óbvia, ela implica um problema para operacionalização da tarefa crítica na pesquisa aplicada que se expressa na dúvida de como seria possível conceituar um objeto, entidade ou evento se não se pode precisar seu conteúdo, se o seu conteúdo está em aberto. Isso ocorre porque as teorias sobre o significado são mais metafísicas do que epistêmicas. A posse do conceito de $x$, para a tradição cartesiana, significa ser capaz de pensar sobre $x$ em uma classe. A posse do conceito de $x$, para os pragmáticos, significa ser capaz de responder seletivamente a $x$, isto é, ser capaz de classificar $x$. Contra a doutrina pragmática há o fato da inexistência de algum constituinte do conceito que permita classificar sua instância. Poderíamos pensar uma instância de $x$, mas não temos como classificá-la a partir do conceito de $x$. Pensar não se reduz a classificar.

Os representacionistas creem ter encontrado uma saída para esse problema afirmando que o pensamento não é um instinto de direção das coisas, mas de discernimento da verdade. Isso é um fato, mas não resolve a questão de como seria possível classificarmos um conceito aberto.

A meta do pensar é entender o mundo, não classificá-lo. Enquanto constituintes de pensamentos e sendo constituídos por eles, os conceitos são produtivos, isto é, podemos utilizá-los de muitas maneiras: se temos o conceito /amar/, na proposição João ama Maria, nós o temos também na proposição Maria ama João. Além disso, os conceitos são sistemáticos, no sentido de que se somos capazes de aplicar apropriadamente o conceito em uma proposição, seremos capazes de aplicar conceitos semelhantes em proposições semelhantes, por exemplo, em Pedro não ama Isabel. Isso significa que podemos aprender conceitos como podemos desaprendê-los (*unlearn*) (Fodor, 1998:25).

Enquanto Wittgenstein procurou demonstrar que o que "fecha" o conceito é o contexto, é a forma de vida que o utiliza em um jogo de linguagem determinado, Fodor (2000) propõe a noção de *satisfator* para lidar com o grau de abertura dos conceitos. Os "satisfatores" de um conceito são os estados, as capacidades, as disposições etc. em virtude dos quais atendem as condições para estar de posse do conceito. Ele argumenta que não há conceitos cujos satisfatores sejam capacidades recognitivas, daí não haver conceitos recognitivo. O conceito /maçã vermelha/ supõe estar de posse de dois conceitos: o de maçã e o de vermelho, mas é evidente que a simples soma de conceitos não satisfaz o conceito de maçã vermelha. Basta considerar que o conceito geral que temos de "vermelho" (o magenta) não se aplica às maçãs.

Para os representacionistas é possível reduzir um conceito a atributos estáveis a partir da mente. Argumentam que partes significativas da mente, tais como os processos perceptuais e linguísticos, estão estruturadas em termos de módulos com papéis causais e funcionais. Esses módulos são relativamente independentes uns dos outros e do processamento central da mente, que tem caráter mais global e menos específico. Os módulos permitem a possibilidade de relações causais com os objetos externos. A parte central de processamento, por outro lado, cuida das relações lógicas entre os vários conteúdos e entradas e saídas. Isso redireciona o problema para o interior da mente humana e a coloca em termos operacionais de: i) saber o que é preciso aprender (conhecer, dominar) pra aprender (conhecer, dominar) uma expressão linguística (conceito), ii) quais as "condições de posse" para uma expressão linguística (conceito) e iii) qual o princípio de individuação dos conceitos, a questão da filosofia antiga e medieval, que consiste em estabelecer as condições de identidade do conceito, o que define a originalidade, o ser distinto dos demais, em suma, o que indica a que classe pertence.

Aceitando-se que os conceitos são o que as expressões linguísticas expressam, tais questões poderiam ser resolvidas identificando-se as propriedades essenciais (constitutivas) de uma expressão linguística *qua* linguística. Embora não possa responder plenamente a essas questões, grande parte do problema estaria resolvida se um princípio fosse aceito: o de que "as propriedades constitutivas de uma expressão linguística incluem somente as suas propriedades composicionais", isto é, as propriedades decorrentes das expressões léxicas. Por exemplo: suponhamos que todas as vacas sejam dóceis, então todas as vacas marrons serão, necessariamente, dóceis. Isso implica que /vaca marrom/ recebe o atributo dócil do conceito léxico, /vaca/. Mas não implica que dócil seja constitutivo do conceito /vaca/, muito menos de /marrom/ ou de /vaca marrom/.

### Conteúdo mental e representação mental

Esta solução difere da de Wittgenstein e dos seus seguidores, para quem o conteúdo mental não pode ser explicado como resultado de representações mentais autônomas internas (Thorton, 2007:12). Para eles, nenhuma explicação mecanicista da compreensão poderia dar conta da distinção entre o uso correto e o uso incorreto das palavras. A normatividade, a racionalidade e a sistematicidade do conteúdo resistem à redução do campo das leis, porque ao interpretar os estados mentais como autônomos e independentes, coloca-se imediatamente a questão de saber o que os conecta ao mundo e ao comportamento. E a isso não se pode responder, porque se os estados mentais são independentes, eles são tão mortos e sem sentido quanto os signos, palavras e sentenças que deveriam explicar. O que significa o conceito /cubo/ sem o signo que o representa? A conexão entre a compreensão e o uso é direta. Pensar um cubo é apenas isto: pensar um cubo. Pensar o conceito de trabalho é pensar uma determinada forma de trabalhar em determinado contexto espaçotemporal.

A questão sobre o que fecha o conceito, isto é, sobre o que determina que o conjunto de respostas à pergunta: "o que *x* é?" está completo tem pelo menos duas respostas. Wittgenstein e a fenomenologia fecham o conceito pela consignação do contexto: o contexto espaçotemporal informa sobre a completude do conceito. Os psicólogos representacionistas fecham o conceito de outra forma: reduzem o conceito a atributos estáveis a partir do que a mente conhece sobre a composição do conceito, das "condições de posse", perceptuais e simbólicas de um princípio de individuação do conceito, do que o torna distinto dos demais conceitos. Do ponto de vista operacional externo à filosofia e à psicologia, não há por que tomar partido nesta disputa. Mesmo porque parece evidente que os filósofos estão certos quando afirmam que os conceitos não *são* representações, isto é, que os conceitos não podem ser reduzidos logicamente a entidades mentais; como parece evidente que os psicólogos estão certos quando sustentam que o conceito, como objeto de estudo empírico, não pode ser outra coisa do que algo representado na psique. De uma forma ou de outra, isto nos leva, na crítica conceitual, a perguntar se a unidade de significado em questão é fechada (com características fixas e determinadas) ou se se trata de um conceito aberto, cujos atributos não são limitados por uma fronteira precisa.

## O conceito como protótipo

O representacionismo constitui-se em um avanço significativo para a análise conceitual, de um lado, pelo que nega, de outro, pelo que afirma. Ao negar as implicações entre tipos de estado mental e tipos de conduta, e entre tipos de estado mental e tipos de estado físico, abre a possibilidade de uma análise autônoma do conceito. Ao afirmar que os conceitos, sejam eles independentes ou não da linguagem, exista ou não uma sintaxe autônoma do pensamento, são representações de algo, faculta que isto, que eles representam, seja passível de análise. É dessa forma que a psicologia cognitiva se utiliza no tratamento dos conceitos como protótipos.

As teorias do conceito como protótipo são uma tentativa de superar as dificuldades apresentadas pelas teorias definicionais de aplicação no campo da psicologia. Desenvolvidas a partir da segunda metade dos anos 1970 (Lawrence e Margolis, 1999), essas teorias procuram demonstrar que os conceitos são representações complexas, abertas ou semiabertas, cuja estrutura exprime estatisticamente o conjunto de características de seus casos. Isto é, que os conceitos encerram protótipos, casos em que certos objetos, entidades ou eventos são mais próximos do cerne do significado. Alguns exemplares que recaem sob o conceito seriam percebidos como tendo maior número de características essenciais do que outros: tenderiam ao caso típico e não, como nas teorias tradicionais, a satisfazer necessariamente a totalidade dos atributos do conceito. Enquanto nas teorias tradicionais a satisfação dos atributos é necessária, nas teorias do protótipo a satisfação de alguns atributos é suficiente para determinação do conceito. Na conjectura de um protótipo é aceitável a categorização perceptual de /pardal/ como mais típico de /ave/ do que a /galinha/ que voa mal, e que esta seja considerada como mais típica do que /avestruz/, que não voa nem canta, além de ser muito grande.

As teorias do protótipo se inspiram em grande medida na ideia de Wittgenstein de que os casos que recaem sob um conceito correspondem não a um conjunto fechado de características, mas a "semelhanças de família". Trata-se, como declaram os pioneiros dessas pesquisas (Rosch e Mervis, 1975), da confirmação empírica do argumento de Wittgenstein de que os critérios formais não são nem uma necessidade lógica nem uma necessidade psicológica para a determinação dos conceitos. Os conceitos são regidos não por definições estritas, mas por um conjunto semiaberto de propriedades que podem ocorrer segundo diferentes arranjos. Ao declararem que os conceitos são constituídos por distribuições estatísticas de atributos, os partidários das teorias do protótipo sustentam que o conceito provê o máximo de informação com um mínimo de esforço cognitivo.

As pesquisas sobre as teorias de categorização a partir de protótipos se concentram em duas linhas: a da identificação das variáveis que conformam o conceito e dos modelos quantitativos que identificam o modo de categorizar. As variáveis estudadas compreendem o dimensionamento de categorias, os níveis de distorção e o número de categorias críticas (Stove, 1966). As categorizações nas teorias dos protótipos são produto de princípios e não de acidentes históricos ou da atribuição de predicados. Considera-se a formação de conceitos no âmbito de uma cultura dada, não discutindo como diferentes culturas ou microculturas engendram as categorias.

O processo de formação de categorias baseia-se em dois princípios: o da economia cognitiva e o da estrutura percebida do mundo. A economia cognitiva consiste no pressuposto de que, ao categorizarmos, atribuímos o máximo de predicados identificadores do estímulo psicológico, de modo a diferenciá-lo de qualquer outro, e, simultaneamente, evitamos atribuir predicados para diferenciar um estímulo de outro. O princípio de estruturação percebida do mundo consiste no pressuposto de que os predicados que percebemos em objetos reais correspondem a combinações correlacionais não arbitrárias. Ao vermos pela primeira vez um animal semelhante a um felino, esperamos que tenha pelos e não penas. Alguns pares, trincas etc. de atributos são mais prováveis de aparecerem combinados entre si, como asas, bicos e penas. Outros raramente aparecem combinados e há combinações tidas como lógica ou empiricamente impossíveis.

## Cultura

Muito embora Rosch (1978) enfatize que o processo que descreve considera unicamente o mundo empírico, os temas que trata levantam questões importantes sobre os conceitos e as abstrações. O tema recorrente de saber de onde procedem os atributos de conceitos como /organização/, ou /justiça/, ou /tecnologia/ é resolvido de forma direta. Parte do fato de que podemos traçar sua história, sua inserção na linguagem cotidiana e as mutações em sua acepção, mas não é possível alcançar o estímulo psicológico primário que atribui predicados ao organizado, ao justo, ou ao tecnológico. A teoria dos protótipos aplicada aos conceitos abstratos permite considerar que esses conceitos resultam de economias cognitivas e de percepções pré-estruturadas, isto é, de heranças no modo de ver. Não há por que descartar, ao menos como hipótese, a ideia de que em cada cultura (forma de vida), em cada contexto comunicacional (jogo de linguagem), existam conceitos prototípicos do que venha a ser organização, justiça e tecnologia. Parece evidente que, embora correta do ponto de vista lógico e semântico, a utilização desses termos para significar a ordenação das folhas em uma árvore, a justa ordem dos astros no céu e a estrutura do arado de tração animal é distante dos protótipos desses conceitos em nosso contexto. Parece correto, também, afirmar que a forma como os conceitos são percebidos tem a ver com as necessidades funcionais físicas e culturais. Os sistemas de categorias preexistentes em uma cultura determinam a forma de ver. Vemos as asas do avião, a asa da xícara e as alas de uma mansão a partir de similaridades que não são compartilhadas, por exemplo, pelos esquimós.

## Dimensões

Os sistemas de categorização fundados em protótipos têm duas dimensões: uma dimensão vertical, concernente à inclusão na categoria (/cão/ na categoria /mamífero/), e uma dimensão horizontal, concernente à segmentação da categoria de inclusão, ou seja, a variação no interior da categoria (/baleia/ e /cão/ na categoria /mamífero/). A dimensão vertical indica os atributos mais ou menos centrais para o protótipo, a dimensão horizontal indica o grau de distinção e de flexibilidade da categoria. A combinação das duas dimensões indica as instâncias de representatividade maior (centralidade) ou menor (marginalidade) do caso, a maior ou menor distância do protótipo.

Em outros termos: a dimensão vertical indica os objetos básicos da categoria. Por categoria entendem-se os objetos considerados equivalentes, isto é, os objetos que recaem sob um mesmo conceito. Uma "categoria" é, em geral, designada por um nome (mamífero, animal, cão etc.). Uma taxonomia (do grego *táksis,eós*, pôr em ordem + *nomia*, regra) é o sistema pelo qual os membros de uma categoria são relacionados uns aos outros. Quanto mais membros são incluídos em uma categoria, maior o nível de abstração, isto é, menor o número de atributos que o definem (animal tem menos atributos do que mamífero, mamífero do que cão, cão de guarda do que cão etc.). Essas as bases da proposta de categorização psicológica para objetos concretos, preocupação e foco das pesquisas em psicologia cognitiva. O agrupamento/classificação por similaridade segue, além do critério de atributos comuns, compartilhado pela visão filosófica tradicional, a similaridade da forma (uma cadeira, qualquer cadeira, se parece com uma cadeira), os movimentos esperados em relação ao objeto (sentamos em cadeiras e afagamos cães) e a identificação da aparência mediada ou geral (somos capazes de descrever o que entendemos por cadeira, por cão etc.).

A dimensão horizontal da categorização indica a estrutura interna das categorias segundo o menor ou maior afastamento de um protótipo entre os objetos incluídos "verticalmente" em uma categoria. A categorização por similaridade de percepção implica que a maior parte das categorias não tenha uma fronteira claramente definida. Se a economia cognitiva impele a categorização para a distinção mais clara possível entre categorias, ela tende para o centro, para o protótipo, e não para o estabelecimento dos limites de domínio do conceito. Ela não corresponde à tradição filosófica da atribuição de conceitos, mas à filosofia analítica de Wittgenstein, que demonstrou que, embora saibamos quais os casos que recaem sob um conceito, não temos como demonstrá-lo do exterior de um jogo de linguagem e de uma forma de vida particulares.

## Distribuição

Como nas teorias tradicionais, as teorias do protótipo supõem que adquirimos os conceitos mediante a agregação de seus atributos sensoriais. A diferença fundamental é que as atribuições do conceito são distribuídas estatisticamente, de acordo com a maior ou menor proximidade do caso típico. De forma que o mecanismo de aquisição não está dirigido para a verificação da coincidência das propriedades, mas da tendência a ocorrer. A categorização consiste em um processo de comparação de similitudes em relação ao protótipo da categoria, ao caso típico. A medida mais usual é a desenvolvida por Tversky (1977) e Tversky e Kahneman (1983), o chamado "Princípio de Contraste" (Smith e Medin, 1999). A similitude presumível entre dois itens $i$ e $j$ é medida comparando-se o conjunto de características compartilhadas associadas a eles. A função é definida da seguinte forma: Similitude $(i,j) = a\!\int\!(i \cap j) - b\!\int\!(i - j) - c\!\int\!(j - i)$. As constantes $a$, $b$, e $c$ correspondem aos diferentes pesos atribuídos ao conjunto de características comuns $(i \cap j)$ e a cada conjunto de características distintivas de $i$, $(i - j)$, e de $j$, $(j - i)$.

O protótipo é definido pelos casos mais claros, mais evidentes das categorias de acordo com o julgamento de uma população. O protótipo não é um membro específico da categoria, mas os membros que, estatisticamente, são tidos como mais representativos. Embora tenha sido demonstrado (Rosch e Mervis, 1975) que quanto maior o grau de prototipicidade atribuído ao indivíduo da categoria, maior o número de características que ele compartilha com os demais, esse não é um fato relevante para o uso prático da teoria dos protótipos na análise crítica conceitual. O que é útil identificar é o que a população estudada, no contexto e no período de referência, considera central e o que considera periférico, essencial e supérfluo, claro e obscuro no conceito em estudo.

Tomemos, a título de exemplo, a verificação da inclusão de /pardal/ no conceito de /ave/. Consideremos como característica de /ave/ ter penas, voar, pôr ovos, ser bípede, nidificar e ser pequeno e como característica de /pardal/ ser bípede, voar, ter penas, nidificar e ser pequeno. Consideremos que o peso relativo do conjunto de características é igual a 1 [$a$, $b$, e $c = 1$] e que a função $\int$

atribui um peso relativo igual para cada característica. Teremos que a similitude entre /pardal/ e /ave/ é de 6 − 6 = 0, máxima para incluir /pardal/ na classe de /ave/. A mesma equação aplicada a /avestruz/ terá como resultado 2, já que os avestruzes não voam e são grandes, o que indica que, embora ave, o avestruz é menos típico do gênero do que o pardal. Existem outros esquemas para testar a similitude voltados para a categorização psicológica perceptual. Por exemplo, a acumulação de características perceptuais dá que a maçã enquadra-se melhor na categoria fruto do que a azeitona, um fenômeno, aliás, empiricamente demonstrável.

## Análise

Segundo a teoria dos protótipos, seriam três as questões a serem respondidas em uma análise conceitual: i) Quais os atributos centrais determinantes do conceito? , ii) qual o protótipo para o conceito e, iii) qual a similitude do caso em análise em relação ao protótipo?

A psicologia utiliza a formação de protótipos para avaliar impactos sobre variáveis, tais como a conformidade (quem concorda e quem discorda da maioria), o tempo de resposta (quanto tempo leva o sujeito para identificar o protótipo e o grau de afastamento dos demais membros da categoria), a velocidade de aprendizado (o tempo e os erros cometidos no processo de aprendizado de categorias e de sua ordenação), além de questões mais elaboradas, como as referentes à comunicação e à aprendizagem de categorias artificiais, à fronteira de conceitos (quase, aproximadamente, virtualmente etc.) e à substituição de conceitos em proposições. Esses temas, fascinantes, são próprios do campo da psicologia. Requerem instrumental epistemológico e têm propósitos diversos dos de constituir e criticar conceitos. Mas a teoria dos protótipos e os mapeamentos nela baseados têm a utilidade de configurar e documentar situações de interesse fundamental para a compreensão dos temas de que nos ocupamos. São úteis para formular e obter respostas à pergunta: "o que a população em foco entende por....?" e suas correlatas: "em que estes entendimentos são centrais ou dispersos?"; "Qual o grau de dispersão?"; "Qual a fronteira percebida de validade do conceito?"; "Em que o mesmo termo/conceito difere ou se aproxima (se confunde com) outros termos/conceitos?"; "Em que o entendimento do termo/conceito difere do entendimento em outros contextos espaço-temporais?". As respostas a questões como essas são úteis para contextualizar o uso dos conceitos. São úteis para o cruzamento de interpretações fundadas em *corpus* teóricos distintos (ideais-tipos, historicidade, verticalidade etc.) e destinados a análises em outras esferas de conhecimento: antropologia, economia, marketing etc.

Exemplares

O fato é que, empiricamente, os conceitos são representados por seus exemplares, não pela soma de seus atributos. O termo "cavalo" suscita normalmente a imagem de um cavalo baio, estático, como o das ilustrações dos livros infantis, não a soma de patas, crina, marrom etc. Se é claro que os conceitos são representados por exemplares, é menos claro o que vem a constituir um exemplar. "Exemplar" pode se referir a uma amostra única ou a um subconjunto de indivíduos que recaem sob o conceito. Um exemplar de calça jeans pode ser um par de calças determinado ou um jeans genérico. De uma forma ou outra o exemplar é uma abstração formada por similaridade, por semelhanças de família, como Wittgenstein descreveu (Thorton, 2007).

Os experimentos em psicologia cognitiva têm demonstrado que o uso do exemplar para se referir ao conceito é a norma quando se trata de objetos concretos. Aparentemente, isso também ocorre ao se tratar de objetos abstratos. Quando, por exemplo, tentamos estimar a frequência de classe particular de eventos — as palavras iniciadas com a letra *k* —, tendemos a relacionar uma série de palavras. Tendemos também a utilizar contraexemplos (contraexemplares) para julgar a validade do conceito em proposições. Em face da proposição: "a maioria dos cães é de cor preta", listamos mentalmente exemplares de outra cor.

O modelo dos protótipos empíricos viola os princípios tradicionais de representação dos conceitos, mas ajuda a superar alguns dos problemas cruciais da conceituação em pesquisa aplicada (Smith e Medin, 1999):

- gera conceitos necessariamente disjuntivos, na medida em que um item é considerado pertencente ao conceito somente se claramente coincide, ao menos por similaridade, com o(s) tido(s) como exemplar(es) prototípico(s) da categoria;
- os casos obscuros, julgados pouco representativos, marginais, são eliminados ou jogados para a fronteira do conceito (golfinhos e ornitorrincos para mamíferos, mas também condomínios de prédios para organização, condicionamentos biográficos para justiça, maçanetas comuns para tecnologia);
- elimina o imperativo do número mínimo de atributos comuns: vale o que é considerado como pertencente ao domínio do conceito, o que pode levar a equívocos, como o de considerar baleias como peixes, mas que são facilmente corrigíveis;
- tende a concentrar a amostra nos casos típicos, descritíveis (pardal para pássaro, mas também empresa para organização, punições para justiça, computadores para tecnologia);
- tende a indicar claramente os atributos típicos (asas, penas e bicos para pássaros, mas também estrutura relacional para organizações, neutralidade para justiça, artefatos para tecnologia);

tende a eliminar características julgadas secundárias (cores para pássaros, mas também distribuição física para organizações, ritualística para a justiça, origem para tecnologia).

## Dificuldades de aplicação prática das teorias dos protótipos

As teorias do protótipo superam as dificuldades das teorias tradicionais no que tange ao problema platônico dos indefiníveis, ao problema da analiticidade e ao problema do limiar conceitual. Mas têm uma base empírica, daí que persista o problema de que grande parte dos conceitos é imune às análises sensoriais. O conceito /mentira/, por exemplo, que constitui uma dificuldade para Locke porque, evidentemente, não pode ser reduzido a elementos sensoriais, constitui também, e pelo mesmo motivo, uma dificuldade não solúvel para as teorias dos protótipos. Ambos os grupos de teorias são inúteis para a conceituação de objetos abstratos (Lawrence e Margolis, 1999:29).

Além disto, as teorias dos protótipos apresentam pelo menos quatro problemas de aplicação prática: i) o problema das primícias ou a arbitrariedade na atribuição da tipicidade; ii) o problema da ignorância quanto aos limites da extensão do conceito; iii) o problema da ausência de protótipo; iv) o problema de determinação dos elementos constituintes dos protótipos dos conceitos complexos.

O problema das primícias tem duas raízes: a obscuridade das razões que levam a considerar um caso como típico e a inexistência de gradação por proximidade para alguns conceitos. Armstrong, Gleitman e Gleitman (1983) demonstraram que o que é considerado típico nem sempre se ajusta ao modelo de protótipo. Por exemplo, /maçã/ é julgada mais típica do que /banana/ para o conceito /fruta/, mas sem motivo aparente para a prioridade dada à /maçã/. Demonstraram também que a gradação por proximidade do caso prototípico não existe para todos os conceitos, como o de número primo, por exemplo, em que nenhum elemento detém as primícias do tipo. Ao que parece, a categorização por proximidade tem raiz diversa para cada conceito, isto é, depende de mecanismos psicológicos profundos e da história cultural dos sujeitos.

Alguns psicólogos (Lawrence e Margolis, 1999:33) desenvolveram uma tentativa de solução para a dificuldade das primícias, a chamada Teoria Dual, que sustenta que as pessoas se referem à categorização por identificação da proximidade em um primeiro momento, ou quando sob pressão, e à categorização por verificação de atributos essenciais (das teorias tradicionais) após reflexão. Mas, como veremos mais adiante, esse grupo de teorias não resolve, ao contrário, acumula as dificuldades das teorias do protótipo a das teorias tradicionais.

O problema da extensão do domínio dos conceitos para as teorias do protótipo é o mesmo que o do limiar para as teorias tradicionais. Primeiro, porque é difícil determinar quando a distância do caso típico ultrapassa a fronteira do conceito. Um ornitorrinco nidifica, tem bico e pés como os patos, mas não é uma ave. Segundo, porque um caso da mesma categoria pode estar tão distante do caso típico que não seja identificável na mesma classe. Uma avó típica tem cabelos brancos, usa óculos, é paciente, usa roupas antiquadas etc., mas muitas avós não se enquadram nem se aproximam desse protótipo. A teoria dual não resolve estes problemas, senão que os acumula aos problemas da ignorância e do erro das teorias tradicionais. Além disso, alguns conceitos são mais generalizáveis do que outros. Gelman e colaboradores (2010:274), investigando os efeitos da linguagem genérica sobre o conteúdo e a estrutura dos conceitos, referem que, embora seja geralmente aceito que temos a tendência a apreender e a utilizar conceitos em termos de sua essência ou da centralidade de seus atributos, o fato é que, dependendo de fatores como a idade e o contexto cultural, alguns conceitos, como o sexo/gênero, são mais generalizáveis, isto é, têm fronteiras de domínio mais claras do que outros, como raça ou cor da pele.

O problema do protótipo ausente depõe contra o principal suposto das teorias do protótipo, que é o de que os sujeitos acham natural classificar exemplares e instâncias em termos de quão representativos eles são de uma dada categoria. Mas esse suposto não é válido para grande parte dos conceitos. Não há protótipo para: i) objetos inexistentes, como o saxofone do século V; ii) objetos muito extensos, como os objetos que pesam mais de um grama, ou os objetos que pertencem à classe do não humano; iii) para objetos abstratos como /crença/, /justiça/, /desejo/; iv) para objetos singulares como "o pedaço de papel branco amassado que está sobre esta mesa, neste momento". Daí que se pode perfeitamente ter um conceito sem referenciá-lo a nenhum protótipo, embora seja verdade que muitos conceitos tenham protótipos associados a eles.

As teorias dos protótipos não resolvem adequadamente o problema de composicionalidade (do conceito como composto de outros conceitos), uma vez que os protótipos dos conceitos complexos não são uma função dos protótipos de seus conceitos constituintes. Várias soluções foram aventadas para esse problema, como a da teoria dos conjuntos imprecisos (*fuzzy*) (Zadeh, 1965). Nesse modelo, atribui-se um valor entre *0* (inteiramente fora da categoria) e *1* (inteiramente dentro da categoria), que indicam a proximidade relativa ao caso típico. As operações são feitas como na teoria dos conjuntos ∪, ∩, ∅, ∋ etc. Vale o grau mais fraco da interseção, isto é: se Félix é um gato de grau 0,9, considerada a totalidade dos gatos, e feroz no grau 0,8, Félix é um gato feroz no grau 0,8. Esse tipo de configuração, embora engenhoso, não soluciona os problemas dos conceitos complexos como protótipos. O corolário das equações pode ser absurdo: Félix é um gato manso no grau 0,2, e é um não gato no grau 0,1. Por outro lado, há o problema da atipicidade: um peixe de estimação reúne muito pouco das características de /peixe/ (cinza, não domesticável etc.) e das características de /estimação/ (afetuoso, companheiro etc.). Mas o principal argumento contra as teorias dos protótipos é de ordem lógica: os protótipos não são componíveis. Se o fossem, não seriam típicos, eles têm que funcionar como unívocos, mas os conceitos são, necessariamente, compostos de atributos, daí que os conceitos complexos não possam ser protótipos (Fodor e Lepore, 1996).

Na determinação da similitude do caso examinado em relação ao protótipo do conceito, cinco ressalvas devem ser observadas. A primeira é que a atribuição da tipicidade é condicionada sensorialmente. Não é difícil determinar o caso típico de pássaro, de árvore ou de perfume. Mas qual seria o caso típico de /mentira/, de /esforço/ ou de /justiça/? Pode-se contornar essa dificuldade inquirindo, por exemplo, o que um texto, um pronunciamento, uma enquete declara, exemplifica ou sugere como típico. Mas aí se recai na segunda ressalva, a das primícias. A atribuição não garante que seja verdadeira ou lógica a tipicidade. Um dos predicados mais frequentemente atribuídos aos políticos é o de serem corruptos. Alguns seriam absolutamente corruptos, outros seriam corruptos em graus mais ou menos distantes do caso típico. Ora, essa atribuição refere-se à percepção condicionada cultural e psicologicamente sobre uma classe. Trata-se de uma impressão não comprovável, muito menos mensurável. A terceira ressalva, a da extensão do domínio, também é fruto da impossibilidade lógica de determinação dos limites do conceito a partir de perceptos, do sentimento ou da opinião. A quarta ressalva elimina alguns quesitos dada a inexistência de protótipos para o caso examinado. A quinta, igualmente, ao eliminar o protótipo de conceitos complexos, a composicionalidade estatística incidindo em absurdos.

Aplicação

Em que pesem essas ressalvas, a análise conceitual pode se beneficiar da ideia dos protótipos. Pode-se investigar, por exemplo, a percepção sobre a tipicidade de casos, o protótipo percebido, e confrontar-se com outras percepções, por exemplo, em culturas distintas, ou se pode verificar como grupos de interesse ou grupos identitários diversos tipificam um conceito. Pode-se também estudar como hábitos de julgamento ou falsas generalizações (estereótipos [*stéreos, á, ón* (sólido) + tipo]) marcam o campo investigado (Putnam, 1975). A aplicação da teoria dos protótipos aos estudos não psicológicos é objeto de uma seção no capítulo 6 deste livro.

## *Similaridade, coerência, mediação e individualização*

Os estudos psicológicos sobre as condições, forma e processos mentais na formação e na aquisição de conceitos remontam à década de 1920 (Hull, 1920), tornam-se frequentes nos anos 1960 e 1970[1] e prosseguem (Ketchum e Bourne Jr., 1980; Schroth, 1997), mas com uma ênfase diferente. O entendimento do que vem a ser um conceito para a psicologia da cognição evoluiu de "categorias bem definidas" dos anos 1960, com um pequeno número de atributos perceptuais, para o entendimento de conceito como denominando categorias imprecisas, como /jogo/, e /móvel/, que não podem ser determinados por um pequeno número de atributos e cujos casos parecem ter gradientes de tipicidade, em vez de terem fronteiras determinadas. A psicologia contemporânea trabalha também com conceitos não perceptuais, como os baseados em princípios teóricos ou em causalidades como as classificações genéticas que vieram a substituir as classificações baseadas em similaridades físicas (Busemeyer, McDaniel e Byun, 1997).

---

[1] Archer apud Margolis e Laurence (1963); Fishbein, Haygood e Frieson (1970); Trabasso, Rollins e Shaugnessy (1971); Garner (1976).

## Similaridade

A classificação baseada na similaridade foi e é a mais intuitiva forma de agrupar objetos. Os objetos, entidades e eventos recairiam sob um conceito, porque são similares uns em relação aos outros. O conceito /animal/ abriga sardinhas, papagaios e rinocerontes porque eles guardam a similaridade de serem heterotróficos, multicelulares e terem capacidade de locomoção.

A noção básica da similaridade é a de que os objetos pertencem naturalmente a uma categoria por terem algum tipo de parecença entre si e de diferença entre outras categorias. O problema da similaridade reside em se especificar a razão por que um objeto, evento ou entidade é ou parece ser similar a outro. O ponto de vista da fenomenologia de Gadamer e da filosofia de Wittgenstein é o de que a similaridade existe como fruto da história cultural e das histórias de vida. A psicologia cognitiva tentou, mediante observação e experimento, definir o mecanismo da similaridade, aparentemente sem outro resultado do que produzir teorias que se contradizem mutuamente, como se depreende do quadro 2.

QUADRO 2
**Comparação entre abordagens de similaridade e teóricas de conceitos**

| Teoria conceitual | Abordagens de similaridade | Abordagens teóricas |
|---|---|---|
| Representação do conceito | Estrutura de similaridade, listas de atributos, correlação de atributos | Atributos correlacionados, acrescido de princípios que indicam quais atributos foram notados |
| Definição da categoria | Métrica da similaridade, somatório de atributos | Um princípio explanatório comum aos membros da categoria |
| Unidades de análise | Atributos | Atributos acrescidos de representações explicitamente representadas de atributos e conceitos |

Continua

| Teoria conceitual | Abordagens de similaridade | Abordagens teóricas |
| --- | --- | --- |
| Base de categorização | Concordância de atributos | Concordância de atributos acrescida de processo inferencial decorrente de princípios prevalecentes |
| Peso relativo dos atributos | Sugestão de validade, ênfase | Determinado em parte pela importância dos princípios prevalecentes |
| Estrutura interconceitual | Hierarquia baseada nos atributos compartilhados | Rede formada por laços causais e explanatórios, bem como pelo compartilhamento de propriedades tidas como relevantes |
| Desenvolvimento conceitual | Justaposição de características | Mudança de organização e explanação dos conceitos como resultante do conhecimento sobre o mundo |

Fonte: Murphy e Medin (1985).

## Coerência

Todos sabemos que a água e o fogo têm constituição diferente. De alguma forma apreendemos que nem a água nem o fogo são seres animados, como aprendemos o valor da justiça ou — por que não? — do dinheiro. A maioria dos conceitos que utilizamos é claramente intuitiva, baseia-se nas similaridades e nas diferenças aparentes. Por que, então, não podemos basear a análise conceitual no intuído e no empírico e abandonar as teorizações? Não podemos fazê-lo porque o problema dos conceitos científicos não tem a ver com a vida cotidiana. Ele só se coloca no nível da reflexão: é da ordem do querer dizer, do que queremos significar com um termo, ou do que devemos entender pelo que outros, no presente e no passado, quiseram dizer. Para que possamos refletir é imprescindível que os conhecimentos estabelecidos e adquiridos sejam expressos de forma lógica. Conceitos vazios, palavras loucas, não levam ao conhecimento, mas à incoerência.

Os conceitos que utilizamos na vida cotidiana são fáceis de apreender, de usar, de lembrar, de categorizar. À medida que nos aprofundamos na reflexão, seja ela prática ou teórica, os conceitos se tornam mais complexos, mais nebulosos. Questões iniciadas com expressões como "devo?", "por quê?", "até quando?" levam a conceitos difíceis de apreender, de usar, de lembrar, de categorizar. O que torna o conceito categorizável é sua coerência interna. Mas o que vem a ser essa coerência tem sido matéria de larga discussão. Por que razão um dado conjunto de objetos, de entidades, de eventos é agrupado sob uma única denominação? Qual a coerência do Levítico (11; 1-47) que dá os camelos, avestruzes, crocodilos, camundongos, tubarões e enguias como impuros e as gazelas, sapos, a maioria dos peixes, a lagosta e os gafanhotos como puros? O que os avestruzes e tubarões têm em comum? O que os diferencia das gazelas e dos sapos? O que têm essas listas que as tornam coerentes? Nada, diríamos. Tudo, para os redatores da Torá, que, ou não se atreveram a questionar as palavras de Jeová a Moisés, ou aceitaram como racional que o camelo e o coelho fossem imundos porque ruminam e não têm a pata partida, enquanto o porco é imundo porque, embora rumine, tem a pata partida, característica que o coloca na mesma classe do corvo, dos peixes sem escamas e do morcego.

 O que empresta coerência a categorias como essas são as visões, as teorias, as teses que temos sobre o mundo. Uma categoria coerente é aquela em que os membros parecem combinar, um agregado de objetos que fazem sentido para um observador. A coerência é cultural. Existe tanto para conceitos naturais, formados por categorias ontológicas básicas (/coisas vivas/, /seres inteligentes/) como para conceitos não naturais, criados ou derivados da reflexão, como o de /cadeira universitária/. Muphy e Medin (1985), de quem retiramos os exemplos acima, sugerem que a coerência conceitual deriva de um tipo de conhecimento transformacional. A exposição às mudanças sucessivas de um objeto facilita a colagem mental dos estados em um conceito único. Por outro lado, estudos referidos aos efeitos na categorização conceitual de transformações nos atributos de objetos naturais chegaram a que a previsibilidade das transformações contribui para a coerência do conceito, isto é, uma vez expostos a uma sucessão de mudanças no objeto, somos capazes de inferir que os vários estágios por que passa são casos de um objeto único com potencial de mudança dinâmica (Zaki e Homa, 1999:72). Esses estudos confirmam os parâmetros estabelecidos sobre a questão do distanciamento do protótipo pela psicologia cognitiva, por exemplo, que os limites de domínio das categorias se tornam mais claros com a idade, que a memória recupera com mais facilidade elementos adquiridos sequencialmente, que os conceitos são aprendidos com mais facilidade na ordem do mais simples ao mais complexo. Confirmam, também, alguns dos pontos estabelecidos cientificamente sobre os efeitos das transformações em perceptos, por exemplo, que a representação de um objeto em movimento inclui tanto o objeto em repouso como o estado sugerido pelo deslocamento, que tendemos a caracterizar diferentemente os objetos que sofreram transformações esperadas (naturais) em atributos essenciais e aqueles que sofreram transformações não previsíveis (acidentais) (Zaki e Homa, 1999:69-71).

Todos esses conhecimentos são úteis à psicologia cognitiva, ajudam a compreender como conceituamos, como chegamos a ter um conceito. Do ponto de vista da crítica conceitual, sua utilidade reside em fundamentar a análise cultural dos juízos que emitimos sobre objetos, entidades e eventos: se eles são mais ou são menos típicos, se as classes consideradas são coerentes e por quê. Os conhecimentos registrados pela psicologia cognitiva são úteis principalmente para compreendermos os processos de formação de conceitos abstratos a partir da experiência. Os conceitos intervenientes ou mediadores (*intervening concepts*) constituem, talvez, o caso mais interessante destes conhecimentos para a crítica conceitual.

## Mediação

Os conceitos mediadores são aqueles que ligam um feixe de conceitos a outro. Diferem dos conceitos perceptuais na medida em que: i) são relacionais, constituindo o elo entre atributos; ii) implicam descobertas, uma vez que envolvem necessariamente a revelação ou a formação de novos conceitos; iii) são abstratos, isto é, não são diretamente observáveis, mas produtos da mente do descobridor.

As pesquisas sobre as relações causais e os conceitos intervenientes datam dos anos 1950 (Miller e Wilson, 1983). Estão presentes em investigações sobre a personalidade, sobre a adição (vícios), sobre a intuição e fenômenos correlatos (Murphy e Medin, 1985). Indicam que, ao reduzir o número de relações causais necessárias à conceituação, os conceitos mediadores dão vez a uma economia natural do entendimento. A figura 7 representa, à esquerda, a situação em que o investigador tenta expor 15 relações entre cinco fatores e três critérios de mensuração. À direita, ilustra como um conceito mediador — aptidão para o trabalho — restringe a exposição a dois pares de quatro relações e a um único nó explicativo.

## Figura 7

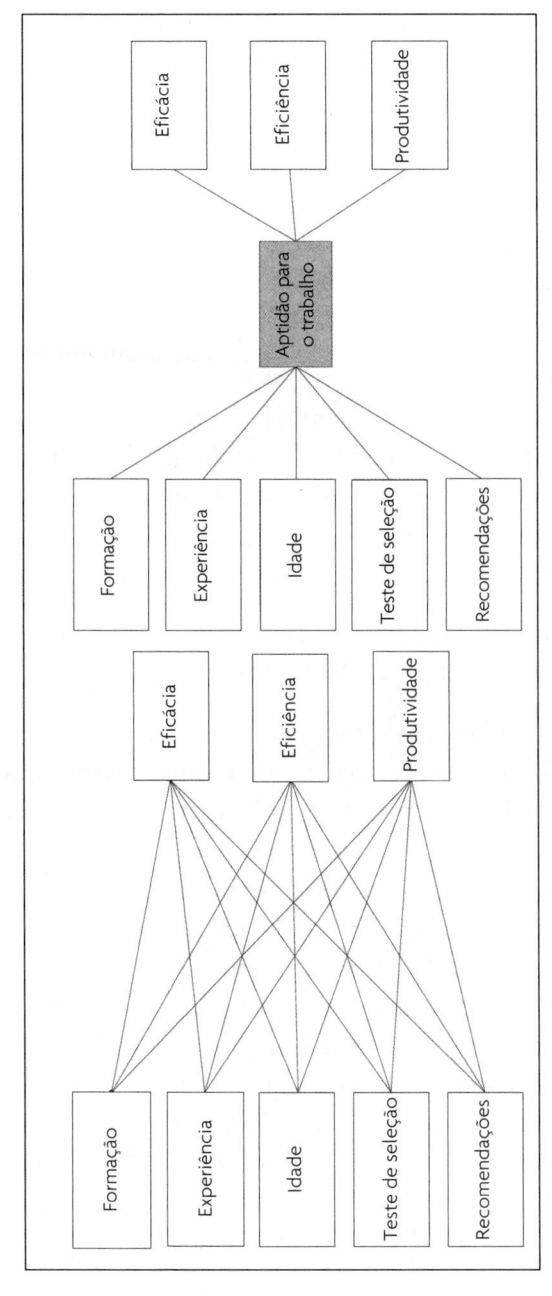

Baseado em: Busemeyer, McDaniel e Byun (1997:1-48).

Estudando a mediação, a psicologia se interessa por questões como a de saber se tais conceitos são criados espontaneamente em face de novas situações sociais ou mentais, ou se são criados por indivíduos excepcionais e depois repassados à aquisição pela comunidade. Preocupa igualmente à psicologia saber se os conceitos mediadores são criados para simplificar relações causais novas ou se se trata de uma ocorrência rara, que se dá em função de uma forma inovadora de enxergar regularidades preexistentes. Para o propósito da formação e da crítica científica dos conceitos, o registro da existência de conceitos mediadores permite identificar e expor inferências incorretas, supersimplificações e equívocos em geral na constituição dos conceitos. Mais do que isso, inquirindo se o conceito é um mediador, uma síntese simplificadora de um conjunto de conceitos, identificamos conceitos-chave e os criticamos quanto à coerência, à tipicidade e à inserção em proposições.

### Individualização: os tipos de inteligência

Outra contribuição da psicologia para a compreensão do processo de formação dos conceitos e, consequentemente, para a crítica conceitual é a demonstração empírica de que a inteligência humana, ou a razão, é diferenciada individualmente. A demonstração de que nós, enquanto indivíduos pensantes, formamos, recebemos, retemos e recuperamos conceitos segundo um mesmo processo, mas que a relevância que emprestamos aos conceitos, bem como nossa capacidade de realizar cada uma dessas operações, varia de indivíduo para indivíduo. Essa variação não é só a da forma de vida a que cada um se filia, a do contexto espaçotemporal em que vivemos, senão que também corresponde a diferenças da mente individual, da inteligência, definida como a habilidade para resolver problemas e a capacidade para criar produtos que são valorizados em um ou mais contextos culturais.

Das duas visões predominantes sobre a inteligência, a unitária e a fragmentária, a segunda é hoje a mais aceita nos meios da psicologia da cognição. A tese unitária supõe que o intelecto é uma máquina infinitamente complexa e que um indivíduo, por motivos que não saberíamos precisar exatamente, pode ser universalmente brilhante. Está de acordo com as premissas da psicometria, dos testes de QI e das observações leigas sobre a capacidade intelectual dessa ou daquela pessoa. A tese fragmentária sustenta que o intelecto tem vários componentes, que a mente tem várias funções e que a distribuição da capacidade de utilização dessas funções é diferente de indivíduo para indivíduo, que ninguém é absolutamente inteligente ou absolutamente estúpido, senão que todos somos mais dotados para algumas coisas e menos em outras. Baseia-se na ciência biológica e é empiricamente comprovável. Deriva de um projeto originário dos estudos relativos ao potencial humano, desenvolvido por Howard Gardner (1993) e seus colegas na Harvard Graduate School of Education a partir de 1979.

Os psicólogos behavioristas e uma determinada corrente de psicometria procuraram identificar as leis regulatórias das funções ditas horizontais do intelecto, tais como a memória, a percepção, a atenção. Essas comprovações são válidas principalmente para a percepção, para os sentidos segundo a tradição filosófica, mas apresentam problemas quando se trata da formação e da apreensão de conceitos. Por exemplo, testes de capacidade intelectual em culturas diferentes têm resultados diversos. Culturas diferentes valorizam tipos diferentes de habilidade. A capacidade de reconhecer cheiros, essencial para quem vive em contato com a natureza, não tem nenhum valor (a não ser estético) para um citadino. Aparentemente, os testes genéricos de inteligência são, na verdade, testes de preferências, e as pessoas com habilidades diversas satisfazem mais ou menos as preferências de seu contexto cultural. No confronto entre a neurobiologia e a corrente de psicometria que sustenta o ponto de vista da inteligência unitária, a neurobiologia leva nítida vantagem. Uma pessoa pode perder o lóbulo frontal do cérebro e, com ele, toda a capacidade de resolver novos problemas, e continuar a apresentar um QI próximo do de gênio. Por último, sabemos hoje que as capacidades não são generalizáveis. Uma pessoa pode ter intuição para música ou matemática e grandes dificuldades para entender os problemas sociais, enquanto a capacidade de síntese no campo da expressão linguística não implica a mesma capacidade no que se refere ao raciocínio espacial, como a construção de esquemas genéricos.

Confirmando a visão fragmentária, as pesquisas de Gardner e seus colegas demonstraram a existência de tipos de inteligências diferenciadas. A ênfase dos testes que realizaram se deu sobre a especificidade não das funções cerebrais, mas da capacidade de raciocínio, focando as faculdades "verticais", tais como a linguagem, a música, as várias formas de percepção do espaço. Essas funções são denominadas verticais porque dependem das funções genéricas, horizontais, que lhes atravessam. Para termos uma faculdade linguística, dependemos de uma percepção dos fenômenos linguísticos, como a semântica e a sintaxe, de uma memória daquilo que percebemos e assim por diante. A comprovação mais significativa da existência de tipos específicos de inteligência deriva dos conhecimentos biológicos, de evidências acumuladas pela neurobiologia e pelo exame e aferição das funções cerebrais. Em paralelo ao que se verificou em relação à visão fragmentária, a corrente locacionista das funções do cérebro superou, em termos teóricos e em termos empíricos, a visão holística, que afirmava que qualquer parte do cérebro poderia desempenhar qualquer e todas as funções. Os estágios de desenvolvimento desses conhecimentos partem dos estudos de genética que estabeleceram tendências hereditárias, principalmente para o caso de enfermidades, ainda muito imprecisas, mas que nos levam a crer que o adágio sobre filho de peixe etc. tende a ser comprovado. Isto é, da mesma forma que herdamos uma propensão a doenças cardíacas, por exemplo, herdaríamos certos talentos ou certa facilidade para a criação ou para a solução de determinados tipos de problema. Herdaríamos o talento literário ou musical de nossos pais, o que só seria possível se esses talentos fossem algo específico e transmissível. Também os estudos sobre o cérebro demonstram o desenvolvimento condicionado de algumas de suas partes. Ratos de laboratório submetidos a determinadas pressões têm uma parte específica do cérebro aumentada. O mesmo ocorre com pássaros obrigados a alterações no canto. Por fim, tem-se verificado que as lesões do cérebro anulam ou prejudicam funções verticais. Na ocorrência de trauma ou de acidente vascular, perde-se um determinado tipo de capacidade linguística, a possibilidade de realizar certos movimentos, o entendimento da aritmética etc. O cérebro adulto é tão especializado que uma lesão que causa dificuldades de leitura em um ocidental não tem nenhum efeito sobre um japonês, já que um lê sons, outro, pictogramas.

Considerando, então, que o intelecto tem atributos locacionais no cérebro, que existem diferenças genéticas na forma e no conteúdo das propensões intelectuais, que o cérebro é, simultaneamente, especializado e adaptável, Gadner e Walters (2002) chegaram à identificação de sete tipos diferenciados de inteligência, que relacionamos a seguir com seus atributos:

- Linguística
  - Semântica: significado ou conotação das palavras;
  - Fonologia: os sons e a interação do som entre palavras;
  - Sintaxe: as regras que governam a ordenação das palavras;
  - Pragmática: o uso das palavras (épico, lírico etc.).
- Musical
  - Melodia

- Ritmo
- Timbre (característica do tom)

- Lógico-matemática
- Ordenação
- Abstração (quando os objetos não estão visíveis, eles continuam existindo — p. ex.: crianças)
- Classificação

- Espacial
  - Visão
  - Localização
  - Linha e massa
  - Planos

- Corporal-cinética
  - Movimento
  - Dança
  - Representação (mímica)
  - Postura
  - Habilidades

- Intrapessoal
  - Autoconhecimento, habilidade para avaliar os próprios sentimentos

- Interpessoal
  - Habilidade para compreender e fazer distinções (reconhecer) outros indivíduos (empatia)

Os critérios para determinação desses tipos de inteligência foram, em primeiro lugar, a possibilidade de isolamento devido a danos no cérebro; em segundo, a identificação de uma ou várias operações centrais (como a música); em terceiro, a existência de *idiots savants*, prodígios que apresentam um desenvolvimento extremo de um tipo de inteligência ou capacidade, como a de conhecer todas os dias da semana de datas futuras; em quarto, o histórico evolucionista dos tipos de inteligência na espécie humana, a verificação por teste psicológicos e psicométricos, passíveis de serem representados por um sistema de símbolos.

A dificuldade de comprovação definitiva dessa modulação reside em três fatores: i) a barreira, ainda persistente, de se localizar os pontos do cérebro que desempenham as funções. Dificuldade explicável pelo fato de que uma mesma função, como a relacionada à música, localiza-se em várias partes do cérebro; ii) o fato ou a possibilidade, ainda não se sabe ao certo, de que, por necessidades derivadas de malformações ou danos, um módulo específico do cérebro possa tomar emprestadas funções de outro módulo; e iii) o nível de plasticidade do cérebro é alto nos anos da infância, principalmente nos primeiros meses de vida. Danos no sistema neural, irreversíveis em adultos, são comprovadamente reparados em fetos. Aparentemente, a flexibilidade mental das crianças corresponde a uma plasticidade cerebral, da mesma forma que a tendência à especialização no adulto corresponderia a uma cristalização, a uma canalização das funções cerebrais.

Essas dificuldades, no entanto, não contradizem o que é essencial para a formação e a crítica dos conceitos: a existência de diferenças individuais na percepção e retenção (memorização) de ideias e noções. Ao se inquirir sobre as representações do conceito é possível ter-se uma ideia dessas diferenças. Membros de grupos identitários coesos compartilham *aproximadamente* os mesmos conceitos. Isto reforça, empiricamente, as ideias de contextualização do conceito (Hegel), do papel da linguagem (Gadamer), da variação dos atributos (Wittgenstein) e indica a importância da crítica conceitual nas pesquisas empíricas. A constatação da variabilidade dos conteúdos conceituais levou à preponderância da identificação teórica dos conceitos em detrimento do atomismo tradicional.

## Atomismo conceitual e identificação teórica dos conceitos

Dois grupos de teorias sobre os conceitos procuram dar conta das dificuldades práticas das abordagens tradicional e dos protótipos, bem como da evidência das diferenças individuais na formação de conceitos: o atomismo conceitual e a identificação teórica dos conceitos.

A corrente da psicologia cognitiva denominada de atomismo conceitual constitui-se em uma tentativa de superar a dificuldade das teorias tradicionais para resolver o problema dos indefiníveis e a falha das teorias do protótipo em superar o problema dos atributos, pela afirmação de que o conceito é como um átomo: não tem uma estrutura, apenas uma posição relativa em teorias mentais.

A ideia procede de longe. Os filósofos atomistas gregos Leucipo (Mileto, V a.C.) e Demócrito (Abdera, 460-370 a.C.), o helênico Epicuro (Samos, 341 a.C.; Atenas 270 a.C.) e o poeta latino Lucrécio (96-55 a.C.) postularam que o mundo é composto por átomos não gerados, incorruptíveis e dotados de movimento. Tudo o que existe sendo o resultado da agregação de átomos qualitativamente iguais, mas distintos em forma e posição (Mondolfo, 1971). Essa forma de pensar fecundou disciplinas tão díspares como a física, a lógica e a psicologia. No caso da psicologia, melhor, do atomismo psicológico, a doutrina reza que os fenômenos psíquicos se reduzem a combinações de elementos simples de natureza mental pelo agrupamento dos quais seriam formados os estados psíquicos complexos. O atomismo se reparte em várias correntes, que diferem sobre a natureza e a origem dos conceitos, mas concordam que o sentido das sentenças está enraizado em uma relação primitiva entre expressões e noções simples: os átomos lógicos.

Em uma linguagem perfeitamente lógica, as sentenças atômicas descrevem configurações desses átomos, e as sentenças complexas são combinações das sentenças atômicas. Na sequência da ideia de átomo e agregação, o atomismo conceitual postula que o conceito pertence à sua própria categoria, podendo-se, por exemplo, ter o conceito "pássaro" sem ter o conceito "animal", e supera o problema da estabilidade, uma vez que o conceito é sempre estável em relação ao seu agregado.

Infelizmente, o atomismo não se presta ao esforço crítico sobre os conceitos, uma vez que coloca mais problemas do que aqueles que resolve, a saber: i) não encontra outra explicação para os conceitos primitivos do que o inatismo: os conceitos seriam dádivas de Deus ou da natureza à razão humana; ii) não permite a categorização e, consequentemente, o estudo do posicionamento léxico e sintático do conceito em relação a outros conceitos; iii) não explica como resolver a tendência intuitiva que temos de analisar e a necessidade cultural-científica de entender os conceitos.

Como ponderam Adams e Adams (1987) a propósito da criação ou modificação deliberada de noções e sistemas de noções por cientistas no desenvolvimento de pesquisas: as qualidades de rigor, objetividade e sujeição à determinação observacional, tidos tradicionalmente como essenciais aos conceitos científicos, são muitas vezes impraticáveis ou contraproducentes. Eles evocam os trabalhos de Kuhn (1989), entre outros, para argumentar que essas qualidades são desejáveis unicamente na medida em que servem a propósitos científicos, mas que não podem ser tomadas como fins em si mesmas, sob pena de inibição e burocratização das investigações. Esse é um argumento similar ao de Wittgenstein contra o atomismo subjacente aos seus primeiros trabalhos. Wittgenstein havia escrito no *Tractatus* que "tudo o que se pode dizer, se pode dizer claramente" e, em uma carta para Russell (Wittgenstein, 1998), que repetir enunciados obscuros não os torna mais claros.

Mas nas *Investigações* (§ 88) deixou escrito que existem enunciados não claros, inexatos, vagos, que podem ser utilizados.

O atomismo não se confirma porque a imprecisão e a aproximação são características dominantes na formação e na atribuição de conceitos, inclusive no caso de sistemas quantitativos de mensuração. Algumas características consideradas aberrantes cumprem papel científico importante no lançamento de hipóteses, na transferência de noções de um campo a outro e, principalmente, na abertura de novos horizontes de investigação.

Uma segunda abordagem aos conceitos na psicologia cognitiva parece ser mais frutífera para superar os problemas decorrentes da imprecisão e da instabilidade dos conceitos empíricos. É a que se volta para o entendimento dos conceitos como termos teóricos integrantes de teorias mentais. Nessa perspectiva, os conceitos são tomados como representações cuja estrutura consiste nas relações com outros conceitos. A identidade do conceito é determinada por seu papel em esquemas explanatórios em um *corpus* teórico dado. O objeto a ser investigado é, então, o conceito enquanto elemento constituinte do pensamento no âmbito do conjunto de proposições em um dado domínio e não o conceito empírico vulgar. As proposições são constituídas por conjuntos de conceitos (teorias) ou de estruturas mentais complexas de um domínio ou fenômeno representado mentalmente e dos princípios explanatórios (definições) que os determinam, enquanto os conceitos são identificados por seu papel em uma teoria. Esse ponto de vista aproxima essa corrente de linhas da filosofia da ciência, como as de Khun (1989), de Lewis (1970), de Sellars (1997) e da filosofia analítica.

As dificuldades que a identificação teórica apresenta para a crítica conceitual são de duas ordens. A primeira é a de que não resolve o problema de que crenças e informações incorretas são incorporadas à estrutura do conceito (Kripke, 1982). A segunda é que não dá conta da instabilidade do conceito: não há como sustentar que o mesmo conceito pode ocorrer a despeito das diferenças culturais e circunstanciais. Qualquer mudança de entendimento, qualquer variação no psiquismo de um grupo afeta a identificação, a "neutralidade" teórica do conceito. Embora o conceito se mantenha o mesmo, não há como afirmar que a representação mental é a mesma para o referente. Além disso, o conceito pode não permanecer invariante em face de mudanças na teoria mental em que se insere.

## Síntese

Em que pesem as dificuldades que apontamos no representacionismo, na existência de conceitos abertos, nas teorias tradicional e dos protótipos e as incertezas decorrentes da tendência à classificação por similaridade, da existência de conceitos mediadores e das diferenças individuais na absorção e retenção dos conceitos, a contribuição da psicologia cognitiva para a crítica conceitual tem grande valor em pesquisas fora de seu campo. Seja ao abrir perspectivas diversas daquelas derivadas da tradição acadêmica e da lógica pura, seja ao aceitar e absorver as razões filosóficas contemporâneas, a psicologia cognitiva ajuda a construir uma ponte entre o conceito e sua expressão codificada, as definições, que examinaremos logo após a síntese dos elementos da análise conceitual, apresentados no capítulo a seguir.

Para a crítica do conceito, os temas abordados aqui adicionam aos quesitos examinados até o momento as possibilidades interpretativas decorrentes das seguintes questões:

- Como os sujeitos da pesquisa representam as noções-chave do campo?
- Que tipo de representação é mais frequente?

- Como a representação é expressa? (palavras, símbolos, expressões, frases, gestos etc.)
- Quais representações "desviantes" à normal aparecem?
- É possível aventar-se um conteúdo mental a partir da expressão do conceito?, ou seja: o que a forma em que o conceito foi codificado revela ou sugere sobre o pensado?
- O conceito está baseado em algum tipo de ignorância?
- Trata-se de um conceito fechado (com características fixas e determinadas) ou de um conceito mais aberto, cujos atributos não estão limitados por uma fronteira precisa?
- Se a noção não é expressa por um único termo (conceito léxico), quais os componentes da expressão do objeto?
- Quais os conceitos primários (se existem) contidos no conceito em estudo?
- A quais objetos (casos, exemplares) o conceito se aplica?
- Qual o conjunto de conceitos (constelação) presentes na explanação do conceito em questão?
- O que os sujeitos da pesquisa, os documentos etc. declaram como exemplar típico do conceito?
- Trata-se de um protótipo (tomado como mais representativo), de um arquétipo (tomado como um ideal), de um estereótipo (algo falso, mas consolidado)?
- Trata-se um conceito limítrofe, na fronteira do tipo?
- Qual o protótipo, caso exista, para o conceito em um determinado contexto?
- O que a população em foco entende pelo conceito prototípico?
- Em que esses entendimentos são centrais ou dispersos?
- Qual o grau de dispersão?
- Qual a fronteira percebida de validade do conceito?
- Em que o mesmo termo/conceito difere ou se aproxima (se confunde com) outros termos/conceitos?

# O conceito nas ciências humanas e sociais 249

- Em que o entendimento do termo/conceito difere do entendimento em outros contextos espaçotemporais?
- O que o eventual protótipo do conceito indica sobre a arbitrariedade, extensão (limiar mal definido), composicionalidade (implicações absurdas) em sua constituição?
- Qual categoria (inserção em uma classe) é atribuída ao conceito?
- A categorização do conceito é razoável, isto é, é possível determinar o fundamento da categorização ou se trata de um objeto, entidade ou evento cuja coerência categorial é discutível?
- Aonde o conceito se colocaria em uma suposta estrutura de pensamento? Trata-se de um conceito mediador, uma síntese simplificadora de um conjunto de conceitos?
- O conceito é entendido da mesma forma pelos indivíduos da comunidade em que é usado? Sua aplicação é universal nessa comunidade?

# 4 | Análise, crítica e formação do conceito

A análise do conceito consiste em reduzir uma realidade intrincada, de difícil apreensão, a seus elementos ou componentes básicos e inequívocos. A crítica do conceito consiste em determinar suas possibilidades e seus limites. A formação de conceito consiste em articular a natureza de uma unidade de significação complexa através das ideias e operações simples. As três instâncias têm o objetivo comum de levar uma ideia difusa a uma unidade de significado definível.

As teorias sobre os conceitos, isto é, as explicações sobre a razão que faz com que um caso ou exemplar recaia sob uma categoria, dispõem-se em torno de três linhagens de conformação: uma tradicional, em que o conceito é entendido como a conformação por similaridade de um conjunto de atributos; outra contemporânea, em que o conceito é entendido como resultando de uma explanação fundada em uma visão de mundo; e uma terceira, mais operacional, em que o conceito é entendido como resultando de uma conformação por proximidade, seja em relação a um ideal-tipo, seja a um conceito central, seja a um protótipo. Do ponto de vista da pesquisa aplicada, esses grupos de teorias não são mutuamente exclusivos. Pode-se, sem que isto enfraqueça epistemologicamente o resultado da pesquisa, adotar uma das linhagens teóricas, conciliar duas delas ou, mesmo, as três linhagens. Por exemplo, no estudo das estratégias políticas, econômicas ou organizacionais é legítimo identificar o conceito /missão/ por seus atributos (foco, sentido, resultado etc.), pela visão de mundo nele embutida (o dever, a direção etc.), pela proximidade com o conceito religioso de propagação do evangelho, ou por qualquer combinação dessas teorias.

Essa conciliação de fundamentos distintos permite contornar uma das questões mais controversas da epistemologia das ciências humanas e sociais: o embate entre os que acreditam que a compreensão, e não a explicação, constitui a cientificidade no estudo do psíquico e da coletividade humana. Para alguns epistemólogos, a explicação, ou seja, a redução aos seus elementos constituintes dos conceitos mediante a especificação de um conjunto necessário e suficiente de condições, corresponderia à visão científica dos conceitos. Já para outros, a compreensão das razões que levam os indivíduos e os grupos a se conduzirem de uma forma ou de outra, intencional ou involuntariamente, seria o fulcro epistemológico adequado, enquanto a explicação, o estabelecimento da causa dos fenômenos para se buscar leis ou teorias, seria uma reação irracional à instabilidade, fragilidade e complexidade que caracterizam o mundo psíquico e social (Nadeau, 1999:238).

Mas na pesquisa aplicada, quando é preciso validar cientificamente o conceito, deve-se tanto compreendê-lo como explicá-lo. Respeitados os fundamentos da teoria ou das teorias adotada(s), sua validade está no que oferecem como possibilidade crítica. Para estar cientificamente de posse de um conceito é necessário conhecer seus atributos, seu histórico e seu domínio. Para entender o conceito de /missão/ é preciso inquirir como um conceito cujos atributos originais são ligados ao envio (do latim *mittere/ missìo, ónis* "ação de enviar"), como em *mís*sil, em trans*missão* (de um lugar a outro), em co*missão* (encargo), em per*missão* (consentimento de passagem), em pro*mess*a (lançar no futuro) veio a significar "objetivo"; como se passou da doutrina ao seu propósito; como a proximidade com o conceito religioso estrito de envio dos discípulos de Jesus para anunciar a "boa-nova" (do grego *euaggélion*, "boa notícia") e batizar (do grego *baptízó* "imergir") as gentes, veio a significar uma atividade profana, ligada a ideologias, crendices e interesses materiais.

Com base na ideia da conciliação de fundamentos filosóficos e não filosóficos examinados anteriormente, este quarto capítulo do livro se destina a estabelecer um modelo que sirva tanto à compreensão como à explicação do conceito. O modelo é sintetizado em um roteiro operacional, apresentado em duas seções. Na primeira, recuperamos os preceitos fundamentais da conceituação das correntes de pensamento que examinamos nos capítulos 2 e 3. Na segunda, discutimos os componentes do modelo. Uma sinopse dos quesitos é apresentada no final do capítulo.

## Preceitos e questões gerais na formação e na crítica dos conceitos

As cláusulas extraídas dos capítulos 2 e 3 deste livro são críticas, isto é, servem à verificação da consistência de conceitos estabelecidos; são, também, instrumentais, servem para informar como, dado um referente $x$, podemos reconhecer $x$ como $x$, distinguir $x$ de não $x$ e determinar os casos que recaem sob $x$. Algumas se repetem, ainda que sob denominação diferente. Por exemplo, a de que devemos atentar para o contexto em que o conceito se inscreve. Outras são particulares da corrente de pensamento que lhes dá origem. Esses preceitos e questões são propositivos. O conceito, como tal, não nega nem afirma nada, não pode, portanto, ser submetido à prova. O que as cláusulas que compendiamos a seguir nos ajudam a determinar é se ele é exato, se é aplicável ao referente e se é esclarecedor. A intenção ao listá-las não é a de procurar superar as diferenças filosóficas, muito menos a de apontar a superioridade de uma forma de pensar sobre outra, mas a de sintetizar os elementos que sirvam a um modelo crítico e constitutivo, útil à forma de pensar e ao campo do pesquisador, quaisquer que sejam elas.

As cláusulas são as seguintes:

Preceitos derivados do pensamento kantiano:

- existem conceitos puros, não empíricos;
- o conceito é uma entidade mental;
- deve haver um passo analítico, necessário tanto à formação quanto à crítica do conceito;
- deve haver, também, um passo sintético: o conceito é uma síntese expressiva de um conteúdo significativo;
- temos a liberdade de aliar uma determinação lógica do conceito a uma intuição/noção, de proceder a um ato de criação, a um "juízo reflexionante".

Preceitos derivados do pensamento hegeliano:

- os conceitos são condicionados espaçotemporalmente;
- a sua origem é impura, contaminada pela história e por nossa história pessoal, e, por isto, as noções devem ser depuradas e clarificadas até que se alcance compreender ou formar um conceito;
- os conceitos são mutáveis e efêmeros, decorrendo daí a necessidade de reconceituação permanente.

Preceitos derivados da fenomenologia:

- os conceitos podem ser estudados *per se*;
- para formar ou criticar conceitos devemos partir das coisas mesmas, do objeto, de noções imprecisas;
- o modo de conceituação e de crítica é inerente ao objeto, isto é, não existem fórmulas universais quando se trata de fixar noções e de interpretar os conceitos existentes;

- na conceituação devemos separar o objeto em estudo daquilo que não é essencial;
- devemos variar sistematicamente o modo como examinamos o objeto;
- devemos ter presente que concepções prévias (situação hermenêutica) condicionam qualquer conceituação, isto é, devemos considerar que "vemos como" a partir de uma tradição em que estamos imersos;
- a crítica das concepções prévias não pode separar o conceito de seu horizonte de forma a neutralizá-lo. O objeto é o objeto em seu horizonte espaçotemporal;
- o termo, o signo, a palavra que expressa e produz conceitos é o meio que temos para criticar e para formar conceitos.

Preceitos derivados do pensamento de Wittgenstein.

- o conceito é inerente a um "jogo de linguagem" e a uma "forma de vida";
- o significado do conceito é função do uso que dele se faz. O conceito não é fundado em uma experiência sensorial "pura";
- compreender o conceito é função do domínio de uma técnica, das regras da gramática de um "jogo de linguagem";
- a técnica da conceituação é aprendida e consolidada no âmbito de cada "forma de vida";
- os princípios analíticos básicos da investigação conceitual são: "não pense, olhe" e "não explique, descreva";
- na análise conceitual devemos tomar um sistema de expressões interconectadas, cuja descrição supõe uma forma de vida concreta;
- devemos determinar a gramática — o léxico e a sintaxe, a definição e a posição relativa — da forma de pensar e de falar no jogo de linguagem específico;

- devemos analisar como expressões, proposições, conceitos, frases se articulam com atividades e procurar determinar quais as regras que formam o conceito de interesse;
- devemos construir uma sinopse dos significados.

Preceitos derivados do pensamento weberiano:
- o conceito tem significância cultural, isto é, o conceito não pode ser desvinculado de uma situação e de um momento da evolução de uma dada cultura;
- a compreensibilidade é o fator determinante na criação, adaptação e uso dos conceitos;
- na formação dos conceitos, devemos proceder a uma idealização, isto é, uma acentuação deliberada de suas características para torná-lo claro;
- o propósito de construir conceitos é o de que sirvam para explicar o que queremos fazer entendido;
- os conceitos que formamos conotam valores, disposições e traços culturais que devem ser explicitados.

Questões derivadas da história dos conceitos:
- Qual a constelação de conceitos utilizados em uma época e contexto?
- Quais os sujeitos ou grupos em referência desta época e contexto?
- Qual a semasiologia? (Do termo ao significante: quais os significados do termo)
- Qual a onomasiologia? (Do significante ao termo: quais os termos aplicados ao conceito)
- Como se articulam os conceitos na época e no contexto?
- O que os conceitos nos dizem sobre sua época e contexto?
- Qual a temporalidade do conceito?

# Análise, crítica e formação do conceito

- Em que medida o conceito induz maneiras de ver, opiniões, condutas, inovações, conservadorismos?
- A partir do texto situado, quais os conceitos antitéticos?
- O que os conceitos indicam ou sugerem sobre as experiências do sujeito ou grupos em referência?
- O que os conceitos indicam ou sugerem sobre as expectativas do sujeito ou grupos em referência?
- Quais os conteúdos extralinguísticos e extraconceituais que os conceitos indicam? (Qual o fenômeno [singular] ou a estrutura [relacional] revelada ou sugerida)

   Questões derivadas da psicologia cognitiva:

- Como os sujeitos da pesquisa representam as noções-chave do campo?
- Que tipo de representação é mais frequente?
- Como a representação é expressa? (Palavras, símbolos, expressões, frases, gestos etc.)
- Quais representações "desviantes" da normal aparecem?
- É possível aventar-se um conteúdo mental a partir da expressão do conceito?, ou seja: o que a forma em que o conceito foi codificado revela ou sugere sobre o pensado?
- O conceito está baseado em algum tipo de ignorância?
- Trata-se de um conceito fechado (com características fixas e determinadas) ou de um conceito mais aberto, cujos atributos não estão limitados por uma fronteira precisa?
- Se a noção não é expressa por um único termo (conceito léxico), quais os componentes da expressão do objeto?
- Quais os conceitos primários (se existem) contidos no conceito em estudo?
- A quais objetos (casos, exemplares) o conceito se aplica?
- Qual o conjunto de conceitos (constelação) presentes na explanação do conceito em questão?

- O que os sujeitos das pesquisas, os documentos etc. declaram como exemplar típico do conceito?
- Trata-se de um protótipo (tomado como mais representativo), de um arquétipo (tomado como um ideal), de um estereótipo (algo falso, mas consolidado)?
- Trata-se de um conceito limítrofe, na fronteira do tipo?
- Qual o protótipo, caso exista, para o conceito em um determinado contexto?
- O que a população em foco entende pelo conceito prototípico?
- Em que esses entendimentos são centrais ou dispersos?
- Qual o grau de dispersão?
- Qual a fronteira percebida de validade do conceito?
- Em que o mesmo termo/conceito difere ou se aproxima (se confunde com) outros termos/conceitos?
- Em que o entendimento do termo/conceito difere do entendimento em outros contextos espaço-temporais?
- O que o eventual protótipo do conceito indica sobre a arbitrariedade, a extensão (limiar mal definido), a composicionalidade (implicações absurdas) em sua constituição?
- Qual categoria (inserção em uma classe) é atribuída ao conceito?
- A categorização do conceito é razoável, isto é, é possível determinar o fundamento da categorização ou se trata de um objeto, entidade ou evento cuja coerência categorial é discutível?
- Onde o conceito se colocaria em uma suposta estrutura de pensamento? Trata-se de um conceito mediador, uma síntese simplificadora de um conjunto de conceitos?
- O conceito é entendido da mesma forma pelos indivíduos da comunidade em que é usado? Sua aplicação é universal nessa comunidade?

Essas cláusulas datam de épocas e situações distintas, obedecem a racionalidades diversas, assimétricas quanto ao escopo, à profundidade e à intenção analítica. No entanto é possível identificar alguns pontos em comum entre elas:

- Existem passos analíticos necessários à crítica dos conceitos (Kant, Hegel, fenomenologia, história, Wittgenstein) e passos constitutivos, naturais ou necessários à formação dos conceitos (Kant, Hegel, Weber, psicologia da cognição);
- Existem conceitos anteriores ou mais essenciais à compreensão do que outros, como as categorias kantianas, as concepções prévias da fenomenologia, ou os protótipos da psicologia da cognição;
- O conceito é circunscrito ou condicionado por seu contexto espaçotemporal (Hegel), por seu horizonte (fenomenologia), pela cultura em que se insere (Weber, história) ou pela forma de vida em que é usado (Wittgenstein, psicologia);
- O conceito é uma entidade mental, autônoma (Kant, psicologia) ou não (Hegel, fenomenologia, Wittgenstein);
- Enquanto entidade mental, o conceito é mutável e efêmero (Hegel, Weber, Wittgenstein);
- Mas pode ser descrito, isto é, existem formas de definir o conceito.

Esses pontos nos levam a concluir que tanto no esforço de teorização (que lança, constata e descreve proposições logicamente comprováveis) como na pesquisa empírica (que lança, constata e descreve proposições a partir de observações ou dirigidas ao observável) é possível uma sistematização para se trabalhar com conceitos. A linha de pensamento que esposamos pode variar, mas alguns passos analíticos seriam imprescindíveis tanto para a crítica como para a formação de conceitos.

Propostas de normas do bem conceituar têm sido cogitadas pelos cientistas políticos, como Sartori (1984, 1991), a partir da obra *O significado do significado*, de Ogden e Richards (1995), de

1923, mediante o ajustamento de termos, referentes e atributos definicionais. O objetivo é o de "maximizar o desempenho conceitual", segundo critérios que permitam responder as questões de graus de precisão relacionadas a conceitos, do tipo:

- Em que medida os atributos do conceito *vis-à-vis* os conceitos próximos são internamente coerentes e externamente diferenciados? Trata-se de verificar a determinação das fronteiras e a definição dos atributos: a "clareza e distinção" cartesianas;
- Em que medida o conceito serve para distinguir seu referente de outros referentes similares? Trata-se de verificar se os atributos do conceito servem ao reconhecimento, diferenciando-o dos conceitos próximos;
- Em que medida se está medindo o que se propôs medir? Trata-se de verificar a acurácia e a adequação do conceito à proposta da pesquisa;
- Em que medida o conceito é apropriado ao contexto da pesquisa? Trata-se de evitar conceitos não familiares ou que soem estranhos tanto ao contexto analítico (teórico) como ao campo (empírico) da pesquisa;
- Em que medida o conceito está alinhado com o contexto linguístico? Trata-se de verificar o grau de estranhamento do conceito em relação ao "jogo de linguagem" (Wittgenstein);
- Em que medida o conceito é breve e direto? Trata-se de verificar o preceito grego da parcimônia dos atributos diferenciadores.

Largamente difundida, a perspectiva de Sartori e de outros cientistas políticos, como Collier e Mahon Jr. (1993), peca pela vinculação às concepções essencialistas e fisicalistas. Passam ao largo da reflexão fenomenológica, da filosofia analítica, das contribuições de Weber e da história dos conceitos. Detêm-se no entendimento do conceito como feixe de atributos essenciais, ignorando os avanços da reflexão do século XX, que define o conceito como conteúdo contingenciado social, cultural e linguisticamente. A ideia de que as ciências humanas e sociais devem operar com explicações causais afins das ciências exatas leva a que muitas vezes se confundam conceitos com proposições. O conceito identifica um objeto que não é uma proposição (a proposição diz algo sobre os referentes contidos no conceito) e que não é um pensamento, é apenas aquilo a que o pensamento se refere. O conceito trazido à pesquisa encerra uma significância constitutiva, ou seja, está conectado a regras de correspondência justificáveis (há uma identidade entre o conceito teórico e o observado), e a uma significância epistêmica, isto é, o conceito contribui para a explicação e a predição de eventos teóricos ou observáveis. Na pesquisa no campo das ciências humanas e sociais trabalhamos com conceitos isolados ou com conceitos que integram teorias. A significância maior ou menor do conceito é função do contexto, físico, social e psicológico, onde se insere. De nada adianta ao conhecimento uma teoria sem ligação alguma com o real concreto, como de nada adianta um conhecimento que não possa ser registrado e transmitido.

Trabalhar com conceitos situados nos ajuda a "focar" os problemas das ciências humanas e sociais, e, como disse Geertz (1973:5): "as ciências sociais não precisam ser experimentais em busca de leis, mas interpretativas, em busca de significados". Tomados sob o ponto de vista prático, esses conceitos denotam objetos que são compostos de estados intencionais, de significados que se determinam e que se definem. A determinação e a definição integram, complementam e provam se o que temos ao final do processo reflexivo é um conceito bem formado ou uma ideia obscura e imprecisa. Discutiremos a definição na próxima seção do livro. Na seção a seguir examinaremos os passos analíticos que levam das noções imprecisas aos conceitos determinados, passíveis de definição. Trata-se, é claro, de uma esquematização: nem todo conceito é necessariamente analisável, ou formado na ordem que aqui apresentamos, nem o processo de sua formação cumpre integralmente as etapas a seguir discutidas.

## Do difuso e do estabelecido ao conceito científico

Na pesquisa aplicada, a maior parte das vezes o processo de conceituação tem início imediato, sem nenhuma censura. Ao darmos com um objeto, seja ele concreto ou abstrato, instintivamente nós o concebemos na mente e, de alguma forma, nós o nomeamos. Mas esse conceber e nomear são insuficientes para o registro e a comunicação científica. Para procedermos cientificamente, devemos pôr em marcha o processo de crítica do conceito ou, no caso de não haver um conceito que corresponda ao objeto, ao processo de formação do conceito. Esses processos compreendem uma série de operações encadeadas, que partindo de uma intuição, passando pela recensão, pela identificação, pela categorização e pela abstração, permitem confirmar, reformular ou elaborar uma definição.

A análise crítica e a construção de conceitos são processos complexos e não lineares. A experiência mostra que intuímos, recenseamos, identificamos, categorizamos e abstraímos de forma simultânea, iterativa e, muitas vezes, desordenada, retornando sobre as fontes e nosso próprio raciocínio para satisfazer os requerimentos de clareza, precisão, completude e adequação apontados por Leibniz, ou até o esgotamento de nossa capacidade intelectiva. Por isso, o quadro sintético que apresentamos a seguir é simplesmente indicativo, uma memória das questões a serem respondidas ao se analisar ou a se formar conceitos científicos. Não deve ser tomado nem linearmente (a observância à sucessão dos passos) e nem obedecido integralmente (a resposta a todos os quesitos).

## A intuição

Antecede qualquer operação sobre o conceito a intuição (de *intuitio*, imagem refletida no espelho, adivinhação do que deve ser) de que a ideia que levamos à pesquisa ou com que nos deparamos no curso do processo investigativo não se ajusta ao significado que queremos expressar. Quando falamos em intuição, pensamos imediatamente em pressentimentos, antecipações sensoriais e imaginativas. Na atividade de pesquisa lidamos com outros tipos de intuições: a intelectual, proveniente da razão, e a sensível, proveniente da experiência. As primeiras parecem necessárias: são do tipo: "se uma coisa é *p*, ela não pode, simultaneamente, ser *não p*". As segundas são do tipo: "acho que aquela mulher vai tropeçar", são sentimentos: sentimos que algo vai acontecer, que algo existe etc., mas sabemos intimamente que talvez não aconteça, que não necessariamente exista etc. (Bealer, 2008:387).

A intuição não é uma faculdade misteriosa, é a visão direta e imediata de um objeto de pensamento presente no espírito que serve de base ao raciocínio discursivo. É o conhecimento dado sem conceitos, a evidência anterior ao conceituar, é uma aparência, uma crença, algo em que acreditamos. As intuições são diferentes dos juízos, das adivinhações, dos presságios, do senso comum, mas são fontes seguras de evidência (de razão para acreditar). Intuímos que uma conduta é errada ou certa, que um objeto não é o que se acredita ser, que há algo mal esclarecido em um campo determinado, e isto, estas intuições são evidências. Podemos, é claro, nos equivocar, mas também nos equivocamos nas mais rigorosas observações, nos experimentos mais controlados, nas mensurações. O uso de intuições como evidências *a priori* é perfeitamente científico, desde que admitamos que a intuição evidencial não é infalível e que deve ser revisada.

Partindo da intuição ou de uma ideia aceita, o primeiro procedimento do processo de conceituação é, naturalmente, a averiguação da preexistência de um conceito definido para o objeto com que lidamos: efetuamos uma recensão. Da recensão chegamos à identificação, à verificação da identidade do conceito, isolando-o das proposições onde se encontra e diferindo-o das demais noções e ideias. Identificado o conceito, cumpre categorizá-lo, dizer quais seus atributos essenciais. A categorização é útil e necessária tanto para a determinação de conceitos preexistentes como para a formação de conceitos novos: ela nos diz a que classe de coisas pertence o conceito que buscamos ou que estamos formando. Concluída a categorização, tem lugar a abstração, que é um assentamento ou, em se tratando de construir um novo conceito, uma escolha da qualidade e do nível dos predicados que lhe são próprios.

## Recensão

A recensão é a análise crítica do censo, da lista, do rol dos conceitos existentes na literatura técnica, nos dicionários, nos discursos etc. Ela é necessária porque a noção com que vamos trabalhar ou aquela que pensamos refletir o objeto que encontrarmos na nossa investigação pode já ter sido definida anteriormente. O passo é simples e podemos encerrar nossa procura simplesmente escolhendo em uma lista de possibilidades o conceito que melhor se adapte ao que queremos significar. Mas, para que essa escolha não se perca em adivinhações ou para que não nos vejamos compelidos a aceitar conceitos e termos inadequados, é necessário enumerarmos seus atributos e verificarmos se eles se ajustam ao que pretendemos significar.

Os atributos, lembremos, são os elementos constituintes do conceito, suas qualidades, o que é atribuído, imputado ao objeto. Os atributos podem ser essenciais: o conceito /árvore/ compreende necessariamente o atributo /raízes/ e /seiva/; ou acidentais: o atributo /marrom/ se aplica à maioria, mas não a todas as árvores.

Dois procedimentos são úteis à compreensão crítica dos atributos: a verificação de acepções e a análise morfológica dos termos. As acepções correntes dos termos são extraídas de textos, declarações ou podem ser encontradas em dicionários e manuais. Essas fontes nem sempre coincidem: o conceito /miséria/ figura nos dicionários com o atributo principal de pobreza extrema, mas em comunidades com nível de renda muito baixa costuma ter como atributo principal a falta de perspectiva.

O importante no procedimento de recensão é chegar à listagem dos conteúdos exclusivos do conceito. O conhecimento da morfologia e da evolução histórica dos termos dá segurança e rigor à crítica de sua aplicação ao conceito que queremos significar e pode ser feito facilmente, mediante a consulta a dicionários etimológicos e de história das palavras. Por exemplo, uma "empresa" é algo que, etimologicamente, está preso (*preensus*) a um objetivo, uma "informação" é uma ideia submetida a uma forma e assim por diante.

As técnicas de recensão conceitual podem ser divididas em quatro grupos:

- a consulta a dicionários, manuais e outras fontes escritas;
- a dedução, como a análise de tarefas usuais, descrição de sistemas de informação e de sistemas decisórios, em que o conceito vem à cena em função de observações ou inferências a partir de observações;
- os levantamentos, como as entrevistas abertas, as entrevistas estruturadas e os questionários, em que o pesquisador deliberada e sistematicamente procura identificar noções e conceitos;
- os conclaves, como o *brainstorm* e os grupos focais, em que o pesquisador faz uso de expedientes coletivos para trazer à tona noções e conceitos e o entendimento que se tem deles.

Do questionário a seguir, baseado em Hoffman e colaboradores (1995), constam os quesitos a serem respondidos em uma sondagem com vistas a uma recensão conceitual e o objetivo de cada quesito. O questionário está formulado e disposto para o caso de entrevistas estruturadas, mas se presta à orientação das demais técnicas de recensão.

1. Visão geral do domínio
   1.1. Poderia relatar um caso típico de $x$? (Obter uma visão geral do domínio de conceitos)
   1.2. Poderia citar o último caso encontrado de $x$? (Obter uma visão específica da utilização do conceito)
2. Visão geral do conceito
   2.1. Poderia me dar um exemplo de $x$? (Clarificação do domínio do conceito)
   2.2. Qual a diferença entre $x$ e $y$ (um conceito próximo)? (Determinação da fronteira de domínio do conceito por contraste)
   2.3. Poderia me dizer se $x$ inclui $y$? (Clarificação das relações de domínio do conceito)
3. Determinação das regras
   3.1. Porque $x$ é (ação ou decisão) feito, empregado, utilizado...? (Conversão de uma asserção em uma regra)
   3.2. Como $x$ é feito, empregado, utilizado...? (Determinação das regras de procedimento)
   3.3. Como você emprega (ação ou decisão) $x$ neste processo? (Determinação de detalhes de procedimento)
   3.4. Quando você emprega (ação ou decisão) $x$? (Determinação da sequência de procedimento)
   3.5. Existem exceções de emprego (ação ou decisão) de $x$? (Verificação da existência de outras regras)
   3.6. Existem alternativas de emprego (ação ou decisão) de $x$? (Verificação da existência de regras para quando o caso não se aplica)

4. Para refinamento
   4.1. Poderia me dizer qual o caso mais frequente de emprego (ação ou decisão) de $x$?
   4.2. Verificação da existência de casos raros e de procedimentos não usuais.
   4.3. Poderia me contar um caso de emprego (ação ou decisão) de $x$ que você tenha ouvido de outro pesquisador?
   4.4. Verificação da generalização do conceito.

Esses levantamentos fornecem a base para responder aos quesitos do modelo crítico e constitutivo referidos à recensão inventariados a seguir.

Quesitos da recensão

Qual o termo provisório da noção em foco?
Procure um rótulo sígnico, de preferência linguístico, para denominar provisoriamente a noção a ser trabalhada. Indique caso se trate de um neologismo.
Quais os atributos do conceito?
Liste as respostas à questão: o que x "contém"...?. Por exemplo: o conceito /árvore/ contém os atributos "raiz", "galho", "seiva", "cor", "textura" etc.; o conceito /responsabilidade/ contém uma obrigação, um compromisso, um dever, uma instância responsável, uma instância perante a qual se é responsável etc.
Qual o contexto-espaço temporal do conceito?
Estabeleça onde e em que época a noção intuída ou o conceito a ser criticado foi detectado. A determinação do domínio de ocorrência do conceito permite uma série de avaliações sobre a periodização (a forma como o tempo é dividido no contexto examinado); sobre a época em que o conceito era ou é válido; sobre os limites físicos (geográficos), culturais, institucionais etc.

de sua validade. Por exemplo, o conceito /informática/ tem uma significação espaçotemporal determinado. O mesmo ocorre com conceitos correlatos, como /tecnologia da informação/, /mundo digital/ etc.

O que os sujeitos da pesquisa, os documentos etc. declaram como exemplar típico do conceito?

O objetivo aqui é o de determinar os casos ou exemplares do conceito e o de verificar se, no contexto, se trata de um protótipo (tomado como mais representativo), de um arquétipo (tomado como um ideal), de um estereótipo (algo falso, mas consolidado). Os conceitos do mundo físico são de fácil verificação. Todos temos (estamos de posse) uma ideia mental sobre um cavalo típico ou uma casa típica. No mundo social nem sempre é claro para o observador como e por que um exemplar ou caso pertence a determinado conceito. Por exemplo: /mau caráter/ pode ser um conceito, um atributo ou um caso do conceito /pessoas ruins/. O profissional de terno e gravata, bem-penteado etc., que para muitos ainda é o protótipo de /bancário/, de há muito deixou de ser representativo. Mas o importante aqui é identificar o que é considerado pelo grupo de referência, não o que é efetivamente. O caso ou exemplar considerado como referência serve diretamente à análise do conceito e é essencial à análise dos protótipos, examinada no capítulo 5 do livro.

Qual a origem do conceito?

A proposição em que o conceito figura é um discurso, um texto...? Tem origem em observação, em entrevista...? A origem ou fonte do conceito detectada na fase de recensão pode indicar sua vitalidade, sua intenção manifesta e muitos outros aspectos não imediatamente evidentes. O termo /terrorista/, aplicável aos que tentam impor sua vontade pelo uso indiscriminado do terror, muitas vezes tem origem ideológica. Foi impingido a revolucionários, aos que usam força discricionária para mudar uma situação, a rebeldes e a resistentes (era o termo que os nazistas consagravam aos *maquis*).

Quais as características da proposição em que o conceito figura?

Trata-se de uma hipótese, de uma afirmativa, de uma negativa, de uma dedução, de uma verdade aceita...? As características das proposições onde os conceitos figuram são indicativas de sua força e da forma como se articulam no contexto. A articulação entre contexto e características do conceito é fundamental. Não faz sentido afirmar que uma criança de três anos está desempregada. O conceito de emprego e sua negação, o desemprego, são aplicáveis somente a uma parte da população: as pessoas maiores de 14 anos que trabalham ou buscam trabalho. Existem proposições em que os conceitos enfatizam ideias recebidas, posições equivocadas, ou opiniões aceitas acriticamente. Algumas vezes indicam atributos não percebidos. /Desenvolver/ significa desenrolar o que está envolto, supõe a preexistência de algo, de uma capacidade, de uma riqueza a ser atualizada. Outras são proposições sem fundamento, como os clichês: "a prostituição sempre existiu"; "toda religião é boa"; "a democracia é a menos pior das formas de governo"; "o regime capitalista é natural", que simplesmente não são verdadeiros, mas que cristalizam e eternizam conceitos. A prostituição nem sempre existiu e frequentemente foi vista de forma positiva. Por que toda religião seria boa? Isto é um simples chavão, historicamente questionável (é boa para quem?). Por que não existiriam regimes melhores do que as democracias modernas? Muitos filósofos, Platão à frente, pensam mal da democracia. O que teria de natural o capitalismo? Que se saiba, nunca foi exercido pelos animais e a maioria esmagadora dos humanos que viveram até hoje não o fez sob este regime.

Qual a morfologia/etimologia do termo provisório em foco?

Verifique o significado etimológico e histórico do termo utilizado para significar a noção ou o conceito. Por exemplo:

/responsabilidade/ vem do indo-europeu *spondo*, fazer uma libação que celebra um tratado, pelo latim *spondēre*, promessa. É o compromisso de re-tornar, de cumprir uma promessa ou um dever. A análise morfológica pode revelar a existência de transposições indevidas, como ocorre com o conceito /memória/, do indo-europeu *men*, pensar, que é uma função humana aplicada indevidamente aos computadores, que não têm, nem podem ter a capacidade de re*mem*orar, de sutilmente *men*cionar e, muito menos, co*mem*orar (lembrar junto com outras pessoas).

## Identificação

Recenseadas as noções constantes nas teorias ou levantadas no campo examinado, é preciso isolar o conceito, isto é, separá-lo das proposições em que figura, e reunir seus atributos de forma a declarar sinteticamente o que o conceito *x* é.

Adotamos o termo "identificação" para referir a operação lógica que determina a identidade do objeto, ou seja, que declara a especificidade de sua diferenciação. Preferimos o termo "identificação" ao termo "diferenciação" porque este último se confunde com as operações lógicas de diferençar (produzir a diversidade entre as partes de um todo), como examinamos anteriormente ao discutir a contribuição de Derrida, e de distinguir (tornar *dis-tinto* significa etimologicamente pintar de cor/tinta diferente). Tanto diferençar com distinguir têm acepção de construir algo, enquanto aqui se trata apenas de uma etapa analítica, a da segregação em uma unidade de sentido.

A ação de identificar inclui tanto reconhecer o objeto como idêntico em número (a identificação de uma doença) como em natureza (a doença como contagiosa). Para maior clareza, destacamos o exercício da classificação, incluindo-o no passo de categorização examinado a seguir.

A identificação de conceitos difere da das proposições. Ao analisarmos o conceito "liberdade de mercado", por exemplo, não nos cabe julgar o sistema de livre-iniciativa nem emitir opinião sobre os graus de liberdade econômica que existem, que deveriam existir ou que não deveriam existir. O que nos cabe é explicitar os atributos do conceito "liberdade de mercado", isto é, o que se quer dizer com "liberdade", o se que quer dizer com "mercado" e o significado emprestado à expressão "liberdade de mercado". É fácil confundir análise de conceitos com análise de proposições, com juízos de valor e com apreciação sobre fatos. O que na análise conceitual queremos referir é, tão somente, o conteúdo significativo (o que se quer dizer com $x$), não o conteúdo axiológico (se $x$ é desejável ou indesejável, bonito ou feio, sagrado ou profano etc.) nem se ele existe ou não. Conceituar "programa de qualidade" nada tem a ver com a apreciação sobre a eficiência desse tipo de prática, nem com a possibilidade de programar-se a qualidade, nem com a crítica ao entendimento — o mais das vezes equívoco — que a literatura técnica tem sobre o termo "qualidade". Consiste em determinar o conteúdo significativo em um contexto dado dos termos "programa", "qualidade" e da cópula /de/ em "programa de qualidade".

A propriedade do conceito nada tem a ver com a complexidade ou, mesmo, com a existência do que está sendo conceituado. Os conceitos são úteis à pesquisa e à transmissão de conhecimentos, ou não. Perguntar o que o conceito é não significa perguntar sobre fatos nem sobre definições, embora tenhamos de definir ou encontrar uma definição para o conceito. Os termos "emprego" e "concorrência", por exemplo, têm conteúdos facilmente identificáveis. Por outro lado, os conceitos "pleno emprego" e "concorrência perfeita" estão referidos a objetos que não existem nem nunca existiram. O conceito de "liderança" é difícil de determinar, mas o conceito de "liderança carismática", um tipo-ideal weberiano, um objeto idealizado, é facilmente compreensível, embora faça parte do imaginário e não da realidade empírica. A identificação apresenta algumas dificuldades lógicas. As soluções de Leibniz, de Kant, de Hegel para o problema da identidade — o conceito é igual a outro conceito — não são aceitas na atualidade. Os filósofos analíticos contemporâneos concordam, ainda que por motivos diferentes, que não existem sinônimos exatos e que as identificações são sempre imperfeitas. Como diz Frege (1960b:79), uma vez que qualquer definição é uma identidade, o conceito /identidade/ não pode ser definido (a identidade é uma identidade que é uma identidade ...). Isto não impede o consenso de que sem o passo da identificação, ainda que uma identificação imperfeita, não teríamos como progredir no conhecimento.

Duas demonstrações de Willard van Orman Quine são emblemáticas das dificuldades da identificação. A primeira, constante em *Two dogmas of empiricismo* (Quine, 1980), refere-se à impossibilidade de se fundar logicamente a analiticidade. A segunda, que constitui um dos pilares de *Word as object* (Gibson 2006), é a da impossibilidade de se garantir a sinonímia. Ambas têm implicações para a formação, a crítica e a definição dos conceitos. Trazem à luz outro argumento sobre o problema da impossibilidade de se garantir que a construção do conceito seja despida de condicionantes espaço-temporais. Em síntese, consideram que se o conhecimento é mediado pela linguagem e pelo contexto, ele não é passível de conexão direta, pela observação e pela experiência, a um objeto que seja plenamente traduzível em uma linguagem diferente por termos diferentes, mesmo que essa linguagem e esses termos sejam os da lógica. Quine defendeu que o conhecimento deriva, em última instância, da experiência sensorial e pragmática, isto é, que os conceitos estão vinculados aos "hábitos de resposta" que se identificam com seus efeitos práticos concebíveis, como sua utilidade explicativa. Acreditava que o conhecimento não é um ato mental intuitivo, mas um processo interpretativo em que os conceitos não se limitam a relatar fatos, mas a explicar e a transformar o mundo, e que há uma "inescrutabilidade de referência" que vincula toda definição a hipóteses. Seu ataque contra a analiticidade, o mandato das ideias claras e distintas, afirma que não existe nenhum esclarecimento puramente empírico e não circular do que venha a ser "distinção entre analítico e sintético", não havendo, portanto, nenhuma distinção clara a ser traçada. Por exemplo, a assertiva "todos os brasileiros e só os brasileiros são morenos" torna logicamente "brasileiro" sinônimo de "moreno", com implicações absurdas, do tipo "brasileiro é uma cor".

Dessas ponderações, tiramos três ensinamentos operacionais para a identificação dos conceitos:

- faz menos sentido elaborar novos esquemas conceituais do que tentar entender os que aí estão;
- não cumpre retraduzir os enunciados em linguagem formal (lógica), mas utilizar a lógica na elucidação das linguagens ou das teorias;
- não é possível a determinação absoluta, a identificação inquestionável e, portanto, a quantificação rigorosa em contextos opacos, como o mental e o social

Na prática, perguntar sobre conceitos é perguntar sobre o uso que faremos deles (Wilson, 2001:11). E a utilidade do conceito depende de sua definição e de sua determinação, o que passa, necessariamente, por sua identificação, ainda que a saibamos logicamente imprecisa. Tendo em mente essas ressalvas, o processo de identificação consiste em procurar:

- o *contraexemplo* do conceito, isto é, a declaração daquilo que o conceito não é. A negação é talvez a mais antiga forma de identificar conceitos (*omnis determinatio est negatio*) e é usada até

hoje com bons resultados. Por exemplo, o conceito "organização informal" foi construído para significar uma estrutura que não envolve relações e funções prescritas e especificadas;
- as *ideias afins* ao conceito, isto é, conceitos próximos ao que queremos significar. O conceito de "programa" é afim dos conceitos de "projeto" e de "plano", por exemplo. Essas ideias são encontradas nos dicionários analógicos e de ideias afins;
- a *contextualização* do conceito. Os conceitos empíricos não existem, por definição, isolados do contexto a que pertencem. O conceito de "organização" é diferente para um biólogo e para um administrador. Embora o termo denote o inter-relacionamento regular das partes que constituem um ser, o contexto biológico nos remete aos seres vivos, enquanto o contexto administrativo aos seres socioeconômicos. O conceito "burocracia", no sentido que lhe dá Weber, de organização governamental submetida à lei, aplica-se aos países europeus do final do século XIX, e não, exatamente, ao mundo contemporâneo;
- o *contraste* ou comparação (*contrast-conception*) com outros conceitos. Mesmo no âmbito do discurso weberiano o conceito de "liderança burocrática" é difícil de ser entendido isoladamente, a menos que o contrastemos com outra forma de liderança, como a "carismática" (Bendix, 1963:533).

### Quesitos da identificação

Qual a conotação/intensão do conceito (o conceito é sobre o quê?)

Defina o conceito a partir do termo provisório ou do conceito em foco no contexto de sua utilização.

A definição final será examinada mais adiante, mas esta operação pode indicar distorções na aplicação dos conceitos, reveladoras de intenções não ostensivas. Por exemplo, a definição de responsabilidade mostra que só é /responsável/ aquele que prometeu ou aquele que tem o dever de reparar danos que, em ato ou potência, causou a terceiros. Na forma em que é aplicada, a expressão "responsabilidade social" é inadequada ou se refere a um conceito confuso e equívoco. A conotação é o que o conceito indica: /trabalho/ pode se referir à atividade humana produtiva, ao local onde essa atividade é exercida, ao conjunto de trabalhadores, ao produto da magnitude de uma força e à distância percorrida pelo ponto de aplicação da força na direção desta ou a uma prática da umbanda. A conotação é essencial para a determinação do foco da análise, não só em termos da fronteira do campo da pesquisa como também dentro desse campo. O /trabalho/ como fator econômico não conota a mesma coisa do que /trabalho/ como segmento populacional em ciência política. Alguns termos comuns têm conotação problemática: /tradição/, no sentido original, conota o ato de transmissão; no sentido corrente, aquilo que é transmitido; no sentido técnico da crítica histórica, o que teria sido vivido, o que é valorado, mas que não é explicitamente conhecido.

Quais as denotações/extensão do conceito?

Liste as outras significações (cossignificações do termo) em campos diferentes daquele em que ocorre a pesquisa. Indique quais as denominações aplicadas ao conceito nesses contextos (a onomasiologia). Indique se o termo aplicado no campo examinado se refere a outros conceitos (semasiologia) em contextos diferentes.

Enquanto a conotação do termo serve para determinar a intensão e o sentido do conceito, o estudo de suas denotações serve ao esclarecimento do campo e da inserção do conceito, à forma interna e externa de articulação, nesse campo. Por exemplo, considera-se tecnicamente que as decisões são tomadas em situação de certeza, ou de risco, ou, ainda, de incerteza. O termo /incerteza/ na análise de processos decisórios conota uma situação particular do campo: o desconhecimento sobre o que pode vir a ocorrer denota instâncias referidas a novos mercados, novos públicos, novos produtos, crises, desinformações etc., mas não conota nem denota nada que tenha a ver com o estado psicológico do agente que decide. O termo, no contexto do estudo dos processos decisórios, nada tem a ver com a psique do agente, com o estado de ausência de convicção subjetiva que caracteriza a incerteza humana.

Quais as características dos referentes da noção ou conceito em foco?

Indique se o referente é abstrato ou concreto, teórico ou empírico etc.

A separação dos conceitos com características dicotômicas é útil diretamente à identificação (indica o que o conceito não é) e à análise conceitual. Os pares conceituais têm servido com frequência como orientação de pesquisas e estudos nas mais diversas disciplinas, seja para esclarecer a diversidade das ações (o obrar e o labutar em Hanna Arendt), seja para contrapor conteúdos (o ser e o nada em Sartre).

Qual o contraexemplo?

Informe sobre o que o conceito não é, isto é, sobre a que o termo não se refere.

Os contraexemplos são esclarecedores do limite de validade do conceito. São indicativos da orientação do campo em que se está trabalhando. Mesmo conceitos muito abertos, como as cores, têm denominação e atributos próprios a alguns campos. Os cabelos não são marrons, mas castanhos, os cavalos não são nem marrons nem castanhos, mas baios. Nem tudo que afeta a psique é uma enfermidade. Os estados de fadiga mental são negativos, mas o estresse, que vem do inglês *stress*, em que significa pressão, é aplicado à somatização de excitações emocionais que levam à adaptação do organismo: além de não ser, necessariamente, negativo, é um processo, não uma doença. Está-se sob estresse, não com estresse, o que pode ser positivo para algumas funções mentais, como a do aprendizado, por exemplo.

Quais os conceitos afins do conceito examinado? Indique a constelação de conceitos que costumam figurar nas proposições em que o conceito em foco aparece.

A listagem dos conceitos prevalentes em um campo nos ajuda a estabelecer as articulações, as relevâncias e as distinções entre conceitos. O conjunto de conceitos de um campo serve de base para análises diretas da relação entre o conceito em foco e os demais conceitos e para técnicas de pesquisa, como os mapas conceituais e a dos protótipos, examinadas no capítulo 5, adiante. As constelações de conceitos são, também, elementos de base para métodos, como os fenomenológicos e os estruturalistas. As distinções entre conceitos afins são importantes por si mesmas e para o conhecimento do campo. Às vezes os termos parecem referir-se ao mesmo conceito quando não é o caso. Por exemplo: uma cópia de uma obra de arte é uma reprodução feita sem a intervenção do artista, uma réplica é uma reprodução feita com a intervenção do artista, uma versão é uma reprodução modificada pelo artista.

Qual o contexto social do conceito?

Descreva as pessoas, grupos, comunidades, instituições que aplicam a noção ou o conceito, ou aquelas a que a noção ou o conceito se aplica.

Este passo é decisivo para a determinação do domínio do conceito nas ciências humanas e sociais. O termo /domínio/ (de *dominĭum*, senhorio) em lógica e em matemática conota o espaço virtual onde se encontram os elementos de um conjunto ou de uma classe. Na esfera do humano, o domínio do conceito designa os limites da vida pessoal ou da vida coletiva em que ele tem vigência, o lugar em que um conceito faz um sentido determinado para pessoas, grupos, comunidades e instituições. O conceito de /comunidade/ (de *communis*, o que pertence a muitos ou a todos) para determinadas populações adquiriu uma conotação geográfica. O conceito /informática/ está, ou esteve, restrito ao armazenamento e processamento de dados, tanto que o uso de artefatos de comunicação como o farol náutico e o telefone está fora do domínio comumente considerado da informática.

Qual o conceito contrastante?

Informe sobre conceito(s) antitético(s) e se se trata de dicotomias assimétricas.

Extraída das técnicas da história conceitual (ver anteriormente), a identificação dos conceitos antitéticos consiste em verificar a existência de um conceito que designe o exato contrário do que aquele que se está considerando. Dicotomias tais como "feminino, masculino", "incluído, excluído", "ocupado, desocupado" servem à identificação de assimetrias entre conceitos antitéticos caracterizada pelo número (os católicos e não católicos), pelo peso relativo em um domínio (jovens e velhos), e pelo teor ideológico ou valorativo (intelectuais e não intelectuais)

Com a identificação, a noção intuída se aproxima da forma de um conceito. Mas ainda é uma figura desgarrada. O passo seguinte, o da categorização, consiste em ancorar o conceito, em declarar o lugar que lhe cabe em relação aos demais conceitos.

## Categorização

A palavra grega *katēgoría* significa "acusação". Categorizar o conceito é tomar o que se quer significar e procurar enquadrá-lo em uma determinada classe. Os termos "categoria" e "categorização" receberam várias acepções ao longo da história do pensamento. Em geral, estão referidos aos conceitos genéricos de que se pode servir a mente para elaborar e expressar pensamentos, juízos, julgamentos etc. Seguimos aqui o entendimento de Aristóteles, para quem categoria é simplesmente o predicado de uma proposição. Categorizar é dizer a que classe, a que categoria o conceito pertence. A categorização responde à questão: que tipo de coisa estou pensando quando penso isto? A categorização não é um procedimento natural, instintivo, mas um esforço intelectivo de compreensão. Muitos dos conhecimentos que a criança adquire sobre o mundo são transferidos, são obtidos por testemunho, não por experiência direta. Por exemplo, a forma da terra, a existência e as características da divindade, a racionalidade, a vestimenta. Os conceitos abstratos relativos à ciência, à religião, à sociedade, às convenções, não são descobertos, mas recebidos (Gelman, Ware e Kleinberg, 2010:275). Também na pesquisa científica os conceitos não são naturalmente vinculados a um significado: eles têm o significado que lhes foi dado, por isso precisam ser revistos e recategorizados constantemente.

Os termos, as palavras, os rótulos que damos às categorias têm um uso. São úteis ou não, precisos ou não, adequados ou não. Por exemplo, em geral usamos o termo /trabalho/ para significar uma coisa muito diferente do que o mesmo termo significa na física. A categoria a que pertence o conceito "trabalho" para os que pesquisamos em ciências humanas e sociais permite usá-lo de forma que é clara para nós, como quando dizemos que é preciso trabalhar ou que o trabalho está perdendo valor, usos que não fazem o menor sentido para a classe a que "trabalho" pertence e que é usado em mecânica.

Na pesquisa científica categorizamos com o espírito de intencionalidade que os gregos emprestavam à episteme: o processo de conhecer porque se quer conhecer, não de saber por acaso, nem porque sim, nem porque a tradição ensina, nem porque todos concordam. Ao categorizar, devemos responder a nós mesmos o que é isto que queremos investigar, ou o que é isto com que nos deparamos no curso da investigação. Em Kant, como vimos, as categorias se referem a cada um dos conceitos fundamentais do entendimento puro (unidade, pluralidade, totalidade etc.), que são formas *a priori* capazes de constituir os objetos do conhecimento. Não é o caso de refazermos o percurso kantiano, de nos perguntarmos sobre conceitos puros. O que nos interessa na pesquisa aplicada é simplesmente *de-terminar*, indicar os termos (os términos), dizer onde começam e onde acabam os conceitos que depois iremos definir. Mas as categorias de Kant podem ser de valia. É respondendo a nós mesmos se o objeto a que o conceito se refere é expresso por uma quantidade, se por uma qualidade, se por uma relação, ou se o objeto é único ou é uma coleção, e outras questões desse tipo, que atravessamos com segurança a ponte que leva da noção imprecisa ao conceito científico.

A categorização desemboca em uma classificação. Para que o conceito se torne claro para os outros é preciso classificá-lo, isto é, dizer a que classe pertence. Na categorização indicamos o gênero, a família a qual o referente do conceito pertence. Depois indicamos a classe que especifica o conceito. As categorias podem ser formadas pelos conceitos *individuais* (relativos a *um* único objeto; como /loba romana/, ou /obsessão/), de *espécie* (relativos a uma coleção *específica* de objetos: como /lobo/); ou como /neurose/ (que inclui obsessões, ideias fixas, amnésias, fobias, tiques, distúrbios de linguagem) e de *gênero* (relativos a uma coleção geral (*genérica*) de objetos: como os gêneros /canídeo/ e /distúrbio mental/).

## Quesitos da categorização

Qual a classe do conceito?

Esclareça se é uma quantidade, uma qualidade, uma relação... Trata-se de declarar a que categoria (conceito universal) o objeto conceituado pertence. Por exemplo, /trabalho/, no âmbito das ciências humanas e sociais e no sentido de atividade humana (não como setor econômico, fator de produção etc.), pode se referir a uma pluralidade de atividades, a uma quantidade, a uma atividade específica etc.

A categorização do conceito é razoável?

Verifique se a categorização tem algum fundamento ou se se trata de um objeto, entidade ou evento cuja coerência categorial é discutível. Algumas vezes os conceitos estabelecidos incluem casos díspares ou sem os atributos essenciais. Por exemplo, o estresse, que é um processo, vem sendo incluído indevidamente no conceito de /doença psíquica/.

O objeto a que se refere o conceito é individual, é uma espécie ou é um gênero? Não sendo um gênero, informe em que espécie (a coleção específica) e gênero (a coleção geral [genérica]) ele se enquadra.

Os casos pertencentes ou derivados diretamente das ciências biológicas (gênero: *canis*; espécie: lobo; indivíduo: a loba romana) são fáceis de determinar. Isso nem sempre acontece em outros campos, seja porque os conceitos são muito especializados (gênero: instrumentos de sopro; espécie: madeiras; indivíduo: flauta), ou porque são, tradicionalmente, categorizados de forma confusa: o termo "Gabriel" se refere a um membro do gênero das ordens celestes, da espécie arcanjo que é, ao mesmo tempo, o guarda do Paraíso, o anjo da anunciação, o da ressurreição, o do perdão, o da vingança, o da morte e o da revelação. Mas, além do Gabriel arcanjo, existem um querubim, na segunda ordem; uma virtude, na quinta ordem; uma potestade, na sexta e um anjo, na nona, também denominados "Gabriel".

Não é o caso de esclarecer confusões como essas, mas de procurar determinar se o objeto conceituado é referido no campo investigado a um objeto único, singular, a uma coleção específica (espécie) ou a uma coleção geral, genérica de objetos (gênero). Esse é um passo que subsidia a eliminação de objetos externos ao campo (por exemplo, está-se falando somente das ideias fixas, ou das neuroses ou das doenças mentais em geral) como levanta questões sobre a categorização estabelecida (por que a mecatrônica e a engenharia de produção pertencem ao gênero engenharia?), e sobre categorizações confusas, do tipo: a imprensa (aquilo que é impresso) falada, televisionada e digitalizada.

Qual a temporalidade do conceito?

Indique se o conceito se refere ao presente, ao passado ou ao futuro e se esses são próximos ou distantes. Indique, se for o caso, o tempo e o contexto em que o conceito vigorou.

Outra das técnicas de análise da história conceitual, a verificação da temporalidade dos conceitos é uma forma de categorização útil à determinação da posição do conceito em um domínio. O conceito /projeto/ (de *projetus*, a ação de lançar para a frente) carreia a ideia de intenção de fazer. Os projetos, no sentido mais comum, são documentos que declaram o que e o como dessas proposições, devendo ter, portanto, um conteúdo voltado para o futuro. No entanto, uma análise contextualizada do uso do termo "projeto" mostrará que em campos específicos, como no da administração pública, o conceito de /projeto/ está referido majoritariamente ao passado: aos projetos levados a termo ou às ideias que não saíram do papel.

## *Abstração*

A identificação e a categorização são passos de um processo genérico de abstração, são etapas necessárias à fixação do critério de escolha dos referentes, aquilo que é essencial no conceito (sua essência, diriam os antigos). Cada conceito se liga a um grupo de referentes diversos, embora similares. Quanto maior o número de gêneros e espécies cobertos pelo conceito, maior o nível de abstração. A análise crítica e a formação dos conceitos são condicionadas pela maneira como a abstração se processa e pelo limite de seu alcance. A abstração pode ser intuitiva ou ser fundada teoricamente (pode ser científica ou pré-científica). A abstração intuitiva se dá naturalmente, quando o pesquisador, ao se deparar com um objeto desconhecido, procura um termo para designá-lo. O processo que nos interessa é aquele conduzido cientificamente, o passo que completa a conceituação.

O termo /abstração/ (de *abstràho*, arrancar) está referido ao processo de extrair conceitos universais a partir do conhecimento de objetos individuais, libertando-os de suas características espaço-temporais, mas o processo de abstrair tem outros componentes, como a eliminação dos atributos não essenciais O termo "abstração" é comum a muitas correntes de pensamento desde Aristóteles até nossos dias, mas o termo não conota o mesmo conteúdo. Não há acordo inclusive sobre se a abstração é lícita. A tradição medieval a considerava fundamental. Propunha três graus de abstração: a física, que desconsiderava o objeto material, mas retinha o que a sensibilidade havia captado dele; a matemática, que desconsiderava as notas sensíveis, mas não as propriedades inteligíveis e a extensão do conceito; e a abstração metafísica, que prescindia de tudo o mais, considerando somente a essência, o ente como tal. Os empiristas (Berkeley e Hume) negavam valor heurístico à abstração. Diziam que no processo de abstração ocorre simplesmente que o intelecto adota determinadas representações particulares como símbolos de outras representações. Kant fez uso da abstração para chegar às categorias, um procedimento que serviria à elaboração da filosofia, mas não ao conhecimento da objetividade, que se dá mediante a síntese *a priori*. Na lógica hegeliana a abstração é o ato mesmo em que se forma o conceito em sua articulação com o todo: não se separa o conceito da realidade empírica, porque ele constitui essa realidade na mente. Para Wittgenstein o exercício da abstração não leva à essência, mas ao nada. O que existe são semelhanças entre conceitos, de tal modo que se nos pusermos a retirar as notas características materiais, sensíveis e intelectuais dos objetos nós não encontramos sua essência, senão que o fazemos desaparecer. A psicologia cognitiva em geral, como vimos, não toma o conceito como abstração, mas como representação mental. Na formação dos tipos ideais de Weber e nas correntes de pensamento sob sua influência, a abstração científica tem o propósito explícito de intensificar o conceito. A intensificação é uma forma de abstrair particularidades sem relevância para o conceito ou fazer parte da criação de um conceito ideal. Por exemplo, no início dos anos 1970 os teóricos do desenvolvimento organizacional (Bennis, 1972:15) observaram a existência de formas contraditórias de administrar. Uma tinha atributos mais individualistas. Era autoritária, centralizada, controlada. Outra tendia a enfatizar mais os relacionamentos, a reciprocidade, a responsabilidade, a participação. Nenhuma das duas, é claro, existia em estado puro, mas abstraindo características secundárias, difusas e não documentáveis e intensificando as características sobre as quais havia certeza foi possível isolar e descrever um "sistema orgânico" e outro "mecânico" de administrar.

Na forma prática que utilizamos a abstração, nós a tomamos no sentido epistemológico de abstrair como o ato de isolar os aspectos acidentais e reter o que é mais essencial no conceito. Trata-se da ação intelectual que consiste em considerar separadamente um elemento, seja uma qualidade ou uma relação, de uma noção, negligenciando todos os demais. Para abstrair fazemos uso de operações lógicas como a extrapolação, a dedução, a redução para separar em uma unidade única aquilo a que o objeto está referido. Comparamos identidade e diferença, concordância e oposição, interior e exterior, matéria e forma, real e imaginário etc. Realizamos as operações necessárias para, da listagem inicial de atributos, extrair tudo o que se refere aos objetos particulares, tudo o que não é atribuível a todos os objetos agrupados sob o conceito.

Quesitos da abstração

O que é essencial nos atributos do conceito?
Procure eliminar todos os atributos acidentais do conceito.

Não se trata necessariamente de buscar a essencialidade última do conceito, adstrita a algumas epistemologias, mas de eliminar o máximo de atributos não essenciais, uma tarefa já adiantada pelos processos de identificação e de categorização. A eliminação de atributos acidentais serve pelo menos a dois propósitos epistemológicos articulados: a generalização do conceito e a determinação precisa de seu domínio, isto é, dos limites dessa generalização (ver seção sobre generalização no capítulo 6, adiante). Os atributos tradicionais contidos no conceito /mercado/, "pessoas fisicamente presentes em um lugar público para venderem e comprarem mercadorias", não são essenciais ao conceito /mercado/ no domínio da economia contemporânea, que dispensa a presença física, os indivíduos, o lugar público e, mesmo, a mercadoria, já que o conceito engloba as transações financeiras.

Qual o termo ideal para significar o conceito?

Refaça a primeira operação, indicando a palavra ou o signo que nomeia o conceito, sua morfologia e os motivos que levam à sua escolha ou à sua aceitação.

## Crítica das formas de apresentação

Complementa os quesitos fundamentais da identificação, da categorização e da abstração a crítica das formas da apresentação e das fontes da noção ou do conceito estabelecido a serem transformados em conceitos científicos. Os quesitos para essa crítica são os que se seguem:

Como o conceito é apresentado?

Indique se o conceito é apresentado com clareza, precisão, completude e se é adequado ao contexto espaçotemporal e quais as formas de apresentação (palavras, símbolos, expressões, gestos...). Caso a forma de apresentação seja variada, indique qual a mais frequente e quais as desviantes. Por exemplo, o conceito /não ético/ pode ser apresentado por uma palavra /corrupto/, uma expressão /sem referente moral/, um juízo /infame/ (ou o equivalente em calão). Se a noção não é expressa por um único termo (conceito léxico), indique quais os componentes da expressão do objeto. A forma como o conceito é apresentado é essencial às análises psicológicas, particularmente a de protótipos, apresentada em destaque no capítulo 5 do livro.

Trata-se de um conceito fechado (com características fixas e determinadas) ou de um conceito mais aberto, cujos atributos não estão limitados por uma fronteira precisa?

Por exemplo, /crescimento econômico/ é uma unidade de significado aberta, com uma quantidade de atributos muito maior da unidade de significado /crescimento do PIB/, que é um conceito fechado, facilmente quantificável. (Ver item sobre conceitos abertos e fechados na seção sobre psicologia cognitiva no capítulo 3).

Qual a índole do conceito situado?

Indique se o conceito induz, inspira, incita maneiras de ver, opiniões, condutas, inovações, conservadorismos etc. (Ver seção referente à História dos Conceitos no capítulo 3).

Qual a intenção de quem usa o conceito?

Esclareça se as proposições em que o conceito figura são ideológicas, científicas, doutrinárias, casuais etc.

O que o conceito indica ou sugere sobre as experiências do sujeito ou grupo que o utiliza?

Indique a força ilocutória do conceito para referir o passado. Por exemplo, para referir sobre transformações, realizações, decepções, êxitos, sortes, malogros etc. (Ver seção referente à história dos conceitos no capítulo 3).

O que o conceito indica ou sugere sobre as expectativas do sujeito ou do grupo que o utiliza?

Indique a força ilocutória do conceito para referir o futuro. Por exemplo, conteúdos céticos, otimistas, de suspeição, de esperança etc. (Ver seção referente à história dos conceitos no capítulo 3).

Onde o conceito se colocaria em uma suposta estrutura de pensamento?

Verifique se o conceito é mediador, uma síntese simplificadora, que liga um conjunto de conceitos a outro. Por exemplo, o conceito /capacitação técnica/ liga os conceitos instrução e experiência ao conceito /produtividade/. (Ver seção referente à psicologia cognitiva no capítulo 3).

Qual a estrutura relacional ou o fenômeno revelado ou sugerido pelo conceito?

Esclareça sobre os conteúdos extraconceituais que o conceito indica. Por exemplo, o conceito refere-se a um fenômeno psicossocial, ou político, ou integra uma estrutura cultural, ou econômica etc. Indique se o contexto que circunscreve é estimulante, apático, favorável, adverso, paralisado etc.

## Crítica das fontes

Quais as fontes em que o conceito aparece?

Indique se aparece em:

- fontes primárias empíricas, dados, os atos de fala;
- fontes primárias documentais próprias do cotidiano, a correspondência, os textos jornalísticos, os manifestos, os requerimentos e tudo que tem como objetivo uma leitura única;
- fontes secundárias, como os dicionários, os glossários e as enciclopédias, com suas acepções, traduções, definições e tudo que tem como objetivo uma leitura recorrente (as sucessivas edições de dicionários, enciclopédias, glossários podem indicar modificações nos conceitos);

▌ fontes permanentes, inalteráveis, como o texto bíblico, a obra de Kant etc., tudo que pode ser considerado fonte permanente, isto é, que atravessa os períodos históricos.

### Sinopse dos quesitos

*Recensão*

1. Qual o termo provisório da noção em foco?
2. Quais os atributos do conceito?
3. Qual o contexto-espaço temporal do conceito?
4. O que os sujeitos da pesquisa, os documentos etc. declaram como exemplar típico do conceito?
5. Qual a origem do conceito?
6. Quais as características da proposição em que o conceito figura?
7. Qual a morfologia/etimologia do termo provisório em foco?

*Identificação*

8. Qual a conotação/intensão do conceito (o conceito é sobre o quê?)
9. Quais as denotações/extensão do conceito?
10. Quais as características dos referentes da noção ou conceito em foco?
11. Qual o contraexemplo?
12. Quais os conceitos afins do conceito examinado?
13. Qual o contexto social do conceito?
14. Qual o conceito contrastante?

*Categorização*

15. Qual o a classe do conceito?
16. A categorização do conceito é razoável?

17. O objeto a que se refere o conceito é individual, é uma espécie ou é um gênero? Não sendo um gênero, informe em que espécie (a coleção específica) e gênero (a coleção geral [genérica]) ele se enquadra.
18. Qual a temporalidade do conceito?

## Abstração

19. O que é essencial nos atributos do conceito?
20. Qual o termo ideal para significar o conceito?

## Apresentação do conceito

21. Como o conceito é apresentado?
22. Trata-se de um conceito fechado (com características fixas e determinadas) ou de um conceito mais aberto, cujos atributos não estão limitados por uma fronteira precisa?
23. Qual a índole do conceito situado?
24. Qual a intenção de quem usa o conceito?
25. O que o conceito indica ou sugere sobre as experiências do sujeito ou grupo que o utiliza?
26. O que o conceito indica ou sugere sobre as expectativas do sujeito ou do grupo que o utiliza?
27. Onde o conceito se colocaria em uma suposta estrutura de pensamento?
28. Qual a estrutura relacional ou o fenômeno revelado ou sugerido pelo conceito?
29. Quais as fontes em que o conceito aparece?

# 5 | Definições

No processo que vai da notícia imediata de um conteúdo (noção), passa pela unificação do significado (conceito) e alcança a expressão comunicacional (termo) existem dois marcos essenciais. O primeiro é o da conceituação, da descoberta, do estabelecimento ou da criação de um conteúdo com significação. A segunda é o da definição, da descrição do significado do termo em uma expressão. Neste capítulo nos ocuparemos do segundo desses marcos. Examinaremos: i) as definições de definição, ii) as teorias da definição, iii) os tipos de definição, iv) as condições do definir, v) as regras da definição. Concluiremos com vi) uma proposição de um roteiro dos passos que levam do conceito à definição, que contempla a redefinição, a denominação, a verificação de significado e a depuração.

## A definição de definição

A definição é o enunciado que diz o que um objeto é. Definir é explicitar o significado de um signo. Definimos coisas, estabelecendo os seus limites (*de-finir*) e definimos conceitos, também estabelecendo seus limites, mas mediante a indicação precisa de seu significado, de seu sentido verdadeiro. As definições são análogos, são explanações sobre os conceitos. Os conceitos não dependem das definições, mas as definições dependem dos conceitos: as definições são sobre conceitos. Os constituintes de uma definição são constituintes do conceito léxico que ela define e os conceitos complexos são constituídos pelas relações inferenciais dos conceitos em suas definições (Fodor, 1998:69).

Toda pesquisa é condicionada pela designação de seu objeto, pela questão de se saber sobre o que, especificamente, se quer investigar. Não é possível investigar cientificamente sem conceituar, e os conceitos para serem úteis têm de ser definidos. A cada raciocínio que desenvolvemos, mesmo quando o guardamos somente para nós, procedemos a definições. Para nos entendermos na vida cotidiana, definimos nossas ideias e as ideias dos outros. Essa é uma prática sem compromisso com o rigor. Mas quando se trata da definição científica, a coisa muda de figura. Ela tem caráter de um postulado que indica os limites ou fins de um termo em relação aos demais.

A palavra "definição" enuncia a equivalência entre uma expressão que é definida e uma expressão que a define, o definido e seu definidor. A forma gráfica da definição é uma identidade em que o primeiro elemento $a$ é o elemento a definir e o segundo elemento $b$ se compõe de termos e signos conhecidos que definem o primeiro elemento. Escreve-se: $a =_{def} b$, que se lê: "$a$ é, por definição, idêntico a $b$". O termo $a$ é denominado *definendum* (definido, aquilo que se define) e o termo $b$ é denominado *definiens* (definidor, aquilo que confere significado). O definido é um constructo (uma construção mental de um conceito ou de uma teoria) ou o símbolo escolhido para descrevê-lo.

Não se definem objetos primeiros como a luz. O que definimos é um conceito da luz (Bunge, 1976). Os conceitos primitivos são descritos por meio de axiomas (condições). Isto ocorre diretamente: dizemos que $a$ é $f$ se e somente se $a$ satisfaz os axiomas $x$, $y$, e $z$. Também se descrevem por axiomas os conceitos primários, as categorias (quantidade, qualidade, tempo, ação etc.). São igualmente indefiníveis os dados imediatos da consciência, os sentimentos, como o amor, e as sensações, como a cor. Não podemos dizer sua natureza porque não temos a que referenciá-los senão a eles mesmos. Podemos apenas tentar explicitá-los. Excetuando esses objetos, que podem ser descritos ainda que não possam ser definidos, todos os conceitos podem e devem ser definidos.

Em que pese a indistinção dos termos, a análise definicional é admissível desde que se indique a graduação com que se opera (Earl, 2010:224). Dito de outra forma: podemos definir termos imprecisos, como "mais ou menos", em outros termos, igualmente indefinidos, como "aproximadamente", desde que o grau de imprecisão seja equivalente ou, preferencialmente, indicado de forma clara. Muitos acreditam não ser possível explicitar noções como /vida/ ou /liberdade/ ou, ainda, /organização/. Mas isso é preconceito ou receio. A crença na impossibilidade ou na inutilidade do definir tem raízes nos entraves intelectuais de se construir uma boa definição e em posições filosóficas, como a positivista, que põem em dúvida a fixação de conceitos não derivados diretamente do real observável. O temor de definir decorre da ideia de que os conceitos que utilizamos já tenham sido formulados, criticados, estabelecidos, o que raramente é verdade. Decorre, também, do que Freud (s.d.a), na *Interpretação dos sonhos*, chamou de sobredeterminação.

A sobredeterminação é um fenômeno do psiquismo humano que consiste no fato de que uma mesma formação do inconsciente pode ser originada por uma pluralidade de fatores heterogêneos e, portanto, é passível de receber diferentes interpretações e definições simultaneamente verdadeiras. A sobredeterminação se aplica a toda formação do inconsciente. Na determinação de um sintoma estaria presente um conjunto de recordações de vivências ligadas associativamente entre si, de modo que cada uma dessas lembranças, em maior ou menor grau, exerceria um papel em sua determinação. Seria esse o sentido da expressão "determinado multiplamente, sobredeterminado" (Freud, 1986:v. 2, 295). Por exemplo, os pensamentos que formam o conteúdo latente do sonho em nada diferem dos pensamentos da vigília, daí que sejam submetidos a uma deformação devida à censura, através da elaboração onírica. "É, portanto, a elaboração onírica que constitui propriamente o sonho, e não o conteúdo manifesto ou os pensamentos latentes" (Freud, 1986:v. 2, 69). A sobredeterminação atinge tanto o sonho manifesto como um todo, como seus elementos considerados isoladamente. Esse mecanismo é o mesmo para os pensamentos latentes na vigília: aquilo que denominamos de noções, os conceitos imediatos, não trabalhados pela reflexão.

## As teorias da definição

Podemos separar as teorias da definição entre essencialistas, em que a definição se dá por gênero e diferença, e descritivas, em que a definição se dá por classificação, pela distinção das classes com características comuns. Uma terceira possibilidade teórica é a definição genética, que consiste em dar a causa ou gênese de uma coisa, em dizer como ela se originou ou foi produzida. Há, ainda, a variante pragmática do entendimento genético, que dá a definição como expressão do propósito ou interesse que se tem em mente quando se classificam os objetos. Essas teorias subsistem e têm adeptos na atualidade, mas surgiram em épocas diferentes. O essencialismo data dos gregos, o descritivismo tem seu auge no renascimento, as perspectivas genética e pragmática são mais recentes.

### Gregos e medievais

A ideia mais comum que se tem sobre a definição é a de Hobbes (1975:54), de que a definição não é nada mais do que uma tentativa de dizer o que uma palavra significa, de dizer como ela foi ou tem sido utilizada. Mas, desde a época dos gregos, muitos filósofos entenderam a definição como um ato mental mediante o qual se expressa a natureza de uma coisa ou se formula sua essência. Platão ensinou que a definição é o princípio do raciocínio lógico, que é preciso nomear os objetos para depois pensar sobre eles. A definição é um meio para raciocinar e ao fim do raciocínio o que se alcança é uma definição mais perfeita e esclarecedora do que aquela com que se iniciou (Platão, 1981c:201-202; 934). Iniciamos a reflexão com noções vagas, com termos imprecisos. Esclarecemos esses termos e noções até chegarmos ao que não podemos definir, aos indefiníveis. Os indefiníveis constituem o princípio da definição, termos relativos que só podem ser referidos um ao outro. Por exemplo: o quente e o frio são relativos entre si, são indefiníveis em termos absolutos e são independentes (Platão, 1981h:24-26, 1229). O que se define, o princípio de toda episteme, é a essência real do conceito. A definição se faz pelas características diferenciais do objeto (Platão, 1975:809; Platão, 1981c:146-147, 895, 208-209, 940).

Vários dos diálogos de Platão têm a forma da procura de definições. A ideia é a de que se obtém uma definição por meio da divisão da realidade, anotando as propriedades essenciais de cada classe de realidade considerada. Nesse processo o nome (a opinião) vem primeiro, depois vem a definição inicial, em terceiro lugar vem a imagem (o fenômeno) e em quarto vem a opinião verdadeira (o conhecimento), o conceito perfeitamente definido (Platão, 1975:809-810). Definir uma identidade consistiria em considerar a classe à qual pertence e colocá-la em um determinado nível hierárquico de realidades. Esse nível é determinado pelo gênero e pela diferença entre os conceitos. A árvore de Porfírio (figura 8) é o melhor exemplo desse procedimento.

FIGURA 8
**Exemplo da árvore de Porfírio**

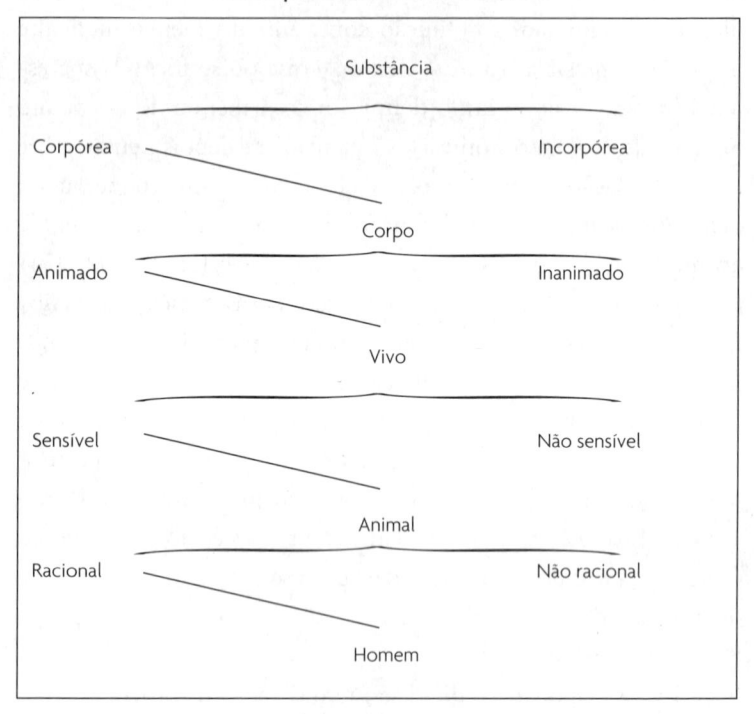

```
                    Substância
            ┌───────────┴───────────┐
        Corpórea                 Incorpórea
                    Corpo
            ┌───────┴───────┐
        Animado            Inanimado
                    Vivo
            ┌───────┴───────┐
        Sensível         Não sensível
                    Animal
            ┌───────┴───────┐
        Racional         Não racional
                    Homem
```

Antes de Aristóteles a definição era considerada não arbitrária. Sócrates e Platão acreditavam existir uma resposta certa para perguntas do tipo: "O que é /justiça/?". Acreditavam que a definição tem a ver com a coisa à qual a palavra se refere, que o definido é a "forma" ou a natureza comum presente em diversas coisas particulares (uma "definição real") (Kneale e Kneale, 1980:23). Aristóteles (1975a:90a e ss.) pôs a questão sob outro ângulo. Buscou encontrar na teoria da definição o fundamento para toda inferência válida, o que determinaria a correção da expressão dos conceitos e, consequentemente, do pensamento científico. Para ele (Aristóteles, 1975b:101b), a definição é a fórmula que exprime a essência de uma coisa. Uma definição correta é uma proposição verdadeira e pode ser usada como uma premissa em uma demonstração. A demonstração implica uma natureza comum, um universal que é o objeto da definição. Ela se compõe do gênero e da diferença. Daí a fórmula escolástica segundo a qual a definição se faz por "gênero próximo e diferença específica" (Fontanier, 2002:47).

Foi seguindo essa fórmula que os escolásticos estabeleceram regras de definição que são válidas até hoje:

- a definição deve ser mais clara do que a coisa definida;
- o definido tem de ser excluído da definição (não circularidade);
- a definição deve ser direta e não deve conter nada além do necessário;
- as definições podem ser de uma coisa (*quid rei*) ou de um nome (*quid nominis*).

Algumas palavras (*nominis*) parecem ter um sentido indefinível. Isso porque nem todos os sentidos são nominais ou verbalizáveis mediante o uso de outras palavras. As palavras indefiníveis expressam ideias basais. Alguns filósofos, como São Tomás de Aquino (Kretzman e Stump, 1993:190), sustentaram que termos como "ser", "um", "igual", se definem por si mesmos, que são axiomáticos e autoexplicativos. Outros, como Espinosa (1982), pensaram que esses conceitos, embora não possam ser definidos, não possam ser explicados sem circularidade, podem ser descritos seja por sua origem, seja por seus atributos essenciais ("ser" é aquilo que uma realidade verdadeiramente é, sua essência; "um" é a quantidade de certa coisa tomada isoladamente e por inteiro; "igual" é aquilo que, numa comparação, apresenta a mesma qualidade, quantidade, proporção, dimensão, natureza, aparência, valor, intensidade etc.). A definição primária, operatória, descreve o conceito definido mediante exemplos, termos, fatos etc.

De forma que, para os antigos, podia-se apreender o que é um triângulo por definição ostensiva, ou seja, apontando para a figura de um triângulo, ou dizendo que o triângulo (definido) é um polígono (gênero) de três lados (diferença específica). O trabalho da definição é como o do escultor que desbasta o mármore até chegar à forma perfeita. Retira-se do universal (o gênero) a essência, o objeto único. O gênero declarava o que uma coisa, um objeto, é genericamente. A essência declarava o que ela tem de próprio, de específico (a espécie), de único em relação a outras coisas, a outros objetos (Ide, 2000:189).

## Renascentista

As questões sobre a definição nunca deixaram de ocupar os filósofos. Os lógicos de Port-Royal tinham que uma das fontes mais frequentes de confusão conceitual é a incerteza quanto às conexões entre as palavras e as ideias. Propuseram fixar essas conexões mediante uma definição nominal distinta da definição real (essencial). A definição nominal revelaria quais ideias estão contidas nas palavras, enquanto ideias assessórias dariam seu sabor emocional. Por exemplo, as ideias assessórias que tornam reverentes ou obscenas determinadas palavras, como as que denominam metaforicamente os órgãos sexuais e que, em si, não têm nenhuma cor emocional, mas que referidas ao objeto específico conotam ações, desejos, interdições etc. (Kneale e Kneale, 1980:321). Voltaremos à distinção entre definições reais e nominais mais adiante.

No Renascimento, ao ponto de vista essencialista imperante na Idade Média veio se somar o descritivo. Locke pensava que a definição por gênero e diferença não esclarecia os conceitos. Preferia a definição descritiva porque, para ele, o universal e o geral são criações do entendimento: não pertencem à existência real das coisas. Em vez de definir o homem como animal racional, ele o definia como "uma sólida substância extensa, com vida, sentidos, movimento espontâneo e faculdade de raciocinar" (Locke, 1956:3.3.10). Em Locke (1956:1.1), a definição serve para entender através da palavra o significado da ideia ou termo definido. Os conceitos são definidos para permitir o pensamento discursivo. A definição enumera as ideias simples contidas na ideia complexa, procurando um significado unívoco. Somente as ideias complexas podem ser definidas. As ideias simples — cor, som, gosto etc. — são adquiridas pela experiência dos sentidos e nomeadas, na forma que Bertrand Russell (2001:17) no século XX chamou de "conhecimento por presença direta". Utilizam-se sinônimos ou exemplos para descrevê-las. Os conceitos universais são abstraídos a partir das ideias particulares trazidas à mente pelos sentidos. O conceito /sol/, por exemplo, é um agregado de ideias simples: brilho, calor, redondez, movimento constante, distância. Os discursos sobre o sol são mais ou menos acurados em função da precisão na observância dessas qualidades (Locke, 1956:2.22). Os nomes definidos tomam o lugar das essências reais: indicam a essência nominal, não gerada e incorruptível porque são abstrações (Locke, 1956:3.4-3.5).

Leibniz (2001) considerava que as definições reais, enquanto distintas de uma definição nominal, contêm uma afirmação implícita da possibilidade daquilo que é definido. A definição não seria uma convenção arbitrária, como queria Hobbes (1975), mas significaria alguma coisa possível, isto é, não contraditória. Uma definição nominal não passava de uma abreviatura, mas uma definição real postula a existência daquilo que é definido e, por isso, precisaria ser justificado. Também descritivista, Leibniz pensava que o silogismo, por sua capacidade de aportar definições e de verificar a falsidade de proposições, descrevesse "o inventário oficial de todas as coisas do mundo" (Aito, 1985). As ideias complexas, dizia, estavam constituídas por combinações de ideias mais simples, da mesma forma como as palavras estão formadas por letras. Por meio da técnica medieval da divisão — em virtude da qual uma característica se identifica como algo que determinados objetos, mas não outros, possuem — era possível taxomizar os conceitos. O "todo" estaria formado pelo "material" e o "imaterial", o imaterial poderia dividir-se em "animado" e "inanimado"; o animado em "sensível", quer dizer, os animais, e "insensível", as plantas e os demais objetos, conforme o esquema em árvore abaixo.

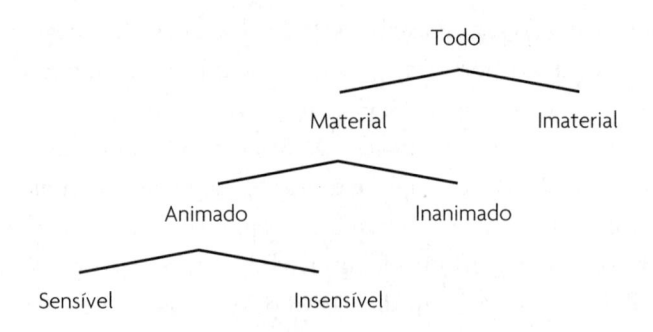

```
                    Todo
                   /    \
              Material   Imaterial
              /     \
         Animado   Inanimado
         /    \
    Sensível  Insensível
```

Leibniz procurou aplicar à lógica o modelo de cálculo algébrico da sua época. Era sua intenção submeter a esses cálculos algébricos a totalidade do conhecimento científico. Em sua obra *Dissertação da arte combinatória* (Aito, 1985) apresentou os princípios dessa forma de raciocinar, em que as totalidades são divisíveis em subtotalidades, estas em subsubtotalidades, até chegar às unidades, aos indivisíveis. O que se dividia assim poderiam ser letras, palavras, conceitos, silogismos, teorias geométricas, toda a matemática, observações, o mundo real etc. A combinatória proveria uma sintaxe geral que, ao representar um todo qualquer, permitiria produzir ideias compostas combinando caracteres elementares e calcular o número de variações e complexões. Seria como a criação de uma nova língua, com notação universal e artificial, que levaria ao inventário das ideias simples e as simbolizaria de modo a obter um "alfabeto dos pensamentos" simples, expressos em caracteres elementares. O raciocínio torna-se, neste projeto de Leibniz, um cálculo susceptível de ser efetuado por uma máquina organizada para tal efeito. Leibniz se interessava pelos ideogramas chineses por sua capacidade de incluir em uma palavra uma ideia de sua definição. Sustentava que a definição de qualquer "espécie" sempre continha o "gênero". Por exemplo, a definição de *ouro* incluía a do gênero *metal*. Ao substituir um termo por sua definição seria possível verificar o enunciado: *Todo ouro é metal*, e provar o enunciado, substituindo ouro por metal amarelo: *Todo metal amarelo é metal*. Como o mesmo termo aparece nos dois termos, o enunciado se considera provado. Leibniz acreditava que se construindo uma máquina que pudesse operar os 256 modos dos silogismos lógicos a partir de um processo adequado de introdução de dados, seria possível imitar mecanicamente a razão humana (Kelly, 2007:231-232). Essas ideias, que hoje nos parecem fantasistas, inspiraram não apenas o desenvolvimento da lógica, mas a criação de máquinas computacionais.

## Genética

Às perspectivas essencialista e descritiva da definição, que, apesar de antigas, ainda vigem, acrescenta-se a perspectiva das origens, um ponto de vista que podemos denominar genético. Procede da ideia de Espinosa (1982), que deixou escrito que a definição consiste em dar a origem ou a gênese de alguma coisa. Também na linha da gênese dos conceitos, mas no sentido inverso, Kant argumentou que as definições filosóficas não podem proceder como as definições biológicas, por gênero e diferença, nem como as definições matemáticas, que servem para construir conceitos. As definições filosóficas, ao contrário do que queria Espinosa, concluem um raciocínio, não o iniciam (Kant, 1989:B758-9). Para Kant (1989:A728, B589), definir não é mais do que apresentar o conceito original (não derivado) com clareza e atributos bastantes à sua compreensão. Ele sustentou, ainda, que a análise dos conceitos empíricos pode levar apenas a uma exposição aproximada, nunca apoditicamente certa. Isto é, que é impossível conhecer os objetos empíricos porque seus limites são imprecisos e porque não se pode ter a certeza de sua originalidade. Os conceitos empíricos podem, no entanto, ser explicados, isto é, seus conteúdos podem ser explicitados (Kant, 1989:A729, B757). Ainda hoje, na lógica formal, as definições são consideradas sempre essenciais e constitutivas, únicas reconhecidas por Kant (1989:A730, B757).

Também no âmbito do ponto de vista das origens, mas discordando tanto de Espinosa como de Kant, Hegel (1973), na *Ciência da lógica*, considerou a definição como o primeiro estágio do conhecer. O conceito intelectual só poderia ser pensado e discutido mediante a definição (Hegel, 1975a:185). A definição das entidades naturais e espirituais envolveria três elementos: o gênero (universal), a diferença específica (particular) e o próprio objeto (individual). Hegel (1975a:9-10) coincidiu com Kant na ideia de que os conceitos filosóficos não são suscetíveis de definição por gênero e diferença. Ele criticou duramente "o método formal e não filosófico que exige e procura antes de tudo da definição, para possuir ao menos a forma exterior da exposição científica" (Hegel, 1975a:9-10). Para Hegel, a definição do conceito é uma descrição do curso da construção e da reconstrução de concepções. São duas coisas diferentes: o conceito em sua verdade, e a forma de sua representação, que pode ou não portar a verdade do conceito. A definição é um processo. O que importa primeiro é a demonstração da necessidade de um conceito, o imperativo de registrar e transmitir uma noção, de representá-la. A definição correta é a que, ao término de um processo construtivo de distinção e clarificação, torna inteligível a ideia contida no conceito.

## Lógica

Superando as distinções entre as diversas perspectivas, a lógica contemporânea dá a definição como uma operação que tem lugar no nível linguístico, mas a entende de pelo menos três modos:

1. como indicando o que é uma coisa, sua natureza ou essência, na forma aristotélica;
2. como construção de conceitos ou como decomposição de conceitos existentes, na forma kantiana;
3. como esclarecimento de um signo, dizendo a que ele se aplica, na forma de Pascal (1976) e de Leibniz (2001:§ 34, 16).

O interesse principal da lógica na definição é identificar formas válidas de inferência. Na expressão "todo homem é mortal. Sócrates é homem. Então Sócrates é mortal" existem duas premissas, das quais uma conclusão, introduzida por "então", é extraída, isto é, inferida (*inferĕre*, levar a). Se uma conclusão pode ser inferida validamente de suas premissas, então dizemos que as premissas implicam (*implicāre*, entrelaçar) a conclusão. A validade lógica não tem a ver com a verdade do conteúdo das proposições. A validade é a propriedade que um argumento tem quando sua forma é tal que, se as premissas forem verdadeiras, a validade da conclusão está garantida. A proposição "Todo homem voa. Platão voa. Então ele é homem" é logicamente válida. Não é uma definição verdadeira porque a primeira premissa é falsa. Em uma sequência de proposições, a verdade ou falsidade (o valor de verdade) depende dos valores de verdade de cada proposição que a constitui.

A dificuldade da definição lógica foi expressa por Gottlob Frege (1960a) de forma concisa: o que é simples não pode ser decomposto e o que é lógico não pode ter uma definição apropriada externa à lógica. Ao descobrirmos um simples (um conceito básico), devemos criar um termo para ele, uma vez que a linguagem não contém uma expressão que lhe convenha perfeitamente. Mas Frege demonstrou que não existem "definições criadoras" (Soares, 2001). As definições são a expressão de conceitos que já existem. Este filósofo, marco da lógica contemporânea, tentou impedir que se cometessem falácias ao fazer definições. Estabeleceu princípios gerais para que as definições pudessem ser introduzidas em seu sistema. Três desses princípios são recomendações gerais universalmente aceitas:

- todo nome construído a partir de outros nomes definidos tem de ter uma referência, um referente (as coisas e suas mudanças);
- o mesmo símbolo não pode ser definido de duas maneiras distintas;
- um nome definido deve ser simples, não deve ser composto de outros nomes.

O último desses princípios é fácil de ser seguido em lógica, mas difícil de ser observado na prática investigatória, mas podemos aderir ao espírito da lógica de Frege dizendo que o definido deve ter um único sentido. O que nos leva ao problema não do rigor, mas do realismo nas definições.

Contra a possibilidade realista, o pragmatismo deu a definição como expressão dos interesses daquele que define (James, 1975). Também Freud (s.d.b) sustentou que conceitos como /libido/ ou /instinto/ são construídos e reconstruídos no processo de investigação empírica até que alcancem expressar não só algo que é "real", no sentido de ser verificável, como aquilo que também é inteligível. As definições não seriam nomes arbitrariamente escolhidos, mas expressões de fenômenos da psique que antes da investigação não foram entendidos e que, por isso, não poderiam ter sido nomeados. Como Kant, como Hegel, como Husserl, Freud pensava que a ciência não caminha a partir de definições básicas, mas que chega a definições. A ciência caminha a partir de fenômenos que são percebidos, entendidos, identificados, clarificados, correlacionados e, por fim, cabalmente definidos.

## Definição dos abstratos

Ao lado dessas formas de entender as definições, temos o ponto de vista de que é absurdo definir conceitos abstratos. Wittgenstein (1998c), talvez o lógico mais original do século passado, denunciou a impossibilidade de rotular sensações, uma impossibilidade que deriva da incapacidade de mostrarmos ostensivamente o que é privado. Ele dá o exemplo de uma criança que sente dor: ela simplesmente grita. As expressões que significam "dor" são aprendidas dos adultos, isto é, a definição que temos da dor já não é ostensiva, mas uma expressão da linguagem pública. A definição primária é ostensiva, mas é psicológica, enquanto a definição verbal aprendida é a que comunicamos. Na definição ostensiva a palavra é explicitada mostrando-se um exemplo daquilo a que se refere. Para definir "quadrado" ostensivamente apontamos para algo que seja quadrado ou para um desenho. Para definir "quadrado" verbalmente dizemos que é um quadrilátero equiângulo e equilátero, mas não podemos definir a sensação que sentimos ante o desenho ou a visão de um quadrado. O significado privado é impossível de ser comunicado. É inútil procurar definir o que é interior, oculto, privado e psicológico. O que definimos é o significado externo, evidente, público e comportamental. Não podemos definir o mental, só o comportamental, a reação ou consequência da sensação, da emoção.

Não podemos comunicar ou mesmo assinalar algo sem usar uma linguagem compartilhada, de modo que a definição só é possível e útil se ela indica o papel ou o lugar de uma palavra em um contexto (Wittgenstein, 1998c). Wittgenstein demonstrou a falácia do que, desde Descartes, tinha-se por base segura das definições: o nosso pensamento autorreflexivo não é mais do que um conjunto articulado de suposições, de informações não comunicáveis porque indefiníveis. Ante esses argumentos, em meados do século passado os filósofos John Dewey e Arthur Bentley hesitaram longamente em recusar o termo "definição" como o mais adequado para nomear conceitos, preferindo ora "designação", ora "especificação". Ao cabo, tomando em conta o uso na lógica contemporânea, reduziram a definição de termos à "caracterização", isto é, à explicitação dos atributos do conceito definido (Dewey e Bentley, 1947).

## Os tipos de definição

As teorias da definição chegam à atualidade regidas por opções desse gênero. Entende-se em geral que a definição deve indicar essências, expressando, mediante signos inteligíveis, o conteúdo dos conceitos, e relegando à mera descrição os objetos primeiros e os dados imediatos da consciência. Mas isso continua em discussão, não só pelas ressalvas relativas às mediações entre o entender e o definir, mas pela própria complexidade do problema. Essas discussões levam os teóricos a separar as definições em tipos, classe, esferas das mais diversas ordens.

### Definições nominais e reais

No campo da lógica, as definições podem ser classificadas segundo determinam um nome ou uma coisa. Por exemplo, pode-se definir "água" como uma substância líquida e incolor, insípida e inodora. E pode-se definir "solteiro" como aquele que não casou. Tradicionalmente considera-se que a primeira definição é real (está referida diretamente à realidade), a segunda, nominal. A definição real é uma proposição que estabelece equivalência entre duas entidades em que o definidor "captura a natureza essencial" do definido (Hegenberg, 1974:30). A ideia da definição real deriva da prática comum na Idade Média de se definir coisas e ideias, e não, como é usual na atualidade, de definir termos. De acordo com este uso, quem define está relatando resultados de uma investigação a propósito de um objeto. A definição de "Porto" tratava de dar os limites da cidade do Porto, não de identificar o significado da palavra "porto". No campo das ciências naturais os objetos e os conceitos tendem a admitir definições reais. O mesmo não ocorre no campo das ciências humanas e sociais, em que se dá o inverso: trabalha-se, em geral, com conceitos como o de /mente/, /etnia/, /propensão a consumir/, /norma/, que requerem e se limitam a serem definidos nominalmente.

A definição nominal é entendida como espécie de convenção (estipulação) que sugere alternativa para uma expressão linguística previamente dada. Ela toma a forma "seja *a* sinônimo de *b*". Existem três tipos principais de definição nominal: i) as léxicas, como as dos dicionários, ii) as estipulativas, que introduzem um termo novo para significar um conceito, e iii) as de precisão, quando se quer dar um significado particular rigoroso a uma expressão existente. A definição nominal seleciona um conceito e lhe atribui um nome particular (pai = $_{def}$ genitor masculino). Quando dizemos a palavra "árvore", este som é um signo não imediato de um objeto concreto, mas do conceito /árvore/ que temos.

A palavra, o nome, se relaciona ao conceito de três maneiras: i) é *unívoca* se tem um único sentido, como quando designamos uma árvore específica; ii) é *equívoca* quando pode ser atribuída a diversos objetos diferentes, como a palavra "cruzeiro", que pode significar um marco religioso, a antiga moeda do Brasil, um time de futebol, uma constelação etc.; iii) é *análoga*, quando se aplica a diversos sujeitos em um sentido que não é absolutamente idêntico nem absolutamente diferente. O análogo está entre o unívoco e o equívoco. Por exemplo, entre a hierarquia dos seres vivos e a hierarquia nas organizações existem analogias, similitudes, mas um animal, que na hierarquia dos seres vivos é um ser superior, não dá ordens às plantas como um gerente dá ordens ao subordinado (Ide, 2000:186 e ss.).

Em síntese: a definição real é da ordem do explicar: "$x$ é um organismo vivo, isto é, $x$ satisfaz as condições $a, b, ...n$". A definição nominal é da ordem do querer dizer: "quando eu digo $x$, pretendo dizer...". Introduz um termo, novo ou recuperado, e lhe dá um significado por estipulação. Mesmo uma distinção simples como essa é controversa. Hoje se tem que não existem propriamente "definições reais". Que a água, a luz, o som etc. podem ser explicitados, mas não definidos. Mas há quem sustente a validade de definições descritivas. De modo que, para caminharmos com alguma segurança neste terreno, há que considerar as várias classificações e ressalvas feitas às definições.

### Definição e termos

A definição, seja ela nominal ou real, destina-se a introduzir, formalmente, um termo novo em um sistema de signos e a especificar o significado do termo introduzido (Hegenberg, 1974:69). Os termos do definidor (*definiens*) devem preexistir no sistema, mesmo que tomados de modo tácito. É um erro recorrente supor que uma investigação não pode principiar sem antes se haver definido seu objeto. De um lado porque o usual é iniciar com termos vagos, que são elucidados com o avanço da investigação. De outro porque vários métodos, como os fenomenológicos, destinam-se a criar ou a descobrir conceitos para depois defini-los.

Define-se com palavras. A palavra é um símbolo para um significado, um conceito, historicamente convencionado. Quando a convenção que governa o emprego de uma determinada palavra alcança certo estágio de desenvolvimento, uma definição pode fixar e tornar explícita aquela convenção. Como vimos no capítulo 1, o conceito e o termo que o significa possuem, quanto ao significado, dois aspectos: a *extensão* e a *intensão*. A extensão de um termo consiste na classe de todos os objetos aos quais ele pode ser aplicado. O termo "filósofo" se refere a Platão, Kant, Heidegger e a muitas outras pessoas. Sua extensão é grande. A intensão ou compreensão do termo consiste das propriedades que um objeto precisa possuir para situar-se na extensão desse termo. Para ser considerado "filósofo", um objeto deve ser, antes de mais nada, um ser humano (Hegenberg, 1974:20-21).

Palavras descritivas, como "casa", "onça", "árvore", designam objetos físicos. A respeito dessas palavras não se coloca, de hábito, a questão do significado, mas do ser. Não se pergunta: "qual o significado de casa?", mas "o que é uma casa?". Responde-se a essa pergunta alinhando as propriedades do objeto sem as quais ele não significaria: uma casa tem paredes, tem porta, tem teto etc. Mas, além dos termos comuns, que se aplicam aos objetos físicos, existem os termos que se aplicam às teorias. Todos os conceitos contidos em uma teoria são conceitos teóricos. Uma teoria não tem um conteúdo empírico por si mesma: tem espaços em branco que podem ser preenchidos com dados empíricos. Em protocolos observacionais ou experimentais apresentam-se conceitos construídos empiricamente, mas esses conceitos são combinados com conceitos não empíricos, como /propensão/, /marginal etc., para terem utilidade representacional (Bunge, 1999:245).

Existem termos lógicos: "não", "é", "todo"... e termos não lógicos: "sereia", "organização", "Pelé", "casa". Os termos lógicos não têm um significado. Servem à estruturação das proposições.

Alguns dos termos não lógicos são observacionais (Pelé), outros são classes de objetos observacionais (casa), outros são classes de objetos não observacionais (sereia, organização). A par desses termos, existem termos teóricos, como "força", "ego", "partido"... que não correspondem à experiência direta ou indireta do mundo e das coisas que nos rodeiam. Uma das dificuldades da definição é que não há fronteira nítida entre termos observacionais e não observacionais e entre termos não observacionais e termos teóricos. Observamos, de fato, uma empresa, ou apenas alguns dos seus elementos constituintes? As não observáveis sereias não seriam teóricas para os gregos?

Os termos lógicos e os termos das linguagens especiais, com os da matemática, não oferecem problemas de compreensão. Conectivos, como "não", "ou", quantificadores, como "para todo o $x$...", conceitos matemáticos, como "número primo" ou "logaritmo" são perfeitamente definíveis. Mais complicados são os termos teóricos não lógicos, tanto os observacionais, como "azul", "quente" etc., como os não observacionais, como "ovíparo", "mente", que designam objetos não mostráveis ostensivamente. Os termos teóricos ou teoréticos designam entidades não observáveis de fato ou em princípio. Nas ciências naturais esses termos são constituídos indiretamente. Observamos os efeitos da eletricidade ou da gravidade, mas não a eletricidade ou a gravidade em si. Vemos e designamos a luz, não vemos, mas designamos mediante termos como "elétron" entidades que se comportam teoricamente desta ou daquela forma. Temos uma teoria que nos informa sobre os elétrons, sobre sua existência e sobre sua conduta (Winnie, 1967:224).

Nas ciências humanas e sociais a teorização prévia é problemática e não existem linguagens neutras. Os termos teóricos são tomados emprestados da linguagem comum. Por isto, costumam ser ambíguos. O que, por exemplo, significa /pequeno/? Um elefante pequeno é maior do que um grande gato, um americano considerado pequeno pode ser maior do que a maioria dos japoneses. A solução para essas ambiguidades nos conceitos das ciências naturais é a quantificação. Mas nas ciências humanas e sociais essa solução não tem demonstrado ser uma boa alternativa. Tomemos o conceito de /inteligente/. A dificuldade de graduar entre o ser mais estúpido e o gênio da humanidade levou ao estabelecimento de um coeficiente, o QI, uma tentativa malsucedida, não científica e, infelizmente, de larga utilização. Qual, por outro lado, seria o significado de algo com 1/12 de justiça, ou 30% de organização? Mesmo quando de ampla utilização, os índices, indicadores etc., como ocorre nas disciplinas econômicas, não são conceitualmente autoexplicativos. Podemos definir facilmente /inflação/ como o desequilíbrio que se caracteriza por uma alta substancial e continuada no nível geral dos preços, concomitante com a queda do poder aquisitivo do dinheiro, e que é causado pelo crescimento da circulação monetária em desproporção com o volume de bens disponíveis; mas, além de complexa, essa definição não ajuda a distinguir inflação de carestia nem exime os economistas de se digladiarem não só sobre suas causas e efeitos, mas sobre seus elementos constituintes.

A ostensão parece ser a origem de todas as definições. É plausível admitir que algumas palavras tenham sido introduzidas na linguagem por meio de artifícios não verbais. As onomatopeias, a formação de palavras a partir de sons naturais, dão testemunho disso. A menos que algumas palavras tenham seu significado fixado por meios não verbais, não haveria palavras dotadas de significado para explicar o significado de outras palavras (Hegenberg, 1974:24). Mas os tipos de definição requeridos nas ciências humanas e sociais não podem ser baseados na ostensão. São não observacionais, requerem definições nominais em sua maioria. Como veremos mais adiante, tendem a ser estabelecidos por convenção.

### Classificações das definições

As definições de dicionário em geral não se prestam à atribuição de significados científicos. Elas não nos dão traduções, mas regras incompletas de seleção. O esclarecimento dos significados, as propriedades que um termo é chamado a invocar, não são satisfeitos integralmente. As propriedades atribuídas pelo uso comum e pelos dicionários, na maioria das vezes, não são nem necessárias nem suficientes para definir o objeto. Por exemplo, o metal é definido muitas vezes como sólido, o que não é o caso do mercúrio; com elevado ponto de fusão, o que não é o caso do sódio; de cor amarelo-avermelhada, o que não é o caso do alumínio etc.

Algumas propriedades são mais essenciais do que outras para descrever os objetos físicos: o metal, qualquer metal, tem boa condutividade elétrica. A condutividade é uma propriedade do metal se não essencial, ao menos de grande relevância. Mas isso não justifica, menos ainda nas ciências humanas e sociais, que se deve à perspectiva da corrente definicionista dos conceitos, como Hempel (1942), que sustentou que a ciência tem como propósito único estabelecer leis, e que a descrição e explanação das atividades que contribuem para esse fim pertencem ao contexto da descoberta. Entre essas atividades figuraria a introdução de conceitos significativos mediante formação ou empréstimo. Os conceitos seriam produto da atividade científica, e o grau de rigor de sua definição espelha a cientificidade (Wilson, 1968:287). Mesmo nas ciências naturais esta é hoje uma posição minoritária, residual. A maior parte da literatura aceita que a linguagem científica contém noções mal delineadas e conceitos provisórios, "definições operacionais", ou "de trabalho", que, concluída a investigação, descrita a descoberta, permanecem no corpo da explanação.

## Descrição, explicação e compreensão

Na lógica, o habitual é entender as definições como regra de substituição. O definido é tomado como abreviação. Nas ciências humanas e sociais, as definições têm outra natureza. Muitos conceitos admitem mais de uma definição formal possível (a conjunção "mas" significa "ao contrário", "porém", "apesar de" e "com exceção de"), outros não têm substitutos (como "pouco"), de forma que as definições tendem a ser explicativas, a explicarem o conceito.

Existe uma diferença fundamental entre definições descritivas e definições explicativas. A descrição, desde a época da lógica de Port-Royal, é considerada o que dá conhecimento de uma coisa através dos acidentes que lhe são próprios e que a distingue das outras (Lalande, 1999:241). É a representação, escrita ou oral, de um objeto qualquer, a enumeração de suas características ou propriedades. Já a explicação é o desdobramento do que está conciso demais para a compreensão. O espírito busca relacionar objetos entre eles (*explicans*), de maneira que possa dar conta da existência de outro objeto ou de outros objetos (*explicandum*). Explicar (*explicare*) significa abrir o que está dobrado, significa desdobrar o conceito para o espírito. Um conceito é explicado quando se indicou a lei de que sua produção é um caso. Explicar um objeto de conhecimento é mostrar que ele está implicado (dobrado dentro), mostrar que ele resulta de uma verdade estabelecida ou aceita. O conceito é o conteúdo de um ato mental, do pensar, do perceber, do acreditar, do esperar, do pretender, que se quer compreendido. A explicação serve à compreensão, ao conceito retirado da mente, externalizado, compreendido.

Na acepção mais imediata, compreender significa colocar um objeto de pensamento como definido, explicá-lo, dar uma determinação inteligível para nós e para os outros de um conceito. Compreendemos quando somos capazes de definir, de dar as características dos elementos que compõem o conceito e dos que dele decorrem logicamente (compreensão implícita). A compreensão do conceito é essencial à compreensão das proposições, das sentenças em que elas figuram. Sem os conceitos não compreendemos e sem a compreensão não há ciência possível. Conceitos mal definidos, confusos, levam ao equivoco, à crendice e à pseudociência.

## Classificações lógicas

Os tipos aceitos de definições podem ser agrupados em duas categorias: as classificações lógicas e as classificações operacionais. Na lógica há duas classes principais de definição: a explícita e a implícita. Uma definição explícita é uma regra de substituição, não uma proposição. Ela não pode ter o papel de premissa e conclusão. As definições explícitas têm a forma $a =_{def} b$ ($a$ é por definição igual a $b$) O segundo membro da equação é dado por uma combinação de conceitos, por um construto ou combinação de construtos. Por exemplo: um grupo humano $C$ é uma classe social em uma dada sociedade $S$ se e somente se: a) há outro grupo social $C'$ em $S$ que ou domina $C$ ou é dominado por ele, e b) os membros do grupo dominante se beneficiam de pertencer a ele mais do que os do grupo dominado de pertencer ao seu grupo (Bunge, 1999:104). Já uma definição implícita é simplesmente uma estipulação de que certo conjunto de sentenças é aceito como verdadeiro (Nadeau, 1999; Pap, 1964).

Um quadro compreensivo dos tipos de definição lógica consta da figura 9.

FIGURA 9
## Classificação das definições na lógica

| | | |
|---|---|---|
| **Explícitas** (Declaram as condições necessárias e suficientes, na forma: *definendum* é *defininens*, ou seja, do tipo: "isto é aquilo" [o homem é um animal racional]) | Analíticas | Expõem, em uma frase, a essência do objeto a definir. Por exemplo: um tio é o irmão do pai ou da mãe (é um sinônimo). Toda definição analítica é, também, essencialista e extensional. |
| | Essencialistas | Expõem, quando não é possível a frase analítica, a essência do objeto a definir. Por exemplo: o mercúrio é um elemento de número atômico 80. A definição expressa uma condição necessária e suficiente, mas não um sinônimo. Toda definição essencialista é, também, extensional. |
| | Extensionais | Expõem as condições necessárias e suficientes, como na frase: todos os mamíferos quadrúpedes têm rins. Não é essencialista porque pode haver em um mundo imaginário mamíferos quadrúpedes sem rins. |
| **Implícitas** | Ostensivas | Quando se aponta diretamente um objeto |
| | Contextuais | Quando a definição só é possível mediante uma expressão contextualizada. Por exemplo, a expressão "em média" só faz sentido quando aplicada em uma frase do tipo: os jogadores têm em média 23 anos. |

As definições explícitas comportam três casos: a sinonímia, a descrição, a condicionalidade. A *sinonímia* é o caso em que $a =_{df} b$. Por exemplo, no sistema de significados kantiano, "fenômeno $=_{df}$ o objeto do conhecimento não em si mesmo, mas sempre na relação que estabelece com o sujeito humano que o conhece". A *descrição* é o caso em que o mesmo termo *a* é o único objeto que *b*, como em: "Pedro I $=_{df}$ o proclamador da independência do Brasil". Finalmente, a *condicionalidade* é o caso em que o primeiro termo é satisfeito por todos os objetos, se e somente se o segundo termo é satisfeito por todos os objetos, como em: "o quociente de $x$ por $y$ é $z$ se, e somente se, o produto de $y$ por $z$ é $x$. $(x/y = z \_ x=y.z)$".

As definições contextuais implícitas são dadas pelos termos lógicos, que são termos que a nada se referem. Termos como "se", "não", "e", e assim por diante, não admitem extensão nem intensão. Não têm significado quando isolados. Têm uma função nas proposições em que ocorrem. Por exemplo: "todos os $a$ são $b$" significa que *apenas* os $b$ são $a$, o que define contextualmente, implicitamente o termo "*apenas*". O padrão das definições implícitas nas ciências humanas e sociais é, normalmente, condicional, do tipo: "se $x$ satisfaz a condição $a$, então $x$ é $b$". Por exemplo, "se $x$ responde com digressões convencionais às questões de um questionário, então $x$ é conservador".

## Classificações operacionais das definições

Na atividade de pesquisa não é necessário o aprofundamento nas dificuldades lógicas apresentadas pelas definições, mas sem os fundamentos que examinamos não seria possível compreender, na prática investigativa, a função das definições, que pode ser a de abreviar, de analisar, de informar as condições, de assentar um termo novo, de informar sobre o contexto em que o conceito é válido etc.

O conhecimento acumulado e a lógica determinam a classificação dos tipos de relação entre o definido e o definidor, que, em termos gerais, compreende a divisão entre as definições por necessidade lógica e por pertinência semântica (convenção conotativa), epistemológica e formal. As classificações mais comuns são:

### Definição por postulados ou descritiva

Consiste em determinar um conjunto de noções primeiras indefiníveis, enunciadas como axiomas ou postulados. Por exemplo: "ponto", "movimento", "segmento", do tipo: *ponto* =$_{def}$ interseção de duas retas; ou do tipo *ponto* =$_{def}$ porção da linha que vai de um ponto a outro. Essas noções são consideradas definidas pelo conjunto de postulados, o que, como vimos, é uma descrição, não propriamente uma definição.

Definição indutiva

Procedimento que caracteriza classes de objetos mediante a exibição dos processos segundo os quais essas classes se constituem. Por exemplo: "segundo a Bíblia, a classe dos humanos se constitui por geração a partir de Adão e Eva", ou "a classe dos números inteiros se constitui por adição de 1 a partir do número 1", e assim por diante.

Definição por abstração

Procedimento que define os conceitos relativos aos objetos que se referem ao contexto em que aparecem, isto é, à propriedade de que gozam (do tipo: a "idade de Pedro", ou "a cor da mesa"). Consiste em individualizar uma relação que não dependa do conceito, mas que caracterize o objeto quando esse recai sob o conceito. Por exemplo; "a idade de Pedro é a classe de objetos de todos os nascidos no mesmo dia e ano em que Pedro nasceu".

Definições explicativas

Definição de conceitos dados antecipadamente (determinação do domínio, das diferenças com outros conceitos etc.), do tipo: *bancário* =$_{def}$ trabalhador empregado em instituição financeira, independentemente das funções exercidas; ou que resumem os conhecimentos adquiridos empiricamente (definições empíricas explicativas), do tipo: *chaleira* = $_{def}$ o bajulador de autoridades no grupo em referência; ou que definem os conceitos criados pelo próprio ato da definição (definições constitutivas explicativas), do tipo *subperfectível* = $_{def}$ o que não pode chegar à perfeição completa.

## Definições prototípicas

Um tipo de definição que atende mais à psicologia do que à lógica formal é a que toma os conceitos como protótipos. Um protótipo é uma representação interna do produto de uma representação (ver supra, cap. 3, e, adiante, cap. 6) (Johnson, 1987). Não é uma instância ocupada por um membro de uma categoria (uma indicação de um tipo) e não deve ser confundido com um estereótipo (uma imagem socialmente fixada de um membro típico de uma dada categoria). Um protótipo contém as propriedades de todos os exemplares. O protótipo de um livro contém páginas e símbolos, o protótipo de uma estratégia organizacional contém táticas e contém diretrizes para ação. O mesmo se dá com conceitos como /comunidade/, /rede/, /tecnologia da informação/. Na perspectiva essencialista, *x* tem ou não tem as características do objeto, recai ou não sob o domínio de um conceito: sua estrutura é constante. Na perspectiva prototípica, os exemplares não são indiferenciados. Há exemplares cognitivamente mais próximos do protótipo. Por exemplo, um pombo é um exemplar mais próximo do conceito de ave do que o avestruz ou do que o pinguim. A estrutura da definição é radial.

## Definições operativas

Decorrentes de uma ideia do físico experimental Perry Bridgman (1951:4-6), as definições operativas condicionam o *definiens* a critérios puramente empíricos. A corrente de pensamento gerada por essa ideia, o operacionismo, é aparentada com o pragmatismo e o instrumentalismo. Seu dogma fundamental é o de que os termos, para serem científicos, só adquirem significado quando passíveis de interpretação empírica, o de que "só conhecemos os significados de um conceito se pudermos especificar as operações que foram realizadas, por nós ou por outros, ao aplicar o conceito a qualquer situação concreta" (Bridgman, 1951).

## Definições operativas e operacionismo

O operacionismo pode ser sintetizado em três normas (Hegenberg, 1974:107): i) Os significados são operacionais, isto é, a definição deve fazer alusão a alguma operação instrumental (correspondente aos sentidos humanos); ii) Para evitar ambiguidades, cada termo científico deve ser definido por meio de um só critério operativo (mental, verbal, instrumental...); iii) A ambiguidade residual deve ser eliminada por testes objetivos para as hipóteses formuladas com os termos criados ou apropriados pela ciência.

Essas ideias foram largamente debatidas e criticadas nos anos 1950 e 1960 para serem praticamente abandonadas em face das dificuldades: i) de se aplicar um critério empirista para determinar a relevância empírica de um conceito; ii) de se desvincular a inventividade científica da compreensão teórica; e iii) de generalizar a partir unicamente do empírico (ver capítulo seguinte). No entanto, o operacionismo teve um renascimento nos anos 1970, em pesquisa aplicada, graças a Russell Ackoff (1962), que o despiu de conotações metafísicas e recuperou parte do operacionismo para superar o "dinamismo" (a mobilidade e instabilidade) dos conceitos em pesquisas aplicadas. Ele contrastou as definições conceituais com as operativas. As definições conceituais, em seu entender, relacionam um conceito a outros conceitos, enquanto as definições operativas relacionam o conceito que se procura definir ao que seria observado se determinadas operações fossem executadas. As definições conceituais dizem ao pesquisador o que pensar acerca de um conceito, enquanto as definições operativas lhe dizem como responder a questões que envolvam o conceito. As definições conceituais esclarecem significados, enquanto as definições operativas dizem ao investigador aquilo que é investigado (Hegenberg, 1974:104-105).

Ackoff fez uso de algumas regras operativas que ajudam a trabalhar com definições e conceitos nas pesquisas de campo. São elas:

- examinar várias definições do conceito, atentando para o contexto em que está inserido. Por exemplo, o comprimento de uma peça de pano é medido com uma fita métrica, o que é inaplicável a distâncias interestelares;
- identificar o núcleo de significado que a definição possa encerrar, isto é, aproximar-se do que seria a essência do conceito a ser definido;
- trabalhar com definições provisórias e ir burilando termos e definições ao longo do processo investigativo;
- submeter a definição à crítica permanente, redefinindo sempre que necessário.

Esses preceitos contêm duas ideias-chave extremamente práticas: a de retrabalho constante sobre as definições e a de núcleo conceitual. Esta última ajuda a contornar as dificuldades de se conhecer *a priori* o objeto investigado. Para os objetos físicos é menos complicado encontrar-se o essencial em um objeto. Uma cadeira deve ter encosto e assento, mas não necessariamente quatro pernas, já que existem cadeiras de três pernas e até de uma perna. A definição de cadeira como "peça de mobília que é um assento apoiado sobre pés ("partes para apoiar"), quase sempre em número de quatro, com um encosto e, muitas vezes, braços ("partes fixas para apoiar ou descansar os antebraços"), com lugar para acomodar, com algum conforto, uma pessoa" (Houaiss, 2001), constante em dicionários, é inadequada cientificamente, mas operacionalmente, ressalvada a diferença com o sofá, pode ser útil. Tudo depende para que propósito se esteja definindo o objeto "cadeira". No entanto, há que se atentar para o fato de que nas ciências humanas e sociais este tipo de dificuldade pode ser, em geral é, bloqueador. Como determinar *a priori* a essência de uma sequência de decisões estratégicas equivocadas? E tendo determinado, por exemplo, o elevado consumo de álcool pelos executivos, como encontrar a essência de /elevado/? Esses conceitos só podem ser definidos a partir de núcleos conceituais — decisão, equivocação, taxa de tolerância ao álcool, frequência, tempestividade — burilados, aperfeiçoados, ajustados, contextualizados pelo próprio processo investigativo.

## As condições da definição

A natureza da definição e os problemas lógicos que encerra são objeto de controvérsias infindáveis. Para os que se dedicam às investigações empíricas é improdutivo entrar nessas discussões. Operacionalmente interessam somente os ensinamentos que geram. Podemos aceitar qualquer uma das linhas teóricas ou, inclusive, combiná-las, e dizer que uma definição útil deve indicar a natureza, a classe, a gênese, o protótipo e o contexto do objeto definido. Mas algumas condições para uma definição operacionalmente válida são comuns às várias correntes de pensamento. São elas as de que a definição deve ser: (1) unívoca; (2) declaratória; (3) contextualizada; (4) convencional; e (5) redutora.

### Unívoca

Para definirmos, devemos superar as dificuldades das palavras equívocas e a das palavras com muitas acepções, a barreira da polissemia, dos vários sentidos que uma palavra pode ter. Para serem tecnicamente úteis, as palavras necessitam que se lhes fixe o sentido no discurso que analisamos e no discurso que proferimos. Por isso, a definição não deve ser confundida com a *divisão*, que é a compreensão de um conceito em suas partes, nem como o *discernimento*, que declara se um objeto *a* é verdadeiramente *a*. A definição declara em que consiste ser *a*, supõe uma delimitação intelectual, enquanto a divisão é a operação de separar a extensão de um conceito e o discernimento supõe confirmação empírica.

Também devemos evitar confundir uma definição léxica com uma *análise*. Quando dizemos: "Pedro é um menino alto" usamos o nome "Pedro" para falar de um menino chamado Pedro. Podemos dizer simultaneamente que "Pedro é um nome". Embora ambas as definições sejam exatas, delas não decorre que um nome possa ser alto. Um mesmo objeto não pode ser uma pessoa e um nome. Este exemplo admite uma solução simples, saímos da dificuldade assinalando que "Pedro", entre aspas, é um nome, mas relacionar um objeto a uma única definição nem sempre é fácil, por exemplo, quando tentamos definir um estado da alma, como /feliz/, como conciliar a conotação de "um homem feliz" (venturoso), com a de "um golpe feliz" (exitoso) (Pap, 1964:50).

### Declaratória

Um dicionário contém definições. O significado de cada palavra é declarado (feito claro) em uma frase contendo outras palavras que não são sinônimas da palavra definida. No dicionário encontramos as formas em que as palavras têm sido, historicamente, empregadas. Por exemplo, consta no dicionário que a palavra "cadeira" significa "assento de encosto com braços". Consta, igualmente, que significa "disciplina ensinada pelo professor". As duas definições estão corretas. Outras acepções para "cadeira" podem ser acrescentadas: "quadris", por exemplo. As definições verbais de dicionário são úteis, mas são definições arbitrárias. Nada limita o uso possível dos termos, e as definições científicas não admitem a arbitrariedade, não podemos dizer que o professor ministra um quadril ou um assento de encosto com braços (Wilson, 1968). As definições declaratórias simples, tradicionais, raramente servem à explicitação do conceito, por isso devem ser tomadas com cautela. Devem ser retrabalhadas, conforme indicado na seção "Do conceito à definição", adiante.

Outro ponto das definições declaratórias a ser lembrado é o de que definir não é dar a etimologia da palavra. Os pensadores alemães apreciam a etimologia como instrumento porque trabalham com um idioma compósito e porque têm uma história filosófica que fazem remontar à Grécia clássica. Embora não seja este o nosso caso, e tendo presente que definição e etimologia são coisas distintas, é verdade que o estudo da origem das palavras tem utilidade explicativa. Pela etimologia nos colocamos mais perto do significado originário dos termos, das origens concretas daquilo que queremos definir, do que pretendemos declarar. Por isso, como para a conceituação, verificar a etimologia do termo a ser definido é sempre útil.

## Contextualizada

As definições são circunstanciais. O nome é arbitrário, mas o emprego do conceito expresso pelo nome tem a ver com a realidade em referência. A definibilidade é contextual: uma mesma palavra quando definida em diferentes contextos adquire diferentes significados, isto é, designa construtos diferentes. Nem todo conceito é definível universalmente. O conceito /identidade/, que é uma noção primitiva em lógica — isto é, um conceito que não se define, apenas se descreve como a relação que todo objeto tem consigo mesmo —, nas ciências sociais toma outro contorno: /identidade/ é definida como "um mecanismo psicológico, da continuidade do eu e da sua posição na sociedade". Segundo o contexto, uma mesma unidade léxica pode remeter a vários referentes. Por exemplo, existe a memória-lembrança, a memória-monumento, a memória humana, a memória de uma reunião, a memória do computador, a memória-petição e assim por diante. Um mesmo termo, "memória", aplica-se a objetos diferentes. Um termo que expressa o mesmo conceito pode ter conotações diferentes porque o termo leva a sentimentos diferentes ou a associações diferentes ou, ainda, a atitudes diferentes. Os termos "país subdesenvolvido" e "país emergente" denotam o mesmo objeto, mas a conotação do primeiro é negativa, enquanto a do segundo é positiva. Os termos "mão de obra" e "recursos humanos" denotam o mesmo grupo humano, mas têm conotações diferentes. O mesmo se passa com "seção" e "divisão", ambos querem dizer "parte da organização", mas, em geral, a conotação do primeiro é a de parte de uma organização pública e a do segundo, a de parte de uma corporação.

### Convencional

As definições "reais" das ciências factuais têm como referentes objetos da realidade. Nas ciências humanas e sociais isso não ocorre. Daí que muitas vezes se confunda a definição, que é uma convenção, com uma suposição, com uma conjectura sobre o conceito. Por exemplo, muitos economistas estão convencidos de que a fórmula de produtividade de uma empresa é uma lei. Mas a fórmula $E = P \cdot \pi h$, onde $E$ designa o número de empregados, $P$ a produção, $\pi$ a produtividade e $h$ o número médio de horas trabalhadas por semana é uma suposição. Isto porque $\pi$ é um não observável, é um construto convencional (um conceito referido a uma teoria sobre o /produto/) expresso em termos quantitativos (Bunge, 1999:106).

As definições nominais são sempre arbitrárias. Não podem ser falsas ou verdadeiras porque não são proposições. O que é arbitrário em uma definição, o que nela é meramente nominal, e o que é real têm importância para além das discussões dos lógicos. O homem foi definido por Platão como "bípede implume" e pelos estoicos como "animal racional". Ambas as definições são nominais quando aplicadas à palavra "homem", mas encerram um conceito, um entendimento da realidade inteiramente diferente quando aplicadas à entidade /homem/. O que, nessas definições, separa o homem do animal é a plumagem em um caso, e a racionalidade, em outro. Do ponto de vista nominal, nada a obstar. Do ponto de vista conceitual, nada garante que não existem outros bípedes implumes ou que animais, como o golfinho, sejam dotados de alguma capacidade de raciocínio. A inexistência de plumagem e a racionalidade derivam da observação, são definições reais, de realidades a que, arbitrariamente, foram atribuídos nomes. Essas definições podem incorrer no erro da *amplitude*; por exemplo, a definição platônica de homem como "bípede implume" inclui os cangurus na categoria dos seres humanos. Podem, também, incorrer no erro da *restrição*, por exemplo: as crianças muito pequenas e alguns dementes têm capacidade de raciocínio inferior ao dos chimpanzés, o que os excluiria da categoria de humanos ou incluiria nessa categoria grande número de primatas.

## Redutora

Qualquer definição é sempre redutora, porque o membro à esquerda da equação $a =_{def} b$ é determinado pelo (é função do) membro que se situa à direita, e não o contrário. Eles são simétricos, mas não podem trocar de posição porque embora exista uma simetria lógica, uma igualdade, uma congruência de significados, a intensidade do definido e do definidor é diferente. Um é sintético, outro analítico.

Toda definição implica uma redução, isto é, uma operação de análise de um referente (um objeto) ou de um construto (conceito ou teoria) com o propósito de dotá-lo de uma forma utilizável. Reduzir um conceito *a* a um conceito *b* é definir *a* em termos de *b*, dizer que *a* está incluído em *b*, ou dizer que todo *a* é um agregado de *b*s, ou uma manifestação de *b*. A definição diz que *a* se reduz a *b*, significando que *a* é do mesmo nível de *b* (por exemplo, um evento histórico é igual, por definição, a um câmbio social); que *a* está implicado em *b*; que é maior ou mais complexo do que *a*; (p. ex.: conformismo = $_{def}$ baixar a cabeça); ou que *a* é maior ou mais complexo do que *b* (p. ex.: receita governamental = $_{def}$ soma dos impostos individuais) (Bunge, 1999:183).

★ ★ ★

Tendo examinado as teorias, os tipos e as condições da definição, chegamos a que as definições são estipuladas, arbitrárias, convencionais. São verdades por convicção, não por prova. As coisas concretas não podem ser definidas por convenção. Definimos conceitos e seus símbolos. A natureza em si, o fato em si, o organismo em si, a energia em si etc. não podem ser definidos. Vimos que as definições são limitadas, que o próprio processo de definir é discutível, que as teorias e as técnicas do definir não são consensuais. Mas vimos também que não podemos nos furtar a definir, que existe uma série de implicações quando, em uma argumentação, alega-se que a discordância deve-se somente a "uma mera questão de definição". Existe, em primeiro lugar, o problema do objeto da definição: o de saber que definir é um ato arbitrário, uma simples atribuição de um nome exprimindo uma convenção, e que a definição expressa o propósito particular de classificação de uma realidade. Em segundo lugar, há o problema de saber se o propósito da definição, a clarificação das ideias, foi alcançado. Para equacionar esses dois problemas é que se estabeleceram ao longo do tempo e da história do pensamento uma série de preceitos para a enunciação correta de definições.

## Preceitos gerais para a elaboração de definições

São Tomás de Aquino (Kretzman e Stump, 1993) diz que as definições podem ser falsas em dois casos: quando aplicamos predicados a uma coisa que são próprios de outra (os predicados de uma cadeira de madeira aos quadris) ou quando construímos uma definição por partes que são incoerentes (o círculo quadrado). Mesmo verdadeiras, as definições são sempre problemáticas. Recordemos, a título de exemplo, um problema de definição que agitou o pensamento social no século XX: Marx, ao chamar atenção para o absurdo que o valor de uma mercadoria fosse definido não pela qualidade do trabalho nela contido, mas pela quantidade necessária à sua produção, argumentou que o trabalho é a substância e a medida do valor, que, no entanto, não tem valor em si mesmo (Marx, 1971:I. 2.VI, 617 e ss.). O trabalho sendo o determinante do valor, a expressão "valor do trabalho" não faz sentido. É como dizer o "valor do valor" ou o "trabalho do trabalho". O "preço do trabalho" é, por definição, um disparate, é apenas o custo da força de trabalho expresso em moeda. O que os economistas (os fisiocratas e Adam Smith) definiram como "valor do trabalho", Marx disse ser o valor de mercado da força de trabalho comprada aos trabalhadores, e essa "questão de definição" informou um ciclo de discussões, doutrinas, ideologias que persistem até hoje.

O propósito e interesse da definição científica é o de eliminar as enunciações falsas e o de clarificar o sentido de conceitos complexos, como o de /trabalho/ no exemplo anterior. As recomendações e pontos de vista que examinamos são úteis para quem se vê na contingência de definir, mas não existem regras que são mandatórias. Alguns preceitos, no entanto, são logicamente óbvios:

▌ uma definição deve aludir à essência do conceito que procura definir;
▌ as diversas definições usuais devem ser exploradas ao longo da pesquisa até se encontrar a definição mais adequada ao conceito;
▌ a definição não deve ser formulada em linguagem obscura, poética ou metafórica. Definições do tipo "a beleza é a eternidade contemplando-se no espelho", ou "medo é a sensação de estar-se à beira do nada", são inúteis para a pesquisa (Hegenberg, 1974:27);
▌ as variações e os desvios devem ser questionados;
▌ as definições incompletas e equívocas devem ser postas de lado até se alcançar a que melhor se ajusta ao conceito.

Existem regras que tornam as definições mais rigorosas e, por consequência, mais precisos os termos das pesquisas. São elas, as cláusulas escolásticas, de que a definição deve ser:

▌ mais clara do que a coisa definida,
▌ direta e não conter nada além do necessário,
▌ breve.

E os preceitos decorrentes dos avanços da lógica, referidos (Dutant e Engel, 2005:35 e ss.):

▌ à adequação extensional: o definidor deve se adequar a tudo que designa o definido e somente a ele ("se e somente"). Por exemplo, $x$ é uma empresa de economia mista se, e somente se, tem, entre seus acionistas, governos $e$ particulares;

- à adequação conceitual: o definidor deve declarar a natureza (os atributos) do definido ("isto é aquilo"). Por exemplo, um projeto descreve uma sequência de atividades dirigidas à geração de um produto ou serviço [objetivo] em um tempo dado;
- à não circularidade: a mesma expressão não pode ser repetida no definido e no definidor. O definidor $b$ não deve conter o definido $a$ e não deve conter termos cuja compreensão dependa de $a$. Os dicionários, por tenderem a definir circularmente, devem ser utilizados com atenção. Por exemplo: entre as definições de "planejar" em dicionários consta *projetar, programar*, enquanto entre as definições de "projetar" consta *planejar, programar*, e de "programar" consta *planejar, projetar*. Em termos nominais de uso comum a circularidade não é viciosa, mas no âmbito da investigação científica *planejar, projetar* e *programar* têm significados bastante distintos do comum "arquitetar uma ideia";
- à afirmação: a definição deve delimitar afirmativamente o definido, exceto quando o conceito é, em si, negativo; como o conceito de sombra, que é /ausência de luz/.

Além dessas condições, comuns às várias teorias, que, como vimos, pregam que a definição deve ser unívoca, declaratória, contextualizada, convencional e redutora, entende-se que a definição deve ser, também,

- própria (convir apenas ao definido);
- e que deve explicar as razões das propriedades do definido (Folscheid e Wunenberger, 1987:360).

### Do conceito à definição

O definir é um processo: procede por redução de significados a termos simples, de entendimento tácito. A operação de definição geralmente tem início com uma negação. De-finimos um ente negando outros, isto é, eliminando o que ele não é até alcançarmos expressar o ente em sua essência. A definição fornece uma referência, não um sinônimo. Linguisticamente, a definição é uma abreviação. Etimologicamente, é a maneira de construir conceitos novos a partir de velhos conceitos. Operacionalmente, é um meio de poupar tempo. A definição pode ser, também, um dispositivo heurístico, um instrumento de descobertas e de invenções. Na prática das pesquisas, as definições são usadas com dois propósitos distintos: i) enunciar ou descrever o significado de um termo em uso e, ii) associar, por estipulação, um significado a um termo cunhado, como "nylon", para um novo material, ou recuperado, como "memória" para o dispositivo de conservação de dados dos computadores. A seguir, apresentamos os passos essenciais à consecução desses propósitos.

## (Re) Definição

A maior parte dos conceitos com que trabalhamos já se encontra fixada. A fixação (*figement*) é o processo linguístico no qual uma sequência discursiva natural se estabiliza e ganha autonomia. Nos passos da formação do conceito correspondentes à recensão e à verificação de significado, procedemos a uma crítica dos termos fixados (ver capítulo 4). Eles podem ser perfeitamente adequados ao que queremos significar, mas podem, também, ser inadequados ou terem sido fixados de forma equívoca ou, ainda, terem conotações inconvenientes, como o exemplo de "burocracia", que na linguagem cotidiana foi fixado significando "emperramento burocrático", o que torna o sentido weberiano do termo "aparato administrativo racional" difícil de ser compreendido pelos neófitos nas ciências sociais.

As expressões "de uso consagrado" e "claramente definido" não são sinônimas. Por isso, se o conceito for de uso corrente ou

# Definições

integrar um *corpus* teórico reconhecido, convém explicitar e criticar seu entendimento. Algumas vezes a declaração *"entendemos x como definido por y, isto é..."* é suficiente. Outras não, tornando necessária uma explicação adicional. Autores diferentes utilizam conceitos diversos sob a mesma denominação. Isso ocorre porque alguns desses conceitos jamais chegaram a ser satisfatoriamente definidos, como é o caso do conceito de "classe social". Devemos evitá-los, substituindo "classe social" por um conceito melhor definido, como "classe econômica". Todo esforço deve ser feito para que a definição facilite o entendimento completo do que são os atributos incluídos no conceito.

A extensão excessiva do conceito, corrigida pela reconceituação, requer uma redefinição. Nas pesquisas em ciências humanas e sociais desenvolvemos o vício de estender a significação dos conceitos em vez de estreitá-la, como manda a boa disciplina. É preciso recordar que na terminologia científica não há, não pode haver, sinônimos. Muito menos homônimos. Se um termo significa dois conceitos diferentes ou se um conceito recebe duas denominações, há que corrigi-los. Isso se faz mediante ressalvas (entendemos *x* por...) ou qualificando o conceito por composição (*x* do tipo *a*, ou *x-a*). Por exemplo, "operário", "operário qualificado", "operário especializado". Ambas as práticas estão corretas, mas muitos autores pensam que a conceituação via composição é mais útil do que a elaboração dedutiva (Bendix, 1963:533).

Os problemas de definição na investigação empírica não são pequenos. As armadilhas mais comuns da má definição são: i) a tautologia, o uso de palavras diferentes para expressar uma mesma ideia (como a definição de "externalidades" como "ocorrências externas às organizações"), e ii) a dupla negação (como dizer que o "holismo" é a abordagem que não prioriza o entendimento parcial dos fenômenos). Alguns conceitos resistem bravamente a serem definidos. É o caso do conceito /inteligência/, que nunca foi definido satisfatoriamente, tanto que é comum a circularidade, a afirmativa de que "inteligência" é aquilo que os testes de inteligência medem. Outros conceitos recebem definições interessantes — "moda", dizia Coco Chanel, é aquilo que vai sair de moda — mas pouco úteis do ponto de vista de quem pretende pesquisar. Os conceitos consagrados tendem ao estereótipo e à imprecisão, quando não ao equívoco puro e simples. Por exemplo, definimos tecnicamente /burocracia/ segundo os atributos de existência de registro escritos, carreira definida, regras preestabelecidas de decisão etc. Mas o conceito recebe outras definições, como a popular, que é negativa, que corresponde a uma disfunção administrativa. Em casos como esse, melhor que redefinir é encontrar um termo alternativo para a unidade de significado, como "capacidade intelectual" em vez de inteligência, "estilo prevalente" para moda, "emperramento administrativo" para burocracia.

Outro caso que a maioria das vezes demanda redefinição é o das definições constantes em dicionários. Os dicionários abarcam vários domínios de validade (alcance) e tendem a confundir mais do que a explicitar. Mesmo as fontes eruditas, filosóficas ou não, tendem à parcialidade, a camuflar as convicções e preferências de quem definiu o conceito. Não basta, portanto, consultar as fontes e copiar as definições. É preciso cotejá-las para alcançar uma definição apropriada e, quando for o caso, redefinir. As questões que orientam a redefinição são as seguintes:

1. Quais os termos e definições existentes para significar o conceito?

Procure nos textos e nos discursos do contexto da pesquisa, bem como em dicionários, termos e definições existentes.

2. O termo escolhido para significar o conceito é preciso?

Procure eliminar termos com acepções muito gerais, termos com sinônimos de uso frequente e termos com homônimos.

3. O termo é rigoroso?

Verifique as ressalvas necessárias a tornar rigoroso o termo, qualificando quando necessário. Por exemplo: administração pública direta.

4. Qual a definição adequada?

Efetue uma crítica inicial das definições encontradas, inclusive as constantes em textos técnicos e acadêmicos, verificando a adesão aos preceitos gerais apresentados na seção "Externalismo e internalismo" anteriormente citada. Escolha uma definição provisória.

5. A definição é clara?

Verifique a existência de tautologias, repetições, e dupla negação.

## Denominação

A enumeração do conjunto de atributos do conceito não é suficiente para seu entendimento. É preciso denominá-lo. A definição do conceito deve corresponder a uma palavra ou a uma expressão, um termo, cujo conteúdo seja inteligível e explicável a terceiros.

A linguística cognitiva demonstrou que a conceituação é pré-linguística. No entanto, para quem, como o pesquisador, já se encontra imerso em uma cultura linguisticamente ordenada, não é possível fugir das regras de fixação referencial que permitem a utilização posterior do termo para significar o objeto denominado. Como vimos, o conceito é uma unidade de significado, o termo (a palavra, o signo) é o veículo para expressar essa unidade. Os referentes são os objetos, as "coisas" a que o conceito alude, os objetos que se incluem dentro dos limites de significação do conceito.

O referente /microcomputador/ são todos os microcomputadores existentes. Os conceitos são formados a partir da coleção de ocorrências e de menções sobre as quais nós construímos nossas investigações. Por isso, dar uma definição do conceito compreende a tarefa de dar um nome (um termo) ao fenômeno ao qual pretendemos nos referir, a dificuldade residindo na explicitação do fenômeno e na propriedade do termo.

Os termos não têm significados intrínsecos. Um mesmo termo pode conotar vários conceitos. Na definição dos conceitos, o que procuramos é expressar o conteúdo significativo. Para construirmos um conceito novo temos que nós mesmos elaborar sua denominação, embora saibamos que essa é uma tarefa que seria mais bem realizada por linguistas. Não há como eximir o pesquisador da tarefa da denominação. Ainda que tenhamos consciência de que a formação do conceito e a definição são histórica e culturalmente determinadas, os processos de conceituar e de definir são determinados, também, por regras da psicologia, por normas racionais e por possibilidades linguísticas.

Não denominamos livremente. Obedecemos a categorias gramaticais, aos paradigmas léxicos correntes etc. (Mejri, 2000). Daí ser importante distinguirmos o que o termo denota do que o termo conota e verificarmos sua adequação tanto ao conceito como à sua transmissão. O que o termo denota (a extensão) é a classe de objetos à qual o termo se aplica. O que o termo conota (a *intensão*, termo que vem da ação de entesar, de aplicar esforço) é o conjunto de propriedades determinantes do objeto ao qual o termo se aplica. O que o termo compreende (alcança) é a classe de todos os objetos existentes e pensáveis aos quais o termo se aplica. A denominação que damos ou que adotamos deve referir, ao menos para a cultura a que nos dirigimos, tanto o que o conceito denota como o que conota. A definição é uma forma de codificação. Codificamos, damos um significado ao conceito para poder usá-lo e transmiti-lo facilmente. Não se trata de encontrar um nome definitivo para o conceito. Isso será feito mais adiante. Mas de descrever o que aquele termo específico com que estamos trabalhando quer dizer no contexto em que operamos. Os quesitos a serem respondidos na denominação são os seguintes:

6. É o caso de se constituir um termo novo para significar o conceito?

Escolha um termo provisório a partir da definição. Procure "criar" uma denominação compondo termos existentes, recuperando termos caídos em desuso ou compondo termos a partir de raízes clássicas, como a grega e a latina.

7. O termo denota o significado do conceito?

Verifique se o termo pode ser intuitivamente relacionado ao conceito e a seu contexto. Questões do tipo: "o que este termo significa" podem ser úteis.

## Verificação de significado

Ao listarmos os conceitos passíveis de significar o objeto que nos interessa ou ao adotarmos um conceito, devemos proceder a uma análise crítica, que inclui dois pontos fundamentais: a verificação dos usos técnico e corrente dos termos e a análise de seu significado. Para entendermos como devemos verificar o significado de um termo, é preciso fazer uma breve incursão no campo da semiologia, a ciência que estuda os signos.

A categoria central da semiologia é o signo, entendido como o agregado formado pelo significante (o veículo que transporta uma expressão ou uma forma) e pelo significado (o conteúdo ou conceito transportado pelo significante).

A semiologia decompõe as partes do discurso em:

- referente: o objeto;
- significado: o conceito que remete ao referente;
- significante: o meio, a forma que descreve o conceito. É o suporte, depositário de um sentido, de uma significação, como uma palavra ou um som;
- signo: a associação entre o significante e o significado (Eco, 1977:31; Barthes, 1978);
- significação: o sentido, o significado que o conceito tem para alguém.

O sistema de significação obedece ao esquema constante na figura 10 (Barthes, 2003:184):

Figura 10
**Sistema de significação**

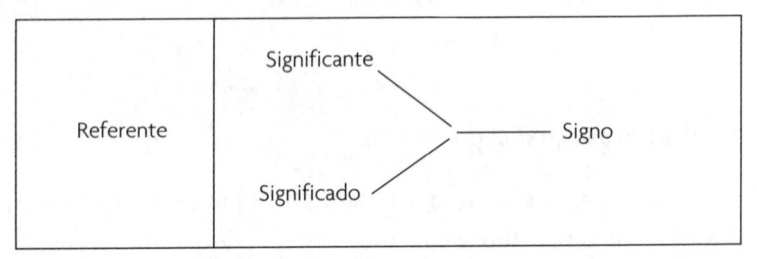

| Referente | Significante — Signo Significado |
|---|---|

A análise semiológica opera no campo da investigação dos signos, dos códigos e de sua significação. Engloba tanto as questões relativas à apreensão do sentido dos símbolos, ícones e indícios (palavras, figuras, gestos etc.), como da mensagem que eles transmitem. Estuda a constituição dos códigos e as formas como eles são compartilhados. A essência da análise semiológica reside no isolamento dos sistemas de significação e das regras que os governam (Barley, 1983:394).

O elo entre a expressão e o conteúdo, entre o significante e o significado, é uma convenção compartilhada por um grupo (uma cultura). É arbitrário, no sentido de que não há razão alguma que nos leve a chamar uma árvore de "árvore" em vez de *tree*, como fazem os ingleses. Isso implica que um mesmo significante pode significar diferentes conteúdos e que o mesmo conteúdo pode ser expresso por diferentes significantes, dependendo das convenções adotadas pelos diversos grupos. Um ícone, como a figura esquemática de uma casa, indica a existência de um abrigo para um grupo de excursionistas e indica uma página principal para um usuário da intranet.

As mensagens utilizam signos imaginados com vistas a uma significação. A significação, ou o sentido, é o termo final tanto do sistema de imagens como do sistema linguístico. É dada pelo signo de uma linguagem que tomamos de outras linguagens (do português, do inglês, da sinalética consagrada etc.). Conforma uma metalinguagem (figura 11) (Barthes, 1978:138).

FIGURA 11
Linguagem e metalinguagem

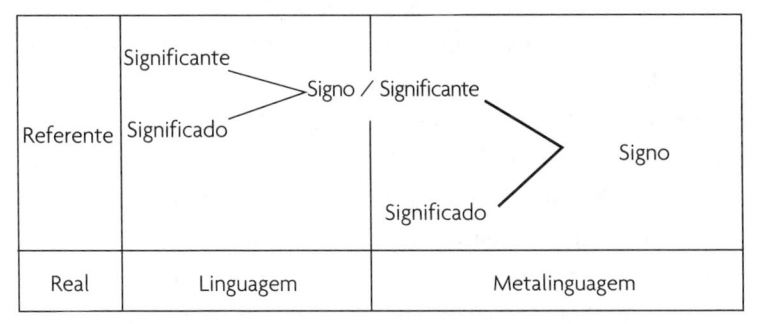

| | | | |
|---|---|---|---|
| | Significante | Signo / Significante | |
| Referente | Significado | | Signo |
| | | Significado | |
| Real | Linguagem | Metalinguagem | |

Quando pesquisamos, somos levados a deixar de lado a linguagem comum, somos levados a criar uma linguagem precisa, útil para evitar incompreensões e repetições, a criar uma metalinguagem. Para que essa metalinguagem seja efetiva é necessário que seus signos tenham um significado claro e distinto, isto é, que sejam especificadas:

- a determinação da relação entre o significante e o significado (o que significa o que);
- a determinação do domínio ao qual o conceito está confinado, isto é, do grupo de pessoas para quem o signo que o representa significa da mesma maneira.

O quesito fundamental à verificação de significado é:

8. O domínio do conceito está expresso na definição?

Verifique se o espaço, o tempo, o grupo etc. a que o conceito se refere constam da definição. Por exemplo: em "trabalhador intelectual", o que se entende por trabalhador; e "avaliação de desempenho", além de precisar o que vem a ser "avaliação" e o que vem a ser "desempenho", a definição deve indicar quem é avaliado, quem avalia, segundo quais critérios etc.

## Delimitação

A definição deve atender, além da crítica dos termos existentes, da denominação e da expressão do sentido, a delimitação do domínio do conceito que queremos significar. Balizamos a definição estabelecendo seus limites de validade e de exclusão. O limite de exclusão é aquele que determina o que o conceito expressa em um conjunto de conceitos similares. Por exemplo, "plano", "programa" e "projeto" são conceitos que se limitam uns com os outros e que podem ser facilmente confundidos. O plano é genérico e contém programas, os programas são mais específicos e contêm projetos integrados ou multiprojetos.

Determinados os sentidos possíveis do conceito, devemos especificar em que sentido preciso o termo que o denomina será usado, seu meio nocional, o sistema de relações em que o conceito se enquadra e que se relaciona com outros sistemas de relação. O processo mais rápido de diferenciação desses significados é o de comparação entre as várias denotações. Geralmente, o sentido que escolhemos pode ser diferenciado pelo confronto com os outros sentidos. Por exemplo, /projeto/ no sentido técnico é diferenciado de /projeto/ nos sentidos de aspiração, de intenção, de listagem de providências a tomar etc.

A delimitação do meio nocional, isto é, do espaço das relações do conceito, pode ser facilitada pela utilização de dicionários analógicos e por técnicas de livre associação. Os dicionários analógicos (de ideias afins) são extremamente úteis, mas se prestam somente para termos consagrados. Já a técnica de livre associação tem três regras apenas: i) listar o que pode ser livremente associado ao conceito (o conceito $x$ faz pensar em...); ii) não estabelecer nenhum tipo de censura e iii) ordenar e descartar o que não servir somente ao final do processo.

O termo também deve ser delimitado. Tal como o conceito, ele deve ser adequado ao propósito da investigação. Isso quer dizer que não deve ser nem muito restrito nem muito amplo, tomando como referência o que se pretende pesquisar. Por exemplo: entendemos por "organização" uma *composição* de partes (gênero) que constituem um *ente* (diferença) *social* (delimitação). O alcance do termo está referido ao campo de validade do conceito. O conceito "memória" é diferente no domínio das neurociências, da informática, do direito, da administração. O domínio do termo "organização" tem validade no estudo da administração, no estudo da genética etc.

Como vimos, os conceitos empíricos são relacionais. Eles só têm um sentido quando considerados no âmbito de um sistema similar de conceitos. Por exemplo, /classe média/ só tem sentido se existir uma classe superior e outra inferior. O mesmo se passa com conceitos usuais, como /mercado/, que é uma coisa para a dona de casa e outra para os economistas. O cruzamento entre domínios de validade diferentes pode ser interessante e enriquecedor para a pesquisa (o processo de fertilização cruzada), mas deve ser explicitado, deve ser claramente definido, sob pena de gerar mais confusão do que benefício.

Para concluirmos a delimitação, procedemos à redução da definição. Um conceito é tanto mais extenso quanto maior for o número de elementos nele incluídos. O conceito "organização" é mais extenso do que o conceito "empresa". Um conceito é tanto mais compreensivo quanto maior for o número de propriedades que encerra. O conceito "preço" é mais preciso do que o conceito "mercado". A extensão e a compreensão de um conceito são inversamente proporcionais. A redução da extensão de um conceito é decisiva para que ele seja definicional. Conceitos excessivamente extensos, como /trabalho/, /economia/, /governo/, induzem a definições ao vago, e a investigação ao genérico, ao ambíguo e, muitas vezes, ao discurso improdutivo. São os seguintes os quesitos da delimitação:

9. Qual o núcleo de significado da definição?

Procure aproximar a definição das características essenciais do conceito.

10. Qual o domínio do termo?

Verifique se a definição está dentro dos limites de exclusão do conceito, isto é: i) se existem conceitos afins que recaem sob a definição; ii) se a definição alcança todos os objetos contidos no conceito.

11. Qual o sentido do termo?

Verifique se a definição deixa claro o que o termo conota no contexto examinado.

## Depuração

O conceito deve conter os atributos essenciais do referente. A depuração é o processo pelo qual atribuímos um significado final a um conceito ainda vago ou impreciso em relação ao referente. É uma forma de revisar e precisar os passos anteriores da conceituação e da definição. Por exemplo: dissemos anteriormente que: entendemos por *"organização" uma composição (gênero) de fatores que constituem um ente (diferença) social (delimitação)*; agora acrescentamos: *com estrutura e propósito definido*. Com esse acréscimo na definição de "organização" depuramos o conceito. O termo "partes", onde tínhamos terminado anteriormente a definição, era difuso. A falta da expressão "com propósito definido" faria com que o termo "organização" incluísse, entre outros, o conceito de "família".

Três cuidados são importantes na depuração:

▪ corrigir as tautologias na definição. Por exemplo: entendemos por "organização" uma composição de partes *organizadas*...;
▪ corrigir termos negativos. A utilização de termos negativos em definições tende a causar transtornos insuperáveis no processo de investigação. Um exemplo patente é a péssima designação "organização não governamental", que, em princípio, quer significar as organizações que não são governamentais e que não têm propósitos privados, embora sejam de direito privado. O que, sabemos todos, apesar do nome, não inclui os tribunais, as empresas de economia mista, mas não temos certeza se inclui o condomínio de meu edifício, o que não deve ser, porque as ONGs são organizações nem governamentais, nem privadas, que são públicas, como as associações patronais, que, aliás, não são ONGs porque não têm o propósito de complementar as ações governamentais, como algumas empresas de serviços concedidos têm etc.;
▪ corrigir metáforas. Por exemplo, o termo "memória" para significar o dispositivo do computador que armazena dados tempo-

rariamente é inteiramente inadequado. Tanto que requer que se explique que nada tem a ver com a função mental de recordar estados de consciência passados, nem com uma exposição técnica, nem com um requerimento judicial etc.

Os quesitos da depuração são os seguintes:

12. A definição é breve?

Procure reduzir e simplificar a sentença da definição.

13. A definição continua adequada ao conceito?

Verifique periodicamente, utilizando os itens do roteiro acima, se o que foi experimentado e aprendido desde o estabelecimento do termo e da definição provisória para o conceito continua válido e adequado.

14. A definição pode ser aperfeiçoada?

Procure recorrentemente por tautologias (circularidades), termos negativos e metáforas.

## *Um roteiro para a definição*

Como fizemos no capítulo 4, apresentamos a seguir uma síntese dos quesitos relativos à definição.

1. Quais os termos e definições existentes para significar o conceito?
2. O termo escolhido para significar o conceito é preciso?
3. O termo é rigoroso?
4. Qual a definição adequada?
5. A definição é clara?
6. É o caso de se constituir um termo novo para significar o conceito?

7. O termo denota o significado do conceito?
8. O domínio do conceito está expresso na definição?
9. Qual o núcleo de significado da definição?
10. Qual o domínio do termo?
11. Qual o sentido do termo?
12. A definição é breve?
13. A definição continua adequada ao conceito?
14. A definição pode ser aperfeiçoada?

# 6 | Tópicos em análise e crítica dos conceitos

A evolução das ciências humanas e sociais ao longo do século XX, que a fez passar da busca da certeza (do lat. *certus*, "fixo") para a busca da convicção (lat. *convictio*, "demonstrado"), deu centralidade ao problema subjacente a toda pesquisa que se quer científica. Esse problema se expressa da seguinte forma: como saber que os objetos investigados são como os tomamos? Os conceitos e suas definições são parte essencial das respostas possíveis a essa questão.

Na tradição ocidental, o intelecto tem o poder de alcançar os ser das coisas e os conceitos são a tradução desse poder (Stenges e Schalanger, 1991). Situando-se entre o real e o percebido, entre o sentido e o pensado, os conceitos são os fiadores do julgamento sobre o constatado e o descoberto. Nos capítulos precedentes examinamos a trajetória do conceituar e do definir desde os fundamentos primeiros na filosofia até os achados mais recentes das ciências da cognição. Exploramos suas potencialidades epistemológicas, hermenêuticas e heurísticas. Neste último capítulo, apresentamos dois instrumentos e dois temas subsidiários à análise crítica e à formação de conceitos e enunciação de definições. São ferramentas de potencialização da crítica conceitual e definicional.

Os *mapas conceituais*, objeto da primeira seção do capítulo, são uma ferramenta de larga utilização na atualidade. De fácil manuseio, contam com uma série de softwares de visualização e composição, constituindo-se em um dispositivo de grande proveito para a aquisição e ordenamento de conhecimentos. A identificação de *protótipos*, um procedimento antes restrito quase que exclusivamente ao campo da psicologia cognitiva, tem crescentemente demonstrado ser eficaz como recurso complementar às investigações sociais. Apresentamos, na segunda seção, um esquema para sua aplicação. Trata-se de um roteiro simples, destinado à operacionalização do exposto na seção sobre a teoria dos protótipos do capítulo 4 e ao item da seção sobre tipos de definição do capítulo 5.

Dois temas recorrentes nas discussões que envolvem conceitos encerram o livro: o dos *indicadores* e o das *generalizações*. A questão da mensuração de conceitos axiológicos e relativos aos não observáveis em geral é objeto da terceira seção do capítulo, onde são discutidas a especificidade, a tipologia, a representatividade e o domínio dos indicadores. A última seção do livro é dedicada à análise crítica da generalização dos conceitos referida à extensão, à indução e ao probabilismo.

## Mapas conceituais

A educação, na forma como a herdamos, privilegia o processamento verbal em detrimento da representação gráfica, mas a diagramação oferece uma visão mais imediata e melhor integrada das relações entre conceitos. Presta-se à compreensão das proposições e ajuda não só a visualizar afinidades nocionais, como a reconhecer imprecisões, lacunas e redundâncias no nosso raciocínio. Ajuda, também, a dar sentido e submeter à prova da exposição a outros da nossa forma de pensar.

Existem muitos tipos de diagramas: os causa-efeito, como o espinha de peixe; os esquemas sequenciais, como as linhas de tempo; os de comparação, como o de Venn. Os mapas conceituais são diagramas especificamente voltados para o entendimento da articulação entre unidades de significado. Datam da antiguidade, mas na forma como hoje são utilizados estão baseados na ideia do psicólogo suíço Jean Piaget, de que o aprendizado se dá pela assimilação dos novos conceitos e proposições aos já conhecidos.

Os estudos sobre mapas conceituais ganharam impulso a partir de meados do século passado. Foram desenvolvidos e cultivados nos anos 1960 com fins educacionais (Ausubel, 1963, 1968), nos anos 1990 com o propósito de ampliação do conhecimento científico (Novak, 1990, 1998) e, mais recentemente, como instrumento do pensamento crítico (Mintzes, Wandersee e Novak, 2000) e como recurso das ciências cognitivas (Hoffman, Klein e Laughery, 2002).

Muito embora jamais tenha sido provado que a ordenação dos atributos e das relações conceituais seja heuristicamente mais útil do que a desordem experimental, as pesquisas de Piaget (1966) demonstraram empiricamente a gênese do conhecimento em função de sua construção real, em uma dinâmica de assimilação de conceitos que parte das raízes elementares e alcança até o pensamento científico mais elaborado. O processo que descreveu tem três chaves: uma é a subsunção; outra, a diferenciação; a terceira, a reconciliação ou harmonização. A subsunção, o ato de subsumir, tem várias denotações. Na doutrina kantiana tem o significado de considerar um objeto (um indivíduo) como compreendido por uma coleção (uma espécie); ou incluir uma coleção (uma espécie) em outra maior (um gênero). Em diferentes linhas de pensamento, a subsunção denota a inserção de uma coleção (um gênero) em uma coleção característica (uma família); ou a admissão de um objeto (uma ideia) como dependente de outro (uma ideia geral); ou, ainda, a interpretação de um objeto (um fato) como a resultante de uma norma (uma regra, uma lei), e assim por diante. Em Piaget e nas técnicas de mapeamento conceitual, a *subsunção* tem o significado de relacionar uma noção não conhecida a um conceito ou a uma categoria conhecida. A *diferenciação*, o ato de indicar um conjunto formado a partir de dois conjuntos pelos elementos que pertencem ao primeiro conjunto, mas não pertencem ao segundo, tem em Piaget e nas técnicas de mapeamento conceitual o significado de estabelecer a forma como um conceito novo é distinto do conceito conhecido. A *reconciliação* tem o significado da reacomodação entre elementos distintos com os conceitos ou com a proposição conhecida.

## Descoberta e recepção

A construção de mapas conceituais consiste em tomar o conceito novo ou isolado e relacioná-lo com conceitos conhecidos de um mesmo conjunto, obedecendo a alguma regra lógica de harmonização. No que se refere à formação e à crítica dos conceitos, os mapas conceituais são úteis para indicar lacunas (atributos e conceitos faltantes), superposições (confusões entre conceitos), conceitos não válidos e redundâncias, além de indicar que conceitos devem ser formados para suprimir lacunas, diferenciar noções, precisar termos etc. Mas sua função precípua é de integrar o conceito em um campo de análise.

Os mapas conceituais são um instrumento originário da psicologia cognitiva. O termo "conceito" nesse campo designa regularidades percebidas em eventos ou objetos, ou lembranças de eventos e objetos, designados por um rótulo. Uma das contribuições mais significativas da psicologia para o entendimento de como se formam os conceitos é o entendimento de que não temos uma única memória, mas um conjunto de memórias especializadas. O conceito novo ou desconhecido é processado pela "memória de trabalho", uma função limitada à assimilação de cinco a nove unidades psicológicas por vez. Isso significa que a nossa capacidade restringe-se ao relacionamento simultâneo de dois a três conceitos. Ao agrupar os conceitos e as relações em diagramas, nós os transformamos em unidades de memória icônica, que podemos reter e recuperar facilmente, como retemos e recuperamos os nomes e a ordem dos 12 meses do ano ou como retemos e recuperamos poesias (Novak e Cañas, 2008:8).

Os mapas conceituais abrem a possibilidade da integralização de modos de pensar diferentes. Dão a esperança que pessoas e grupos que conformam o que Wittgenstein (ver capítulo 2) denominou de "formas de vida" distintas, com os seus "jogos de linguagem" particulares, possam chegar a traduzir uns para os outros o significado dos conceitos que utilizam. Outra possibilidade é a da integração de diferenças de capacidade mental identificadas por Gardner (ver capítulo 2). O ponto de interesse para a formação e crítica do conceito em pesquisa aplicada desses diagramas é o da distinção platônica entre o conhecimento que se adquire espontaneamente e a *episteme*, o conhecimento que se procura deliberadamente (ver capítulo 1). A psicologia demonstrou que estes são processos distintos de cognição, que variam em requisitos, dificuldade e intensidade, segundo dois contínuos: o que separa o aprendizado significante do rotineiro e o que separa o processo de descoberta do processo de recepção de conceitos (Novak e Cañas, 2008).

O aprendizado rotineiro é o que se dá sem esforço. Refere-se a conhecimentos banais, não críticos, para a vida psíquica e social, e não envolvem comprometimento emocional na referência dos novos conceitos e proposições aos já detidos por quem aprende. O aprendizado significante requer uma estrutura organizada de conhecimentos e o compromisso emocional na integração dos novos conceitos e proposições aos detidos por quem aprende. O processo de descoberta tem seu ápice por volta do terceiro ano da criança, quando começamos a reconhecer regularidades no mundo que nos circunda e identificar rótulos linguísticos (nomes) ou símbolos que os mais velhos utilizam para designar essas regularidades. Após o terceiro ano, o processo de conceituação e de aprendizado de proposições é pesadamente mediado pela linguagem. O processo autônomo de descoberta é, então, suplantado pelo processo de recepção, em que conceitos e proposições e as relações entre eles são aprendidos mediante a formulação de perguntas e a oferta de esclarecimentos.

A figura 12 mostra como esta dupla distinção corresponde a um afastamento de um ponto zero ortogonal em que a aquisição do conhecimento é rotineira e receptiva, em direção à descoberta dos conceitos mais significativos.

FIGURA 12
**Exemplos de formação e aprendizado de conceitos**

| Aprendizado significante ↑ | | | |
|---|---|---|---|
| | Mapa conceitual simples | Estudos baseados Recursos Multimídia | Rotinas de pesquisas e produção intelectual |
| | Leitura de livros texto | Trabalho de laboratório | Soluções baseadas em ensaio e errro |
| | Tabuada de multiplicar | Fórmulas de solução de problemas | |
| Aprendizado rotineiro ↓ | | | |
| | Recepção | Descoberta guiada | Descoberta autônoma |

Baseado em Novak e Cañas; 2008.

Referir o desconhecido ao conhecido ou ao que consideramos como conhecido é uma forma segura de construir proposições com sentido (Erickson, 2002). A bem da verdade, os mapas conceituais não são sobre conceitos, mas sobre proposições, sejam naturais ou construídas. Uma proposição é uma afirmação sobre objetos ou eventos. Na lógica tradicional, a proposição é uma expressão linguística de uma operação mental (o juízo), composta de sujeito, verbo (sempre redutível ao verbo ser) e atributo, e passível de ser verdadeira ou falsa. Na lógica contemporânea, a proposição é passível de múltiplos valores de verdade (verdadeiro, falso, indeterminado etc.) e redutível a dois elementos básicos (o sujeito e o predicado). É sobre este entendimento que se constroem os mapas conceituais, as representações espaciais de conceitos e das relações que formam todo tipo de proposição.

## Procedimento

O mapa conceitual relaciona conceitos expressos em termos, em geral palavras, ligados por linhas simples, podendo ou não ser direcionadas. As linhas podem ou não ser rotuladas e representam uma relação direta (o conceito $x$ é relacionado ao conceito $y$). As relações entre conceitos podem ser conectores causais (isto é aquilo [=], isto implica aquilo [⇒]); topológicos (isto precede aquilo [→]); da linguagem de conjuntos (isto está contido naquilo [⊃]), nominais ($x$ é conhecido como $y$), explanatórios ($x$ é a razão de $y$), classificatórios ($x$ é um exemplo de $y$; $x$ inclui $y$); procedurais ($x$ resulta, é dado por, é uma forma de $y$); contingenciais ($x$ requer $y$; $x$ frequentemente é $y$) etc. O mapa conceitual é um processo, não um resultado acabado; é um instrumento, um retrato das relações entre conceitos. Tem o objetivo de eliciar, tirar o que está difuso no pensamento. Deve ser o mais claro possível, omitindo-se relações e conceitos irrelevantes.

Em sua forma mais simples, o diagrama é constituído por dois conceitos ligados por um verbo ou expressão verbal (operador). Por exemplo:

Plantas —Produzem→ Sementes

Os elos entre os elementos podem ser de qualquer tipo. Desde termos simples, como: "é importante para", "função de", "é feito de", até operadores lógicos, como os listados no quadro 3.

QUADRO 3
Operadores em proposições e notações lógicas

| | |
|---|---|
| Igual a: $=$ | União: $\cup$ |
| Deiferente de: $\neq$ | Interseção: $\cap$ |
| Aproximadamente: $\sim$ | Contém: $\subset$ |
| Aproximadamente igual a: $\cong$ | Não contém: $\not\subset$ |
| Quase igual a: $\approx$ | Contido por: $\supset$ |
| Idêntico a: $\equiv$ | Não contido por: $\not\supset$ |
| Proporcional a: $\propto$ | É elemento de: $\in$ |
| Menor que: $<$ | Conjunto vazio: $\varnothing$ |
| Muito menor que: $\ll$ | Contém como membro: $\ni$ |
| Menor ou igual a: $\leq$ | Não pertence: $\notin$ |
| Maior que: $>$ | Donde: $\therefore$ |
| Muito maior que: $\gg$ | Implica que (se ... então ...): $\rightarrow$ |
| Maior ou igual a: $\geq$ | Dupla implicação: $\leftrightarrow$ |
| Existe: $\exists$ | Ou (Disjunção; pelo menos um dos operandos é verdadeiro): $\vee$ ou OR |
| Não existe: $\nexists$ | Não (o operando é falso): $\neg p$ ou NOT |
| Para todos: $\forall$ | E (conjunção; dois operandos são verdadeiros): $\wedge$ ou *et* ou AND |
| Incremento: $\Delta$ | Deriva de: $\vdash$ (martelo sintático) |
| Complementar a: $\subset$ | É consequência de: $\vDash$ (martelo semântico) |
| É provável que: I ou *Pr* | Está em contradição com: $\bot$ (falsum) |
| Força que: $\Vdash$ (*M* $\Vdash$ $\wedge$: *M* força que $\wedge$) | |

A mecânica do mapeamento conceitual é a seguinte (Crandall, Klein e Hoffman, 2006):

1. o foco (tema) e o campo de análise (o contexto) devem constar no cabeçalho do diagrama. Escreva a questão focal no topo da página;
2. os conceitos devem ser dispostos em grupos ("parqueamento"), em associações livres, do tipo *brainstorm*. Liste à esquerda, sem se preocupar com a ordem ou a relevância, os conceitos associados à questão focal;
3. disponha o conceito central no alto do diagrama (e não no meio, como nos "mapas mentais"). Os conceitos derivados são dispostos em direção à base do diagrama. Os níveis expressam, no sentido vertical, a subsunção, no nível horizontal, a diferenciação. Os mapas conceituais admitem linhas cruzadas, isto é, relacionamentos entre conceitos de diferentes setores do diagrama.
4. organize as relações entre os conceitos partindo do conceito central. As questões devem ser formuladas, em princípio, sob a forma: o que é (significa) x;
5. os conceitos complexos devem ser desagrupados em conceitos simples;
6. as ligações entre os conceitos (árvore) devem ser lidas como proposições (isto implica, depende, decorre etc. daquilo, utilizando-se qualquer tipo de operador [função lógica]);
7. a árvore de conceitos deve ser refinada ao máximo, isto é, devem ser adicionados, retirados, reordenados e renomeados conceitos até o limite do que possa se considerar um quadro completo.
8. cada conceito deve ser definido claramente.

## Um exemplo

O quadro 4 relaciona as principais noções envolvidas na aferição da produtividade do trabalho no setor público, com suas características e conceitos, como o de *accountability* e governança púbica, que lhe são próprios.

Quadro 4
**Mapa dos conceitos envolvidos na aferição da produtividade do trabalho no setor público**

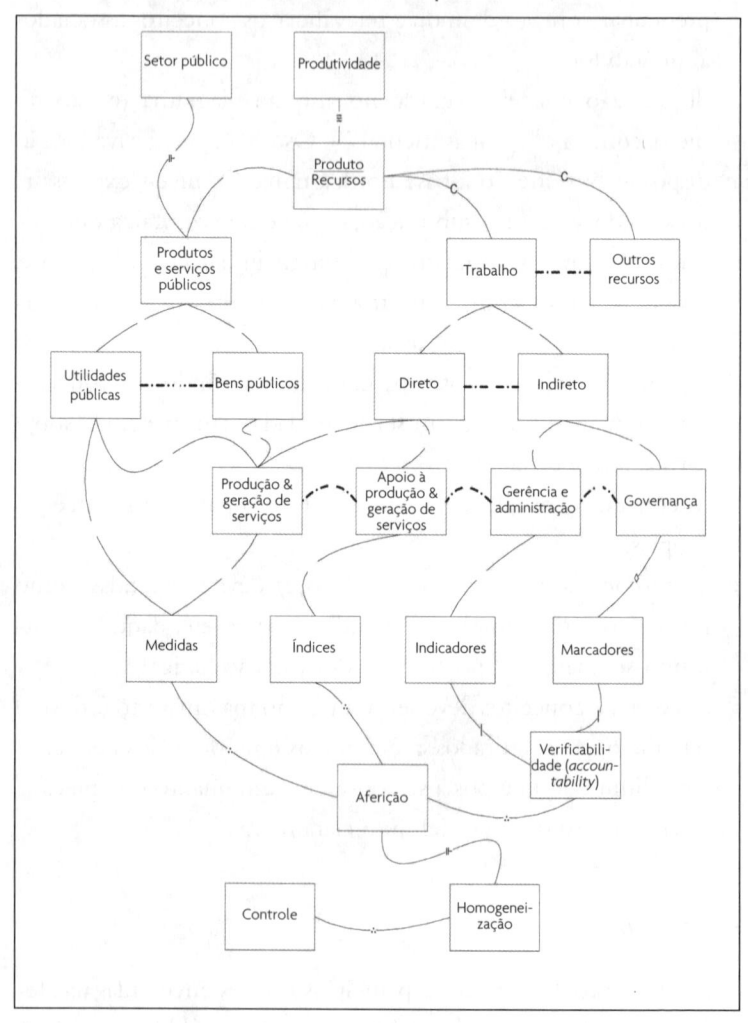

## Identificação de protótipos, arquétipos e estereótipos

A técnica ou processo de identificação de protótipos é uma forma de tratamento dos conceitos desenvolvida especificamente para as finalidades da psicologia cognitiva. Nós a examinamos em detalhe na seção "O conceito como protótipo" do capítulo 3 e no item "Definição prototípica" do capítulo 5. Para aplicação em áreas fora da psicologia cognitiva, é preciso estar atento ao fato de que a teoria dos protótipos funciona bem para noções sobre "coisas" (cão, árvore, mamífero), sobre "artefatos" (ferramenta, vestido) e para noções descritivas, como /triangular/ e /vermelho/, mas não tem como ser aplicada diretamente a conceitos como /crença/, /desejo/ ou /justiça/. De outro lado, está sujeita a confusões, porque é possível encontrar atributos comuns entre conceitos de domínios inteiramente diversos, como /cão/ e /banco/ (ambos têm quatro pernas, são baixos, opacos, úteis etc.). Também a combinação conceitual, isto é, o processo de formação de conceitos complexos a partir de conceitos simples, não pode ser traduzida em protótipos quando os conceitos são derivados. Os conceitos /mesa/ e /vermelho/ formam o protótipo /mesa vermelha/, mas o conceito /elefante branco/ (no sentido de coisa inútil) não deriva diretamente nem de /elefante/ nem de /branco/ (Osherson e Smith, 1981). Mesmo no âmbito da psicologia cognitiva, os partidários da teoria dos protótipos aceitam a observação de Fodor (1987) de que existem muito mais conceitos do que protótipos, isto é, de que nem toda categoria tem um protótipo. Quanto aos conceitos compostos, também não apresentam uma solução satisfatória ("galáxia pequena" tem pouco a ver com a noção de /pequeno/). Outro ponto de ambiguidade dos protótipos são os conceitos compostos adjetivados (/maçã verde/, /animal feroz/) que requerem uma apreciação baseada no cálculo das proporções dos componentes (Smith et al., 1999). Mas esses cálculos, além de serem matematicamente complexos, não são operacionais para atributos difusos, como /maçã ligeiramente verde/, ou para conceitos compostos em que os elementos modificam noções díspares, como /vida de cachorro/ (quão cachorra é a vida?), e não se aplicam fora da psicologia cognitiva dos sentidos.

Os psicólogos cognitivos estão interessados nos efeitos dos protótipos, na adequação escalar dos julgamentos, não na natureza da conceituação (Rosch, 1978). Isso não significa que a ideia de protótipo, como a de estereótipo e de arquétipo, seja inservível. Podemos identificar grupos por seus protótipos conceituais de seus membros. O antropólogo Clifford Geertz (1993), por exemplo, distingue conceitos mais próximos da experiência imediata dos sujeitos dos mais distantes. Os primeiros são mencionados espontaneamente pelos informantes, os segundos são os empregados pelo pesquisador, em geral, conceitos técnicos, com atributos claramente definidos. Para Geertz, caberia ao pesquisador traduzir os conceitos espontâneos de uma comunidade em conceitos técnicos. Além disto, não só no campo dos objetos físicos existem protótipos. A /beldade/ ou a /conduta correta/ identificam grupos em sua época e circunstância. O constructo ideológico /funcionário padrão/ é (ou foi) um protótipo do qual os funcionários reais se afastavam em maior ou menor grau. Considerar conceitos como este como protótipo de /manipulação gerencial/ também é indicativo de pertencimento a determinado grupo. A ideia de protótipos também é útil à crítica dos conceitos e das proposições. O atual sistema de avaliação de docentes baseado quase que exclusivamente na publicação de artigos gerou um protótipo que publica muito, não realiza pesquisas relevantes, evita temas polêmicos ou inovadores e não se dedica às aulas. Esse protótipo se estabiliza e internaliza, embora fira frontalmente os princípios científicos de incentivo à descoberta e as normas morais básicas, como a de não escravizar terceiros (no caso, alunos compelidos a abandonar qualquer pretensão de autonomia intelectual).

Os fundamentos da identificação dos protótipos são empíricos: pesquisas de campo comprovaram que os seres humanos em geral e os grupos identitários em particular tendem a reconhecer exemplares que recaem sob o conceito como tendo maior número de características essenciais do que outros. Esses seriam casos prototípicos e como os demais casos não satisfariam, como nas teorias tradicionais, necessariamente a totalidade dos atributos do conceito. Em outros termos: tendemos todos a categorizar objetos em função de sua proximidade com um exemplar ou caso "típico", isto é, com o exemplar cujos atributos parecem se ajustar melhor à noção (o conceito pré-científico).

O domínio da técnica de determinação dos protótipos e de seus fundamentos requer a leitura das seções anteriormente mencionadas. Nesta seção expomos sucintamente os passos para uma análise crítica dos conceitos a partir da identificação que consiste, basicamente, em levantar os perceptos do grupo de referência da pesquisa para identificar:

- o protótipo ou caso típico;
- os componentes do *habitus* de um campo, na forma descrita por Pierre Bourdieu, a saber: os conceitos do *éthos*, os valores não conscientes que regem a moral cotidiana, e do *eidos*, a forma de apreender a realidade de um grupo situado de referência (Thiry-Cherques, 2008:170);
- os estereótipos ou falsas generalizações do campo (como a "loura burra", a "mediocridade laboriosa", o "político corrupto", e qualquer ideia preconcebida existente no campo);
- os arquétipos ou casos paradigmáticos que recaem sob o conceito (como a "máquina perfeita", a "mulher ideal", o "operário padrão" etc.).

A questão central a ser respondida é a de como membros de um grupo determinado (classe socioeconômica, segmento de mercado, corporação etc.) hierarquizam a representatividade dos exemplares de uma determinada categoria. O andamento da identificação é o seguinte:

- Sujeitos/informantes: definir as características de homogeneização do grupo (setor de atividade, faixa etária, sexo, formação profissional etc.);
- Estímulo: definir os itens que recaem sob categoria. As categorias podem ser de qualquer tipo, desde as matematicamente definidas (figuras geométricas), passando pelas legalmente definidas (autarquias, empresas públicas, empresas de economia mista), até categorias de domínio incerto para o grupo em referência (como "móveis": o grupo considera tapete como móvel?), ou série de sinonímias aparentes (como "projeções técnicas", que pode incluir: planos, intenções, políticas, projetos, orientações, diretrizes, programas, estratégias);
- Categorias: o critério para determinação das categorias é amplo: vai da literatura técnica a listagens arbitrárias. Os psicólogos cognitivos, cujos experimentos inspiraram este tipo de inquérito (Rosch, 1973a, 1973b; Armstrong, Gleitman e Gleitman, 1983), fizeram uso de levantamentos prévios, em que os sujeitos foram instados a citar espontaneamente exemplares de uma categoria, respondendo a questões simples, do tipo: "cite seis modalidades esportivas". Esse parece ser o melhor critério, gerando resultados em si mesmos significativos. A série de exemplares de "projeções técnicas", citada anteriormente, foi obtida dessa forma. Em outro levantamento, sobre conceitos ligados a esportes, um grupo de executivos lembrou de "natação" e "vôlei" antes de "futebol" e não considerou "fórmula 1" modalidade esportiva;
- Procedimento: definir a escala de valores das categorias (por exemplo, a escala de sete pontos de Lickert) para a graduação

da representatividade dos exemplares da ideia ou imagem que a comunidade investigada detém sobre a categoria. Os itens devem figurar em listagens com distribuição aleatória, variando-se também aleatoriamente o número de listagens de cada tipo apresentadas aos informantes. As instruções devem explicitar: i) a que o estudo se destina (identificação de exemplares para a categoria); ii) que o grau atribuído deve ser o mais imediato e natural, não necessitando ser justificado; iii) que o grau atribuído não tem a ver com as preferências pessoais, mas com o que as pessoas do meio consideram.

## Indicadores

A utilização de indicadores, uma aplicação aparentemente simples de coeficientes, a razões encerra armadilhas conceituais muitas vezes ignoradas pelos pesquisadores. Nesta seção, ao examinarmos o caso específico de conceituação e da definição representadas pelos indicadores, analisaremos sua especificidade, tipologia, representatividade e domínio. Listaremos os problemas mais comuns encontrados na concepção, definição, aplicação e validação dos indicadores. Concluiremos com a sugestão dos passos necessários à garantia da significação de indicadores em pesquisa aplicada.

Os conceitos relativos aos valores, aos sentimentos, aos estados mentais, às convicções, às emoções não podem ser medidos, no sentido vulgar do termo "medir": determinar a grandeza física. Mas medir significa, também, avaliar, estimar. A mensuração tem um significado restrito, quantitativo, e um significado amplo, qualitativo. No sentido amplo, podemos medir tudo que está presente no mundo real e também em nosso espírito, diretamente ou mediante o uso de indicadores.

## Medida

A medida quantitativa é a expressão de uma relação entre uma dimensão ou quantidade e um determinado padrão adotado: a unidade de medida. A unidade de medida, para ter significado, deve ser compatível com o que se quer medir. Por exemplo, não se pode medir a virtude por seu peso atômico. Deve ser também homogênea, padronizada. A homogeneização das unidades de medida é obtida pela redução do que se trata de medir a uma quantidade e pela referência numérica a essa quantidade. A medida qualitativa, o conceito mais amplo do medir, dá-se em relação à participação em um padrão escolhido. Por exemplo, na doutrina platônica, mede-se ontologicamente o que participa da Ideia e as Ideias se medem ontologicamente entre si. É nesse sentido, de estimar (apreciar a estima), de avaliar (estabelecer a valia), que os indicadores encontram sua função. Os indicadores são substitutos da mensuração direta. Elucidam situações em que o fenômeno ou o conceito a ser medido não é diretamente observável ou em que a mensuração direta não tem significado operacional.

A medição no sentido qualitativo, de observação cuidadosa e deliberada do mundo, é possível mediante o uso de indicadores. A forma de realizar essa medição indireta se funda na conceituação. A formulação de indicadores e a interpretação de seu significado são marcadas pela dificuldade em se precisar os elementos que devem constituí-los e pela identificação dos vieses de caráter lógico, ideológico, cultural e de linguagem que podem distorcê-las. Tomemos como exemplo o conceito "preconceito racial". Enquanto convicção, esse preconceito, o parecer insensato anterior à conceituação racional a respeito dos membros de uma etnia, não pode ser medido quantitativamente. Mas é perfeitamente possível indicar se o fenômeno está presente em um indivíduo e em uma sociedade e indicar (hierarquizar) sua direção, frequência e intensidade.

Kaplan (1975:57 e ss.) distingue três classes de objetos passíveis de mensuração: i) observáveis diretos; ii) observáveis indiretos (ações distantes ou passadas, menções, testemunhos, indícios, depoimentos); e iii) constructos, conceitos de não observáveis direta ou indiretamente, construções mentais, objetos de percepção ou pensamento, criados a partir de conceitos mais simples, para serem parte de uma teoria. Os indicadores são constructos que se referem a construtos: não têm existência real concreta, existem no sentido de que nós os construímos. Estabelecemos características para os construtos que podem ser medidas. Quando conceituamos não observáveis agrupamos atributos cuja existência pode ser verificada, de forma que a atitude, o distanciamento, as manifestações depreciativas do preconceito racial são características manifestas que permitem que estabeleçamos uma escala de intensidade. Pregar ou adotar normas de discriminação baseadas na herança étnica indica um nível de preconceito maior do que uma manifestação depreciativa. Ambas sinalizam a existência de preconceito racial, mas em grau diferenciado.

Os indicadores correspondem a uma progressão de utilidade de recursos de investigação que parte das noções, passa pelos conceitos e pelas definições e chega à mensuração. Mas a qualificação e a quantificação dos conceitos não é uma operação fácil nem desprovida de consequências. O exemplo que demos anteriormente sobre o preconceito racial levanta um tema problemático: a manifestação depreciativa, dizer que "preto não presta", é indicativa de um grau de preconceito logicamente menor do que a implantação do sistema de cotas, que favorece um grupo conceituado arbitrariamente (isto é, pré-cientificamente) como "historicamente prejudicado". Esse fato encerra disputas ideológicas e econômicas, desperta emoções e sentimentos que tornam praticamente impossível uma discussão isenta sobre os conceitos envolvidos.

Os elementos críticos na formulação e na interpretação dos indicadores são: i) a especificação do conceito ou do fenômeno objeto do indicador, ii) sua tipologia, iii) a determinação da representatividade; iv) a determinação do domínio de validade do indicador; v) a crítica e correção de distorções e vi) a análise crítica de sua significação. A especificação de um indicador é função do modelo explicativo a que serve. Ele é justificado por sua operacionalidade e confiabilidade em relação a esse modelo. O poder elucidativo é função do propósito — retrato de uma situação, delineamento de tendências, indicação de progresso ou metas — a que se destina. A maior ou menor representatividade do indicador decorre dos fundamentos que dão suporte à expressão quantitativa de fenômenos e conceitos. O rigor procede da especificação do domínio de validade do que é indicado.

## Especificação e tipologia

Os indicadores diferem das medidas diretas (cômputos). A medida direta é o elo entre uma teoria (um conceito) e um dado (observável). Deve guardar uma correlação epistêmica direta entre o conceito e a variável observável designada como medida desse conceito. A correlação epistêmica dos indicadores é indireta, uma vez que os indicadores são aplicáveis às hipóteses e às teorias científicas que se referem a fatos fora do campo da percepção imediata (inobserváveis), tais como disposições, processos mentais e tendências. A mediação entre um inobservável e um indicador consiste em uma hipótese (não em uma convenção nem em uma regra). Deve justificar-se mediante uma definição operacional que relaciona um conceito a um indicador. Por exemplo, idade cronológica relacionada à produção; supostamente, os mais velhos produzem melhor, ou produzem menos, ou são mais lentos etc. A definição operacional é a formulação que especifica um protocolo:

o resultado quantitativo da tentativa de medir um conceito ou um fenômeno.

Não há uma definição genérica, universalmente aceita de indicador. O que existe é o consenso de que um indicador é um construto a partir de uma teoria (Fienberg e Goodman, 1974). A teoria que embasa o indicador pode ser explicitada formalmente, constituir um modelo ou modelos, ou ser implícita. Os indicadores são filtros que reduzem a realidade a dimensões inteligíveis. Essa redução é possível focando-se a atenção em um subconjunto de informações-chave e estabelecendo-se o peso de cada informação em um conjunto articulado de indicadores (modelo).

No campo das ciências humanas e sociais, os indicadores têm sido aplicados a fenômenos tão diversos como a economicidade, as condições logísticas, as habilidades cognitivas, os traços de personalidade, as atitudes de liderança. Embora o rigor e clareza da definição constituam o cerne da utilidade dos indicadores, isso nem sempre acontece, já que alguns conceitos permanecem não operacionalizáveis. Por exemplo, os conceitos "mão invisível", "escolha racional", "preço sombra", "incerteza", "custo social", "custo de oportunidade", entre muitos outros de uso corrente, não têm indicadores aceitáveis universalmente, seja por serem demasiadamente vagos, seja por não haver consenso quanto ao seu conteúdo (Bunge, 1999:242). Por outro lado, os indicadores de alguns fenômenos são necessariamente não confiáveis. Por exemplo, "o desejo de consumir", a "aversão ao risco", as expressões faciais, a expressão oral, os "estados da alma" (felicidade, tristeza, desânimo etc.)

## *Tipologia*

Indicadores enunciam uma associação relacionada a um fenômeno de interesse. Podem estar referidos à apreensão de um fato, ocorrência, situação ou a um efeito. O poder elucidativo do indicador é função da adequação ao campo em que é empregado. Os indicadores podem ser classificados de acordo com o propósito a que servem (baseado em Johnston e Carley, 1981).

- *Indicadores situacionais*: descrevem as condições objetivas, as percepções subjetivas e as reações às condições e percepções. Compreendem estatísticas e séries históricas que revelam condições e tendências, tais como as habilidades, condições de saúde, nível educacional.
- *Indicadores preditivos*: auxiliam no delineamento de cenários, de tendências ou de efeitos. Compõem os modelos de antecipação tais como os referidos à produtividade marginal, à oferta de mão de obra, às competências requeridas no futuro.
- Indicadores orientados para problemas específicos: indicam a localização, momento e intensidade de elementos de interesse. Compreendem a indicação de ausência ou de presença de características específicas de um segmento dado do real, tais como índice de perdas, absenteísmo, morbidade, conflito.
- Indicadores de progresso: expressam o andamento de políticas, planos, programas e projetos. Incluem medidas de recursos, processos, resultados e efeitos de iniciativas específicas.
- Indicadores de metas: retratam marcos a serem alcançados. Identificam as condições de grupos, estratos hierárquicos, localizações etc. Indicam desvios e disparidades e necessidades de medidas corretivas. Indicam, ainda, preferências que servem para estabelecer metas. Diferentemente dos indicadores preditivos, que procuram descrever um estado futuro provável, os indicadores de metas delineiam objetivos desejáveis, tais como maior qualificação do trabalho, diminuição dos índices de reclamação etc.

Os indicadores podem ser *qualitativos* ou *quantitativos*. Os indicadores qualitativos aferem preferências entre atos e entre quaisquer ideias (crenças, ideologias, intenções etc.). Os indicadores quantitativos aferem relações materiais (volume do intercâmbio como indicador de integração; livros vendidos *per capita* como indicador de nível cultural etc.). Os indicadores são sempre numéricos, mas diferem da enumeração (o cômputo, o ato de contar), que lida com números naturais, integrais e racionais, enquanto a mensuração mediante indicadores lida também com números reais irracionais, como $\sqrt{2}$.

Um indicador expressa sempre a grandeza de atributos. Um atributo, um componente do conceito, como vimos, é uma qualidade de um objeto. É a propriedade de alguma coisa ou uma relação entre coisas. Alguns atributos são quantitativos (número de empregados), outros não (formação acadêmica). Estes últimos devem ser convertidos para serem representativos em indicadores quantitativos. Historicamente, os atributos quantitativos reconhecíveis diretamente são o tempo, o peso e os atributos geométricos do comprimento, da área, do volume e do ângulo. Esses atributos são denominados *extensivos*. Os antigos filósofos escreveram sobre outros atributos como sendo *intensivos*, como a temperatura, a densidade e, mesmo, fenômenos psicológicos como o prazer e a dor. São atributos que somente podem ser aferidos indiretamente: a temperatura é medida em função de graus (ou comprimentos em uma escala), a densidade é função da massa e do volume etc. São medidas de ordem (mais ou menos quente, mais ou menos denso, pessoas que realizam operações matemáticas melhor do que outras etc.), não de quantidades.

A redução de qualidades a quantidades pressupõe a possibilidade de uma matematização do real. É uma posição filosófica que data de Hobbes e que coincide com a perspectiva de realismo dos números. Essa posição é importante no estudo dos indicadores porque remete aos problemas essenciais de sua representatividade nas ciências humanas e sociais.

## Representatividade e domínio

A representação e a conversão numérica envolvem disputas entre várias bases conceituais ideológicas, teóricas, entre modelos que servem às mesmas teorias, entre indicadores construídos e as bases preexistentes, como entre enfoques econômicos e sociais e o enfoque gerencial.

A mais importante dessas disputas é a colocada pelo positivismo lógico, que diz que uma vez que os números são entidades abstratas, não pertencentes ao mundo empírico, não passam de convenções estipuladas: não informam nada sobre o mundo. As matemáticas, como os indicadores, são úteis unicamente como espelho do mundo real, de modo que pensam que as condições de aplicabilidade do conceito podem ser inteiramente caracterizadas em termos das propriedades observáveis e das relações lógicas. Os primeiros autores positivistas tomaram as propriedades observáveis como qualidades fenomênicas. Os positivistas mais recentes tomaram as propriedades objetivas, como "ser um gato", como observáveis. Essa forma de ver se opõe ao realismo, que diz que a representatividade dos números está baseada na tese de que os números reais são razões de grandezas de atributos quantitativos, uma perspectiva defendida por lógicos como Frege (Soares, 2001:93) e Russell (2001). A ideia é que as estruturas do mundo real são isomórficas às estruturas matemáticas, que o mundo real contém estruturas matemáticas. De acordo com essa visão, os números não são entidades abstratas, mas relações (razões) entre coisas reais, e as matemáticas consistem no estudo de estruturas reais e imaginárias consideradas abstratamente (Michell, 2005:v. 2, 680).

## Expressão

Estas disputas, em que pese sua relevância filosófica, não anulam o fato de que para se fazer ciência é necessário medir, avaliar, estimar. A representatividade e o domínio da forma de mensurar representada pelos indicadores são dados pela forma de sua expressão. Os indicadores podem ser escalares (números únicos), ou vetoriais (ponderações), como a qualidade de vida medida pela ponderação de expectativa de vida, do consumo de proteínas *per capita*, a renda média e os anos de escolaridade. Os indicadores são expressos sob a forma de estatísticas, índices, razões (Townley, 2005).

A expressão mais frequente dos indicadores são as razões. A razão (*ratio*) é uma norma que pode ser entendida de duas formas. A forma paradigmática, correspondente ao conjunto dos termos substituíveis entre si numa mesma posição da estrutura a que pertence, como a proporção matemática, quantitativa ou topológica. A forma paramétrica, correspondente à variável para a qual se fixa ou à qual se atribui um valor e por seu intermédio se define outros valores ou funções num dado sistema ou caso, como a delimitação, o padrão ou modelo por meio do qual se precisa o ser das coisas e a ordem à qual pertencem.

## Domínio

O domínio do indicador é dado por sua inserção em um modelo teórico. Modelos são ferramentas de ordenação de ideias, experiências e observações. Os modelos formais são sistemas de relações lógicas, matemáticas ou probabilísticas. Os modelos são manifestações formais de uma teoria particular. Neste sentido, uma teoria é constituída por um ou por uma família de modelos relacionados entre si. Por exemplo; o modelo (funcionalista) descrito por Thompson (1967) para explicar como as organizações reduzem a incerteza no contexto onde atuam é parte do *corpus* teórico do funcionalismo.

O domínio de validade da correspondência entre um indicador e o que ele indica não pode ser determinado empiricamente.

A característica ou a propriedade que ele determina é, por definição, inobservável. A validade do indicador é dada pela teoria, pela razoabilidade na postulação das relações entre o fenômeno observável e os fatores considerados e pela lógica da articulação entre os indicadores que conformam o modelo.

## Problemas de conceituação, de definição e correções

Os problemas na construção de indicadores no campo das ciências humanas e sociais estão referidos à especificação e à quantificação na determinação de uma relação confiável entre o indicador e a condição ou o processo que ele deve refletir. Especificamente os problemas inerentes à construção de indicadores são:

- *Semânticos*: a definição do que se entende pelo indicado nem sempre é diretamente inteligível. Por exemplo, o que se entende por /medir a qualidade do trabalho/, uma vez que, por definição, /qualidade/ é aquilo que não admite medida? Ou qual a exata diferença entre /hora trabalhada/, /hora disponível/ e /hora produtiva/?
- *Supersimplificação*: muito do que deve ser evidenciado pelo indicador, como habilidades, satisfação etc., é inerentemente complexo, multidimensional e interdependente. Por exemplo, o que é indicado sob o título "nível de formação" ou "nível de satisfação" no trabalho não passa de indícios parciais sobre fenômenos complexos;
- *Composição*: a determinação dos fatores-chave a serem considerados é arbitrária. As diferenças de uso proposto do indicador, por exemplo, a diferença de finalidade de um indicador que se destina à preparação para lidar com imprevistos ou que se destina a sanar problemas constatados pode alterar substancialmente os fatores considerados e o significado de resultados aparentemente equivalentes em análises de risco;

- *Tempo e custos*: o custo e o tempo requeridos para o levantamento e a tabulação dos indicadores fazem com que se tenda a operar com dados existentes, com fontes já estabelecidas e com indicadores habituais, não adequados à especificidade requerida pelo modelo que os justificaria conceitualmente;
- *Momento*: a não consideração de diferenças metodológicas que interditam comparações em situações espaço-temporais diferentes. As mudanças contextuais entre o momento em que os dados que formam o indicador são ajuizados e o momento da interpretação podem gerar distorções importantes.
- *Resíduos*: a não consideração da interveniência de outras variáveis na interpretação dos indicadores. Por exemplo, as variações residuais da memória da organização e da economia onde está inserida;
- *Comensurabilidade*: a busca do objetivamente computável limita as soluções como a aplicação de medidas de tendência central, notadamente as médias, que não oferecerem garantias de representatividade. Muitas das características e dimensões a serem idealmente incluídas nos indicadores não podem ser expressas em termos comensuráveis a não ser à custa do sacrifício do rigor e mediante a admissão de suposições e ressalvas heroicas. Por exemplo, sendo a intenção expressar o nível de formação educacional, além dos habituais anos de estudo, os títulos recebidos, o tempo transcorrido desde a conclusão do último curso, dever-se-ia considerar o nível das instituições que o trabalhador frequentou, o que, é claro, subjetiviza o indicador;
- *Interesses contrariados*: a evidenciação trazida pelos indicadores pode ser indesejável para determinados grupos de interesse. Os indicadores potencialmente expõem insuficiências, deterioração de condições, má formulação de diretrizes, imprevidências, inocuidades de práticas gerenciais e assim por diante;

- *Conjunção indevida*: a ambição de constituir indicadores que tudo sintetizam e que tudo explicam leva a que se elaborem "indicadores quiméricos", em que quantidades, qualidades, relações, probabilidades são combinadas como se pertencessem à mesma categoria lógica;
- *Omissões*: fatores essenciais são postos de lado seja pela dificuldade em apurá-los seja por erro de concepção. Por exemplo, medidas de performance que não consideram a amplitude das áreas de competência;
- *Valores*: limitação dada pelas "verdades" estabelecidas, como a de que a pessoa, e não o resultado de seu trabalho, é relevante para a produção. Os valores e as premissas ideológicas que governam a definição inicial condicionam o significado do indicador. Os valores se refletem na seleção das variáveis, no nível de desagregação, no peso relativo dos componentes, na formulação e na interpretação dos indicadores;
- *Subjetividade das preferências*: na formação e na interpretação dos indicadores, os entendimentos são distorcidos pelas histórias pessoal e do grupo identitário de quem formula o indicador. Há um distanciamento entre as condições objetivas e as intenções que informam a construção dos indicadores. Os grupos de interesse têm objetivos diferentes. O propósito técnico-administrativo de conhecer a situação factual objetiva para avaliar a necessidade de intervenção gerencial contrasta com o propósito de influenciar o processo decisório e de alterar o equilíbrio de poder na organização. Em geral, a intenção técnico-administrativa é entender e explicar como a organização ou um segmento da organização evoluiu até a condição presente, enquanto o interesse de grupos de poder é o de encontrar a melhor forma de chegar a um estado futuro desejável. A intenção técnico-administrativa é a de descobrir generalizações úteis e desenvolver a capacidade de predição, a dos grupos de poder é a de formular metas e estratégias.

Os problemas sumarizados anteriormente se refletem em inexatidão, ambiguidade e, sobretudo, em violação dos limites de domínio dos conceitos. Em termos gerais, a análise crítica dos indicadores pode corrigir ou minimizar a inexatidão, mediante a explicitação da estimativa de margem de erro (tolerância) e pela crítica das fontes; a ambiguidade, mediante a interpretação do significado dos indicadores. "Muitas camas de hospital por habitante" pode significar alto nível de saúde pública ou alto índice de morbidade; "grande volume de produção por hora trabalhada" pode significar boa produtividade ou má qualidade do produzido (Bunge, 1999:243). A ambiguidade é reduzida mediante o uso de baterias de indicadores; o domínio de validade, pela exposição do propósito com que foi elaborado o indicador.

## Passos para análise da significação dos indicadores

Os indicadores informam sobre o que aconteceu e sobre o que acontece, mas costumam ser utilizados para prever o que acontecerá, para o convencimento. Por isso sofrem distorções como as apontadas anteriormente e devem ser criticados com rigor (Fienberg e Goodman, 1974). Os fundamentos que dão suporte à expressão quantitativa de fenômenos e conceitos, a especificação, a operacionalidade, a confiabilidade, bem como o poder elucidativo e a validade, são garantidos pela análise crítica da significação.

Como vimos, a significação é o que o conceito, no caso o indicador, representa para alguém em um determinado contexto. O indicador é um signo, "está por", representa alguma coisa. Todo signo é formado por um referente, o objeto a que o signo se refere, um significado, o conceito que remete ao referente, e um significante, o meio de descrição do significado, como uma palavra ou uma fração numérica. A significação normativa dos indicadores é dada pelos valores admitidos, pela definição conceitual do que é investigado, pelos fatores considerados em sua composição, pela articulação com outros indicadores.

A análise da significação de um indicador compreende a consideração dos fatores listados a seguir. Para maior clareza na exposição, utilizamos um exemplo unificado: o dos indicadores de produtividade.

▪ *Objetivação*, isto é, a discussão sobre o objeto não observável a que o indicador se refere. Por exemplo, em um indicador de produtividade, a discussão sobre o que é considerado /produto/ na equação $\left| Produtividade \ \dfrac{produto}{recursos} \right|$.

▪ *Conceituação*, isto é, a discussão sobre o conceito envolvido. Por exemplo: o que quer dizer /produto/? O indicador /produtividade/ tem significado inteiramente diferente conforme se defina /produto/ como valor atribuído ao que foi produzido ou como resultado material do processo produtivo. Mas o principal problema conceitual refere-se aos não observáveis embutidos no indicador, justamente aqueles itens que tornam obrigatória sua utilização. Por exemplo, o indicador da produtividade do trabalho pode estar referido a /trabalho/ como esforço despendido, como resultado alcançado, como o tempo trabalhado, como as horas pagas etc.

▪ *Significante*, isto é, a discussão sobre o significante no indicador. Por exemplo, na equação da produtividade bruta [ $L_t = \dfrac{Y_1}{l_1}$, onde

$L_t$ = produtividade bruta do trabalho, $Y$ é um índice de quantidade bruta de bens e serviços grados (*real output index*) e *l* é um índice de quantidade dos insumos-recursos (*input*) trabalho. O símbolo [*t*] denota o período de tempo para o qual a equação é válida.], o que significa "real *output*" e "quantidade de trabalho"?

▪ *Domínio*, isto é, a discussão sobre o contexto, o domínio de validade do signo. Por exemplo, no indicador de valor adicionado pelo trabalho [$Va_t = \frac{Va}{l1}$, onde = valor adicionado pelo trabalho, *Va* é um índice de valor adicionado aos bens e serviços gerados (*quantitaty index of value added*) e *l* é um índice de quantidade dos insumos-recursos (*input*) trabalho. O símbolo [*t*] denota o período de tempo para o qual a equação é válida.], qual o domínio do conceito expresso pelo termo "valor"?

Para concluir, é importante destacar que embora os indicadores, enquanto substitutos da mensuração direta, sejam instrumentos imprescindíveis à pesquisa, eles são extremamente sujeitos a distorções e ao uso equivocado. Ao constituírem modelos de ordenamento de ideias, experiências e observações, os indicadores reduzem as incertezas e permitem interpretar com maior rigor os fatos, ocorrências, situações e efeitos não observáveis diretamente, mas, se dão ensejo ao tratamento quantitativo, eles não deixam de ser vulneráveis a falhas semânticas, à supersimplificação, a vieses psicológicos e às distorções de interpretação dos grupos de interesse e dos grupos identitários que permeiam o meio investigado. Daí a importância da observação de critérios de objetivação e de conceituação e a determinação rigorosa dos espaços de significação e de domínio conceitual dos indicadores.

## Generalização

No vocabulário filosófico latino, o gênero (*genus*) é o *conjunto de elementos que têm uma origem comum* (Cícero, 1888:v.4, 1, 22, 32). Inicialmente, o gênero designou a raça; depois, qualquer totalidade, opondo-se a *pars*, a ideia de parte, de algo fragmentado. Dessa ideia do gênero como classe genérica deriva a generalização, a operação intelectual que reúne em uma classe, em um conceito ou em uma proposição um conjunto de objetos singulares com características comuns. A qualificação que informa sobre o genérico, sobre os conceitos ou as proposições que se referem ao caso médio, ao caso típico ou ao caso normal de um gênero.

A generalização concerne a um número finito ou indefinido de indivíduos. Aplica-se aos indivíduos de uma classe, de um conceito ou de uma proposição dada. Por exemplo, o conceito /computador/ é geral, aplica-se aos computadores que existem. O geral distingue-se de conceitos coletivos como o conceito /rebanho/, que se aplicam a indivíduos como grupo. Funda-se na operação de generalização, enquanto o coletivo se funda na totalização do singular. O geral distingue-se também do universal, que é um caso extremo, no qual todos os indivíduos, sem exceção, estão incluídos.

## As ciências humanas e sociais

Até o final do século XIX considerava-se que o objetivo de qualquer ciência fosse produzir universalizações ou leis que estabelecessem as relações causais existentes entre fenômenos do universo. A ciência natural havia progredido ao descobrir as conexões invariantes e necessárias de um universo ordenado, de um universo que obedecia a regularidades. O mesmo se esperava do universo do humano e do social. Isso, no entanto, não se verificou e não é possível que venha a se verificar porque as ciências exatas, sejam elas observacionais, como a astronomia, ou experimentais, como a física, formalizam suas generalizações na forma de leis empiricamente verificáveis. O resultado de qualquer investigação científica natural bem-sucedida ou é particular ou é universal. Se particular, diz-se ter estabelecido um fato; se universal, estabelecido uma lei. Já nas ciências humanas, fatos e leis não podem ser instituídos, pelo menos, nessa forma. Essa interdição se deve ao fato de que a dinâmica e a trajetória tanto da vida individual como da vida social facultam apenas estabelecer singularidades, fenômenos que não se repetem, ou generalizações probabilísticas, repetições não universais, que não podem fundamentar leis.

Além de a universalização ser teoricamente impossível no campo das ciências humanas e sociais, ou talvez por isso mesmo, a generalização universalizante é proposta apenas por algumas epistemologias, particularmente as epistemologias positivistas. Nos processos de explicação não positivistas — referidos a *estruturas*, a *casos*, a *tipos* e a *fenômenos* —, a generalização é, forçosamente, restrita. Podem-se generalizar os conceitos — por exemplo, um conceito instituído especialmente para uma pesquisa, como /capital burocrático/ —; podem-se estabelecer proposições genéricas — como a de que os trabalhadores encontram fórmulas para sobreviver ao trabalho —, mas não se pode atribuir a uma classe (muito menos, a uma totalidade) o que foi observado ou inferido num dado segmento espaçotemporal.

A generalização universalizante é aceita como legítima nos processos de explicação ditos positivistas (*posit*: o que está posto). Esses processos utilizam sistemas de inferência indutivos — vale dizer, métodos e técnicas em que o raciocínio parte de dados particulares (fatos, experiências, enunciados empíricos) —, determinando — por uma sequência de operações cognitivas de extensão, extrapolação ou analogia — classes mais gerais, indo dos efeitos à causa, das consequências ao princípio, da experiência à teoria. A generalização também é acolhida nos métodos que confirmam ou infirmam hipóteses e suposições, de modo que se pode dividir a generalização nas ciências humanas e sociais em duas vertentes: a empírica e a hipotético-dedutiva.

## A generalização empírica

A generalização empírica corresponde ao esquema de descrição resultante da imaginação a partir da experiência sensorial ou intelectual. A proposição criada pela generalização empírica pode ser confirmada ou rejeitada. Para os métodos positivistas, é a generalização empírica, como base de construção de hipóteses e alternativas, que nos permite passar do senso comum à descrição científica.

As generalizações empíricas simples explicitam as classes, conceitos e proposições para os quais se diz que a relação se aplica de modo geral. São fruto de uma indução direta, do tipo: "se entre 10 pessoas entrevistadas, nove preferem trabalhar em equipes, a maioria das pessoas deve preferir o trabalho em equipe".

As generalizações complexas por extrapolação, por extensão ou por analogia resultam de induções cruzadas, induções feitas a partir de outras induções. Do tipo: "uma vez que em todos os grupos observados os sistemas computacionais semelhantes eram alterados pelos usuários, conclui-se que os sistemas computacionais serão alterados nas organizações que operam em contextos espaço-temporais semelhantes".

Extrapolação, extensão e analogia

Uma forma de generalizar é extrapolando. A *extrapolação* é o processo de obtenção dos valores de uma função fora de um intervalo, mediante o conhecimento de seu comportamento dentro desse intervalo. Por exemplo, havendo constado que executivos com idade variando entre 30 e 40 anos preferem permanecer no setor econômico em que atuam, atribui-se, por extrapolação, essa preferência para executivos de outras faixas etárias.

Outra forma de generalizar é estendendo. A *extensão* é o processo que consiste em ampliar uma operação definida num conjunto para outro conjunto que contenha o primeiro. Por exemplo, uma vez constatado que os alunos de algumas faculdades de administração são refratários ao estudo das matemáticas, estende-se essa constatação a todos os universitários da área.

Uma terceira forma é a analogia. A *analogia* é o processo efetuado através da passagem de asserções facilmente verificáveis para outras de difícil constatação. Por exemplo, ao ser verificado que determinado tipo de *game* é muito procurado por indivíduos de determinada classe de consumo, orienta-se a estética de marketing para esse público seguindo a estética dos *games* preferidos.

Extrapolamos, estendemos ou estabelecemos analogias daquilo que comprovamos empiricamente em um contexto determinado espaçotemporalmente, para situações futuras ou para circunstâncias e contextos diferentes dos da comprovação. O que faz de qualquer generalização uma possibilidade ou uma probabilidade, nunca uma lei.

## Indução

A generalização por indução tem duas fontes. Primeiro, temos a originária da posição de David Hume (1989), de que o que denominamos "causa" não é mais do que o resultado de repetidas observações de um objeto ou de um acontecimento que se segue a outro. Um objeto associado a outro dá a ideia de causalidade, de conexão causal e da generalização (se um ocorre, o outro deve ocorrer). Trata-se sempre, como ressalta Hume, de uma possibilidade generalizável, nunca universalizável. Isso porque os dados e as evidências só existem no passado. Não há como garantir que no futuro a água continue a ferver a 100°. O que se pode generalizar é a assertiva de que até hoje a água tem fervido a 100°.

No século XIX, John Stuart Mill propôs a generalização de conceitos, isto é, a "inclusão em classes em que os objetos têm alguma propriedade similar (homem, temperatura, catolicismo etc.)". Ele chamou de "indução" o método de se relacionar conceitos dentro de proposições empíricas (sintéticas), descrevendo-o como "a operação da mente pela qual inferimos que o que sabemos ser verdadeiro em um caso particular ou em casos particulares, será verdade em todos os casos semelhantes ao primeiro em certos aspectos assinaláveis" (Mill, 1961:188).

Para Hume, a generalização é válida porque o futuro provavelmente não será diferente. Para Mill, a generalização tem caráter absoluto, já que ele toma a natureza como uniforme. Supõe, por indução, que a natureza não se transforma. A indução, portanto, justifica-se por indução. Essas duas fragilidades, a do futuro em aberto e a da suposição da imobilidade do mundo, levaram ao desenvolvimento da generalização hipotético-dedutiva.

## A generalização hipotético-dedutiva

A partir do século XIX, a generalização positivista passou a ser aquela que concilia proposições empíricas construídas indutivamente, as quais, tomadas como premissas, são tratadas segundo a lógica dedutiva, no que se denomina modelo hipotético-dedutivo (Hughes e Sharrock, 1999:138).

A generalização hipotético-dedutiva se expressa pela forma "sempre que $a$; então, $b$". O método consiste em testar a hipótese contra a observação empírica para, depois, generalizá-la. Em outros termos: dadas certas condições iniciais, elabora-se uma declaração teórica cuja validade é testada empiricamente. A generalização deixa de ser incerta sem ser apenas uma possibilidade: ela passa a ser limitada a uma circunstância espaçotemporal.

Embora precária e provisória, a generalização hipotético-dedutiva tem valor heurístico, na medida em que o avanço da ciência é entendido como uma sucessão de descobertas que se corrigem e que anulam as descobertas anteriores.

## Refutacionismo

A ênfase atual da generalização foi deslocada da indução para a dedução. Esse movimento deve-se ao filósofo Karl Popper (2003), o qual arguiu que um método só pode ser considerado científico na medida em que é passível de refutação. Entretanto, Popper se destacou do positivismo tradicional ao negar a possibilidade de se chegar a uma lei universal a partir do dedutivismo.

Para Popper, o que distingue a ciência da metafísica — especialmente, o que separa as ciências sociais de especulações como as do marxismo e do freudianismo — é o processo de dedução. Faz-se ciência quando se pode afirmar "se, *a*; então, *b*" como uma absoluta certeza. Faz-se outra coisa quando o máximo a que se pode chegar é "frequentemente, quando *a*; então, *b*" ou quando se afirma "em todos os casos observados até o presente, quando *a*; então, *b*" (Hughes e Sharrock, 1999:118).

Existe uma assimetria entre a *confirmação* e a *refutação*. A confirmação é um conceito da lógica indutiva, que corresponde a uma definição precisa em termos lógicos ao declarar a exatidão de uma proposição independentemente do conteúdo empírico de sua apreciação. A confirmação que não possa ser generalizada a ponto de uma universalização não constitui ciência. Mas mesmo com esta origem "pura", o conceito de confirmação pode ser, e foi questionado. A partir da definição de Hempel (2001), tomam duas proposições: 1) a confirmação pode ser definida em termos lógicos puros; 2) só proposições empíricas podem ser confirmadas. Contrapondo essas duas proposições, fica evidente que não se pode confirmar a confirmação, a menos que ela seja empírica, o que exclui o conceito abstrato /confirmação/. Daí a proposta de que o método científico consistiria em buscar a refutação das predições de uma teoria; isto é, um contraexemplo que a invalide — qualquer outra posição sendo pseudocientífica.

Para Popper, dadas as limitações do conhecimento humano, toda teoria que pretenda aumentar a intervenção social para reduzir os males da sociedade submete todos a uma autoridade sem fundamento. Isso vale de Comte a Marx, do nazismo a Freud. A função da ciência não é fazer generalizações, mas verificar hipóteses, conjecturas, teorias, predições. Ver se resistem à prova (Popper, 2002). O que dá credibilidade a uma teoria é sua exposição ao fracasso. O que caracteriza uma pseudociência é a existência de cláusulas de escape para justificar as falhas de suas predições. Por exemplo, as generalizações marxistas são irrefutáveis na medida em que as teorias em que se baseiam nunca dizem inequivocamente aquilo que deverá ocorrer.

O refutacionismo, como o positivismo lógico, corrige o positivismo tradicional, mas comete o pecado de não admitir teorias não prescritivas, como as teorias heurísticas (que têm como objeto as descobertas) ou as interpretativistas, como as de Weber. Isso porque essas teorias padecem do que se denominou de "problema da medida": a impossibilidade de observar de forma neutra a realidade. Na tentativa de superar essa dificuldade, desenvolveu-se a ideia do operacionalismo.

## Operacionalismo

O operacionalismo é uma solução aventada para a generalização fundada na ideia de que conceitos como /classe/ ou /posição/ são definidos pelos indicadores empregados em sua medida. Por exemplo: a classe a que pertencem os indivíduos de um grupo é determinada pelo que esses indivíduos informam ser sua classe. Isto é, pelo conteúdo que dão à resposta da pergunta: "a que classe social você considera pertencer?". O operacionismo não deve ser confundido com a ideia de "conceito operatório", uma designação utilizada por Blumer (1969) para significar conceitos provisórios, na verdade, noções que se admite como conceitos definidos até que se possa completar o quadro referencial da pesquisa e definir tecnicamente seus atributos.

O operacionismo é uma proposta epistemológica que vigorou nos primórdios da psicologia cognitiva, em que o conceito era tomado como sinônimo de um conjunto de operações. Por exemplo, "percepção" é entendida como uma "resposta discriminatória", uma reação a um estímulo, ou seja, o conceito de percepção não seria distinguível das operações em que está baseado (Garner, Hake e Eriksen, 1956). Embora tenha permitido avanços, a debilidade da generalização fundada unicamente na reação a estímulos é evidente. O procedimento não utiliza propriedades ou categorias unívocas. Ao contrário, usa diferentes medidas, para medir as mesmas coisas (a impressão dos entrevistados), ou medidas idênticas (os indicadores definidos), para medir coisas diferentes (aquilo que entrevistados e entrevistadores presumem corresponder aos indicadores). Ademais, os conceitos variam em termos de sua lógica interna: em vez de tomar o conceito de percepção como uma resposta não mediada, alguns autores, seguindo o mesmo raciocínio de que o conteúdo significativo corresponde ao processo cognitivo, entendem percepção como um conceito mediador entre o estímulo e a resposta. Em síntese: o operacionalismo não se sustenta porque faculta que um mesmo termo seja generalizado com dois conteúdos significativos distintos.

*Probabilismo*

Com o avanço das técnicas estatísticas, a generalização segue um caminho divergente do operacionalismo: passa a ser entendida como derivada da correlação empírica entre variáveis. Com isto, distinguem-se as ciências naturais das ciências sociais pela epistemologia. Aquelas são baseadas em relações causais; enquanto estas, em correlações (Hughes e Sharrock, 1999:149).

O *probabilismo* é, em essência, generalizante, mas, embora tenha produzido um número infindável de generalizações a partir de associações entre variáveis (classe social & empregabilidade; lucro & sustentabilidade; produtividade & treinamento), sofre graves críticas, na medida em que todas essas generalizações são parciais e imperfeitas, já que:

- não é possível controlar a interatuação dos fatores;
- não é possível descrever o real de forma neutra;
- a eleição das variáveis é condicionada;
- as associações podem ser acidentais, podem ser meras coincidências;
- as condições no mundo social não permanecem constantes;
- é possível aventar um número indefinido de explicações (teorias) que apreendam um mesmo fenômeno;
- as associações são estatísticas, deixando de lado exceções e particularidades;
- o objeto observado pode ser uma singularidade.

## Generalização confirmativa

A *generalização confirmativa* é similar à explicação estatística: estabelece uma relação não dedutiva entre premissas explicativas e uma conclusão. Por exemplo, se todo objeto que examinamos tem a propriedade *P*, e tem, igualmente, a propriedade *Q*, podemos sustentar que todo e qualquer objeto que tem a propriedade *P* tenha a propriedade *Q*. A inferência, no caso, é plausível, mas não é universalizável. Serve como suporte indutivo.

O que distingue a generalização confirmativa da explicação causal e da explicação estatística é que a causal explica inteiramente por que o fenômeno *explanandum* se produziu, a estatística explica parcialmente (probabilisticamente) e a generalização confirmativa não o explica de forma alguma (Nadeau, 1999:281).

## Os limites da generalização

A generalização é um procedimento que vai do conhecido ao desconhecido, cujo valor heurístico se degrada no processo de extrapolação, de extensão e de analogia. Não pode ser corrigida inteiramente pelo probabilismo e pela confirmação. Sua possibilidade de descoberta, de pertinência e de rigor se desfaz, na medida em que se distancia dos indivíduos da classe, do conceito e da proposição originários.

## Fragilidades

A generalização empírica e a generalização hipotético-dedutiva apresentam fragilidades insuperáveis. O empirismo não pode gerar leis, seja porque o argumento de Hume continua válido (o futuro só pode ser suposto), seja porque o empirismo, por maior que seja a amostra, refere-se a casos que jamais se repetem de maneira idêntica. Não sendo possível precisar logicamente quais casos seriam determinados pela generalização — uma vez que é extremamente difícil separar todos os fatores potencialmente interatuantes —, o que se pode esperar da generalização hipotético-dedutiva são correlações sólidas, mas limitadas espaço-temporalmente, parciais e imperfeitas. Por exemplo, a eficácia administrativa é composta de múltiplos fatores correlacionados, passíveis de determinação. Entretanto, não podemos identificar precisamente:

- quais desses fatores são mais relevantes;
- qual a interação efetiva entre os fatores;
- quais fatores desconhecidos podem afetar as correlações; e

▌ em que circunstâncias espaçotemporais é possível generalizar essas correlações.

## Validade limitada

As intenções de pesquisa podem ser divididas em validação, exploração e criação. Os métodos de validação de teorias, de consensos e de proposições operam mediante o uso de técnicas e segundo propósitos em que a generalização é desnecessária. Os métodos que têm como objetivo explorar de algum modo um sistema de pensamento, uma doutrina, conceitos e proposições já estabelecidas, operam mediante a aplicação, em um domínio determinado, de corpos conceituais já presentes no espírito do pesquisador, tratando de generalizar o já conhecido. Os métodos que têm como objetivo criar modelos explicativos, doutrinas e proposições operam mediante a busca de objetos antes desconhecidos, no terreno da originalidade e da incerteza, onde a generalização é, necessariamente, problemática.

## Ressalvas

A generalização não é um atributo necessário nas pesquisas em ciências humanas e sociais e, nas epistemologias em que é requerida, ela tem legitimidade restrita. De forma que quando se trabalha com extrapolações, extensões ou analogias ou quando se toma proposições do tipo "sempre que $a$, então $b$" como se fossem proposições do tipo "para todo $a$, então $b$", deve-se interpretar as generalizações das classes, indicando os limites e expondo ao máximo suas fragilidades e limitações. No caso em que a generalização for de conceitos ou de proposições, derivados ou não de procedimentos positivistas, a boa prática investigativa consiste em definir sistematicamente seu significado e determinar o domínio de validade da generalização e as ressalvas correspondentes.

# Notas biográficas

AUSTIN, John Langshaw (1911 — Oxford, 1960). Filósofo britânico. Sustentou que a tarefa exclusiva da filosofia é a de clarificar o sentido da linguagem cotidiana. Distingue-se de Wittgenstein por considerar que a análise linguística é um fim em si mesmo, e só secundariamente serve à dissolução dos problemas filosóficos.

AYER, Alfred Jules (sir) (Londres, 1910-1989). Educador e filósofo britânico, proponente do positivismo lógico. Estudou no Reino Unido, em Eton e Oxford. Foi professor de filosofia da mente e lógica.

BERKELEY, George (Thomastown, 1685 — Oxford, 1743). Filósofo e bispo irlandês. Para Berkeley, a fonte dos nossos erros consiste em formar ideias abstratas. Berkeley analisa os conceitos para mostrar que são sempre representações particulares. Como, pergunta ele, seria possível pensar um triângulo que não seja escaleno, isósceles ou equilátero?

BUNGE, Mario (Buenos Aires, 1919). Físico e filósofo da ciência. Postulou a necessidade de se desenvolver uma "metafísica exata" e uma conceituação rigorosa, baseada na lógica e nos problemas lógicos suscitados pela física quântica.

CARNAP, Rudolf. (Ronsdorf, 1891 — Santa Mônica, 1970). Filósofo alemão que trabalhou na Europa central antes de 1935 e nos Estados Unidos posteriormente. Foi um dos principais membros do Círculo de Viena e um eminente defensor do positivismo lógico.

CHOMSKY, Noam (Filadélfia, 1928). Linguista e pacifista radical. Fundador do generativismo, uma teoria largamente aceita no meio linguístico segundo a qual os conceitos são gerados (formados, evocados e combinados) segundo um conjunto finito de noções mentais.

CUSA, Nicolau de (Cues, 1401 — Todi, 1464). Nicolaus Krebs, filósofo e matemático alemão. Sua obra gira em torno da consciência socrática dos limites do saber humano. Para ele, os instrumentos conceituais do homem são inadequados para o conhecimento universal e infinito. Os conceitos são signos que podem somente referir uma coisa a outra.

DAVIDSON, Donald Herbert (Massachusetts, 1917-2003). Estudou filosofia, inglês e administração. Foi redator de roteiros radiofônicos. Lecionou nas Universidades da Califórnia, Berkeley, Stanford, Rockefeller, Princeton e Chicago. Publicou alguns artigos fundamentais, jamais um livro.

DERRIDA, Jacques (El Biar, 1930 — Paris, 2004). Filósofo francês de origem argelina. Mudou-se para a França somente aos 22 anos e teve dificuldades para ser aceito na universidade. Judeu, teve seus estudos retardados por conta de uma redução na cota de judeus nas escolas argelinas de 14% para 7%. Conheceu o preconceito, a segregação e a intolerância. Lutou contra eles na África, na França e na antiga Tchecoslováquia, aonde chegou a ser preso. Escreveu quase 70 livros sobre filosofia, crítica literária e política e foi o pensador francês mais comentado de seu tempo.

DESCARTES, René (Touraine, 1596 — Estocolmo, 1650). Filósofo, matemático e militar francês, responsável pela superação do pensamento escolástico. Considerou o conceito como uma ideia, uma realidade existente, ainda que abstrata. No *Discurso do método* propôs a regra básica de que todo conceito deve ser "claro e distinto".

DILTHEY, Wilhem (Renânia, 1833 — Bolzano, 1911). Filósofo e historiador alemão. É o representante mais destacado do historicismo contemporâneo. Propôs uma conceituação considerando o sujeito histórico concreto, em que o entendimento do conteúdo sígnico só é possível mediante o entendimento de sua inserção no contexto espaçotemporal.

ECO, Umberto (Itália, 1932). Filósofo, semiólogo e escritor. Tem grande influência sobre a reflexão ligada à comunicação de massa. Suas interpretações sobre os signos e sobre a função que desempenham na cultura e na filosofia são uma contribuição essencial para o entendimento dos conceitos e de sua representação.

FODOR, Jerry (Nova York, 1935). Um dos mais influentes teóricos da filosofia da mente e da psicologia cognitiva. Propôs o pensamento como informação processada por uma "linguagem da mente", na qual os conceitos são particularidades mentais, isto é, unidades primárias, ligadas umas às outras por postulados de significado. A mente seria computacional, operando com base em representações do mundo.

FOUCAULT, Michael (Poitiers, 1926 — Paris, 1984). O mais importante filósofo do período estruturalista. O pensamento orientado primeiro pelo que denominou de arqueologia do saber e, em seguida, pelo método genealógico recolocou a questão dos conceitos, notadamente em face da demonstração das descontinuidades conceituais ao longo da história.

FREGE, Friedrich Ludwig Gottlob (Rostok, 1848-1925). Lógico e filósofo alemão. Na busca por estabelecer o *status* das verdades matemáticas como puramente lógicas, sistematizou a utilização dos objetos (indivíduos) e dos conceitos (propriedades e relações). É considerado um dos principais fundadores do pensamento lógico contemporâneo, tendo estabelecido a base teórica que permite distinguir sistematicamente o significado objetivo do significado conceitual dos termos.

FREUD, Sigmund (Tchecoslováquia, 1856 — Londres, 1939). Médico austríaco, fundador da psicanálise. Sua contribuição ao entendimento dos conceitos gira em torno da faculdade humana de conceituar e dos fatores psíquicos implicados nessa faculdade. Acreditava que a ciência não parte de definições, senão que chega a elas, construindo e reconstruindo conceitos.

GADAMER, Hans-Georg (Marburg, 1900 — Heidelberg, 2002). Filósofo alemão considerado um dos mais importantes hermeneutas contemporâneos. Discípulo de Heidegger, propõe uma hermenêutica em que o entendimento dos conceitos não é um "ato", mas uma "experiência" situada e situante do ser humano.

GEERTZ, Clifford (São Francisco, 1926 — Filadélfia, 2006). Antropólogo. Fortemente influenciado por Wittgenstein, é reconhecido mundialmente pela interpretação dos símbolos culturais na construção do significado compartilhado e da comunicação (a linguagem comum) dos conceitos.

GETTIER, Edmund (Baltimore, 1927). Sua importância para a compreensão dos conceitos resume-se na demonstração de que o conhecimento, ao contrário do que pretende a filosofia platônica, não é uma "crença verdadeira justificada", isto é, que a relação entre crença, justificação e verdade é meramente acidental.

GOODMAN, Nelson (Massachusetts, 1906-1998). Filósofo. Sua interpretação da discussão da sinonímia levou a considerar-se que os predicados não têm o mesmo significado, mas significados mais próximos ou mais distantes. Os conceitos não seriam constituintes de um mundo fixo e de uma verdade única, mas de uma diversidade verdadeira, ainda que contrastante, de mundos em construção.

HEIDEGGER, Martin (Baden-Württenberg, 1889-1976). Filósofo alemão. Dedicou-se à busca do entendimento do sentido da existência, em um trajeto que o levou a ser considerado um dos mais importantes pensadores do século XX. Sua contribuição ao entendimento dos conceitos é sintetizada na parte dedicada ao pensamento fenomenológico do capítulo 1.

HEMPEL, Carl Gustav (Oranienburg, 1905-1997). Filósofo americano de origem alemã. Dedicou-se ao estudo sistemático da formação dos conceitos e da análise do critério empírico da significância cognoscitiva. Tentou aproximar a metafísica da ciência, argumentando que a busca do significado verdadeiro deve ser substituída pela questão do critério de determinação da verdade. Para ele, a análise do conceito de confirmação das sentenças é a única via para unir o lógico e o empírico. No fim da vida mudou de opinião, declarando que a decisão sobre a confirmação dos conceitos deveria ser atribuída à intuição do cientista.

HOBBES, Thomas (Malmesbyrym, 1588 — Hardwicke, 1679). Inglês, um dos maiores filósofos que já existiu. Sua contribuição principal se deu no campo da filosofia política. No que tange à formação e crítica dos conceitos, o argumento que só existe o que os sentidos percebem e a ideia de que a definição não é mais do que uma convenção arbitrária influenciaram grande parte do pensamento moderno e contemporâneo.

HUME, David (Edimburgo, 1711-1776). Filósofo escocês. Um dos pensadores que mais influenciou a filosofia moderna e contemporânea. Seu ceticismo e empirismo radical o levaram a concluir que os conceitos são constructos derivados unicamente da percepção.

HUSSERL, Edmund Gustav Albrecht (Prossnitz, 1859 — Friburgo, 1938). Filósofo alemão de origem judaica, é o pai da fenomenologia. Sua influência se estende para além dos filósofos, como Heidegger, Merleau-Ponty, Gadamer, Sartre e outros que se filiam à fenomenologia, alcançando praticamente todo o pensamento do final do século XX. A contribuição de Husserl à formação e crítica do conceito é examinada no capítulo 2.

KANT, Emanuel (Königsberg, 1724-1804). Filósofo prussiano, por muitos considerado um os maiores filósofos de todos os tempos. Sua contribuição para a formação e crítica do conceito é examinada em detalhe no capítulo 2.

KOSELLECK, Reinhart (Görlitz, 1923 — Bad Oeynhausen, 2006). Historiador, fundador e principal teórico da história dos conceitos. Influenciado pela fenomenologia de Heidegger e de Gadamer, sua obra trata da história intelectual da Europa. A contribuição para a formação e crítica dos conceitos é examinada no capítulo 3.

KRIPKE, Saul Aaron (Nebraska, 1940). Filósofo da mente e da linguagem. Sua contribuição à compreensão dos conceitos reside principalmente no argumento modal, uma contestação do conceito como descrição abreviada. Para ele, o conceito é uma formação herdada dos indivíduos, sociedades e cultura que o cunharam.

LEIBNIZ, Gottfried Wilhelm von (Leipzig, 1646 — Hanover, 1716). Filósofo e matemático alemão. Com Spinoza, foi um dos principais pensadores racionalistas de todos os tempos. Pensou os conceitos como abstrações produzidas pela mente, a partir de noções inatas, intelectuais ou derivadas da experiência. Postulou as definições como não arbitrárias. Os pontos essenciais da sua argumentação são examinados no capítulo 5.

LOCKE, John (Wringtown, 1632 — Harlow, 1704). O primeiro dos empiristas ingleses, sustentou que o conhecimento humano é limitado pela experiência. Os conceitos são imagens da realidade, ideias simples ou associações de ideias simples fundadas na percepção.

MERLEAU-PONTY, Maurice (Rochefort-sur-Mer, 1908 — Paris, 1961). Filósofo fenomenólogo. A principal ponte entre a conceituação na perspectiva fenomenológica e a operacionalização nas ciências humanas e sociais.

MILL, John Stuart (Londres, 1806 — Avinhão, 1873). O pensador liberal mais influente no século XIX. O conceito, ou como o denomina, o "conotado" é central em sua lógica, notadamente no que se refere à generalização indutivista.

NIETZSCHE, Friedrich (Röcken, 1844 — Weimar, 1990). Filólogo e filósofo que revolucionou o pensamento ocidental pela crítica à tradição filosófica, especialmente por expor a fragilidade do idealismo, e por conceber uma forma de pensar que abandona os preceitos vigentes até o fim do século XIX.

OCCAM ou OKHAM, Willian of (Surrey, c. 1280 — Munique, c. 1349). *Doctor Invincibilis*. Filósofo e teólogo inglês de Oxford. Além de defensor do nominalismo, foi o iniciador da "via moderna", que no que se refere aos conceitos os propõe como "signos naturais" de coisas particulares. A capacidade significativa dos conceitos seria garantida pela *suppositio*, a suposição pessoal de que o conceito em uma proposição conserva sua capacidade original de remeter a realidades individuais precisas. É conhecido pela assertiva de que não se devem postular entes inúteis, no sentido de que se devem evitar hipóteses complexas, conceitos não sufragados pela experiência (*Okham's rasor*).

PEIRCE, Charles Sanders (Cambridge, 1839 — Milford, 1914). Filósofo e matemático norte-americano. É um dos fundadores do pragmatismo. No que se refere aos conceitos, a semiótica que desenvolveu empresta importância fundamental na descrição e análise das condutas psicológica e social.

PIAGET, Jean William Fritz (Neuchâtel, 1896 — Genebra, 1980). Epistemólogo, revolucionou o pensamento no século XX nas áreas da psicologia e da educação. Sua principal contribuição para o estudo dos conceitos encontra-se na epistemologia genética, em que trabalha sobre o nascimento dos conceitos na mente, por assimilação.

PLATÃO (Atenas, 428/27-348/47 aec). Filósofo grego. Foi Platão o primeiro a assentar o conceito como elemento central da filosofia em sua Teoria das Ideias.

PORFÍRIO (Tiro, c. 232 — Roma, c. 304). Filósofo romano neoplatônico, sistematizou o conceito na obra de Plotino, definindo a identidade das relações entre atributos por gênero e diferença.

PUTNAM, Hilary Whitehall (Chicago, 1926). Filósofo da linguagem e da mente. É, com Kripke, um dos pais da teoria causal da referência, uma visão externalista que toma o significado em sua relação com a linguagem, a cultura e a sociedade.

QUINE, Willard Van Orman (Akron, 1908 — Boston, 2000). Filósofo e lógico norte-americano. Sua principal contribuição ao entendimento dos conceitos reside na proposição de que a filosofia é algo mais do que uma análise conceitual, demonstrando a precariedade da separação entre juízos sintéticos e juízos analíticos, e propondo um empirismo sem dogmas na apreciação conceitual.

ROSCELINO (Compiège, 1050-1120). Filósofo e teólogo francês. Professor de Abelardo. Além de defensor do nominalismo, foi triteísta: negava a unidade das pessoas da Trindade (como se pode ter um conceito único para três entidades diversas?). Condenado no concílio de Soissons (1092), retratou-se.

RYLE, Gilbert (Brighton, 1900 — Oxford, 1976). Filósofo da linguagem. Sua principal contribuição ao entendimento dos conceitos é uma derivação das ideias de Wittgenstein sobre os conceitos mentais, em que a categorização precede o uso dos conceitos.

SCHÜTZ, Alfred (Viena, 1899 — Nova York, 1959). Cientista social fenomenólogo, estudou a formação dos conceitos. Sua contribuição principal ao entendimento dos conceitos refere-se à subjetividade da interpretação do conceituado.

SIMMEL, Georg (Berlim, 1858 — Estrasburgo, 1918). Sociólogo alemão. Sua principal contribuição à compreensão do conceitos consiste em uma epistemologia voltada para a determinação do objeto, especialmente na demonstração do processo socialmente condicionado de cognição.

SKINNER, Quentin Robert Duthie (Lancashire, 1940). Historiador britânico de Cambridge. Trabalha no campo da história das ideias, próxima, mas contraposta à história dos conceitos.

SMITH, Adam (Kirkcaldy, 1723 — Edimburgo, 1790). Filósofo e economista escocês. É o pai do liberalismo econômico e um dos mais influentes economistas de todos os tempos. Deve-se a Smith a fixação de grande parte dos conceitos econômicos.

SÓCRATES (Atenas, 469-399 aec). Um dos ícones da filosofia de todos os tempos. Foi o primeiro a considerar o conceito como produto da razão, do logos que abstrai a opinião e a empiria.

WEBER, Maximilian Carl Emil (Erfurt, 1864 — Munique, 1920). Pensador e jurista alemão, um dos fundadores das ciências sociais. Entre as suas contribuições para a análise conceitual destaca-se o entendimento do conceito como tipo idealizado.

WITTGENSTEIN, Ludwig Josef (Viena, 1889 — Cambridge, 1951). Um dos mais influentes filósofos do século XX. Sua contribuição para o entendimento dos conceitos é imprescindível para o pensamento contemporâneo.

# Referências

ACKOFF, Russel. *Scientific method*: optimizing applied research decisions. New York: John Wiley, 1962.

ADAMS, Ernest W. On the nature and purpose of measurement. *Synthese*, v. 16, p. 125-169, 1966.

_____; ADAMS, Willian Y. Purpose and scientific concept formation. *The British Journal for the Philosophy of Science*, v. 38, n. 4, p. 419-440, 1987.

AITO, E.J. *Leibniz*: a biography. Bristol: Hilger, 1985.

AMBROISE, Bruno; AUCOUTURIER, Valérie. Nommer n'est pas jouer. In: LAUGIER, Sandra; CHAUVIRE, Christiane (Éd.). *Lire les Recherches philosophiques de Wittgenstein*. Paris: Vrin, 2006.

ARISTÓTELES. *Organon*. Lisboa: Guimarães Editores, 1987.

_____. *Posterior analytics*. London: Encyclopaedia Britannica, 1975a.

_____. *Topics*. London: Encyclopaedia Britannica, 1975b.

ARMSTRONG, Sharon L.; GLEITMAN, Lila R.; GLEITMAN, Henry. What some concepts might not be. *Cognition*, v. 13, 1983.

AUSUBEL, D.P. *Educational psychology*: a cognitive view. New York: Holt, 1968.

_____. *The psychology of meaningful verbal learning*. New York: Grune and Stratton, 1963.

AYER, Alfred Jules. *Linguagem, verdade e lógica*. Lisboa: Editorial Presença, 1991.

BARLEY, Stephen R. Semiotics and the study of occupational and organizational cultures. *Administrative Science Quarterly*, v. 28, p. 393-413, 1983.

BARRET, Justin L.; KEIL, Frank C. Keil. Conceptualizing a nonnatural entity: anthropomoformism in God concepts. *Cognitive Psychology*, v. 31, p. 219-247, 1996.

BARTHES, Roland. *Mitologias*. Rio de Janeiro: Difel, 1978.

_____. *Roland Barthes por Roland Barthes*. São Paulo: Estação Liberdade, 2003.

BEALER, George. O 'a priori'. In: GRECO, John; SOZA, Ernst (Org.). *Compêndio de epistemologia*. Tradução de Alessandra Siedschlag Fernandes e Rogério Bettani. São Paulo: Edições Loyola, 2008.

BENDIX, Reinhard. Concepts and generalizations in comparative sociological studies. *American Sociological Review*, v. 28, n. 4, p. 532-539, Aug. 1963.

BENNIS, Warren G. *Desenvolvimento organizacional*: sua natureza, origens e perspectivas. São Paulo: Edgar Blücher, 1972.

BERKELEY, George. *The principles of human knowledge*. London: Encyclopaedia Britannica, 1952.

BLOCK, Ned; STALNAKER, Robert. Conceptual analysis, dualism and the explanatory gap. *The Philosophical Review*, v. 8, n. 1, p. 1-46, Jan. 1999.

BLUMER, Herbert. *Symbolic interacionism perspective and method*. California: Prentice-Hall, 1969.

BONJOUR, Laurence. Les théories externalistes de la connaissance empirique. In: DUTANT, Julien; ENGEL, Pascal (Org.). *Philosophie de la connaissance*. Paris: Librairie Philosophique J. Vrin, 2005.

BOURDIEU, Pierre. *Meditações pascalianas*. Rio de Janeiro: Bertrand Brasil, 2001.

BRIDGMAN, Percy W. The nature of some of four physical concepts. *British Journal for the Philosophy of Science*, v. 1, n. 2, 1951.

BRUNER, Jerome; GOODNOW, Jacqueline; AUSTIN, George. *A study of thinking*. London: Chapman & Hall Limited, 1956.

BUCHHOLZ, Kai. *Compreender Wittgenstein*. Tradução de Vilmar Schneider; Petrópolis: Vozes, 2008.

BUNGE, Mario. *Buscar la filosofía en las ciencias sociales*. Madrid: Siglo Veintiuno de España Editores, 1999.

_____. *Tratado de filosofia básica*. Tradução de Leonidas Hegenberg e Octanny S. da Mota. São Paulo: Edusp, 1976.

BURGE, Tyler. Philosophy of language and mind 1950-1990. *The Philosophical Review*, v. 10, n. 1, Jan. 1992.

BURREL, Gibson; MORGAN, Gareth. *Sociological paradigms and organizational analysis*. London: Heinemann, 1998.

BUSEMEYER, Jerome; MCDANIEL, Mark A.; BYUN, Eunhee Byun. The abstraction of intervening concepts from experience with multiple input-multiple output causal environments. *Cognitive Psychology*, v. 32, p. 1-48, 1997.

CANFIELD, John V. *Wittgenstein's later philosophy*: in philosophy of meaning, knowledge and value in the twenty century. London: Rutledge, 1997.

CARNAP, Rudolf. *The elimination of metaphysics though logical analysis of language*. 1957. p. 62-85. Disponível em: <http://usuphilosophy.files.wordpress.com/2010/01/carnap-elimination-of-metaphysics.pdf>.

_____. The methodological character of theoretical concepts. In: FEIGL, Herbert; SCRIVEL, Michel (Ed.). *The foundations of science and the concepts of psychology and psychoanalysis*: the Minnesota studies in philosophy of science. Minneapolis: University of Minnesota Press, 1990. p. 38-76.

CAYGILL, Howard. *Dicionário de Kant*. Tradução de Álvaro Cabral. Rio de Janeiro: Jorge Zahar Editores, 2000.

CHAUVIRÉ, Christiane. Wittgenstein. In: _____. *Gradus philosophique*. Paris: G.F. Flamarion, 1994.

_____; SACKUR, Jérôme. *Le vocabulaire de Wittgenstein*. Paris: Ellipses, 2003.

CHOMSKY, Noan. *Syntactic structures*. The Hague: Mouton, 1957.

CÍCERO. *The orations of Marcus Tullius Cícero literally translated by C.D. Younge (De interpretatione)*. London: George Bell & Sons, 1888. v. 4, p. 241-380.

COLLIER, David; MAHON JR., James E. Conceptual "stretching" revisited: adapting categories in comparative analysis. *American Political Science Review*, v. 87, n. 4, p. 845-855, 1993.

CRANDALL, Beth; KLEIN, Gary; HOFFMAN, Robert R. *Working minds*: a practitioner's guide to cognitive task analysis. Cambridge: The MIT Press, 2006.

DANCY, Jonathan. *Epistemologia contemporânea*. Tradução de Teresa Louro Pérez. Lisboa: Edições 70, 2002. (*An introduction to contemporary epistemology*, 1985)

DAVIDSON, Donald Herbert. *Problems of rationality*. Oxford: Clarendon Press, 2004.

DELEUZE, Gilles. *Dossier Magazine Littéraire*, v. 407, 2002.

_____. *L'anti-Œdipe*: capitalisme et schizophrénie; en collaboration avec Félix Guattari. Paris: Les éditions de Minuit, 1972. (Critique)

_____. *Logique du sens*. Paris: Les éditions de Minuit, 1969. (Critique)

_____. *Qu'est-ce que la philosophie?*; en collaboration avec Félix Guattari, Paris: Les éditions de Minuit, 1991. (Critique)

DERRIDA, Jacques. *De la grammatologie*. Paris: Minuit,1967a.

_____. *Force de loi*. Paris: Galilée, 1994.

_____. *Gramatologia*. São Paulo: Perspectiva, 1973.

_____. *L'ecriture et la différence*. Paris: Seuil, 1967b.

_____. *O poço e a pirâmide*: introdução à semiologia de Hegel; Hegel e o pensamento moderno. Porto: Rés, 1979.

DESCARTES, René. *Discurso do método*. São Paulo: Martins Fontes, 1989a.

_____. *Princípios de filosofia*. Lisboa: Guimarães, 1989b.

DESLAURIERS, Marguerite. *Aristotle on definition*. Leiden, Nederlands: Brill, 2007.

DEWEY, John; BENTLEY, Arthur F. Definition. *The Journal of Philosophy*, v. 44, p. 281-306, May 1947.

DILTHEY, Wilhelm. *Le monde de l'esprit*. Paris: Aubier, 1947.

DRYSDALE, John. How are social-scientific concepts formed? A reconstruction of Max Weber's theory of concept formation. *Sociological Theory*, v. 14, n. 1, p. 71-88, Mar. 1996.

DUBARLE, Dominique. *Lógica formalizante e lógica hegeliana*: Hegel e o pensamento moderno. Porto: Rés, 1979.

DUFFY, Bruce. *A guerra de Wittgenstein*. Tradução de Domingos Demasi. Rio de Janeiro: Ediouro, 2005.

DUMONT, Richard G.; WILSON, William J. Aspects of concept formation, explication and theory construction in sociology. *American Sociological Review*, v. 32, n. 6, p. 985-995, 1967.

DUTANT, Julian; ENGEL, Pascal. *Philosophie de la connaissance*: croyance, connaissance, justification. Paris: Librairie Philosophique J.Vrin, 2005.

EARL, Dennis. Vague analysis. *International Ontology Metaphysics*, v. 11, p. 223-233, 2010.

ECO, Umberto. *Kant e o ornitorrinco*. Tradução de Ana Thereza Vieira. Rio de Janeiro: Record, 2002.

_____. *O signo*. Lisboa: Editorial Presença, 1977.

_____. *Viagem à irrealidade cotidiana*. Rio de Janeiro: Nova Fronteira, 1984.

ERICKSON, H. Lynn. *Concept-based curriculum and instruction*: teaching beyond the facts. California: Corwin Press, 2002.

ESPINOZA. *Ética*. Buenos Aires: Aguilar Argentina de Ediciones, 1982.

FEYERABEND, Paul. *Contra o método*. Tradução de Octanny S. da Mota e Leonidas Hegemberg. Rio de Janeiro: Francisco Alves, 1977.

FIENBERG, Stephen E.; GOODMAN, Leo A. Social indicators: statistics considerations. In: DUSEN, Roxann A. Van (Ed.). *Social indicators 1973*: a review symposium. Washington: Social Sciences Council Center for Coordination of Research on Social Indicators, 1974.

FISHBEIN, Harold D.; HAYGOOD, Robert C.; FRIESON, Dixie. Relevant and irrelevant saliency in concept learning. *The American Journal of Psychology*, v. 83, n. 4, p. 544-553, Dec. 1970.

FODOR, Jerry A. *Concepts*: where cognitive science went wrong. Oxford: Oxford University Press, 1998.

_____. *Psychosemantics*: the problem of meaning in the philosophy of mind. Cambridge: The MIT Press/A Bradford Book, 1987.

_____. *In critical condition*: polemic essay on cognitive science and philosophy of mind. Cambridge: The MIT Press, 2000.

_____; LEPORE, Ernest. The red herring and the pet fish: why concepts still can't be prototypes. *Cognition*, v. 58, n. 46, 1996.

FOLSCHEID, Dominique; WUNENBERGER, Jean-Jacques. *Metodologia filosófica*. Tradução de Paulo Neves. São Paulo: Martins Fontes, 1987.

FONTANIER, Jean-Michel. *Le vocabulaire latin de la philosophie*. Paris: Ellipses, 2002.

FREGE, Gottlob. On concept and objet; On sense and reference. Translated by Max Black. In: GEACH, Peter; BLACK, Max (Ed.). *Translations from philosophical writings of Gottlob Frege*. Oxford: Blackwell, 1960a. p. 56-78.

_____. On definition. In: GEACH, Peter; BLACK, Max (Ed.). *Translations from the philosophical writings of Gottlob Frege*. Oxford: Basil Blackell, 1960b.

_____. *Os fundamentos da aritmética*. Tradução, prefácio e notas de António Zilhão. Lisboa: Imprensa Nacional — Casa da Moeda, 1992.

FREUD, Sigmund (1986). Sobre a psicoterapia da histeria. Tradução de J.L. Etcheverry. In: _____. *Obras completas de Sigmund Freud*. Buenos Aires: Amorrortu, 1986. v. 2. (Trabalho original publicado em 1895)

_____. Interpretación de los sueños. In: _____. *Obra completa de Sigmund Freud* (electrónica). Ordenamiento, comentarios y notas de James Strachey, con la colaboración de Anna Freud; Traducción directa del alemán de José L. Etcheverry. Folio Views, s.d.a. DVD.

_____. Introducción del narcisismo — 1914; Los instintos y sus destinos — 1915. In: _____. *Obra completa de Sigmund Freud* (electrónica). Ordenamiento, comentarios y notas de James Strachey, con la colaboración de Anna Freud; Traducción directa del alemán de José L. Etcheverry. Folio Views, s.d.b. DVD.

FREUND, Julien. *Sociologia de Max Weber*. Rio de Janeiro: Forense, 1970.

GADAMER, Hans-Georg. From word to concept: the task of hermeneutics as philosophy. In: KOLB, David; MCCUMBER, John (Ed.). *The Gadamer reader*. Translated from the German by Richard E. Palmer. Evanston: Northwestern University Press, 2007.

_____. *L'art de comprendre*. Aubier: Montaigne, 1982.

_____. *Truth and method*. Translated by J. Weinsheimer and D.G. Marshall. 2nd revised edition. New York: Seabury Press, 1989.

_____. *Verdade e método*: traços fundamentais de uma hermenêutica filosófica. Tradução de Flávio Paulo Meurer. Petrópolis: Vozes, 2008.

GARDNER, Howard. *Frames of mind*. New York: Basic Books, 1993.

_____; WALTERS, Joseph. A rounded version. In: LEVITIN, Daniel J. (Ed.). *Foundations of cognitive psychology core readings*. Cambridge: The MIT Press, 2002.

GARNER, Wendell R. Interaction of stimulus dimensions in concept choice processes. *Cognitive Psychology*, v. 8, p. 98-123, 1976.

_____; HAKE, Harold W.; ERIKSEN, Charles W. Operationism and the concept of perception. *The Psychological Review*, v. 53, n. 3, May 1956.

GEERTZ, Clifford. *Local knowledge*. New York: Basic Books, 1993.

_____. *The interpretation of cultures*: selected essays. New York: Basic Books, 1973.

GELMAN, Susan A.; WARE, Elizabeth A.; KLEINBERG, Felicia. Effects of generic language on category content and structure. *Cognitive Psychology*, v. 61, p. 273-301, 2010.

GETTIER, Edmund. Is justified true belief knowledge? *Analysis*, v. 23, p. 121-123, 1963.

GIANNOTTI, José Arthur. *Apresentação do mundo*: considerações sobre o pensamento de Ludwig Wittgenstein. São Paulo: Cia. das Letras, 1995.

GIBSON, Roger. *The Cambridge companion to Quine*. Cambridge: Cambridge University Press, 2006.

GOETHE, Johann Wolgang. *La métamorphose des plantes*. Traduction de H. Bideau. Laboissière-en-Thelle: Éditions Triade, 1999.

GOODMAN, Nelson; QUINE, W. V. Steps toward a constructive nominalism. *Journal of Symbolic Logic*, v. 12, n. 4, 1947.

GRAYLING, Anthony Clifford. *Wittgenstein*. Tradução de Milton Camargo Mota. São Paulo: Edições Loyola, 2002.

HABERMAS; Jürgen. Discussion on value-freedom and objectivity. In: STAMMER, Otto (ed.). *Max Weber and sociology today*. New York: Harper & Row, 1971.

HACKER, Peter Michael Stephan. *Wittgenstein*. Traduit de l'anglais para Jean-Luc Fidel. Paris: Editions du Seuil, 2000.

HEGEL, George W.F. *Encyclopedia das sciencias philosophicas em compendio*. São Paulo: Impressora Commercial, 1936.

_____*Science de la logique*. Paris: Aubier, 1973.

_____. *Science of logic*. 2001. Disponível em: <www.blackmask.com>.

_____. *The philosophy of history*. London: Encyclopædia Britannica, 1975a.

_____. *The philosophy of right*. London: Encyclopædia Britannica, 1975b.

HEGENBERG, Leonidas. *Definições*: termos teóricos e significados. São Paulo: Cultrix/Editora da Universidade de São Paulo, 1974.

HEIDEGGER, Martin. *Basic concepts*. Translated by Gary E. Aylesworth. Indianápolis: Indiana University Press, 1993.

_____. *Ser e tempo*. Tradução de Marcia Sá Cavalcante Schuback. Petrópolis: Vozes, 2009.

_____. The thinker as poet. In: _____. *Poetry, language and thought*. Translated by Albert Hofstadter. New York: Harper and Row, 1975.

HEMPEL, Carl G. The function of general laws in history. *Journal of Philosophy*, v. 39, p. 35-48, 1942.

_____. *The philosophy of Carl G. Hempel*: studies in science, explanation, and rationality. Edited by James H. Fretzer. Oxford: Oxford University Press, 2001.

HINDESS, Barry. *Philosophy and methodology in the social sciences*. Sussex: The Harverster Press Limited, 1977.

HOBBES, Thomas. *Leviathan*: or, matter form, and power of a Comonwealth eclesiastical and civil. London: Encyclopaedia Britannica, 1975.

HOFFMAN, Robert R. et al. Eliciting knowledge from experts: a methodological analysis. *Organizational Behaviour and Human Decision Process*, v. 62, n. 2, p. 129-158, May 1995.

\_\_\_\_\_; KLEIN, G.; LAUGHERY, K.R. The state of cognitive systems engineering. *IEEE Intelligent Systems*, v. 17, n. 1, p. 73-75, 2002.

HOUAISS, Antonio. *Dicionário eletrônico da língua portuguesa*. 2001.

HOY, David Couzens. Heidegger and the hermeneutic turn. In: GUIGNON, Charles B. (Ed.). *The Cambridge companion to Heidegger*. Cambridge: Cambridge University Press, 1993.

HUGHES, J.; SHARROCK, W. *La filosofía de la investigación social*. México: Fondo de Cultura Económica, 1999.

HULL, Clark Leonard. Quantitative aspects of the evolution of concepts, an experimental study. *Psychological Review Publications. Psychological Monographs*, v. XXVIII, n. 1; whole n. 123, 1920.

HUME, David. *Investigação sobre o entendimento humano*. Lisboa: Edições 70, 1989.

HUNEMAN, Philipe; KULICH, Estelle. *Introduction à la phénoménologie*. Paris: Armand Colin, 1997.

HUSSERL, Edmund. *Expérience et jugement*. Paris: Presses Universitaires de France, 1938.

\_\_\_\_\_. *Idées directrices pour une phénoménologie pure et une philosophie phénoménologique 1*. Paris: Tel, 1950.

IDE, Pascal. *A arte de pensar*. Tradução de Paulo Neves. São Paulo: Martins Fontes, 2000.

JACKENDOFF, Ray. What is a concept, that a person may grasp it? In: MARGOLIS, Eric; LAWRENCE, Stephen (Ed.). *Concepts and cognitive sciences*. Cambridge: MIT Press, 1989.

JAMES, William. *Principles of psychology*. London: Encyclopaedia Britannica, 1975.

JASMIN, Marcelo Gantus. História dos conceitos e teoria política e social: referências preliminares. *Revista Brasileira de Ciências Sociais*, v. 20, n. 57, fev. 2005.

\_\_\_\_\_; FERES JÚNIOR, João. História dos conceitos: dois momentos de um encontro intelectual. In: \_\_\_\_\_; \_\_\_\_\_ (Org.). *História dos conceitos*: debates e perspectivas. Rio de Janeiro: Editora PUC-Rio/Edições Loyola/Iuperj, 2006.

JOHNSON, Mark. *Body in the mind*. Illinois: University of Chicago Press, 1987.

JOHNSTON, Denis F.; CARLEY, Michael J. Social measurement and social indicators. *Annals of the American Academy of Political and Social Science*, v. 453, Jan. 1981.

KALLEBERG, Arthur L. Concept formation in normative and empirical studies: toward reconciliation in political theory. *The American Political Science Review*, v. 63, n. 1, p. 26-39, Mar. 1969.

KANT, Immanuel. *Crítica da razão pura*. Tradução de Manuela Pinto dos Santos e Alexandre Fradique Morujão. Lisboa: Fundação Calouste Gulbenkian, 1989.

\_\_\_\_\_. *Lógica*. Tradução de Guido Antonio de Almeida. Rio de Janeiro: Tempo Brasileiro, 1992.

\_\_\_\_\_. *The critique of judgment*. London: Encyclopedia Britannica; 1952.

KAPLAN, Abrahan. *A conduta na pesquisa*. Tradução de Leonidas Hegenberg e Octanny Silveira da Mota. São Paulo: Editora da Universidade de São Paulo, 1975.

KELLY, Stuart. *La biblioteca de los libros perdidos*. Traducción de Miguel Candel y Marra Pino Moreno. Barcelona: Paidós, 2007.

KETCHUM, R. Daniel; BOURNE JR., L.E. Stimulus-rule interactions in concept verification. *The American Journal of Psychology*, v. 93, n. 1, p. 5-23, Mar. 1980.

KHUN, Thomas S. *A estrutura das revoluções científicas*. Tradução de Beatriz Vianna Boeira e Nelson Boeira. São Paulo: Perspectiva, 1989.

KNEALE, Willian; KNEALE, Martha. *O desenvolvimento da lógica*. Tradução de M. S. Lourenço. Lisboa: Fundação Calouste Gulbenkian, 1980.

KOSELLECK, Reinhart. *Futuro do passado*: contribuição à semântica dos tempos históricos. Tradução de Wilma Patrícia Maas e Carlos Almeida Pereira. Rio de Janeiro: Contraponto/Editora PUC-Rio, 2006.

_____. Historia y hermenéutica. In: KOSELLECK, Reinhart; GADAMER, Hans-Georg. *Historia y hermenéutica*. Barcelona: Paidós, 1997.

_____. Uma história dos conceitos: problemas teóricos e práticos. Tradução de Manoel Luis Salgado Guimarães. *Estudos Históricos*, Rio de Janeiro, v. 5, n. 10, p. 134-146, 1992.

_____. Uma resposta aos comentários sobre o *Geschichtliche Grundbegriffe*. Tradução de Janaína Oliveira e Marcelo Gantus Jasmin. In: JASMIN, Marcelo Gantus; FERES JÚNIOR, João (Org.). *História dos conceitos*: debates e perspectivas. Rio de Janeiro: Editora PUC-Rio/Edições Loyola/Iuperj, 2006.

KOSHUL, Basit Bilal. *The postmodern significance of Max Weber's legacy*. New York: Palgrave Macmillan, 2005.

KREMER-MARIETTI, Angèle. *Wilhem Dilthey et l'anthropologie historique*. Paris: Seghers, 1971.

KRETZMAN, Norman; STUMP, Eleonore. *The Cambridge companion to Aquinas*. Cambridge: Cambridge University Press, 1993.

KRIPKE, Saul. Outline of a theory of truth. *Journal of Philosophy*, v. 72, n. 19, p. 690-715, 1975.

_____. *Wittgenstein on rules and private language*: an elementary exposition. Cambridge: Harvard University Press, 1982.

KUKLA, Rebecca. Cognitive models and representation. *The British Journal for the Philosophy of Science*, v. 43, n. 2, p. 219-232, June 1992.

LALANDE, André. *Vocabulário técnico e crítico da filosofia*. Tradução de Fátima Sá Correia et al. São Paulo: Martins Fontes, 1999.

LAUGIER, Sandra; CHAUVIRÉ, Christiane (Éd.). *Lire les Recherches philosophiques de Wittgenstein*. Paris: Vrin, 2006.

LAWRENCE, Stephen; MARGOLIS, Eric. Concepts core readings. In: \_\_\_\_\_; \_\_\_\_\_ (Ed.). *Concepts and cognitive sciences*. Cambridge: MIT Press, 1999.

LEIBNIZ, Gottfried Wilheim. *Discurso de metafísica*. São Paulo: Abril Cultural, 1974.

\_\_\_\_\_. *La monadologie*. Quebec: Edition Eletronique, 2001.

LEWIS, David. How to define theoretical terms. *Journal of Philosophy*, v. 67, n. 13, p. 427-446, July 1970.

LINDBECK, Tore. The Weberian ideal-type: development and continuities. *Acta Sociologica*, v. 35, n. 4, p. 285-297, 1992.

LOCKE, John. *An essay concerning human understanding*. Chicago: Enclyclopaedia Britannica, 1952.

\_\_\_\_\_. *Ensayo sobre el entendimiento humano*. Traducción de Edmundo O. Gorman. México: Fondo de Cultura Económica, 1956.

LYOTARD, Jean-François. *Le différent*. Paris: Éditions de Minuit, 1983.

MARCONDES, Danilo. *Textos básicos de filosofia*: dos pré-socráticos a Wittgenstein. Rio de Janeiro: Jorge Zahar Editor, 2000.

MARGOLIS, Eric; LAWRENCE, Stephen (Ed.). *Concepts and cognitive sciences*. Cambridge: MIT Press, 1999.

MARROU, Elise. En première personne. In: LAUGIER, Sandra; CHAUVIRE, Christiane (Éd.). *Lire les Recherches philosophiques de Wittgenstein*. Paris: Vrin, 2006.

MARX, Karl. *O capital*. Tradução de Reginaldo Sant'Ana. Rio de Janeiro: Civilização Brasileira, 1971.

MEDIN, Douglas M. Concepts and conceptual structure. *American Psychologist*, v. 44, n. 8, p. 1469-1481, 1989.

MEJRI, Salah. Figement et dénomination. *Meta*, Montreal, v. 45, n. 4, p. 609-621, 2000.

MERLEAU-PONTY, Maurice. *Fenomenologia da percepção*. São Paulo: Martins Fontes, 1996.

_____. *O visível e o invisível*. São Paulo: Perspectiva, 2000.

_____. *Signos*. São Paulo: Martins Fontes, 1991.

MICHELL, Joel. Measurement theory. In: KEMPF-LEONARD, Kimberly (Ed.). *Encyclopedia of social measurement*. Elsevier, 2005. v. 2.

MILL, John Stuart. *A system of logic*. London: Longman, 1961.

MILLER, Patrick McC.; WILSON, Michael J. *A dictionary of social science methods*. New York: John Willey & Sons, 1983.

MINTZES, J.; WANDERSEE, J.; NOVAK, J.D. *Assessing science understanding*. San Diego: Academic Press, 2000.

MONDOLFO, Rodolfo. *O pensamento antigo*. São Paulo: Mestre Jou, 1971.

MORAN, Dermot. *Introduction to phenomenology*. London: Routledge, 1999.

MOTZKIN, Gabriel. A intuição de Koselleck acerca do tempo na história. In: JASMIN, Marcelo Gantus; FERES JÚNIOR, João (Org.). *História dos conceitos*: debates e perspectivas. Rio de Janeiro: Editora PUC-Rio/Edições Loyola/Iuperj, 2006.

MOYAL-SHARROCK, Danièle. *Understanding Wittgenstein's on certainty*. New York: Palgrave MacMillan, 2004.

MURPHY, Gregory L.; MEDIN, Douglas L. The role of theories in conceptual coherence. *Psychological Review*, v. 92, n. 3, p. 289-316, July 1985.

NADEAU, Robert. *Vocabulaire technique et analytique de l'epistemologie*. Paris: Presses Universitaires de France, 1999.

NATANSON, Maurice. *Edmund Husserl*: philosopher of infinite tasks. Evanston: Northwestern University Press, 2001.

NEFZGER, Ben. The ideal-type: some conceptions and misconceptions. *The Sociological Quarterly*, v. 6, n. 2, p. 166-174, Spring 1965.

NIETZSCHE, Friedrich. *A genealogia da moral*. Lisboa: Guimarães Editores, 1990.

NOVAK, J.D. Concept maps and Vee diagrams: two metacognitive tolls for science and mathematics education. *Instructional Science*, v. 19, p. 29-52, 1990.

_____. *Learning, creating, and using knowledge*. New York: Lawrence Erlbaum & Associates, 1998.

_____; CAÑAS, Alberto J. The theory underlining concept maps and how to construct and use them. *Technical Report*, Florida, 2008.

OAKE, Guy. *Weber and Rickert*: concept formation in the cultural sciences. Cambridge: The MIT Press, 1988.

OGDEN, Charles Kay; RICHARDS, Ivor Armstrong. *The meaning of meaning*. London: Routledge/Thoemmes Press, 1995.

OSHERSON, Daniel N.; SMITH, Edward E. On the adequacy of prototype theory as theory of concepts. *Cognition*, v. 9, 1981.

PAP, Arthur. Theory of definition. *Philosophy of science*, v. 31, n. 1, p. 49-54, Jan. 1964.

PARSONS, Talcott. Value-freedom and objectivity. In: STAMMER, Otto (Ed.). *Max Weber and sociology today*. New York: Harper & Row, 1971.

PASCAL, Blaise. *Pensées*. Paris: Garnier-Flammarion, 1976.

PEACOCKE, Christopher. *A study of concepts*. Cambridge: The MIT Press, 1992.

PIAGET, Jean. *Psychologie et épistémologie génétique*. Paris: Dunod, 1966.

PIETERSMA, Henry. *Phenomenological epistemology*. Oxford: Oxford University Press, 2000.

PLATÃO. Crátilo. In: _____. *Obra completa*. Traducción del griego de María Araujo et al. Madrid: Aguilar, 1981a.

_____. Fedro. In: _____. *Obra completa*. Traducción del griego de María Araujo et al. Madrid: Aguilar, 1981b.

_____. Filebo o del placer. In: _____. *Obra completa*. Traducción del griego de María Araujo et al. Madrid: Aguilar, 1981c.

_____. Parmenides. In: _____. *Obra completa*. Traducción del griego de María Araujo et al. Madrid: Aguilar, 1981d.

_____. Político. In: _____. *Obra completa*. Traducción del griego de María Araujo et al. Madrid: Aguilar, 1981e.

_____. República. In: _____. *Obra completa*. Traducción del griego de María Araujo et al. Madrid: Aguilar, 1981f.

_____. Sofista. In: _____. *Obra completa*. Traducción del griego de María Araujo et al. Madrid: Aguilar, 1981g.

_____. Teeteto o de la ciencia. In: _____. *Obra completa*. Traducción del griego de María Araujo et al. Madrid: Aguilar, 1981h.

_____. The seventh letter. Translated by J. Harward. London: *Encyclopaedia Britannica*, 1975.

POPPER, Karl R. *Conjectures and refutations*: the growth of scientific knowledge. New York: Routledge, 2003.

POPPER, Karl. *The logic of scientific discovery*. London: Routledge, 2002.

PRIEST, Stephen. *Theories of the mind*. Boston: Houghton Mifflin Company, 1991.

PUTNAM, Hilary. Is semantics possible? In: KIEFER, H.; MUNITZ, M. (Ed.). *Languages, belief and metaphysics*. New York: Sate of New York Press, 1970.

_____. Is semantics possible? In: MARGOLIS, Eric; LAWRENCE, Stephen (Ed.). *Concepts and cognitive sciences*. Cambridge: MIT Press, 1999.

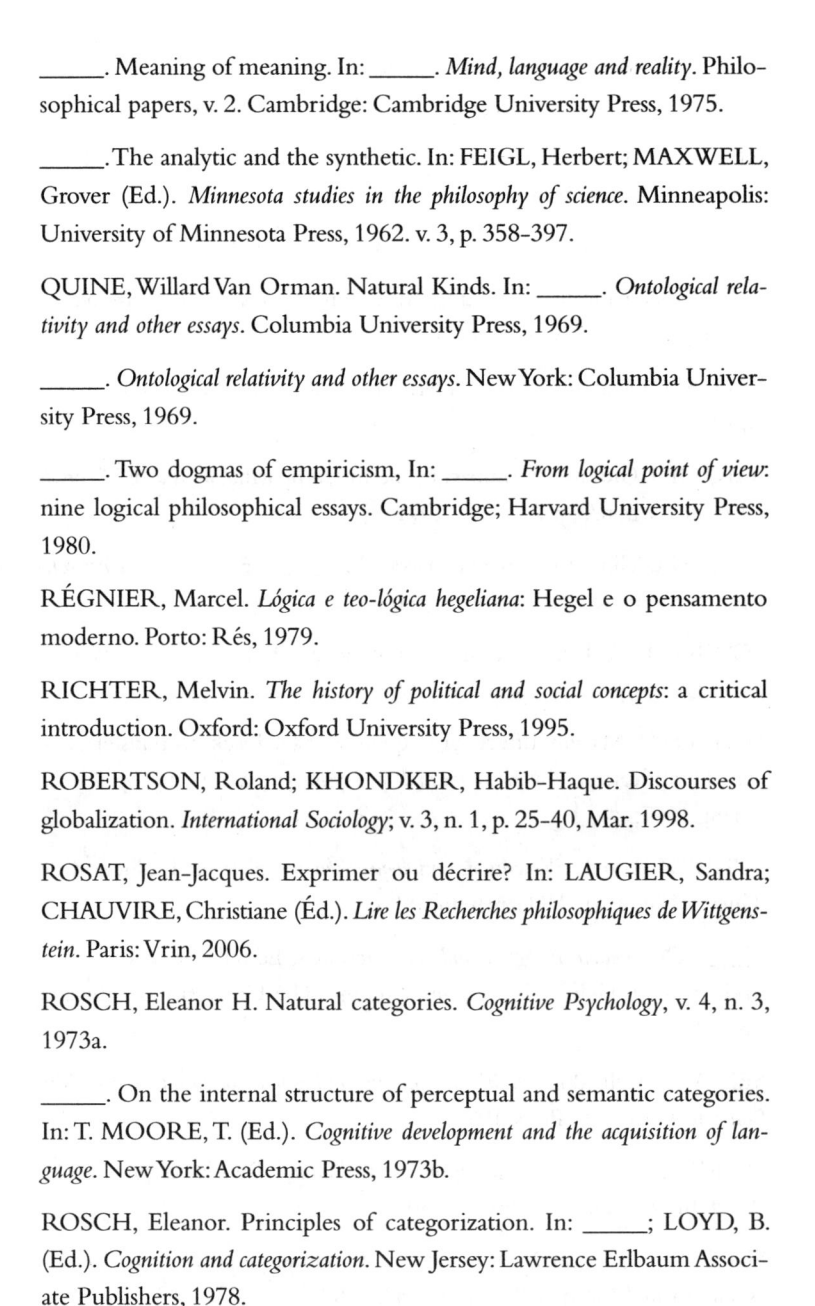

_____. Meaning of meaning. In: _____. *Mind, language and reality*. Philosophical papers, v. 2. Cambridge: Cambridge University Press, 1975.

_____. The analytic and the synthetic. In: FEIGL, Herbert; MAXWELL, Grover (Ed.). *Minnesota studies in the philosophy of science*. Minneapolis: University of Minnesota Press, 1962. v. 3, p. 358-397.

QUINE, Willard Van Orman. Natural Kinds. In: _____. *Ontological relativity and other essays*. Columbia University Press, 1969.

_____. *Ontological relativity and other essays*. New York: Columbia University Press, 1969.

_____. Two dogmas of empiricism, In: _____. *From logical point of view*: nine logical philosophical essays. Cambridge; Harvard University Press, 1980.

RÉGNIER, Marcel. *Lógica e teo-lógica hegeliana*: Hegel e o pensamento moderno. Porto: Rés, 1979.

RICHTER, Melvin. *The history of political and social concepts*: a critical introduction. Oxford: Oxford University Press, 1995.

ROBERTSON, Roland; KHONDKER, Habib-Haque. Discourses of globalization. *International Sociology*; v. 3, n. 1, p. 25-40, Mar. 1998.

ROSAT, Jean-Jacques. Exprimer ou décrire? In: LAUGIER, Sandra; CHAUVIRE, Christiane (Éd.). *Lire les Recherches philosophiques de Wittgenstein*. Paris: Vrin, 2006.

ROSCH, Eleanor H. Natural categories. *Cognitive Psychology*, v. 4, n. 3, 1973a.

_____. On the internal structure of perceptual and semantic categories. In: T. MOORE, T. (Ed.). *Cognitive development and the acquisition of language*. New York: Academic Press, 1973b.

ROSCH, Eleanor. Principles of categorization. In: _____; LOYD, B. (Ed.). *Cognition and categorization*. New Jersey: Lawrence Erlbaum Associate Publishers, 1978.

_____; MERVIS, Carolyn B. Family resemblances: studies in the internal structures of categories. *Cognitive Psychology*, v. 7, p. 573-605, 1975.

RUSSELL, Bertrand. *The problems of philosophy*. 2001. Disponível em: <www.blackmask.com>.

RYLE, Gilbert. *On thinking*. Oxford: Blackwell, 1979.

_____. Systematically misleading expressions. *Proceedings of the Aristotelian Society for 1931/32*, v. 32, p. 139-170.

SALGADO, Joaquim Carlos. *A ideia de justiça em Hegel*. São Paulo: Loyola, 1996.

SARTORI, Giovanni. Comparing and miscomparing. *Journal of Theoretical Politics*, v. 3, n. 3, p. 243-257, 1991.

_____. Guidelines for concept analysis. In: _____ (Ed.). *Social science concepts*: a systematic analysis. Beverly Hills: Sage, 1984.

SCHROETER, Laura. The limits of conceptual analysis. *Pacific Philosophical Quarterly*, v. 85, p. 425-453, 2004.

SCHROTH, Marvin. Effects of frequency of feedback on transfer concept identification. *American Journal of Psychology*, v. 110, n. 1, p. 71-79, Spring 1997.

SCHÜTZ, Alfred. *Éléments de sociologie phénoménologique*. Traduction de Thierry Blin. Paris: L'Harmattan, 1998.

_____. *On phenomenological and social relations*. Edited and with an introduction by Helmut R. Wagner. Chicago: The University of Chicago Press, 1975.

SELLARS, Wilfrido. *Empiricism and the philosophy of mind*. Cambridg: Harvard University Press, 1997.

SIMMEL, Georg. *The sociology of Georg Simmel*. Translated by Kurt H. Wolff. Illinois: The Free Press, 1950.

SKINNER, Quentin. Meaning and understanding in the history of ideas. *History and Theory*, v. 8, n. 1, p. 3-53, 1969.

SMITH, Edward E. et al. Combining prototypes: a selective modification model. In: MARGOLIS, Eric; LAWRENCE, Stephen (Ed.). *Concepts and cognitive sciences*. Cambridge: MIT Press, 1999.

_____; MEDIN, Douglas. The exemplar view. In: MARGOLIS, Eric; LAWRENCE, Stephen (Ed.). *Concepts and cognitive sciences*. Cambridge: MIT Press, 1999.

SOARES, Maria Luisa Couto. *Conceito e sentido em Frege*. Porto: Campo das Letras, Editores, 2001.

SOKAL, Alan; BRICMONT, Jean. *Imposturas intelectuais*. Tradução de Max Altman. Rio de Janeiro: Record, 2010.

STENGES, Isabelle; SCHALANGER, Judith. *Les concepts scientifiques*. Paris: Gallimard/Folio-Essais, 1991.

STOCKER, Barry. Pascal and Derrida: geometry, origin and discourse, *Symposium*, v. 4, n. 1, p. 117-141, 2000.

STOVE, D. On logical definitions of confirmation. *The British Journal for the Philosophy of Science*, v. 16, n. 64, p. 265-272, Feb. 1966.

STUMP, Eleonore; KRETZMANN, Norman. *The Cambridge companion to Augustine*. Cambridge: Cambridge University Press, 2006.

THIRY-CHERQUES, Hermano Roberto. *Métodos estruturalistas*: pesquisa em ciências de gestão. São Paulo: Atlas, 2008.

THOMASSON, Amie L. First-person knowledge in phenomenology. In: SMITH, David Woodruff; THOMASSON, Amie L. (Ed.). *Phenomenology and philosophy of mind*. Oxford: Oxford University Press, 2005.

THOMPSON, James D. *Organizations in action*. New York: McGraw Hill, 1967.

THORTON, Tim. *Wittgenstein, sobre linguagem e pensamento*. Tradução de Alessandra Siedschlog Fernandes e Rogério Bettoni. São Paulo: Loyola, 2007.

TORRENS, Rafael Arrillaga. *Kant y el idealismo transcendental*. Madrid: Biblioteca de la Revista de Occidente, 1979.

TOWNLEY, Barbara. Critical views of performance measurement. In: KEMPF-LEONARD, Kimberly (Ed.). *Encyclopedia of social measurement*. Elsevier, 2005. v. 1.

TRABASSO, T.; ROLLINS, H.; SHAUGNESSY, E. Storage and verification stages in processing concepts. *Cognitive Psychology*, v. 2, p. 239-289, 1971.

TURING, Alan. Computing machinery and intelligence. *Mind*, v. 59, p. 434-460, 1964. (Reprinted in: ANDERSON, A.R. (Ed.). *Minds and machines*. Englewood Cliffs: Prentice-Hall, 1964. p. 4-30).

TVERSKY, Amos. Features of similarity. *Psychological Review*, v. 84, n. 4, p. 327-352, 1977.

_____; KAHNEMAN, D. Probability, representativeness, and the conjunction fallacy. *Psychological Review*, v. 90, n. 4, p. 293-315, 1983.

VAUTRIN, Céline. Une proposition: la chose plus ordinaire du monde. In: LAUGIER, Sandra; CHAUVIRE, Christiane (Éd.). *Lire les Recherches philosophiques de Wittgenstein*. Paris: Vrin, 2006.

VILLACAÑAS, José Luis; ONCINA, Faustino. Introducción. In: KOSELLECK, Reinhart; GADAMER, Hans-Georg. *Historia y hermenéutica*. Barcelona: Paidós, 1997.

WACHTERHAUSER, Brice (2000). Getting it right: relativism, realism, and truth. In: DOSTAL, Robert J. (Ed.). *The Cambridge companion to Gadamer*. Cambridge: Cambridge University Press, 2000. p. 60-67.

WEBB, Eugene J. et al. *Unobtrusive measures*. Thousand Oaks: Sage Publications, 2000.

WEBER, Max. A objetividade do conhecimento nas ciências e na política sociais. In: _____. *Sobre a teoria das ciências sociais*. Tradução de Rubens Eduardo Frias. São Paulo: Moraes 1991.

_____. *Ensaios de sociologia*. Organização de Gerth e Mills. Rio de Janeiro: Zahar Editores, 1974.

_____. *Metodologia das ciências sociais*. Tradução de Augustin Wernet. São Paulo: Cortez, 2001.

WHIMSTER, Sam. *Understanding Weber*. London: Routledge, 2007.

WILSON, Fred. Definitions and discovery. *The British Journal for the Philosophy of Science*, v. 18, n. 4, p. 287-303, Feb. 1968.

WILSON, John. *Pensar com conceitos*. São Paulo: Martins Fontes, 2001.

WINNIE, John A. The implicit definition of theoretical terms. *The British Journal for the Philosophy of Science*, v. 18, n. 3, p. 223-229, Nov. 1967.

WITTGENSTEIN, Ludwig. _____. *The collected work of Ludwig Wittgenstein*. London: Blackwell Publishers, 1998.

_____. Culture and value. In: _____. *The collected work of Ludwig Wittgenstein*. London: Blackwell Publishers, 1998a.

_____. Philosophical grammar. In: _____. *The collected work of Ludwig Wittgenstein*. London: Blackwell Publishers, 1998b.

_____. Philosophical investigations. In: _____. *The collected work of Ludwig Wittgenstein*. London: Blackwell Publishers, 1998c.

_____. Philosophical remarks. In: _____. *The collected work of Ludwig Wittgenstein*. London: Blackwell Publishers, 1998d.

_____. Remarks on philosophy of psychology. In: _____. *The collected work of Ludwig Wittgenstein*. London: Blackwell Publishers, 1998e.

_____. The blue and brown books. In: _____. *The collected work of Ludwig Wittgenstein*. London: Blackwell Publishers, 1998f.

_____. Tractatus logico-philosophicus. In: _____. *The collected work of Ludwig Wittgenstein*. London: Blackwell Publishers, 1998g.

_____. Zettel. In: _____. *The collected work of Ludwig Wittgenstein*. London: Blackwell Publishers, 1998h.

ZADEH, Lofti A. Fuzzy sets. *Information and Control*, v. 8, n. 338-353, 1965.

ZAKI, Safa R.; HOMA, Donald. Concepts and transformational knowledge. *Cognitive Psychology*, v. 39, p. 69-115, 1999.

# Índice

a priori, 52
abstração, 60, 282
abstração e representação, 204
adequação, 17
análise da articulação das expressões, 140
análise diacrônica, 190
análises de conteúdo, 13
analítica sincrônica, 185
analiticidade, 35
analogia, 376
Aristóteles, 26
arquétipos, 355
árvore de Porfírio, 295
atomismo conceitual, 244
atomismo lógico, 112
atributos, 25
Ayer, 29

Begriff, 28, 69
Begriffsgeschichte, 176
behaviorismo, 210
Berkeley, 27

Carnap, 32, 44
categorias, 51
categorização, 32, 278
céticos, 27
Chomsky, 149
ciências humanas, 161
ciências naturais, 45
ciências sociais, 161
círculo hermenêutico, 90
clareza, 28
clarificação, 72
claro e distinto, 28
classificações das definições, 312
classificações lógicas, 314
coerência, 233
cognição, 200
comparação, 17
comportamentalismo, 210
compreensão, 164, 313
conceito, 20
conceitos "puros", 52
conceitos abertos, 214
conceitos antitéticos, 189

conceitos fechados, 214
conceitos empíricos, 57
conceitos individuais, 23
conceitos léxicos, 25, 30
conceitos mediadores, 236
concepção, 29
*concipere*, 29
condições da definição, 321
conhecimento, 34
conotação, 23
conteúdo mental, 216
contextualização, 274
contraexemplo, 273
contraintrodução, 17
contraste, 274
*Crítica*, 56
crítica conceitual, 22
crítica das fontes, 186, 287
cultura, 220
Cusa, 101

*Dasein*, 85
Davidson, 42
definição dos abstratos, 305
definição e termos, 308
definição indutiva, 317
definição por abstração, 317
definição por postulados ou descritiva, 316
definições explicativas, 317
definições nominais e reais, 306
definições operativas, 318
definições prototípicas, 318
definições, 291

Deleuze, 157
delimitação, 338
denominação, 333
denotação, 23
depuração, 341
Derrida, 104, 153
Descartes, 19, 28
descoberta e recepção, 348
descrição, explicação, 313
determinação das regras, 141
dialética platônica, 99
Dilthey, 91, 180
dimensões, 221
discurso, 48
distribuição, 222
doutrina do conceito, 68

Eco, 16
elaboração de definições, 327
elucidação, 144
empiricistas, 31
Epicuro, 27
*epistèmê*, 48
*epoché*, 81
escolásticos, 26
espécie, 23
específica, 23
esquematização, 60
essência, 26
essencialidade, 26
estereótipos, 355
estrutura definicional, 30
exemplares, 225
expectativas, 194

experiência, 60
experiências, 194
expressão, 105, 366
extensão, 23, 376
externalismo, 38
externalistas, 40
extrapolação, 376

fenomenologia, 75
figurar, 122
fisicalismo, 210
Fodor, 208, 212
forma de vida, 117
formação do conceito, 69
formas de apresentação, 285
Foucault, 25
Frege, 116, 205
funcionalismo, 210

Gadamer, 92
Gardner, 239
generalização, 141, 373
generalização confirmativa, 382
generalização empírica, 375
generalização hipotético-dedutiva, 378
genérica, 23
gênero, 23, 373
genética, 301
Gettier, 34
gramática, 118

Hegel, 19, 66
Heidegger, 84, 85
história conceitual, 176

Hume, 27
Husserl, 75

idealização, 47
*ideia*, 19
ideias afins, 274
ideias, 62
identificação, 270
identificação teórica, 244
ignorância, 38
imagens, 27
imaginação, 59
indefiníveis, 34
indicador, 182
indicadores, 355
indicadores preditivos, 364
indicadores situacionais, 364
individualização, 238
indução, 377
inferencial, 31
intencionalidade, 127
intensão, 23
internalismo, 40
intuição, 59, 73, 263

jogos de linguagem, 116
juízo determinante, 61
juízo reflexionante, 61
juízos, 56

Kant, 41, 49
Koselleck, 176
Kripke, 30

Leibniz, 28, 49, 299
limiar, 38
linguagem, 110
linguagem privada, 120
linguística, 150
Locke, 31
lógica, 303
*logos*, 20

manifestação, 59
mapas conceituais, 346
mediação, 236
medida, 360
Merleau-Ponty, 80, 83
método fenomenológico, 78
métodos não invasivos, 13

*noção*, 18
nome, 111
nominalistas, 27

objeto, 20
objetos psicológicos, 128
ob-jetos, 66
Occam, 27
Ogden, 259
operacionalismo, 380
operacionismo, 319
operadores lógicos, 352

palavra, 98
Platão, 26, 34, 295
preceitos e questões, 253
preconceito, 95

pré-conceito, 97
predicados, 25
predicativo, 31
probabilismo, 381
protótipo, 218
protótipos, 355
pseudoargumento, 46
psicologia cognitiva, 200
Putnam, 36, 42, 47

Quine, 27, 35

recensão, 264
redução, 81
redução ao infinito, 33
refutacionismo, 379
representação e sentido, 205
representação mental, 216
representacionismo, 211
representações, 124
representar, 124
representatividade e domínio, 366
Richards, 259
Rosch, 220
roteiro de análise conceitual, 199
Russell, 108, 126
Ryle, 32, 46

Santo Agostinho, 115
Sartori, 259
Schütz, 77
semelhança de família, 125
significação, 174
significância constitutive, 15

significar, 122
similaridade, 232
sinopse dos quesitos, 288
síntese, 59
sistema de significação, 336
Skinner, 16, 178
Sócrates, 26, 40
Sokal, 158

temporalidade, 192
teorias da definição, 294
teorias definicionais, 25
teorias dos protótipos, 227
teorias mentais, 208
terapêutica, 134
terceiro homem, 84
*termo*, 19

tipicidade, 39
tipos de inteligência, 238
tipos-ideais, 164
*Tractatus logico-philosophicus*, 109
tradição, 95
transcendentalidade, 80

*ucronias*, 16
unidades de significado, 20
Universal, 26

verificação de significado, 335
verificacionista, 43
Verstehen, 163

Weber, 163
Wittgenstein, 35, 107

Esta obra foi produzida nas
oficinas da Imos Gráfica e Editora na
cidade do Rio de Janeiro